Schriften zum Strafvollzug, Jugendstrafrecht und zur Kriminologie

Herausgegeben von Prof. Dr. Frieder Dünkel
Lehrstuhl für Kriminologie an der
Ernst-Moritz-Arndt-Universität Greifswald

Band 55

AF208348

Álvaro Castro Morales

Jugendstrafvollzug und Jugendstrafrecht in Chile, Peru und Bolivien unter besonderer Berücksichtigung von nationalen und internationalen Kontrollmechanismen

Rechtliche Regelungen, Praxis, Reformen und Perspektiven

MG 2016

Forum Verlag Godesberg

Bibliographische Information der Deutschen Nationalbibliothek

Die Deutsche Nationalbibliothek verzeichnet diese Publikation in der Deutschen Nationalbibliografie; detaillierte bibliografische Daten sind im Internet über http://dnb.d-nb.de abrufbar.

© Forum Verlag Godesberg GmbH, Mönchengladbach
Alle Rechte vorbehalten.
Mönchengladbach 2016
DTP-Satz, Layout, Tabellen: Kornelia Hohn
Institutslogo: Bernd Geng, M.A., Lehrstuhl für Kriminologie
Herstellung: BoD - Books on Demand, Norderstedt
Printed in Germany

ISBN 978-3-942865-57-9
ISSN 0949-8354

Inhaltsverzeichnis

Vorwort

Rechtsvergleichende Arbeiten zum Jugendstrafrecht in lateinamerikanischen Ländern haben am Greifswalder Lehrstuhl für Kriminologie eine gewisse Tradition. Beginnend mit der Publikation der Dissertation von *Tiffer-Sotomayor* mit einem Schwerpunkt auf Costa Rica im Jahr 2000 folgte 10 Jahre später die Arbeit von *Gutbrodt*, der vor allem die Reform des Jugendstrafrechts in Kolumbien aus dem Jahr 2006 mit Entwicklungen in Bolivien und Costa Rica verglich. Das Jugendstrafrecht auf dem südamerikanischen Kontinent hat sich seit der Verabschiedung der Kinderrechtskonvention (KRK) von 1989 wie auf keinem anderen Kontinent dynamisch weiterentwickelt. Stand bei den ersten beiden Dissertationen das Jugendstrafrecht allgemein im Vordergrund, so geht es bei der vorliegenden Arbeit vorrangig um den Jugendstrafvollzug und menschenrechtliche Fragen des Rechtsschutzes von Jugendlichen unter Freiheitsentzug. Auch diese Arbeit ist rechtsvergleichend angelegt und bezieht neben dem Heimatland des Verf., nämlich Chile, die Nachbarländer Bolivien und Peru mit ein. Selbstverständlich wirft der Verf. auch Deutschland immer wieder vergleichend mit ein. Er hat im Rahmen eines Stipendiums der chilenischen Regierung nahezu 4 Jahre in Deutschland verbringen können, zunächst zum Sprachstudium, danach, um die jugendstraf- und jugendstrafvollzugsrechtliche Situation in Deutschland kennenzulernen.

In der *Einleitung* weist der Verf. zutreffend auf die besondere menschenrechtliche Lage der lateinamerikanischen Länder hin. Insbesondere die drastische Überbelegung in Gefängnissen hat zu Reaktionen von Menschenrechtsorganisationen, z. B. seitens der Interamerikanischen Kommission oder dem Interamerikanischen Gerichtshof für Menschenrechte geführt. Die sich langsam entwickelnde Aufmerksamkeit für menschenrechtliche Fragen auch im Bereich des Jugendkriminalrechts in Lateinamerika wird am Beispiel der vorliegenden Arbeit deutlich. Das Thema der Beachtung der Menschenrechte im Jugendstrafvollzug und der Existenz und ggf. Effizienz von Kontrollmechanismen ist vor dem Hintergrund einer bislang nur rudimentären kriminologischen Forschung zusehen, die der Verf. als „desolat" beschreibt. Dies gilt insbesondere für den Jugendstrafvollzug, der aus verschiedenen Gründen, die der Verf. u. a. in *Kap. 4.4.5* beschreibt, besonders rückständig ist. Prüfmaßstab für die rechtliche und tatsächliche Entwicklung des Jugendstrafvollzugs in Chile, Bolivien und Peru sind nicht allein lateinamerikanische Standards, sondern auch die deutsche Entwicklung nach der Föderalismusreform und insbesondere die European Rules for Juvenile Offenders Subject to Sanctions or Measures (ERJOSSM) des Europarats von 2008.

Im *zweiten Kapitel* geht der Verf. auf die historische Entwicklung des Jugendstrafrechts in Lateinamerika ein. Es wird deutlich, dass wesentliche Elemente des klassischen Inquisitionsprozesses sich bis Ende des 20. Jh. in Lateinamerika erhalten haben, was den großen Einfluss der Kinderrechtskonvention

(KRK) verdeutlicht, die eine grundlegende Umorientierung auf das sog. Justiz-modell bewirkte. So war derselbe Jugendrichter im Ermittlungsverfahren zu-ständig, der später im Hauptverfahren die Entscheidung fällte, ein Zustand, der mit einem aufgeklärten liberalen Strafprozess nicht vereinbar ist. In Zeiten der Diktaturen waren das Recht und insbesondere das Jugendstrafrecht selbst eher autoritär ausgerichtet, so dass ein neuer Geist sich erst mit dem Ende der dikta-torischen Regime entwickeln konnte. Das Jugendrecht vor der Reformbewegung Ende der 1980er Jahre war rein wohlfahrtsrechtlich ausgestaltet (*sistema tutelar*) und von den patriarchalischen Ideen des Jugendrichters als zentraler Figur des Jugendverfahren geprägt. Ähnlich wie in den USA spielten Rechte der Minder-jährigen keine Rolle und die Interventionen waren inhaltlich und zeitlich unbe-stimmt. Die Abkehr vom Wohlfahrtsmodell durch ein justizmodellorientiertes Verfahren wurde nicht nur durch die KRK, sondern durch ein ganzes Bündel von gesamtgesellschaftlichen Veränderungsprozessen ausgelöst. Dazu gehörten die Demokratisierung der politischen Strukturen (Ende von Diktaturen) und da-mit einhergehend die verstärkte Beachtung von Menschenrechten, das Wirt-schaftswachstum und die Modernisierung der Staaten, die zunehmend negative Wahrnehmung des überkommenen Justizsystems, die Beteiligung ausländi-scher Organisationen und nicht zuletzt die Beteiligung der Wissenschaft.

Im Zeitraum von 1994-2004 haben 16 Länder in der Region ihr überkom-menes Strafprozessrecht in Richtung eines Anklageverfahrens geändert (vgl. *Tab. 1*). Die teilweise parallel laufende Reform des Jugendstrafrechts wurde – wie erwähnt – wesentlich durch die seit 1990 überall ratifizierte KRK beein-flusst.

Dabei sind zwei Reformstrategien zu unterscheiden: zum Einen, sog. inte-grierte Jugendgesetze zu schaffen, die sowohl jugendstraf- wie zivilrechtliche und jugendhilferechtliche Fragen in einem Gesetz regeln. Zum anderen Länder, die ein reines Jugendstrafrecht verabschiedeten und die anderen Fragen in ge-trennten Gesetzen regelten (so z. B. Chile und Costa Rica. In einem nachfolgen-den *Abschnitt 2.5.3* geht der Verf. auf das Strafmündigkeitsalter und das Höchstmaß der Jugend-/Freiheitsstrafe in den Ländern der Region ein (vgl. ins-besondere *Tab. 3*). Fragen der (möglicherweise relativen) Strafmündigkeit oder zu der einzigen Heranwachsendenregelung in Lateinamerika in Brasilien werden später im Kontext des Vergleichs von Chile, Bolivien und Peru in *Kapitel 3* und *4* vertieft erörtert.

Der nachfolgende *Abschnitt 2.6* bringt interessante Daten zum Strafvollzug in lateinamerikanischen Ländern. Die Entwicklung mit einer ca. Verdreifachung (Argentinien, Bolivien, Brasilien, Panama, Peru) oder Vervierfachung (Costa Rica) der Gefangenenraten im Zeitraum 1996-2013 ist geradezu atemberaubend. Gerne wüsste man natürlich mehr zu den Ursachen dieser „Explosion" von Ge-fangenenraten, die nur in Venezuela nicht stattgefunden zu haben scheint (vgl. *Tab. 5*). Auch sind die regionalen Unterschiede zwischen 86 pro 100.000 der Wohnbevölkerung in Ecuador und 349 in Panama erklärungsbedürftig. Offen-

sichtlich gibt es allerdings dazu in Lateinamerika keine nennenswerte Forschung. Dass sich hierauf menschenrechtlich unhaltbare Haftbedingungen ergeben, liegt auf der Hand und wurde vom Interamerikanischen Gerichtshof für
Menschenrechte auch in verschiedenen Fällen, auf die der Verf. im *5. Kapitel*
eingeht, moniert.

Für Chile führt der Verf. einige mögliche Ursachen für den immensen Belegungsanstieg an. So wurden die Strafrahmen bei Eigentums-, Drogen und insbesondere Sexualdelikten erhöht und zugleich wurde die Entlassungspraxis bzgl.
der vorzeitigen Entlassung auf Bewährung restriktiver gehandhabt. Bezeichnenderweise führte die Reform des Strafprozessgesetzes zu vermehrten Anzeigen
und Verurteilungen, weil die Bevölkerung mit der Einführung einer separaten
Anklagebehörde und einem unabhängigen Gericht Vertrauen in die Justiz fasste.
In diesem Zusammenhang führt er politikwissenschaftliche Aspekte an, wie sie
von *Lappi-Seppälä* für Europa als bedeutsam erarbeitet wurden (vgl. *Lappi-
Seppälä* 2007; 2010). Chile hat zwar ein starkes Wirtschaftswachstum erlebt,
zugleich allerdings eine der ausgeprägtesten Ungleichverteilungen des Wohlstands mit einer der höchsten Armutsquoten, also Bedingungen, die üblicherweise mit hohen Gefangenenraten assoziiert sind. Auch scheint nach Umfragen
die chilenische Bevölkerung ausgesprochen rigide Strafvorstellungen zu haben.
Das alles könnte eine plausible Erklärung dafür sein, dass Chile mit 294 pro
100.000 der Wohnbevölkerung die dritthöchste Gefangenenrate in der lateinamerikanischen Region aufweist (vgl. *Abbildung 1*).

Während in Europa die Zahl und der Anteil von Untersuchungsgefangenen
eher rückläufig und nur selten noch bestimmend für die Gefangenenraten insgesamt sind (vgl. *Morgenstern* 2014; *Dünkel/Geng* 2013), ist dies in Lateinamerika
anders. Aus *Tab. 7* wird deutlich, dass in 7 der 12 aufgeführten Länder die U-
Haftrate bei über 50% liegt, im Extremfall von Bolivien bei 84%, gefolgt von
Paraguay mit 71% und Venezuela mit 66%.

Aus den *Abildungen 3 und 4* wird deutlich, dass der Anteil von Ausländern
ebenso wie derjenige von weiblichen Gefangenen i. d. R. jeweils unter 10%
liegt.

Einige interessante weitere Daten werden in der Folge ausgebreitet, etwa
zum Budget der Gefängnisse, das i. d. R. nur marginale Anteile für Resozialisierungsmaßnahmen ausweist, oder zu Todesfällen in Gefängnissen, häufig durch
Morde von Gefangenen an Mitgefangenen, insbesondere in Venezuela (vgl. *Tab.
9*). Folter und Gewalt scheint im Strafvollzug der lateinamerikanischen Länder
zum Alltag zu gehören. Als weitere Belastung kommt hinzu, dass es an Beschäftigungsmöglichkeiten mangelt mit der Folge dass im Durchschnitt nur ca. 50%
der Gefangenen in einem Betrieb arbeiteten (vgl. *Tab. 10*; zwischen 8% in Guatemala und 61% in Kolumbien). Dies dürfte ein Teil der Erklärung für die verbreitete „Kultur der Gewalt" sein.

Im *dritten Kapitel* wird das Jugendstrafrecht in Chile, Bolivien und Peru jeweils nach einem einheitlichen Gliederungsschema dargestellt. Zunächst geht der Verfasser auf die Geschichte des Jugendstrafrechts ein, die in Chile zeitlich parallel zu den europäischen Reformgesetzen verlief. Chile verabschiedete 1928 ein am Wohlfahrtmodell orientiertes Jugendgesetz, während Bolivien (1966) und Peru (1962) erst in den 1960er Jahren entsprechende Kodifikationen schufen. In Bolivien wurde das „modelo tutelar" allerdings bereits durch eine Verordnung aus dem Jahr 1947 eingeführt.

In Chile wurde das Strafmündigkeitsalter in den Gesetzen von 1928 und 1966 bei 16 Jahren festgelegt. Zwischen 16 und 20 Jahren galt ein ggf. gemildertes Strafrecht, sofern das Urteilsvermögen bzw. die Unrechtseinsicht gegeben waren. Dieses Konzept ähnelt dem deutschen § 3 JGG, enthält aber nicht die zweite Komponente des Handlungsvermögens. Im Gesetz von 1966 blieb die Strafmündigkeit bei 16 Jahren erhalten, jedoch wurde die Übergangsphase einer relativen Strafmündigkeit auf die 16- und 17-Jährigen begrenzt. Das aktuelle Gesetz aus dem Jahr 2007 gab das Wohlfahrtsmodell zugunsten eines justizmodellorientierten Ansatzes auf, die Strafmündigkeit liegt jetzt bei 14 Jahren. Ab 18 Jahren beginnt die volle strafrechtliche Verantwortung i. S. des Erwachsenenstrafrechts.

Der Reformprozess begann in Chile erst mit dem Ende der Pinochet-Diktatur im Jahr 1989. In der Folge ratifizierte Chile zahlreiche Menschenrechtsabkommen, bereits 1990 die Kinderrechtskonvention (vgl. S. 43 ff.). Eine wichtige Rolle bei der Vorbereitung des Gesetzes von 2007 spielten dabei Strafrechtswissenschaftler (Cillero und Causo). Von der Einsetzung einer Reformkommission im Jahr 1990 bis zum Inkrafttreten des Gesetzes vergingen 17 Jahre. Grund dafür waren Prioritätensetzungen zugunsten anderer wichtiger Reformgesetze (hier die Strafprozessreform) und Blockadehaltungen rechtsgerichteter Abgeordneter im Kongress, denen es vor allem um Strafschärfungen ging (vgl. Kap. 3.1.2.4). Erst durch den Druck seitens des UN-Ausschusses für die Rechte des Kindes wurde das Gesetz schließlich als Kompromissgesetz verabschiedet, das einerseits die Rechte der Beschuldigten i. S. der KRK stärkte, andererseits aber durch strafende Elemente und die Betonung von Opferinteressen auch für die seinerzeit konservative Mehrheit im Parlament akzeptabel erschien. In der Folge beschreibt der Verf. die Grundlagen des neuen Gesetzes (Kap. 3.1.3) und das Sanktionensystem. Zahlreiche Ähnlichkeiten zum deutschen Recht werden deutlich, wenngleich mit dem „öffentlichen Strafverteidiger" eine Art institutionalisierte Pflichtverteidigung geschaffen wurde, die es so in Deutschland nicht gibt. Untersuchungshaft ist bei Bagatell- bzw. minder schweren Straftaten (Strafandrohung bis zu 5 Jahren FS) ausgeschlossen, Einschränkungen bzgl. der Haftgründe (vgl. § 72 dJGG) gibt es allerdings nicht. Im Bereich des Sanktionensystems wurden der Vorrang der Diversion und die Einschränkung der Freiheitsstrafe als ultima ratio festgeschrieben. Zwar steht der Erziehungszweck im Vordergrund, jedoch darf der Jugendrichter z. B. bei der Ersetzung freiheitsentziehender Maßnahmen durch vorzeitige Entlassung aus einer Anstalt ein „generalpräventives Minimum" festlegen. Interessant ist auch der detaillierte Katalog von Ersatzsanktionen im Falle der Nichterfüllung von bestimmten Sanktionen.

Die Sanktionspraxis scheint relativ moderat zu sein, ca. 90% der Sanktionen sind ambulante Maßnahmen. Nach einer Untersuchung von UNICEF wurden 2007-2010 nur 2% der Verurteilten in einer geschlossenen Anstalt, weitere 3% in einer halb geschlossenen Anstalt untergebracht. Allerdings scheint sich der Anteil freiheitsentziehender Maßnahmen 2012 auf 11% erhöht zu haben (S. 63). Diese Zahlen sind ohne Kenntnis der informellen Reaktionen, die nach Angaben des Verf. „eine große Rolle" spielen (leider fehlt es an verlässlichen Statistiken in diesem Bereich), allerdings nur bedingt aussagekräftig. Immerhin wird deutlich, dass Freiheitsentzug tatsächlich die *ultima ratio* darstellt und in einem der deutschen Praxis vergleichbaren Rahmen liegt.

Ein Jugendstrafrecht in Form eines einheitlichen Jugendhilferechts wohlfahrtsstaatlicher Prägung mit eigenständigen Jugendgerichten wurde in *Bolivien* gesetzlich erst 1966 geschaffen, allerdings wurden spezifische jugendrechtliche Sanktionen bereits 1947 per Verordnung eingeführt (vgl. *Kap. 3.2.1*). Das zweite Jugendgesetz von 1975 verschärfte vor dem Hintergrund politisch instabiler Verhältnisse die Sanktionen gegenüber Minderjährigen. Auch in Bolivien setzte der Demokratisierungsprozess in den 1980er Jahren Kräfte für eine menschenrechtsorientierte Jugendkriminalpolitik frei und bereits 1992 wurden die Forderungen der KRK in einem „Kindergesetz" teilweise umgesetzt. Allerdings behielt das Gesetz die Rechtsfolgen des früheren Gesetzes bei und auch die Anknüpfungspunkte für Interventionen (*situación peligrosa* anstatt *situación irregulär*) blieben relativ vage. Das 1999 in Kraft getretene aktuell geltende Jugendgesetz enthält ebenso wie in Peru familienrechtliche, sozialrechtliche und jugendstrafrechtliche Regelungen. Eine gegen internationale Standards wie die KRK verstoßende und heftig kritisierte Änderung war die Beschränkung des Jugendstrafrechts i. e. S. auf 12- bis 15-Jährige, während 16- und 17-Jährige nach Erwachsenenstrafrecht sanktioniert werden. Auch in Bolivien ist der Rechtsschutz für Minderjährige im Rahmen des (staatlichen) Büros „für Verteidigung von Kindern und Jugendlichen" formal geschaffen. Ob und wie diese Art Pflichtverteidigung funktioniert, ist aus den vorhandenen Quellen nicht zu erschließen. Eine verfahrensbezogene Besonderheit ist, dass die (restriktiv zu handhabende) Untersuchungshaft maximal 45 Tage dauern darf. Das Sanktionensystem ähnelt dem chilenischen, allerdings gibt es mit dem Hausarrest von bis zu 6 Monaten eine Besonderheit hinsichtlich freiheitsentziehender Maßnahmen. Das Maximum der Jugendstrafe beträgt bei 12- und 13-Jährigen drei, bei 14- und 15-Jährigen 5 Jahre (vgl. *Tab. 17*, wonach auch für die ambulanten Maßnahmen Höchstgrenzen vorgesehen sind). Zur Sanktionspraxis können leider nur wenige Daten mitgeteilt werden, weil es auch hier keine verlässlichen offiziellen Statistiken gibt. Nach dem Bericht einer Nichtregierungsorganisation (*DNI*) bestehen nicht weniger als 94% der gerichtlichen Sanktionen in freiheits-

entziehenden Maßnahmen. Grund dafür ist, dass es schlichtweg an der Infrastruktur für ambulante Sanktionen fehlt.

In *Peru* geht das geltende Jugendstrafrecht auf die Gesetzgebung von 1924
zurück (vgl. *Kap. 3.3.1*). Im damaligen Strafgesetzbuch gab es einen Abschnitt
mit speziellen Sanktionen für 13- bis unter 18-jährige gefährdete oder straffällige Jugendliche. Das Gesetz von 1962 stand ganz in der Tradition des Wohlfahrtsmodells. Die weitere Entwicklung wurde durch den Kampf gegen den Terrorismus der Gruppe „Leuchtender Pfad" erschwert. Erst mit der Auflösung dieser Gruppe Anfang der 2000er Jahre wurde dieser Konflikt beendet. Inzwischen
war aber bereits 1992 aufgrund der Ratifizierung der KRK ein Jugendgesetz
verabschiedet worden, das die Vorgaben der KRK einzulösen versuchte. Es
handelt sich dabei ebenso wie in Bolivien um ein einheitliches Gesetz mit fami-
lien-, sozial- und jugendstrafrechtlichen Normierungen. Das Jugendstrafrecht
findet auf 12- bis unter 18-Jährige Anwendung.

Im Zuge der Terrorismusbekämpfung wurde 1998 ein Gesetz erlassen, das
es ermöglichte 16- und 17-Jährige im Fall der Beteiligung an terroristischen Akten nach Erwachsenenstrafrecht abzuurteilen. Die maximale Freiheitsstrafe für
Minderjährige wurde auf 6 Jahre erhöht. Ferner wurden (jugendtypische) Bandendelikte verstärkt kriminalisiert. Der ebenfalls neu eingeführte kommunale Soziale Dienst war außerordentlich militärisch geprägt und dürfte mit einer modernen Erziehungssanktion wenig gemein gehabt haben. Er wurde demgemäß durch
die Reform des Jahres 2000 wieder abgeschafft. Das Gesetz von 2000 ist wie
sein Vorgänger von 1992 ein integriertes Jugendgesetz mit familien-, sozial- und
jugendstrafrechtlichen Normen. Im strafrechtlichen Bereich wurde das sehr wei-
te Konzept der „schädlichen Bande" beibehalten. der Anwendungsbereich des
Jugendstrafrechts betrifft die 12- bis unter 18-Jährigen. Die maximale Dauer der
Freiheitsstrafe beträgt 3 Jahre, im Fall der Mitgliedschaft in einer „schädlichen
Bande" jedoch 6 Jahre. Dieses Konzept der „schädlichen Bande" unterläuft das
ansonsten in Peru hervorgehobene Gesetzlichkeitsprinzip. Auch in Peru gibt es ein
interdisziplinäres Team, das inhaltlich dem europäischen „multi-agency approach"
(vgl. Nr. 15 der ERJOSSM) oder der deutschen Jugendgerichtshilfe entsprechen
dürfte. Eigenständige Verteidigerbüros für Minderjährige gibt es dagegen im Gegensatz zu Chile und Bolivien nicht. Der Rechtsschutz für jugendliche Straftäter ist
zusätzlich noch dadurch erschwert, dass die im Einzelfall ernannten Pflichtverteidi-
ger keinen Kostenersatz erhalten, weshalb das Interesse an einer derartigen Tätig-
keit erwartungsgemäß gegen Null tendiert. Das Sanktionensystem ähnelt stark dem
bolivianischen System, indem für die einzelnen Erziehungsmaßnahmen jeweils
eine maximale Dauer festgelegt wird (vgl. *Tab. 18*).

Die Angaben zur Sanktionspraxis sind auch in Peru spärlich, immerhin deu-
tet sich – ähnlich wie in Bolivien – eine relativ rigide Praxis an, wenn man be-
denkt, dass 2007 66% (2012: 64%) der gerichtlich verhängten Maßnahmen die
Freiheitsstrafe betrafen. Die sog. „eingeschränkte Freiheit", eine ambulante Betreuung mit täglichen Meldepflichten nimmt mit 2007 33% bzw. 2012 35% den

größten Anteil nicht-freiheitsentziehender Sanktionen ein, d. h. alle anderen Maßnahmen wie die stärker erzieherisch geprägte „betreute Freiheit" oder die gemeinnützige Arbeit spielen mit Anteilen von unter 1% keine Rolle. Die Sanktionspraxis wurde vom Ombudsmann ebenso wie vom UN-Ausschuss für die Rechte des Kindes stark kritisiert, da Angehörige unterer sozialer Schichten systematisch diskriminiert würden.

Auch das dritte Kapitel schließt mit einer anschaulichen komparativen Zusammenfassung unter Einbeziehung des deutschen Jugendstrafrechts (vgl. *Kap. 3.4*). Interessanterweise hat die KRK in den drei lateinamerikanischen Ländern nicht nur wie in Deutschland der Fall Gesetzes-, sondern sogar Verfassungsrang. Dies erklärt, warum diese Länder nach der Ratifizierung bemüht waren, umgehend eine moderne, an Kinderrechten orientierte Jugendstrafgesetzgebung zu verabschieden.

Der Vergleich zeigt, dass die relevanten Altersgrenzen des Jugend- und Erwachsenenstrafrechts recht unterschiedlich sind. Die Strafmündigkeit beginnt in Bolivien und Peru mit 12 Jahren, in Chile und Deutschland „erst" mit 14. Heranwachsendenregelungen gibt es in den lateinamerikanischen Ländern insgesamt nur in Brasilien (s. o.), während in Europa auf der Basis wissenschaftlicher Erkenntnisse der Entwicklungspsychologie, Soziologie und neuerdings der Neurowissenschaften deutlich andere Tendenzen vorherrschen, worauf der Verf. als Vorbild auch für Lateinamerika zu Recht hinweist (vgl. *Kap. 3.4.2*). Trotz einiger Ähnlichkeiten unterscheiden sich die Sanktionssysteme der 4 verglichenen Länder z. T. erheblich. So sind Geldstrafen oder entsprechende Auflagen nur in Chile und Deutschland vorgesehen. Bemerkenswert ist, dass es in Chile keine unmittelbare Aussetzung der Jugendstrafe gibt, wenngleich die Rechtsinstitute der betreuten oder speziell betreuten Freiheit – auch wenn es keine Bewährungshilfe im eigentlichen Sinn gibt – funktional einer Bewährungsstrafe i. S. d. anglo-amerikanischen *probation* oder einer Betreuungsweisung entsprechen dürften.

Im *vierten Kapitel* beschreibt der Verf. zunächst die allgemeinen menschenrechtlichen Vorgaben für jugendliche Inhaftierte in Amerika (*Kap. 4.1*). Für den europäischen Leser überraschend ergibt sich ein vielfältiges Bild von „hard" und „soft law". Die Amerikanische Menschenrechtskonvention gehört zum rechtlich verbindlichen Normenbestand. Sie wurde nach ihrer Inkraftsetzung im Jahr 1978 von 25 Ländern des amerikanischen Kontinents ratifiziert. Ebenso verbindlich und sogar im Rang der Verfassung übergeordnet oder gleichgestellt ist die KRK. Die Interamerikanische Konvention zur Verhütung von Folter ist das amerikanische Pendant zur Anti-Folter-Konvention des Europarats. Sog. „soft law" stellen die amerikanischen Strafvollzugsgrundsätze dar (vgl. hierzu *Kap. 4.1.7*). Die 5. Säule des Menschenrechtsschutzes für jugendliche Inhaftierte stellen die sog. Havanna-Rules der Vereinten Nationen dar (vgl. *Kap. 4.1.5*). In einem Exkurs behandelt der Verf. die ERJOSSM (vgl. *Kap. 4.1.6*), diedem Verf. zu Recht als Orientierungshilfe für zukünftige Menschenrechtsstandards in Lateinamerika wichtig erscheinen. Bemerkenswert ist die Aufwertung der sog. „Soft-law"-Normierungen durch die Rspr., hier durch den Interamerikanischen Gerichtshof für Menschenrechte (IGM), worauf der Verf. in *Kap. 5.2.2* ausführlich eingeht.

In der Folge werden die rechtlichen Regelungen und rechtstatsächliche Daten zum Jugendstrafvollzug in Chile, Bolivien und Peru dargestellt.

Was zunächst *Chile* anbelangt (*Kap. 4.2*), so ist die Geschichte der Inhaftierung Jugendlicher seit Ende des 19. Jahrhunderts von Unzulänglichkeiten der Unterbringungspraxis gekennzeichnet. Erst 1994 wurde die Unterbringung Jugendlicher in Erwachsenengefängnissen gesetzlich untersagt. Die aktuelle Rechtslage beinhaltet grundlegende Einzelregelungen für den Jugendvollzug innerhalb des Jugendgesetzes von 2007. Die Detailregelungen finden sich dagegen in Verwaltungsvorschriften (vgl. die sog. JVV). Die Situation ähnelt insoweit derjenigen in Deutschland vor 2008. Immerhin werden aber Beschwerderechte (vgl. dazu einschränkend unten) und das Recht auf einen Rechtsbeistand auch im Vollzug gesetzlich vorgegeben. In der Folge beschreibt der Verf. die einzelnen Rechte von Jugendgefangenen. Inhalt und Aufbau der Regelungen entsprechen den internationalen Standards und mit Blick auf die deutschen Jugendstrafvollzugsgesetze bzw. allgemeinen Strafvollzugsgesetze werden deutliche Parallelen erkennbar. So werden u. a. ein individueller Vollzugsplan, Lockerungen und Besuchskontakte (mindestens einmal pro Woche) vorgesehen.

Mit Blick auf die intensiv geführte Diskussion auf ein Recht auf Einzelunterbringung während der Ruhezeit wüsste man gerne, wie sich die Situation in Chile darstellt. Dass entsprechende Vorgaben angesichts der in *Kap. 4.2.3* dargestellten teilweise erheblichen Überbelegung sicherlich nicht eingehalten werden können ist die eine Seite, die andere wäre, inwieweit es wenigstens Diskussionen oder gar verwaltungsrechtliche Vorgaben zu diesem Thema gibt. Aus den Ausführungen des Verf. ergibt sich lediglich ein Anspruch auf 8 Std. Ruhezeit „unter den Bedingungen menschenwürdiger Unterbringung".

Die Disziplinarmaßnahmen werden in der JVV nach der Schwere des Anlasses differenziert, wobei ein Katalog von „schwerwiegenden" und „weniger schwerwiegenden" Verstößen enumerativ aufgelistet wird (vgl. *Tab. 19*). Der Verf. betont, dass nach der JVV auch der isolierende Arrest vorgesehen ist, jedoch handelt es sich hierbei nicht um eine Disziplinarmaßnahme, sondern um eine Sicherungsmaßnahme (vergleichbar der deutschen Unterbringung in einem besonders gesicherten Haftraum), deren Höchstdauer 7 Tage beträgt. Sie ist deshalb nicht im Katalog der Disziplinarmaßnahmen in *Tab. 19* aufgeführt. Aus deutscher Sicht verfassungsrechtlich bedenklich ist die Untersagung des Besuchs von Ehegatten für bis zu zwei Monate. Auch hierzu äußert sich der Verf. zu Recht kritisch. Als besonders problematisch sieht der Verf. den eingeschränkten Rechtsschutz gegen Disziplinarmaßnahmen an, die als nicht justiziable verwaltungsinterne Angelegenheit betrachtet werden. Das Jugendgesetz von 2007 bleibt diesbezüglich vage und eröffnet kein dem deutschen Recht vergleichbares Verfahren eines Antrags auf gerichtliche Entscheidung (vgl. § 92 JGG i. V. m. §§ 109 ff. StVollzG). Lediglich eine Beschwerde an den regionalen Direktor des Vollzugs ist möglich.

Der Verf. thematisiert zutreffend eine mögliche Verfassungswidrigkeit des chilenischen Jugendstrafvollzugs unter zweierlei Aspekten: Zum einen wegen der nur rudimentären Regelungen im Jugendgesetz von 2007, zum anderen wegen der Regelung wesentlicher Fragen lediglich in Verwaltungsvorschriften, wodurch das auch in der chilenischen Verfassung enthaltene Gesetzlichkeitsprinzip und das Prinzip des Vorbehalts des Gesetzes verletzt würden. Dem ist uneingeschränkt zuzustimmen.

In *Kapitel 4.2.3* beschreibt der Verf. die rechtstatsächliche Situation des Jugendvollzugs in Chile. Im Gegensatz zum allgemeinen Trend der Entwicklung der Gefangenenzahlen in Chile und Lateinamerika (vgl. *Tab. 5* und *Abbildung 2*) ist die Entwicklung im Jugendvollzug stark rückläufig: Im Zeitraum 1990-2012 sanken die Jugendgefangenenzahlen von mehr als 5.000 auf 1.249 (31.3.2012), d. h. auf etwa ein Fünftel (vgl. *Abbildung 5* und *Tab. 21*).

Die stichtagsbezogene Deliktsstruktur ist wesentlich durch Eigentumsdelikte ohne (knapp 37%) und mit Gewalt (Raub, Erpressung; ca. 27%) geprägt (vgl. *Tab. 22*).

Der Anteil von Untersuchungsgefangenen liegt insgesamt bei 38%, steigt allerdings in einzelnen Regionen auf über 50%, im Extremfall auf 70% in der Region Aysen (vgl. *Tab. 23*).

Im *Abschnitt 4.2.4* beschreibt der Verf. die Situation der Menschenrechte im Jugendvollzug anhand von Berichten von UNICEF und der Aufsichtskommission des Justizministeriums. Der UNICEF-Bericht vermittelt Unzulänglichkeiten in nahezu allen denkbaren Bereichen der Unterbringung, Ausbildung, Disziplinierung, des Personals etc. Als besonders problematisch werden die Jugendabteilungen innerhalb von Erwachsenenanstalten charakterisiert.

Auch die Berichte der Aufsichtskommissionen des Justizministeriums sind durchaus kritisch und vermerken erhebliche, z. T. auch neue Probleme im Vergleich zu früheren Berichten. Der Verf. fasst die Befunde von UNICEF und den Aufsichtskommissionen bzgl. einzelner Anstalten in *Tab. 25* sehr schön zusammen.

Im nachfolgenden *Abschnitt 4.2.5* fasst der Verf. die Befunde der Interamerikanischen Menschenrechtskommission (IKM) aus dem Jahr 2008 zusammen, die für den chilenischen Strafvollzug insgesamt und den Jugendvollzug im Besonderen gleichfalls inakzeptable Lebensbedingungen und unzureichende rechtliche Garantien monierte. Als Gründe für die Unterentwicklung des Jugendstrafvollzugs werden die unzureichende gesetzliche Regelung im Jugendgesetz und die mangelnden Kontrollmechanismen genannt. In der seit Ende der

1990er Jahre besonders ausgeprägten allgemeinen Strafschärfungsdebatte blieb kaum Raum für eine differenzierte Menschenrechtsdebatte zugunsten Inhaftierter. Nicht zuletzt die Prioritätensetzung zugunsten notwendiger Reformen im allgemeinen Straf- und Strafprozessrecht führte dazu, dass der Jugendvollzug „auf der Strecke" blieb. Widerstände kamen nicht zuletzt von Seiten des Justizministeriums und der Strafvollzugsbehörden, die an Veränderungen nicht interessiert waren. Auch mangelte es bislang an interessierten Wissenschaftlern, die empirische Forschungen durchführen und sich am Prozess der Erneuerung des Jugendvollzugs engagiert beteiligen wollten oder konnten.

In *Bolivien* stellt sich die Situation des Jugendstrafvollzugs ähnlich bedrückend wie in Chile dar. Der Jugendvollzug ist gesetzlich ebenfalls nur rudimentär geregelt, und zwar in einem Abschnitt des allgemeinen Strafvollzugsgesetzes (vgl. *Kap. 4.3.2*). Auch im Jugendgesetz von 1999 finden sich einige Regelungen, überwiegend sind aber auch hier Verwaltungsvorschriften maßgebend.

Die Bestandsaufnahme des Jugendstrafvollzugs offenbart gleichfalls erhebliche Unzulänglichkeiten. Angesichts einer nur in einem Departement (von insgesamt 9) zur Verfügung stehenden Infrastruktur für alternative Sanktionen stieg die Zahl von Jugendgefangenen von 1994-2010 auf ca. das Dreifache (von 283 auf 876). Besonders problematisch sind die Lebensbedingungen und die Situation der Überbelegung bei 16- und 17-Jährigen, die im Erwachsenenvollzug untergebracht werden. Die Datenlage ist in Bolivien noch schlechter als in Chile. Außer dem Bericht des Ombudsmanns von 2009 gibt es kaum verlässliche Daten zu den Haftbedingungen von jungen Gefangenen. Die Gründe für die Unterentwicklung des Jugendvollzugs liegen auch in Bolivien in der Verschärfung der allgemeinen Kriminalpolitik, der Prioritätensetzung zugunsten anderer Reformen und der fehlenden Teilnahme von Experten.

In *Peru* ist der Jugendvollzug in einigen Vorschriften des Kinder- und Jugendgesetzbuchs sowie detaillierter in Verwaltungsvorschriften geregelt (vgl. *Kap. 4.4.2*). Damit ergibt sich auch für Peru ein rechtsstaatlich bedenklicher Rechtszustand. Immerhin enthalten die VV detaillierte Regelungen zur Wiedereingliederung von Jugendstrafgefangenen in geschlossenen und offenen Einrichtungen einschließlich ergänzender Programme für Gewalttäter etc. und Maßnahmen des Übergangsmanagements.

Die rechtstatsächliche Bestandsaufnahme des peruanischen Jugendvollzugs fällt ebenfalls ernüchternd aus: Ebenso wie in Bolivien, aber im Gegensatz zu Chile, hat sich die Belegung 2000-2012 nahezu verdoppelt. Ursache scheint eine Jugendliche mit Defiziten im familiären und sozialen Bereich benachteiligende Sanktionspraxis zu sein. Die Folge sind Probleme der Überbelegung vor allem in den großen Städten.

Die Insassenstruktur weist auch in Peru die bekannten Merkmale sozialer Marginalisierung auf. Von den Delikten her gesehen überwiegen Eigentumsdelinquenten, Sexualdelikte mit fast 19% sind im Vergleich zu anderen Ländern deutlich überrepräsentiert (was erklärungsbedürftig erscheint). Der Untersuchungshaftanteil mit 16% der inhaftierten Jugendlichen ist ausgesprochen niedrig und steht im Gegensatz zu zahlreichen anderen lateinamerikanischen Ländern. Vermutlich gibt es auch dazu keine Ursachenforschung.

Außerordentlich spannend sind die Berichte des peruanischen Ombudsmanns über die Situation der Menschenrechte in Jugendgefängnissen (vgl. *Kap. 4.4.4*). Sie „beschreiben eine besorniserregende Realität von Armut, Gewalt, Überbelegung, Korruption, Krankheit und prekärer Infrastruktur in den Anstalten". Auch in Peru sind die Gründe für die Unterentwicklung des Jugendstrafvollzugs vielfältig, jedoch vergleichbar mit den Aussagen zu Chile und Bolivien: Die Verschärfungstendenzen in der allgemeinen Kriminalpolitik, Prioritätensetzung zugunsten anderer Reformgesetze und die fehlende Beteiligung von (wissenschaftlichen) Experten. So bleibt der Ombudsmann auch hier eine der wesentlichen Quellen für rechtstatsächliche Daten zum Strafvollzug.

Das *vierte Kapitel* endet mit einer rechtsvergleichenden Zusammenfassung auch im Vergleich zu Deutschland (vgl. *Kap. 4.5*). Zunächst ist festzustellen, dass der Jugendvollzug trotz der für Lateinamerika festgestellten Defizite i. V. zum Erwachsenenvollzug generell besser ausgestattet ist. Andererseits gibt es in Chile, Bolivien und Peru eine ausgeprägte Kultur der Gewalt, Korruption und eine mangelnde Infrastruktur für ein wiedereingliederungsförderndes Übergangsmanagement. Als ausgesprochen defizitär i. V. zu Deutschland brandmarkt der Verf. die fehlende detaillierte gesetzliche Regelung des Jugendstrafvollzugs in den lateinamerikanischen Ländern, was er als Verstoß gegen die internationalen Menschenrechtsstandards ansieht.

Als positiv bewertet der Verf. den wachsenden Einfluss internationaler Menschenrechtsstandards. Andererseits hält er dennoch die Entwicklung detaillierterer Menschenrechtsstandards bzw. spezifisch amerikanischer Empfehlungen vergleichbar den ERJOSSM in Europa für dringend geboten.

Im Abschnitt zur Rolle der Rspr. (*Kap. 4.5.7*) geht der Verf. überwiegend auf das deutsche BVerfG ein, wobei er darauf hinweist, dass die Thematik der Rspr. in Amerika in *Kap. 5* ausführlich behandelt wird. Zweifellos richtig und löblich ist sein Appell, die Strafvollzugsforschung als wesentlichen Motor der Reform des Jugendstrafvollzugs einzusetzen. In Lateinamerika scheint dies aus verschiedenen Gründen noch nicht umsetzbar zu sein. Möglicherweise ist allerdings jetzt der Zeitpunkt gekommen, kriminalpolitisch neue Akzente zu setzen und die jahrzehntelange legislatorische Vernachlässigung des Jugendvollzugs umzukehren.

Im *5. Kapitel* geht der Verf. nochmals detailliert auf die Kontrollmechanismen im Jugendstrafvollzug ein. Zunächst behandelt er allgemein die Notwendigkeit und unterschiedliche Formen der Kontrolle des Strafvollzugs in internationalen Menschenrechtsstandards (*Kap. 5.1*). Zu unterscheiden sind die richterliche Kontrolle von Vollzugsentscheidungen und Ansprüche, Beschwerden und Anfragen gegenüber dem Anstaltsleiter. Der gerichtliche Rechtsschutz ist sowohl in der AMRK wie in der KRK verankert. Aber auch die „Grundsätze für den Schutz der Gefangenen in Amerika" verpflichten die Mitgliedsstaaten der OAS den gerichtlichen Rechtsschutz auszubauen. Neben dem allgemeinen Beschwerderecht werden auch Kontrollmechanismen durch unabhängige Gremien wie z. B. Ombudsleute oder durch von den Strafvollzugsbehörden eingerichtete Aufsichtskommissionen gefordert.

Unter *5.2* stellt der Verf. internationale Kontrollinstanzen wie die IKM und ausgewählte Befunde aus deren Besuchen bzw. Inspektionen in lateinamerikanischen Gefängnissen sowie Entscheidungen des Interamerikanischen Gerichtshofs für Menschenrechte (IGM) vor, die einen beachtlichen Fortschritt der menschenrechtlichen Situation in lateinamerikanischen Gefängnissen gebracht haben. Interessant ist in diesem Zusammenhang, dass der IGM zunehmend die Rspr. des EGMR beachtet und sie als Orientierungshilfe verwendet.

Der IGM sieht in den Menschenrechtsinstrumenten der AMRK, der KRK, aber auch den Empfehlungen der Vereinten Nationen einen „Corpus Juris der Menschenrechte" für Minderjährige, an dem sich die Rechtssysteme der Staaten zu orientieren haben. Das klingt auffällig ähnlich der Entscheidung des BVerfG vom 31.5.2006, in der es eine Indizwirkung der Verfassungswidrigkeit für Normen angenommen hat, die diese internationalen Standards unterschreiten. Auf diese Parallele weist der Verf. zutreffend. Auch die vom IGM in seiner Rspr. entwickelte besondere Schutzpflicht des Staates gegenüber inhaftierten Jugendlichen aufgrund deren besonderer Verletzlichkeit findet im Urteil des BVerfG Entsprechung (worauf der Verf. ebenfalls hinweist). Bemerkenswert ist ferner die Rspr. des IGM hinsichtlich der lebenslangen Freiheitsstrafe, die als unmenschliche und erniedrigende Bestrafung angesehen wird. Weitere herausragende Urteile des IGM zum Jugendstrafvollzug betreffen das Recht auf Ausbildung und Beschäftigung junger Inhaftierter und das Recht auf gerichtlichen Rechtsschutz bei einer vorläufigen Inhaftierung.

In der Folge beschreibt der Verf. die Formen der Wiedergutmachung, die der IGM in seiner Rspr. entwickelt hat (vgl. den Überblick in *Tab. 32*). So wirksam einzelne Urteile für die Fortentwicklung der Menschenrechtssituation junger Inhaftierter waren, so bedenklich bleibt doch die sehr lange Verfahrensdauer, die bei den geschilderten Fällen zwischen 4 und 14 Jahre betrug, in den meisten Fällen zwischen 7 und 12 Jahre.

Die nationalen Kontrollmechanismen in Chile, Bolivien und Peru sind noch sehr defizitär. In *Chile* gibt es kein gerichtliches Verfahren ähnlich der §§ 109 ff. StVollzG in Deutschland. Der sog. Garantie-Richter hat lediglich die Aufgabe die Anstalten zu inspizieren. Die Individualbeschwerde zu den obersten Gerichten ist zwar wie für jeden Bürger möglich, jedoch zumeist aussichtslos, abgesehen davon, dass die jugendlichen Inhaftierten faktisch keinen Zugang haben (eine Situation vergleichbar mit dem Zustand vor 2006, als in Deutschland nur der komplizierte Rechtsweg gem. § 23 EGGVG zu den Oberlandesgerichten eröffnet war, was vom BVerfG als verfassungswidrig eingestuft wurde). So bleiben in Chile als wichtigste Kontrollorgane für die Gefangenen die sog. Aufsichtskommission und der Ombudsmann, die tatsächlich großen Einfluss zu haben scheinen.

Auch in *Bolivien* gibt es keinen gerichtlichen Rechtsschutz zu einem Strafvollstreckungsgericht o. ä. Lediglich Beschwerden zum Anstaltsleiter und eine Verfassungsbeschwerde sind – wie in Chile – möglich, wobei die *Acción de Libertad* gegen willkürliche Festnahmen schützen soll. Die richterliche Aufsicht der Anstalten scheint wenig effektiv zu sein, sodass als einzige einigermaßen erfolgversprechende bzw. effektive Kontrollinstanz der Ombudsmann (*Defensor del Pueblo*) verbleibt.

Ähnlich problematisch sind die Kontrollmechanismen in *Peru* ausgestaltet. Hier hat die Staatsanwaltschaft (kein Richter) die Aufsichtsfunktion gegenüber den Anstalten durch regelmäßige Besuche auszuüben. Individuelle Beschwerden zum Anstaltsleiter und eine Individualverfassungsbeschwerde sind möglich. Das Verfassungsgericht hat im Rahmen der sog. Habeas-Corpus-Verfahren verschiedentlich menschenrechtliche Fragen angesprochen und eine Verbesserung der Unterbringung und Ernährung, die Verlegungspraxis, die Gewährung von Lockerungen, verbesserte Besuchsregelungen etc. angemahnt. In Peru scheint das Verfassungsgericht eine wirksame Kontrollinstanz zu sein (vgl. *Kap. 5.3.3.2.*), wenngleich auch hier der faktische Zugang schwer sein dürfte.

Der abschließende Vergleich mit Deutschland zeigt nochmals die Defizite des gerichtlichen Rechtsschutzes in Chile, Bolivien und Peru auf. Der Verf. geht in diesem Zusammenhang auch auf die verbesserten Rechtsschutzmöglichkeiten in Deutschlandnach der Reform des § 92 JGG ein. Defizite des deutschen Rechts hätte man hinsichtlich des in Lateinamerika bedeutenden und offensichtlich wirksam arbeitenden Ombudsmanns feststellen können, nachdem allein Nordrhein-Westfalen die Institution eines Strafvollzugsbeauftragten geschaffen hat.

Im *6. Kapitel* fasst der Verf. die wesentlichen Ergebnisse der Untersuchung nochmals anschaulich zusammen. Einleitend benennt er erneut die Gründe für die Unterentwicklung der Materie des Jugendstrafvollzugsrechts. Zugleich hebt er die Notwendigkeit eines Jugendstrafvollzugsgesetzes für die drei untersuchten Länder Chile, Bolivien und Peru hervor. Das zweite dem Verf. besonders wichtige Reformanliegen ist die Schaffung eines gerichtlichen Rechtsschutzverfahrens, dessen Fehlen er als Verfassungsverstoß bzw. Verstoß gegen die anerkannten Menschenrechtsstandards ansieht. Die Notwendigkeit eines Strafverteidigers für jugendliche Gefangene, die Professionalisierung des Personals, die Entwicklung von Arbeitsstandards als Garantie für die Aufrechterhaltung des Rechts, insbesondere um die weit verbreitete Korruption in Anstalten zu bekämpfen, sind weitere Reformaspekte. Nicht zuletzt hebt der Verf. die Notwendigkeit kriminologischer Forschung im Strafvollzug hervor und verweist damit auf seine Rolle nach einer Rückkehr in sein Heimatland.

Die vorliegende Arbeit wurde im Sommersemester 2014 als Dissertation an der Rechts- und Staatswissenschaftlichen Fakultät angenommen. Dem Kollegen Prof. Dr. *Wolfgang Heinz* von der Universität Konstanz gilt der Dank für die zügige Anfertigung des Zweitgutachtens. *Kornelia Hohn* und *Joanna Grzywa-Holten* haben dankenswerterweise die Druckvorlage erstellt.

Greifswald, im Dezember 2015

Frieder Dünkel

Danksagung

Diese Arbeit wurde im Jahr 2010 als Dissertation an der Rechts- und Staatswissenschaftlichen Fakultät der Ernst-Moritz-Arndt-Universität Greifswald begonnen und im Sommer 2014 angenommen.

Mein Promotionsvorhaben wäre ohne die Mitwirkung einer ganzen Reihe von hilfsbereiten Behörden und Personen kaum geglückt, ihnen gebührt all mein Dank:

Becas Chile-Conicyt und dem DAAD danke ich für das Stipendium für diese Dissertation und besonders für die Gelegenheit, in Deutschland zu studieren und zu leben.

Meinem Doktorvater, Prof. em. Dr. *Frieder Dünkel* danke ich für die Unterstützung bei dieser Arbeit und die beste Betreuung, die ich mir denken kann. Prof. *Dünkel* begleitete mich mit Interesse, zahlreichen Anregungen und Hilfestellungen sowie Geduld, Herzlichkeit und Zuversicht durch jede Phase der Arbeit.
Zur Erstellung des Zweitgutachtens erklärte sich Prof. Dr. *Wolfgang Heinz* bereit, dem ich dafür ebenfalls herzlich danke.

Ein großer Dank gilt auch Dr. *Joanna Grzywa-Holten* vom Lehrstuhl für Kriminologie in Greifswald für ihre unermüdliche Unterstützung und Freundschaft. Prof. Dr. *Kirstin Drenkhahn* danke ich für die rasche Erstellung der Gutachten für die Verlängerung meines Stipendiums.

Weiterhin danke ich Frau *Ingeborg Kaufeldt* für die erste Korrektur und *Katrin Müller, Moritz von der Wense, Anke Horsfield* und *Henrietta Rau* für das zweite Korrekturlesen des Manuskripts sowie für ihre Freundschaft. Auch danke ich Dr. *Christine Morgenstern* für die kritischen und konstruktiven Bemerkungen.

Kornelia Hohn und Dr. *Joanna-Grzywa-Holten* übernahmen nicht nur die Formatierung des Manuskripts, sondern hatten auch in anderen Angelegenheiten stets ein offenes Ohr und fanden manches liebe Wort.

Mein besonderer Dank gilt ferner Prof. Dr. *Carlos Tiffer Sotomayor*. Ohne ihn wäre ich nie in Greifswald gelandet und hätte all die liebenswerten Leute nicht kennengelernt und so viel gelernt und erlebt.

Ihnen allen gebührt mein herzlichster Dank! Ohne sie wäre die Arbeit nicht zum erfolgreichen Abschluss gekommen. Ich danke Euch besonders für Euren Halt, Liebe und Glauben an mich.

Die Arbeit widme ich meiner Frau Griselle, die die wahre Heldin in unserem gemeinsamen Leben in Deutschland war!

Santiago de Chile, im November 2015

Alvaro Castro Morales

Jugendstrafvollzug und Jugendstrafrecht in Chile, Peru und Bolivien unter besonderer Berücksichtigung von nationalen und internationalen Kontrollmechanismen. Rechtliche Regelungen, Praxis, Reformen und Perspektiven

1. Einleitung

In den letzten zwanzig Jahren wurden in der Mehrheit der Länder Lateinamerikas mit unterschiedlicher Intensität und wechselndem Erfolg eine Reihe von Reformen sowohl des Strafprozess- als auch des Jugendstrafrechtssystems durchgeführt. Diese Reformen haben zu einer Erhöhung der Wirksamkeit der strafrechtlichen Sanktionen geführt und gleichzeitig den Schutz der Rechte der Beschuldigten verbessert.

Zur gleichen Zeit nahm jedoch die Gefangenenpopulation in Lateinamerika kontinuierlich zu. In *Chile, Kolumbien, Ecuador, Uruguay* und *Panama* verdoppelte sie sich zwischen 1992 und 2010. In *Argentinien, Paraguay* und *Peru* verdreifachte sie sich in diesem Zeitraum und in *Brasilien, Costa Rica* und *Ecuador* kam es sogar zu einer Vervierfachung. Die einzigen Länder, in denen es nur zu einem moderaten Anstieg der Gefangenenzahlen kam, sind *Venezuela* und *Bolivien*.

Die Erhöhung der Gefangenenzahlen in der Region führte zu einer akuten Überbelegungsproblematik. In fast allen Ländern der Region übersteigt der Prozentsatz der Überbelegung 50%. Das ist der Fall in *Panama* mit 53%, in *Bolivien* und *Chile* mit 55%, in *Peru* mit 86% und in *Brasilien* mit 82%. Der dramatischste Fall ist *Ecuador*, wo der Prozentsatz der Überbelegung 100% übersteigt.

Die amerikanischen Behörden für Menschenrechte haben in der Folge ihre Besorgnis über die Überbelegung und ihre Folgen geäußert. Auch der *Interamerikani-*

sche Gerichtshof für Menschenrechte (IGM) hat in seiner Rechtsprechung hierzu Stellung genommen. Des Weiteren hat die *Inter-Amerikanische Kommission für Menschenrechte* (IKM) zwei Berichte über „die Menschrechte von Gefangenen in Amerika" (Dezember 2011) und das „Jugendrecht und Menschenrechte in Amerika" (Juli 2011) veröffentlicht und in beiden Berichten exzessive Gewalt, Folter, Probleme der Infrastruktur, fehlende Kontrollrechte, Überbelegung und mangelnde Qualität der Wiedereingliederungsprogramme gerügt.

Ferner verabschiedete der Ausschuss der amerikanischen Staaten (*Comision de Estados Americanos, O.E.A*) im Jahr 2008 die erste Empfehlung in der Region, welche sich auf die Rechte von Strafgefangenen bezieht: „Amerikanische Grundsätze für den Schutz von Personen, denen die Freiheit entzogen wird".

Vor diesem Hintergrund kommt der Forschung im Bereich des Strafvollzugs in Lateinamerika eine große Bedeutung zu. Es ist deutlich geworden, dass der Prozess der Modernisierung in den unterschiedlichen Gefängnissystemen der Region nicht dieselbe Intensität aufweist. Deshalb bedarf es verstärkter kriminologischer Forschung, um die strafvollzugliche Dimension des Justizsystems zu verstehen und entsprechend den menschenrechtlichen Vorgaben zu reformieren. Dies gilt umso mehr für den Bereich des Jugendstrafvollzugs, wo die staatliche Schutzpflicht durch die besondere Haftempfindlichkeit der Jugendlichen noch weiter verstärkt wird.

Der aktuelle nationale sowie interamerikanische Forschungsstand ermöglicht bisher noch keine abschließende Analyse der regionalen oder lokalen Entwicklung des Jugendstrafvollzugs und der Effizienz der Kontrollmechanismen zum Schutz der Menschenrechte der Jugendgefangenen. In der Tat ist der Zustand der kriminologischen Forschung im Bereich des Erwachsenen- und Jugendstrafvollzugs in Lateinamerika desolat. Aus der Evaluationsforschung des Erwachsenenstrafvollzugs gibt es jedoch mittlerweile interessante Untersuchungen, wie z. B. von *Dammert/Zuñiga* (2008) und *Stippel* (2010), die allerdings dem Vollzug der Jugendstrafe kaum Aufmerksamkeit widmen. Deutlich näher beleuchtet worden ist hingegen das lateinamerikanische Jugendstrafrecht. Die Entwicklung des Jugendstrafrechts und die Praxis in der Jugendkriminalrechtspflege wurden in den letzten 20 Jahren vor allem durch die Ratifizierung der Kinderrechtskonvention (KRK) stimuliert. Diese Entwicklung in der Region wurde in dem von *Garcia Mendez/Beloff* herausgegebenen Band (1998), von *Tiffer-Sotomayor* (2000), *Zegada* (2005), *Beloff* (2007) oder mit Schwerpunkt auf *Kolumbien, Bolivien, Costa Rica* von *Gutbrodt* (2010) behandelt. In all diesen Publikationen stand allerdings das materielle und prozessuale Jugendstrafrecht, nicht aber – wie in der vorliegenden Arbeit – der Jugendstrafvollzug im Vordergrund.

In dieser Arbeit soll der Jugendstrafvollzug in *Chile, Peru* und *Bolivien* vorgestellt werden. Es soll versucht werden, den Zustand des Jugendstrafvollzugs in den drei Ländern nach dem Ende der Diktaturen darzustellen, die jeweiligen aktuellen Entwicklungsprozesse und Vorschriften aufzuzeigen und einen Vergleich zwischen den internationalen Standards und der tatsächlichen Situation der Menschenrechte innerhalb des Jugendstrafvollzugs in diesen Ländern zu ziehen. Darüber hinaus soll auch das jeweilige nationale Jugendstrafrecht analysiert werden. Konkret soll dabei nachgewiesen werden, ob der Prozess der Modernisierung und Implementierung internationaler Jugendstrafrechtsstandards die gleiche Intensität im Jugendstrafvollzug und im Jugendstrafrecht gehabt hat und geklärt werden, welche Faktoren die jeweilige Entwicklung beeinflusst haben.

Die komparative Analyse umfasst zudem das System des Schutzes der Rechte von Gefangenen. Hier werden die internationalen- und nationalen Kontrollmechanismen beschrieben. Es sind somit die Rolle der amerikanischen Menschenrechtskommission, des Interamerikanischen Gerichtshofs für Menschenrechte und die verschiedenen Rechtsmittel und Kontrollmechanismen innerhalb der Länder zu untersuchen.

Zudem werden in dieser Arbeit auch das deutsche Jugendstrafrecht und der deutsche Jugendstrafvollzug vorgestellt. Seit dem Inkrafttreten der neuen Jugendstrafvollzugsgesetze spätestens zum 1.1.2008 wurde der Jugendstrafvollzug in eine ganz neue strategische Richtung gelenkt. Maßgeblichen Einfluss auf den Gesetzgebungsprozess in diesem Bereich hatte und hat immer noch das Bundesverfassungsgericht. Die deutsche Jugendstrafrechtsreform soll bei den Reformempfehlungen für die amerikanischen Länder berücksichtigt werden, da dieser Prozess interessante gesetzliche Ausgestaltungen, programmatische Orientierungen (z. B. Wiedereingliederung als alleiniges Vollzugsziel, Prinzipien der Angleichung, Normalisierung, der Überleitungsorientierung und der Vollzugsöffnung) und Praxismodelle hervorgebracht hat, die wichtig für die zukünftige Ausgestaltung des Jugendstrafvollzugs in Lateinamerika sein können. Aus diesem Grund finden in dieser Arbeit auch die Hauptmerkmale der deutschen Jugendstrafvollzugsreform, die Rechtsprechung des Bundesverfassungsgerichts sowie die „European Rules für Juvenile Offenders Subject to Sanction or Measures" (ERJOSSM) besondere Beachtung.

In der vorliegenden Arbeit werden die rechtliche Basis des Jugendstrafvollzugs und Jugendstrafrechts in *Chile, Peru, Bolivien* und *Deutschland* sowie der empirische Zustand des Jugendstrafvollzugs analysiert. Einige historische Exkurse dienen dazu, die aktuelle Realität in den Ländern besser zu verstehen. Besonderes Augenmerk wird auf die Entscheidungen des Interamerikanischen Gerichtshofs für Menschenrechte zum Jugendstrafvollzug geworfen, auf die in dieser Arbeit näher eingegangen wird.

Die Arbeit ist in sechs Kapitel gegliedert. In den nachfolgenden Teilen des *zweiten Kapitels* werden die Entwicklung des Jugendstrafrechts und des Strafprozessrechts sowie die Gefangenenpopulation in Lateinamerika vorgestellt und damit die Rahmenbedingungen der Thematik dieser Arbeit aufgezeigt.

Ziel des *dritten Kapitels* ist es, einen Überblick über die Geschichte des Jugendstrafrechts und des geltenden Jugendstrafrechts in *Chile, Peru* und *Bolivien* zu bieten. Hier werden die Gründe für die Entwicklung der Jugendstrafrechtsre-

formen, die Regelungen zur Strafmündigkeit, die Grundsätze der Verhältnismäßigkeit und der Freiheitsstrafe als „ultima ratio", die hauptverantwortlichen Behörden, die Arten der strafrechtlichen Sanktionen und die Sanktionspraxis vorgestellt. Das Kapitel schließt mit einer Zusammenfassung und einem Vergleich
mit Deutschland.

Der Vollzug freiheitsentziehender Maßnahmen an Jugendlichen in *Chile*,
Peru und *Bolivien* wird im *vierten Kapitel* dargestellt. Es beginnt mit einem
Überblick über die allgemeinen Vorgaben im Bereich der Menschenrechte von
Jugendgefangenen in Amerika. Dieses Kapitel enthält zudem einen Überblick
über das geltende Jugendstrafvollzugsrecht und das System des Vollzugs (An-
stalten, Behörden, Insassenstruktur nach Delikten, Alter etc., Belegungssitua-
tion, Merkmale der Jugendgefangenen und Situation der Menschenrechte der
Gefangenen in den Jugendanstalten). Außerdem werden in diesem Kapitel die
Gründe für die Unterentwicklung des Jugendstrafvollzugs näher untersucht.
Auch das *vierte Kapitel* schließt mit einer Zusammenfassung und einem Vergleich mit Deutschland.

Das *fünfte Kapitel* behandelt Kontrollmechanismen des Jugendstrafvollzugs.
Dabei soll zunächst die unterschiedliche Art und Weise der Kontrolle des Strafvollzugs, wie sie in den internationalen Menschenrechtsstandards festgelegt ist,
beschrieben werden. Ferner enthält das Kapitel eine Darstellung der amerikanischen Kontrollmechanismen. Konkret werden hier die Aufgaben der Interamerikanischen Menschenrechtskommission und die Rechtsprechung des Interamerikanischen Gerichtshofs für Menschenrechte zum Thema Jugendstrafvollzug vorgestellt. Überdies stellt das Kapitel die nationalen Kontrollmechanismen
im Bereich des Jugendstrafvollzugs in *Chile, Peru* und *Bolivien* dar. Wie bereits
die vorangegangenen Kapitel schließt auch dieses *Kapitel* mit einer Zusammenfassung und einem Vergleich mit Deutschland.

Im abschließenden *sechsten Kapitel* folgt eine bilanzierende Schlussbemer-
kung, die nochmals die wichtigsten Ergebnisse der Arbeit zusammenfasst.

2. Die Entwicklung des Jugendstrafrechts und Strafprozessrechts in Lateinamerika

In den letzten zwanzig Jahren wurden in den meisten Ländern Lateinamerikas umfangreiche und beachtliche Reformen des Strafrechtssystems durchgeführt. Die Intensität der Reformen variierte stark in den jeweiligen Ländern, jedoch bedeuteten sie insgesamt eine tiefgreifende Veränderung der gesamten Rechtskultur und der Strafjustiz im Besonderen. Neue kriminalpolitische Orientierungen setzten sich durch, und in der Folge wurden weitreichende Gesetzesreformen verabschiedet, die zur Veränderung vieler Institutionen beitrugen.

Die unterschiedlichen politischen und sozialen Bedingungen setzten in den einzelnen Ländern unterschiedliche Akzente. Zwei Leitideen waren in allen Ländern besonders bedeutsam, stellten einen Motor der Reformen, insbesondere im Strafprozess- und im Jugendstrafrecht, dar, und sorgten zugleich für die Akzeptanz entsprechender Reformen: die Verbesserung bzw. Optimierung der strafrechtlichen Sanktionen, um der Jugendkriminalität effektiver entgegenwirken zu können, und die Beachtung der Menschenrechte in der Strafgesetzgebung und auch in der Praxis.[1]

Leider betraf der Modernisierungsprozess den Strafvollzug nicht mit der gleichen Intensität. In den letzten zwanzig Jahren gab es in allen lateinamerikanischen Staaten erhebliche Probleme in diesem Bereich, insbesondere die andauernde Überbelegung der Gefängnisse war sehr hoch.[2] Die Reformen konzentrierten sich auf die Schaffung neuer Haftplätze – also auf den Bau von neuen Gefängnissen – und ließen die Modernisierung des Sanktions- und Vollzugssystems z. B. durch Einführung von Alternativen zur Freiheitsstrafe, Vollzugslockerungen, Resozialisierungsprogramme etc. außer Acht.

2.1 Das Strafverfahrensrecht vor der Reform

In der spanischen Kolonialzeit wurde in vielen Ländern das inquisitorische System eingeführt bzw. übernommen: in *Argentinien* 1888 (Código Procesal Penal), in *Chile* 1906 (Código de Procedimiento Penal), in *Guatemala* 1877 (Código de Procedimiento Penal), in *Paraguay* 1890 (Código de Procedimientos Penales) und in *Peru* 1862 (Código Procesal Penal).[3]

---

1   Vgl. *DeShazo/Vargas* 2006, S. 3 ff.; *Duce* 2009, S. 4 f.

2   Vgl. *Carranza* 2003, S. 3 ff.

3   Vgl. *Langer* 2007, S. 16.

Nach der Unabhängigkeit der Staaten blieb das System bis zum Ende des 20. Jahrhunderts mit nur geringen Veränderungen erhalten.[4] Die neuen Gesetze verboten die Folter und beschränkten die Verwendung von Beweisen auf die klassischen Beweismittel des aufgeklärten Strafprozesses (Zeugen, Sachverständigenbeweis, Urkundenbeweis).[5] Andere Aspekte des inquisitorischen Prozesses blieben jedoch erhalten. Zum Beispiel wurde der Prozess in zwei Phasen unterteilt: die Phase der Untersuchung oder Instruktionsphase, „*etapa del sumario*" genannt, und die Phase der Entscheidung (Urteil und Strafzumessung). Beide Etappen waren umfassend zu protokollieren. Der Richter war zunächst zuständig für die Untersuchungsphase. Diese Phase war geheim und die Anordnung von Untersuchungshaft gegenüber dem Beschuldigten wurde zur allgemeinen Regel. Ausschließend fällte derselbe Richter das Urteil.[6]

Der Inquisitionsprozess bedeutete eine Durchsetzung des staatlichen Strafverfolgungsanspruchs unter weitgehender Nichtbeachtung von heute als selbstverständlich angesehenen fundamentalen Grundrechten (Menschenwürde etc.) und rechtsstaatlichen Garantien des Beschuldigten. Die Rechte der Bürger waren gefährdet durch:

- Die Vereinigung der Ankläger- und Richterfunktion in einer Person. Durch die Vereinigung dieser Funktionen war die Unparteilichkeit des Richters in der Phase der Entscheidung nicht gewährleistet.
- Sehr eingeschränkte Möglichkeiten der Verteidigung, wenn überhaupt vorhanden. Der Verteidiger wurde als „Feind der Wahrheit" angesehen.

---

4   Die gesellschaftliche Entwicklung vor der Unabhängigkeit in Lateinamerika kann man in drei Epochen/Etappen teilen: Nach *Wesel* sind die ersten Anzeichen einer organisierten gesellschaftsähnlichen Form bei den Feuerland-Indianern (*Yaganes* und *Selknam*) in der Zeit der Jäger und Sammler zu finden. Eine weitere Entwicklung datiert man auf ca. 2000 v. Chr. – die Entstehung der staatlichen Organisationen in *Mexiko* und *Peru* und damit die Entwicklung der drei wichtigsten Königreiche Lateinamerikas, *Inkas*, *Mayas* und *Azteken*, die eine komplexe militärische, religiöse und administrative Struktur aufwiesen. Die dritte Etappe fällt auf die Kolonialzeit. Nach der Ankunft von *Christopher Columbus* in Amerika im Jahr 1492 begann die spanische Eroberung des Kontinents. Das Ziel der Expeditionen war die Aneignung von Land, Reichtum und natürlichen Ressourcen. Zu den wichtigsten bzw. bekanntesten gehören die Expeditionen von *Francisco Pizarro* in *Peru*, *Pedro de Valdivia* in *Chile*, *Hernán Cortéz* in *Mexiko* und *Pedro de Alvarado* in *Guatemala*. Während der Kolonialzeit galt in Lateinamerika das sog. indianische Recht „*Derecho Indiano*", das sich an dem spanischen Recht „*Leyes de Burgos*" von 1512 und „*Leyes Nuevas*" von 1542 orientierte und von vizeköniglichen Erlassen („*ordenanzas*") ergänzt wurde, vgl. *Wesel* 2006, S. 19 ff.; *Gutbrodt* 2010, S. 27 ff.; *Zegada* 2005, S. 11 ff.

5   Vgl. *Duce* 2009, S. 2.

6   Vgl. *Maier* 1996, S. 288 ff.

- Das Fehlen des Grundsatzes der Unmittelbarkeit der Beweisaufnahme und des Öffentlichkeitsgrundsatzes des Verfahrens. Das Ermittlungsverfahren und der Prozess waren geheim. Auch waren die Prozessakten (span. *expediente*), in denen die Entscheidungen protokolliert wurden, für den Beschuldigten nicht zugänglich.[7]

Die fehlende Unmittelbarkeit hatte zur Folge, dass der Richter häufig den Fall nicht im Detail kannte, sondern Mitarbeiter des Gerichts die eigentlichen Ermittlungen führten. Der Richter delegierte also seine Funktionen.[8]

Es ist interessant, dass die europäische Idee des liberalen, aufgeklärten Strafprozesses des 19. Jahrhunderts (der sich ursprünglich gegen den Absolutismus richtete) und die Entwicklung menschenrechtlicher Standards und Institutionen, wie sie gegenwärtig in der Rechtsprechung des *Europäischen Gerichtshofs für Menschenrechte* ihren Ausdruck finden, in Bezug auf die strafrechtlichen und prozessualen Garantien im Lateinamerika keinen Einfluss hatten bzw. keine Resonanz fanden.[9] Nach *Langer* sind es zwei Gründe, die dieses Phänomen erklären können: Misstrauen der Elite des 19. Jahrhunderts gegen die Ideen der liberalen Gesetzgebungen (*Codigos*) und fehlendes Interesse der Diktaturen, das Strafverfahren zu reformieren. Für die lateinamerikanische Elite der Epoche enthielt die europäische Tradition des liberalen Strafprozesses des 19. Jahrhunderts Ideen, die in Lateinamerika nach herrschender Auffassung nicht entwickelt werden könnten, da die Bürger nicht bereit seien, diese Ideen zu verstehen, zum Beispiel die Öffentlichkeit der Hauptverhandlung, die Mündlichkeit des Verfahrens und das Jury-Verfahren.[10] Zudem war das Lateinamerika der 1940er bis 1970er Jahre durch politische Instabilität und Diktaturen charakterisiert. Damit einher gingen eine Schwächung der Achtung der Menschenrechte und eine mangelnde Transparenz der Regierungstätigkeit. In diesem Zusammenhang waren die Diktaturen in der Region nicht interessiert, die neuen Ideen über ein faires Verfahren aufzugreifen, die in Europa und in Lateinamerika mit der Bewegung der Universität Córdoba in *Argentinien*[11] entwickelt worden waren.[12]

---

7   Vgl. *Maier* 1996, S. 409 f.

8   Die Schriftlichkeit und lediglich Mittelbarkeit des Verfahrens waren wichtige Merkmale.

9   Vgl. *Duce* 2009, S. 3.

10   Vgl. *Langer* 2007, S. 14.

11   An der Universität von *Córdoba* in *Argentinien* arbeiteten zwei der bekanntesten Rechtsprofessoren, *Alfredo Vélez Mariconde* und *Sebastián Soler*, die 1939 ein neues Verfahrensgesetz für das Bundesland von *Córdoba* vorbereitet hatten. Sie hatten sich von den italienischen Strafprozessgesetzen von 1913 und 1930 anregen lassen und führten in ihrem Entwurf akkusatorische Elemente, die Hauptverhandlung, mehr Rechte für die Angeklagten und erweiterte Kompetenzen für die Staatsanwaltschaft ein. Dieses

2.2 Jugendstrafrecht vor der Reformbewegung Ende der 1980er Jahre

In Bezug auf Jugendstrafrecht herrschte das sog. Wohlfahrtsmodell bzw. das *Sistema Tutelar*. Dieses System hatte eine lange Tradition in der Region. Das System wurde 1899 in *Illinois* (*USA*) entwickelt und hatte großen Einfluss auf Lateinamerika.[13] Fast alle Gesetze in Lateinamerika wurden diesem Modell angepasst, zum Beispiel in *Argentinien* 1921, *Brasilien* 1927, *Chile* 1928, *Venezuela* 1939, *Peru* 1924 und *Bolivien* 1966.[14]

Die zentrale Idee des Wohlfahrtsmodells ist die „Rettung" der Kinder und Jugendlichen (spanisch: „*Menor*") vor „gefährlichen Einflüssen" bzw. einer Gefährdung des Kindeswohls. In diesem Zusammenhang konnte der Richter eine Reihe von Maßnahmen auferlegen, damit das Kind auf den richtigen Weg zurückfindet und sein Leben normalisieren kann.[15]

Das Wohlfahrtsmodell entwickelte ein besonderes Konzept für Kinder, die mit Verbrechen in Verbindung kamen. Es ist interessant, die Erinnerungen eines Jugendrichters in *Chile* aus dem Jahre 1928 zu lesen: „Kindheit sieht man als instinktgeleitete und tierische Etappe des Lebens. Der Keim von Wahnsinn und Unmoral kann bei Kindern gefunden werden".[16]

Die Hauptmerkmale dieses Modells waren:[17]

- Für Kinder und Jugendliche gibt es spezielle Jugendgerichte.
- Das Kind wird als Objekt betrachtet und nicht als Subjekt mit eigenen Rechten.
- Junge Menschen haben keine strafrechtliche Verantwortung. Sie sind nicht strafbar.
- Dem Minderjährigen stehen die Rechte und Garantien des Straf- und Strafverfahrensrechts für Erwachsene *nicht* zu.

Gesetz wurde ein Vorbild für die anderen Bundesländer in *Argentinien*, zum Beispiel *Santiago del Estero* (1941), *San Luis* (1947) und *Jujuy* (1950), vgl. *Maier* 1996, S. 421.

12 Vgl. *Langer* 2007, S. 21.

13 Vgl. *Tiffer-Sotomayor* 2000, S. 22 ff.; *Cillero* 1997, S. 505; *Gutbrodt* 2010, S. 19.

14 Vgl. *Garcia- Mendez/Beloff* 1998, S. 27 ff.

15 Vgl. *Tiffer-Sotomayor* 2000, S. 103 ff.; *Bustos* 1997, S. 65; *Garcia-Mendez* 1994, S. 83 ff.

16 Vgl. *Gajardo* 1929, S. 53.

17 Vgl. *Tiffer-Sotomayor* 2000, S. 106.; *Garcia -Mendez* 1994, S. 79 f.; *Gutbrodt* 2010, S. 21.

- Das Verfahren ist inquisitorisch gestaltet. Grundrechte und rechtsstaatliche Verfahrensgarantien spielen keine Rolle.
- Freiheitsentziehende Maßnahmen sind nicht eindeutig definiert und zeitlich unbestimmt.
- Ziel des Systems ist es, gefährdeten Kindern und jungen Menschen zu helfen („*niños en situación de riesgo*"), zum Beispiel Waisenkindern, Drogenabhängigen, Straftätern oder Kindern, für die keine Erziehungsberechtigten zur Verfügung stehen.

2.3 Reformen als ein regionaler Prozess

Bis zum Ende des 20. Jahrhunderts behielten die lateinamerikanischen Länder das überkommene Strafverfahrenssystem[18] und Jugendstrafrecht.[19] Jedoch änderte sich diese Situation in den letzten zwanzig Jahren. In dieser Zeit ersetzten 16 lateinamerikanische Länder ihr inquisitorisches System (Richter und Ankläger in einer Person) durch ein Anklageverfahren (Anklagegrundsatz[20])[21] und das Wohlfahrtsmodell durch ein neues Justizmodell.[22]

Diese Entwicklung ist ein komplexer Prozess, der mehrere Gründe hat. Allerdings gibt es einige Faktoren, die alle Länder Lateinamerikas in den 1980er und 1990er Jahren mit unterschiedlicher Intensität berührt haben. Die wichtigsten Faktoren, die den Prozess der rechtlichen Reform in der Region erklären, sind:[23]

- die Demokratisierung der politischen Strukturen und eine verstärkte Beachtung der Menschenrechte,
- das Wirtschaftswachstum und die Modernisierung der Staaten,
- die negative Wahrnehmung des überkommenen Kriminaljustizsystems in der Bevölkerung bzw. Gesellschaft,
- die Beteiligung ausländischer Institutionen und
- die Beteiligung der Wissenschaft.

---

18   Vgl. *Duce* 2009, S. 3.; *Langer* 2007, S. 16

19   Vgl. *Tiffer-Sotomayor* 2000, S. 65.

20   Vgl. hierzu *Beulke* 2010, Rn. 18.

21   Vgl. *Langer* 2007, S. 17; *Duce* 2009, S. 12.

22   Vgl. *Beloff* 2007, S. 15.

23   Vgl. *Duce* 2009, S. 4.; *Langer* 2007, S. 17 ff.; *Beloff* 2007, S. 11.

2.3.1 Demokratischer Prozess und die verstärkte Beachtung der Menschenrechte

Die Reformbewegung fiel mit dem Ende der Diktaturen in Lateinamerika zusammen. Seit langer Zeit bis in die 1970er und 1980er Jahre hatte fast jedes Land in der Region eine Diktatur.[24]

Die lateinamerikanische politische Szene Ende des 20. Jahrhunderts war vor die Herausforderung gestellt, eine Reihe von Reformen in verschiedenen Bereichen des Staatsapparats einem neuen demokratischen Regime anzupassen.

Die Strafprozess- und die Jugendstrafrechtsreform waren in den Reformwerken fast eines jeden Landes in der Region enthalten. Die Funktionsweise dieser Systeme ohne Rücksicht auf die Rechte des Verhafteten galt als eine Manifestation der Diktaturen und ein Paradigma, das grundlegende Reformen notwendig machte.

Die Fortschritte im Bereich der Menschenrechte wurden ein weiterer Faktor, der den Prozess der Reformen in Lateinamerika antrieb. Nach den massiven Verletzungen der Menschenrechte in der Diktatur ergriffen die demokratischen Regierungen verschiedene Maßnahmen zum Schutz der Rechte des Individuums. Ferner begannen die Länder einen Prozess der Ratifizierung der wichtigsten internationalen Menschenrechtskonventionen und transferierten diese neuen Standards in ihre innerstaatliche Rechtsordnung, zum Beispiel die *Amerikanische Menschenrechtskonvention* von 1978 und die *Kinderrechtskonvention* von 1989. Die *Amerikanische Menschenrechtskonvention*, die seit 1978 in Kraft ist, wurde in 25 amerikanischen Ländern ratifiziert. Die Ausnahmen sind *USA, Antigua und Barbuda, Belize, San Kitts und Nevis, Santa Lucia, St. Vicente* und *Grenadines*. Die *Kinderrechtskonvention* hatten die meisten lateinamerikanischen Länder bereits Ende 1990 ratifiziert.[25]

2.3.2 Die Entwicklung der Wirtschaft und die Modernisierung der Staaten

Parallel zu dem Prozess der Demokratisierung begannen viele Länder in der Region mit einigen bedeutenden Wirtschaftsreformen, um den internationalen

---

24 Als besonders harte bzw. lange Diktaturen kann man die politischen Systeme in *Nicaragua* mit dem Diktator *Somoza* 1937-1989, in *Kolumbien* mit *Gustavo Rojas Pinilla* 1953-1957, in *Paraguay* mit *Stroessner* 1954-1980, in *Argentinien* mit *Videla* 1976-1981, in *Chile* mit *Pinochet* 1973-1990, in *Brasilien* mit verschiedenen Diktatoren 1964-1985, in *Uruguay* mit verschiedenen Diktatoren 1973-1985, oder in *Bolivien* mit *Banzer* 1971-1978 erwähnen. Eine Ausnahme stellt *Costa Rica* dar, wo nie eine Diktatur herrschte, vgl. *Arratia* 2010, S. 35 ff.

25 Ausführliche Informationen über Kontrollmechanismen der Menschenrechte in Lateinamerika finden sich im vierten Kapitel dieser Arbeit.

Handel zu erweitern und ihre Volkswirtschaften zu öffnen. Das führte zu einer Transformation des wirtschaftlichen Sektors, zur Modernisierung der Institutionen und zu wirtschaftlichem Wachstum. In diesem Zusammenhang wurde auch die Strafjustiz reformiert, da die Modernisierung solcher Institutionen wie der Justiz ein Symbol für die Sicherheit, Transparenz und Berechenbarkeit eines Landes darstellt.[26]

2.3.3 Die negative Wahrnehmung des Kriminaljustizsystems in der Bevölkerung/Gesellschaft

Eine Forschung von *Latinobarómetro*[27] (1996) zeigte, dass insgesamt in den meisten Ländern Lateinamerikas nur 30% der Bevölkerung der Strafjustiz vertrauten. Ein beachtlicher Teil dieser negativen Einstellung zur Strafjustiz bezog sich auf die übermäßig lange Dauer eines Verfahrens, den faktisch eingeschränkten Zugang zur Justiz, eine übertriebene Bürokratie, Korruption und auf einen inakzeptablen Grad der Straflosigkeit angesichts einer schlecht funktionierenden Rechtspflege.

2.3.4 Die Beteiligung ausländischer/internationaler Institutionen

Ein weiterer Faktor, der zum Prozess der Reformen in der Region beigetragen hat, ist die Teilnahme von internationalen Organisationen. Sie konzentrierten sich auf die finanzielle Unterstützung und die Formulierung und Umsetzung von Gesetzesreformen.

Die Weltbank, die *Inter-Amerikanische Bank der Entwicklung* (IDB), das *Programm der Vereinten Nationen für Entwicklung* (UNDP) und Geberländer wie die *Vereinigten Staaten* brachten durch *die Organisation für internationale Entwicklung* (USAID) fast eine Milliarde Dollar ein, um die Justizreformen zu unterstützen.[28]

Auf der anderen Seite trugen Organisationen wie *UNICEF, Instituto latinoamericano de las Naciones Unidas para la prevencion del delito y el tratamiento del delincuente (ILANUD)* und das *Zentrum für Forschung in Amerika* zur Forschung, Verbreitung von Informationen und zur technischen Zusammenar-

---

26   Die Organisation für wirtschaftliche Zusammenarbeit und Entwicklung, 2013, S. 8. www.oecd.org/eco/growth/FINAL%20Civil%20Justice%20Policy%20Paper.pdf.

27   Der *Latinobarómetro*, eine Nichtregierungsorganisation, erforscht die Entwicklung der Demokratie, Wirtschaft und Gesellschaft als Ganzes, mit den Öffentlichkeits-Indikatoren, die Einstellungen, Werte und Verhaltensweisen zu messen. Die Ergebnisse dienen sowohl den politischen Akteuren in der Region, staatlichen Institutionen, internationalen Organisationen als auch Medien. Vgl. www.latinobarometro.org/latino/-latinobarometro.jsp.

28   Vgl. *Stippel* 2010, S. 479 f.

beit bei. An dieser Stelle ist auch die *Deutsche Gesellschaft für Internationale Zusammenarbeit (GIZ)* zu erwähnen, die verschiedene wichtige Projekte vor allem in Bolivien, Paraguay und Chile unterstützt und durchgeführt hat.

2.3.5 Die Beteiligung der intellektuellen Elite

Einen bedeutenden Einfluss auf die positiven Veränderungen in Lateinamerika hatten einzelne Wissenschaftler und Experten, die den Reformprozess in verschiedenen Ländern vorantrieben.

Die meisten von ihnen hatten mindestens einen Teil ihres Studiums in den *USA*, *Deutschland* oder *Spanien* absolviert, sodass sie aus diesen Erfahrungen schöpfen und so zur Gesetzgebungsarbeit bzw. der Entstehung und zur Implementierung der neuen Straf- und Jugendstrafrechtsgesetzgebung beitragen konnten.

Im Bereich der Jugendstrafrechtsreform spielten Experten wie *Emilio Garcia Mendez* und *Mary Beloff* aus *Argentinien*,[29] *Carlos Tiffer-Sotomayor* und *Javier LLobet* aus *Costa Rica*,[30] *Carlos Gomez da Costa* und *Antonio Fernando Do Amaral e Silva* in *Brasilien*[31] und *Miguel Cillero* sowie *Jaime Couso* in *Chile*[32] eine wichtige Rolle. Ferner ist im Bereich der Strafverfahrensreform der argentinische Experte *Alberto Binder* zu erwähnen.

2.4 Reformen des Strafprozessrechts

Zentraler Punkt der Diskussion um die neue Strafverfahrensreform waren die Konstruktion des neuen Strafprozessgesetzes und die Modernisierung der Institutionen des Kriminaljustizsystems.

Für alle Länder in Lateinamerika begann Anfang der 1990er Jahre die Diskussion um ein neues Strafverfahrensgesetz. Man versuchte mit dieser Diskussion, den klassischen Inquisitionsprozess zu reformieren. Die Mehrheit der Länder der Region verwendete als Modell des Verfahrensrechts den Entwurf des *Iberoamerikanischen Instituts für Verfahrensrecht*.[33]

---

29 *Garcia-Mendez* 1994; *Garcia-Mendez/Beloff* 1998.

30 *Tiffer-Sotomayor/Llobet Rodriguez* 1999.

31 *Gomes Da Costa* 1995; *do Amaral e Silva* 2001.

32 *Cillero* 1998; *Couso* 2006.

33 Vgl. *Duce* 2009, S. 13.; *Langer* 2007, S. 27.; http://iibdp.org/index.php/es/el-instituto/-presentacion-institucional.html.

Das Institut hat die Anregung für dieses Modell in *Deutschland* gefunden, aber andere Länder wie *Chile* und *Kolumbien* haben weitere Aspekte aus der angelsächsischen Tradition übernommen.[34]

Die wichtigsten Ziele/Merkmale der Reform waren:[35]

a) Öffentlichkeitsgrundsatz (die Öffentlichkeit des Hauptverfahrens),
b) Mündlichkeitsgrundsatz der Hauptverhandlung,
c) die Trennung der Anklägerfunktion und der Richterfunktion,
d) die Einführung des Opportunitätsprinzips (u. a. Möglichkeit der Einstellung des Prozesses seitens der Staatsanwaltschaft),
e) die Anerkennung der Rechte des Angeklagten und die Einführung von Kontrollmechanismen („Fair Trial")
f) die Teilung des Prozesses/des Verfahrens in drei Phasen/Stufen:

1. Ermittlungsphase: Das Ziel dieser Phase ist, wie in Europa/ Deutschland die Suche nach Informationen über die Straftat (es wird der Sachverhalt ermittelt, Indizien bzw. Beweise werden gesammelt).
2. Zwischenverfahren: Es besteht aus der Vorbereitung der Hauptverhandlung. Man entscheidet über die Beweise, die in der Hauptverhandlung eingebracht werden können.
3. Die Hauptverhandlung.

Tabelle 1: **Länder, die das Strafprozessrecht modernisiert haben**

Länder	Strafprozessgesetz	Jahr
Argentinien	Código Procesal Penal. Gesetz N°11922 in der Provinz von Buenos Aires	1998
Bolivien	Código de Procedimiento Penal. Gesetz N°1970	2000
Chile	Código Procesal Penal. Gesetz N°19.696	2000
Costa Rica	Código Procesal Penal. Gesetz N°7594	1998
Dominikanische Republik	Código Procesal Penal. Gesetz N°76-02	2004
Ecuador	Gesetz N°000.RO/Sup 306	2001
El Salvador	Gesetzesverordnung N°904	1996
Guatemala	Código Procesal Penal Verfügung N°51-92	1994
Honduras	Código Procesal Penal Verfügung N°9-99-E	2002

---

34 Vgl. *Duce* 2009, S. 13.
35 Vgl. *Duce* 2009, S. 15.

Länder	Strafprozessgesetz	Jahr
Kolumbien	Código de Procedimiento Penal. Gesetz N°906	2005
Mexiko	Verfassungsreform	2008
Nicaragua	Código Procesal Penal Gesetz N°406	2002
Panama	Código Procesal Penal Gesetz N°63	2009
Paraguay	Código Procesal Penal. Gesetz N°1286/98	1999
Peru	Decreto Supremo N°005-2003-JUS	2006
Venezuela	Código Orgánico Procesal Penal	1999

Quelle: *Duce* 2009, S. 5.

Die Modernisierung der Institutionen war ein anderer wichtiger Teil der Diskussion. Eine Reform mit diesen Dimensionen brauchte nicht nur ein neues Gesetz, sondern auch Institutionen, die die neuen Aufgaben des Anklagesystems meistern konnten (Schaffung einer eigenständigen Anklagebehörde). Deshalb war die Modernisierung in der Ausbildung der Richter, der Staatsanwälte, der Verteidiger und der Polizeibeamten notwendig, und die Konsequenz war eine Reform der Organisation, Funktionsweise sowie der personellen und sachlichen Ausstattung der entsprechenden Institutionen.[36]

2.5   Reformen des Jugendstrafrechts

2.5.1   Der Einfluss der UN-Kinderrechtskonvention[37] auf die Reform des Jugendstrafrechts

Die Reform des Jugendstrafrechts war eine weitere Herausforderung für die lateinamerikanischen Länder. In den letzten 20 Jahren begannen fast alle Länder der Region mit der Modernisierung ihrer Jugendrechtssysteme. Ziel war die Veränderung des wohlfahrtsorientierten Systems, des sog. *Sistema-Tutelar*.[38]

In diesem Modernisierungsprozess spielt die KRK, die seit 1990 überall in Lateinamerika in Kraft ist, eine wichtige Rolle. Diese Konvention führte eine neue Menschenrechtskonzeption für Kinder und Jugendliche ein und legte im Bereich der Justiz konkrete Menschenrechtsstandards fest, die auf der Ebene der Jugendkriminalprävention, in allen Etappen des Jugendverfahrens und im Ju-

---

36   *DeShazo/Vargas* 2006, S. 3 ff.

37   Das Übereinkommen über die Rechte des Kindes, kurz UN-Kinderrechtskonvention (englisch: *Convention on the Rights of the Child*, CRC), angenommen am 20. November 1989 von der UN-Generalversammlung.

38   Vgl. *Tiffer-Sotomayor* 2000, S. 245 ff.; *Gutbrodt* 2010, S. 102.

gendvollzug beachtet werden sollen.[39] Zu den wichtigsten Bestimmungen der Konvention, die eine besondere Rolle im Jugendstrafrecht spielen sollen, gehören:[40]

a) Das Folterverbot und das Verbot unmenschlicher oder erniedrigender Strafe oder Behandlung,
b) Die Einrichtungen, in denen Jugendsachen behandelt werden, müssen die Achtung der Menschenrechte und der Grundfreiheiten gewährleisten und das Alter des Kindes und seine soziale Wiedereingliederung bedenken bzw. beachten,
c) Freiheit und Freizügigkeit,
d) Verfahrens- und Justizgarantien: Minderjährige haben dieselben Verfahrensrechte und Garantien wie Erwachsene,
e) Nulla poena sine lege,
f) Vorrang der ambulanten vor freiheitsentziehenden Maßnahmen.

Gleichermaßen wurde der „Hart-Law"-Charakter der Konvention bedeutungsvoll, wonach die Mitgliedstaaten verpflichtet sind, die Geltung der KRK im nationalen Recht zu gewährleisten. In der Tat verpflichteten sich die Lateinamerikanischen Länder, die die Konvention ratifiziert hatten, alle geeigneten Gesetzgebungs-, Verwaltungs- und andere Maßnahmen zur Verwirklichung der in dieser Konvention anerkannten Rechte zu treffen.[41]

In diesem Zusammenhang ist die Art und Weise der Bekämpfung der Jugendkriminalität zu berücksichtigen und hierbei insbesondere die Implementation von Menschenrechten der Kinder und Jugendlichen sowie die Erweiterung von Rechtsschutzmöglichkeiten, vor allem in den Ländern, in denen das Wohlfahrtsmodell galt bzw. eingeführt worden war.[42]

Die jugendstrafrechtlichen Regeln in Ländern, in denen das Wohlfahrtsmodell galt, verstießen gegen wichtige Prinzipien, die in der KRK verankert sind. Insbesondere fehlten in diesen Rechtssystemen genaue Bestimmungen, die die

---

39 Vgl. *Tiffer-Sotomayor* 2000, S. 248.

40 Vgl. die Artikel 37, Folterverbot, Verbot der Todesstrafe, lebenslanger Freiheitsstrafe und die Garantie, einen Rechtsbeistand in Anspruch nehmen zu können, Art. 39, Genesung und Wiedereingliederung geschädigter Kinder und Art. 40 der Konvention über die Behandlung des Kindes im Strafrecht und Strafverfahren.

41 Vgl. Art. 4 der Kinderrechtskonvention.

42 Vor der Ratifizierung der Kinderrechtskonvention können zwei Perioden identifiziert werden. Nach *Tiffer-Sotomayor* umfasst der erste Zeitraum die erste Hälfte des 20. Jahrhunderts, in der sich besondere Jugendrechtsgesetzgebungen nach dem Wohlfahrtsmodell herausbildeten. Danach folgte der Zeitraum 1950-1989, in dem eine Konsolidierung und Ausdifferenzierung des Wohlfahrtsmodells aufgrund der Verschärfung der sozialen Rahmenbedingungen stattfand, vgl. *Tiffer-Sotomayor* 2000, S. 22.

Prinzipien/Voraussetzungen/Gründe der strafrechtlichen Verantwortlichkeit bestimmen. Die Gesetze beinhalteten zeitlich unbestimmte Maßnahmen, das Verfahren hatte keinen kontradiktorischen Charakter. Es fehlten also grundlegende Prozessgarantien.[43]

2.5.2 Legislative Strategien der Länder zur Modernisierung ihrer Gesetze

Diese sieben Dimensionen (vgl. oben 2.5.1), die die Kinderrechtskonvention erwähnt, waren das Rückgrat der neuen Gesetze in der Region.[44] In der Tat begannen die lateinamerikanischen Länder ihren jeweiligen Reformprozess des Jugendrechtssystems mit dem einzigen Auftrag, diese neuen Grundsätze in ihre nationale Rechtsordnung zu integrieren. Für diese Aufgabe verwendeten sie zwei legislative Strategien.[45]

Einige Länder beschlossen, einen Kodex auszuarbeiten, in dem alle Aspekte des Kindes und Jugendlichen, wie die Rechte des Kindes, die Verantwortung der Familie, Institutionen und die Mechanismen, um Kinder zu schützen, geregelt sind. Diese Kodifikationen werden als „integrierte Gesetze" (*Códigos integrales*) bezeichnet, da sie sowohl zivilrechtliche, jugendhilfe- wie auch jugendstrafrechtliche Aspekte integriert in einem Gesetz enthalten.

Beispielhaft für diese Strategie ist das Gesetz in *Brasilien* von 1990, das zum Vorbild für Lateinamerika wurde.[46] Auch *Peru, Guatemala, Honduras, Nicaragua, Bolivien, Paraguay, Ecuador, Venezuela, Uruguay, Kolumbien, Argentinien* und die *Dominikanische Republik* verabschiedeten solche ganzheitlichen Gesetze.

Andere Länder beschlossen, nur ein Jugendstrafgesetz zu entwickeln.[47] Dies war der Fall in *El Salvador, Chile, Costa Rica* und *Panama*.[48]

---

43   Vgl. *Tiffer-Sotomayor* 2000, S. 249 ff.

44   Nach *Tiffer-Sotomayor* haben sich die neuen Gesetze mehr oder weniger deutlich an den in der Konvention enthaltenen neuen Richtlinien bzw. Vorgaben orientiert. Am deutlichsten beeinflusst von der Konvention war die Gesetzgebung in *Brasilien*, während diese Tendenz in *Kolumbien* nicht sehr ausgeprägt war, vgl. *Tiffer-Sotomayor* 2000, S. 68.

45   Vgl. *Beloff* 2007, S. 15.

46   Vgl. *Beloff* 2007, S. 15 ff.

47   In vielen europäischen Staaten gibt es eigenständige jugendstrafrechtliche Gesetze zum Beispiel in *Belgien, Deutschland, England und Wales, Kroatien, Kosovo, Österreich, Portugal, Serbien, Spanien* und *Tschechien*, vgl. *Dünkel/Grzywa/Horsfield/Pruin* 2011.

48   Vgl. *Beloff* 2007, S. 39.

Tabelle 2:   Länder, die ihre Jugendrechtssysteme durch integrierte
              Jugendrechtsgesetze modernisiert haben

Land	Gesetz	Jahr
Brasilien	Estatuto de la niñez y adolescencia	1990
Honduras	Código de la niñez y la adolescencia	1996
Nicaragua	Código de la niñez y la adolescencia	1998
Bolivien	Código del Niño, Niña y Adolescente	2000
Perú	Código de los niños y adolescentes	2000
Venezuela	Ley orgánica para la protección del niño y del adolescente	2000
Mexiko	Ley de Protección de los Derechos de Niñas, Niños y Adolescentes	2000
Paraguay	Código de la niñez y la adolescencia	2001
Ecuador	Código de la niñez y la adolescencia	2003
Guatemala	Ley protección integral niñez y adolescencia	2003
Dominikanischen Republik	Código para el sistema de protección y los derechos fundamentales de Niños, Niñas y Adolescentes	2004
Uruguay	Código de la niñez y la adolescencia	2004
Argentinien	Ley Nacional de Protección Integral de los Derechos de las Niñas, Niños y Adolescentes	2005
Kolumbien	Código de la Infancia y la Adolescencia	2006

Quelle: *Beloff* 2007, S. 15 ff.

Tabelle 3: Länder, die ihre Jugendrechtssysteme durch ein Jugend-
strafgesetzbuch modernisiert haben

Land	Gesetz	Jahr
El Salvador	Ley del menor infractor	1995
Costa Rica	Ley de Justicia Penal Juvenil	1996
Panamá	Régimen Especial de Responsabilidad Penal de las Adolescencia	1999
Chile[49]	Ley de Responsabilidad Penal Adolescente	2007

Quelle: *Beloff* 2007, S. 15 ff.

2.5.3 Höchstdauer der Sanktion und Strafmündigkeit in der Region

Alle lateinamerikanischen Staaten haben ein Mindestalter für die Strafmündigkeit eingeführt. In Lateinamerika ist der Beginn der Strafmündigkeit im Ju-
gendbereich unterschiedlich. In *Brasilien, Honduras, Peru, Ecuador*, und *Bolivien* beginnt die Strafmündigkeit bzw. im Fall von Brasilien die Anwendbarkeit
von jugendrechtlichen Schutzmaßnahmen mit 12 Jahren. In *Panama, Paraguay*
und *Chile* beginnt sie mit 14 und in *Guatemala, Nicaragua, Uruguay* und *der
Dominikanischen Republik* mit 13 Jahren (vgl. *Tabelle 4*).

Die lateinamerikanischen Jugendstrafrechtssysteme unterscheiden altersbe-
zogen auch nach der maximal angedrohten Freiheitstrafe, weshalb hierauf auch
im Kontext der Altersgruppen strafrechtlicher Verantwortlichkeit eingegangen
wird. Die höchste Strafe gibt es in *Argentinien* und *Costa Rica*. In *Argentinien*[50]
existiert die lebenslange Freiheitsstrafe[51] und in *Costa Rica* beträgt die Höchst-

---

49 1928 wurde in *Chile* das erste Jugendgesetz verabschiedet, das durch das Wohlfahrtsmodell inspiriert wurde. Danach gab es 1967 und 1994 Reformen, die neue Anwendungsbereiche und Einschränkungen bei der Inhaftierung von Jugendlichen einführten,
aber diese Reformen behielten die Ideologie des Wohlfahrtsmodells bei. Die geschichtliche Entwicklung des Jugendstrafrechts in Chile wird im dritten Kapitel der Arbeit dargestellt.

50 Der Fall von *Argentinien* ist sehr umstritten gewesen. Der *Inter-Amerikanische Gerichtshof für Menschenrechte* hat im Fall „Mendoza und andere" *Argentinien* verurteilt
(14.05.2013). Nach dem Gerichtshof ist die lebenslange Freiheitsstrafe eine unmenschliche und erniedrigende Strafe. Die Rechtsprechung des *Inter-Amerikanischen Gerichtshofs für Menschenrechte* wird im fünften Kapitel der Arbeit dargestellt.

51 In Europa existiert die lebenslängliche Freiheitsstrafe für Jugendliche nur in *England*
und *Wales*, in den *Niederlanden* und in *Schottland*, vgl. *Dünkel/Stańdo-Kawecka* 2011,
S. 1797. Insbesondere die lebenslange Freiheitsstrafe ohne Möglichkeit der bedingten
Entlassung („*life without parole*") wird in Europa allerdings sehr kritisch gesehen und

strafe 15 Jahre. Die niedrigste Jugendstrafe beträgt maximal zwei Jahre und findet sich im guatemaltekischen Gesetz. Die Vorschriften der anderen Länder sehen keinen längeren Freiheitsentzug als 3 oder 4 Jahre vor, wie zum Beispiel in *Ecuador* und *Peru*.

Bolivien, Costa Rica, El Salvador, Guatemala, Venezuela, Chile und die *Dominikanische Republik* unterscheiden zwei Altersgruppen mit jeweils unterschiedlicher Dauer der Sanktionen. In *Chile* beträgt die Freiheitstrafe für Jugendliche im Alter von 14 und 15 Jahren nicht mehr als 5 Jahre und für Jugendliche im Alter von 16 und 17 Jahren maximal 10 Jahre.

In den meisten Ländern unterliegen Personen, die das 18. Lebensjahr vollendet haben, dem Erwachsenenstrafrecht. Im Vergleich zu Europa gibt es in Lateinamerika – mit Ausnahme von *Brasilien* und *Uruguay* – keine Regelungen zur Erweiterung des Anwendungsbereichs des Jugendstrafrechts auf junge Erwachsene (Heranwachsende).[52] Bemerkenswert ist, dass in Europa angesichts der Europaratsempfehlungen[53] viele Länder den Anwendungsbereich des Jugendstrafrechts auf junge Erwachsene erweitert haben, zum Beispiel *Deutschland, Österreich, Kroatien, Frankreich, Dänemark, Litauen* und die *Niederlande.*[54] Die Niederlande haben durch ein Reformgesetz im April 2014 den Anwendungsbereich des Jugendstrafrechts sogar auf bis zur Vollendung des 23. Lebensjahres ausgeweitet.[55]

---

ist durch Art. 37 KRK verboten. Der EGMR sieht darin einen Verstoß gegen die Europäische Menschenrechtskonvention (Art. 3 EMRK, Folterverbot), vgl. *Vinter et al. v. UK*, Application No. 66069/09, 130/10 und 3896, 9.7.2013.

52   Vgl. *Tiffer-Sotomayor* 2000, S. 109, 250.

53   Vgl. Rec(2003)20 Nr. 11und ERJJOSSM Nr. 17. Zu den internationalen Regelungen ausführlich siehe *Dünkel/Pruin* 2011.

54   Vgl. *Dünkel/Pruin* 2011, S. 1569; *Pruin* 2011, S. 130.

55   Vgl. hierzu *Dünkel* 2014. Vgl. zur kriminologischen Begründung und Vorbereitung der Gesetzesreform *Loeber et al.* 2012.

Tabelle 4: Vergleich der Altersgrenzen strafrechtlicher Verantwortlichkeit, der Altersgruppen im Jugendstrafvollzug und maximale Dauer der Sanktion

Land	Strafmündig-keitsalter	Alter, ab dem Erwachsenenstrafrecht angewendet werden kann/muss	Maximale Dauer der Sanktion
Argentinien	16	18	Lebenslange Freiheitsstrafe vor der Entscheidung des Interamerikanischen Gerichtshofs für Menschenrechte vom 14.05.2013
Bolivien	12/14	16	Von 12-14 = 3 Jahre 14-16 = 5 Jahre
Brasilien	12*	18/21	3 Jahre
Chile	14/16	18	Von 14-15 = 5 Jahre 16-17= 10 Jahre
Costa Rica	12/15	18	Von 12-15 = 10 Jahre 15-18 = 15 Jahre
Dominikanische Republik	13	18	Von 13-15 = 3 Jahre 16-18 = 5 Jahre
Ecuador	12	18	4 Jahre
El Salvador	12/16	18	Von 12-15 = 5 Jahre 16-18 = 7 Jahre
Guatemala	13/15	18	Von 13-15 = 2 Jahre 15-18 = 6 Jahre
Honduras	16	18	8 Jahre
Kolumbien	14/16	18	8 Jahre
Nicaragua	12	18	6 Jahre
Panama	14	18	7 Jahre
Paraguay	14	17	8 Jahre
Peru	12	18	3 Jahre
Uruguay	13	18/21	5 Jahre
Venezuela	12/15	18	Von 12-14 = 2 Jahre 15-18 = 5 Jahre

Quelle: *Beloff* 2007.

*   Keine Strafmündigkeit i. e. S., sondern Mindestalter für die Anwendung des Kinderschutzgesetzes (*Estatuto del niño y adolescente* von 1990); Maßnahmen nach diesem Gesetz können bis zur Vollendung des 21. Lebensjahrs fortdauern.

2.6 Strafvollzug – die Situation in der Region nach der Reformbewegung

2.6.1 Strafvollzugspopulation in Lateinamerika

Die vom Kings College, International Center for Prison Studies, in London veröffentlichen Daten verdeutlichen, dass sich die Gefangenenpopulation in Lateinamerika in den letzten 20 Jahren kontinuierlich erhöht hat.[56] Starke Zuwachsraten sind in *Bolivien, Chile, Kolumbien, Ecuador, Uruguay* und *Panama* zu beobachten, wo sich die Gefangenenrate seit den 1990er Jahren bis 2012 jeweils mehr als verdoppelt hat. Eine dramatische Zunahme der Gefangenenraten gab es in *Argentinien, Paraguay* und *Peru*, wo sich die Gefangenenzahl in diesem Zeitraum verdreifachte. In *Brasilien, Costa Rica* und *Ecuador* vervierfachte sie sich sogar in diesem Zeitraum. Demgegenüber sind die Gefangenenraten in *Venezuela* nur moderat angestiegen (vgl. *Tabelle 5*).[57]

---

56 Diese Entwicklungstrends sind nicht auf Lateinamerika begrenzt. Im Zeitraum 1975-2004 stiegen die Gefangenenraten in den *USA* um 312%. Ähnliche Veränderungen haben in *Australien, Neuseeland* und *Großbritannien* stattgefunden. In den letzten beiden Jahrzehnten hat sich die Gefangenenrate in den *Niederlanden* von ca. 20 auf mehr als 140 versiebenfacht, ist inzwischen aber wieder auf ca. 80 zurückgegangen, vgl. *Dünkel/Lappi-Seppälä/Morgenstern/van Zyl Smit* 2010, S. 999 ff.; *Dünkel/Geng* 2013.

57 Vgl. http://www.prisonstudies.org/info/worldbrief/?search=southam&x=South%20America.

Tabelle 5: Entwicklung der Vollzugspopulation in Lateinamerika 1996 bis 2013 (absolute Zahlen)

Land	1996	1998	1999	2005	2011	2012	2013
Argentinien	21.016	35.808	k. A	63.357	k. A	60.611	k. A
Bolivien	5.412	6.149	5.577	k. A	k. A	13.489	k. A
Brasilien	k. A.	170.602	k. A	336.358	k. A	548.003	k. A
Chile	k. A	26.871	k. A	36.374	53.410	k. A	47.327
Costa Rica	3.443		6.004	7.649	9.211		12.110
Ecuador	k. A	9.646	k. A	11.358	k. A	21.000	k. A
Kolumbien	k. A	44.398	k. A	68.020	k. A	k. A	117.015
Panama	4.428	k. A	8.191	9.626	11.345	k. A	k. A
Paraguay	k. A	3.794	k. A	6.281	k. A	7.700	k. A
Peru	15.718	k. A	26.059	26.968	39.684	k. A	45.464
Uruguay	3.157	k. A	3.927	5.107	7.186	k. A	8.700
Venezuela	k. A	23.200	k. A	k. A	k. A	24.069	k. A

Quelle: International Center for Prison Studies in www.prisonstudies.org/info/worldbrief/-?search=southam&x=South%20America.

Im hier vor allem interessierenden amerikanischen Vergleich variierten die Gefangenenraten im Jahr (2009-2010) zwischen 86 pro 100.000 der Bevölkerung in *Ecuador* und 349 in *Panama*. Man kann auf der einen Seite Länder unterscheiden mit bis zu 100 Gefangenen pro 100.000 der Bevölkerung wie *Paraguay* (97) und *Ecuador* (86). Es folgt eine Gruppe von Ländern mit einer Gefangenenrate zwischen 100 und 190 pro 100.000 der Bevölkerung. Hierunter fallen *Argentinien* (145), *Bolivien* (112), *Venezuela* (149), *Kolumbien* (181) und *Peru* (184). Schließlich ist eine Ländergruppe auszumachen, die mehr als doppelt bis dreifach so hoch liegen. Hierunter fallen *Chile* (294), *Brasilien* (260), *Uruguay* (279), *Panama* (374) und *Costa Rica* (307, vgl. *Abbildung 1*).[58]

---

58   Im Vergleich mit Europa ist interessant zu bemerken, dass es in Lateinamerika keine Länder mit sehr niedrigen Gefangenenraten bis zu 80 pro 100.000 der Bevölkerung wie *Island* (55), *Slowenien* (65), *Schweiz* (76) und die skandinavischen Länder *Dänemark* 66, *Finnland* 67, *Norwegen* 70, *Schweden* 74, gibt, vgl. *Dünkel/Lappi-Seppälä/Morgenstern/van Zyl Smit* 2010, S. 999.

Abbildung 1: Gefangenenraten im internationalen Vergleich (Lateinamerika), 2009/2010

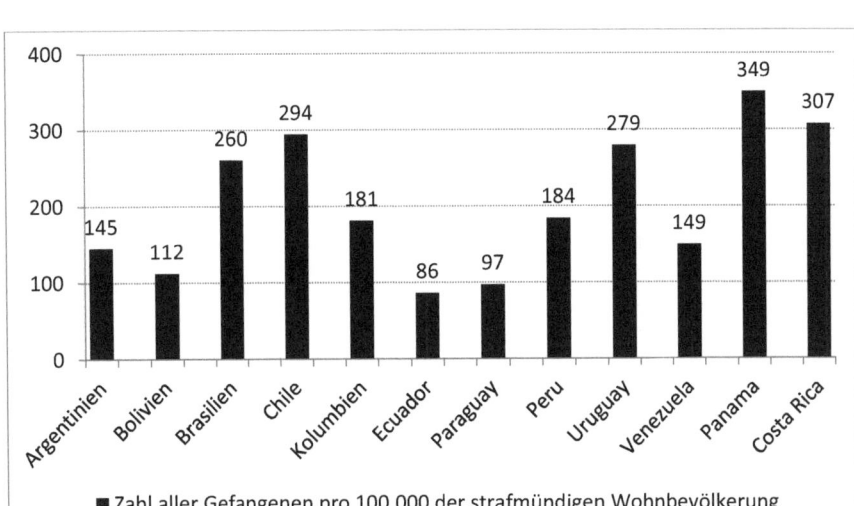

■ Zahl aller Gefangenen pro 100.000 der strafmündigen Wohnbevölkerung

Quelle: International Center for Prison Studies in: www.prisonstudies.org/info/worldbrief/?search=southam&x=South%20America.

2.6.2 Infrastruktur und Belegungssituation

Die Überbelegung ist in Südamerika und Mittelamerika vor allem in den Ländern mit erheblichen Zuwachsraten der Gefangenenpopulation gravierend, wie beispielsweise in *Panama* (Belegungsquote: 153%), *Bolivien* (155%), *Chile* (155%) und *Peru* (186%). In diesem Zusammenhang ist allerdings darauf zu verweisen, dass die Überbelegung in den meisten Ländern nicht alle Gefängnisse betrifft, sondern besonders oft Untersuchungshaftanstalten und die geschlossenen Gefängnisse der großen Städte.

Die Daten des *International Center for Prison Studies* (King's College, London) weisen für die letzten Jahre eine erheblich verschärfte Situation aus. Den dramatischsten Fall stellt *Ecuador* dar, wo die Belegung 200% übersteigt. Die Situation ist auch extrem in *Brasilien* und *Peru* mit ca. 180% Belegung.[59] Die Situation in *Uruguay* kann man mit 109% Auslastung als eher entspannt sehen. Dass die extreme Überbelegung eine unmenschliche und erniedrigende Behandlung und damit einen Verstoß gegen Art. 5 der *Amerikanischen Menschen-*

---

59   Vgl. www.prisonstudies.org/info/worldbrief/?search=southam&x=South%20America.

rechtskonvention[60] darstellen kann, ist spätestens seit der Entscheidungen des *Interamerikanischen Gerichtshofs für Menschenrechte*[61] in den Fällen *Lori Berenson Mejia vs. Peru* (2004), *Instituto de Reeducación del Menor vs. Paraguay* (2004), *Tobago und Tibi vs. Ecuador* (2004), und *Caesar vs. Trinidad* (2005) anerkannt.[62]

Tabelle 6: Anzahl der Gefängnisse, Kapazität und Überbelegung in Lateinamerika

Land	Anzahl der Gefängnisse	Kapazität	Tatsächliche Belegung	Belegungsquote in %
Argentinien	228	46.494 im 2006	60.621 im Dez. 2006	130
Bolivien	89	4.959 im Juni 1999	7.682 im Okt. 2006	155
Brasilien	1.312	233.907 im Juni 2007	426.658 im Juni 2008	182
Chile	167	31.576 Dez. 2007	48.855 Mai 2008	155
Costa Rica	33	6.996 im Nov. 2004	9.074 im Juni 2008	130
Ecuador	49	7.463 im Dez. 2007	17.024 im April 2008	228
Kolumbien	144	53.969 im Juni 2008	67.609 im Juni 2008	125
Panama	22	7.193 im Nov. 2007	10.978 im Juni 2008	153
Paraguay	14	5.794 im Dez. 2007	6.365 im Juli 2008	109
Peru	80	23.259 im Mai 2008	43.253 im Mai 2008	186
Uruguay	29	6.061 im Dez. 2007	7.106 im Dez. 2007	117
Venezuela	37	16.909 im Okt. 2005	23.299 im Juli 2008	138

Quelle: International Center for Prison Studies in: www.prisonstudies.org/info/worldbrief/?search=southam&x=South%20America.

---

60 Nach Artikel 5 Nr. 1 und 2 der Amerikanischen Menschenrechtskonvention hat jeder das Recht auf Achtung seiner körperlichen, geistigen und moralischen Unversehrtheit. Niemand darf gefoltert oder einer grausamen, unmenschlichen oder erniedrigenden Strafe oder Behandlung unterworfen werden. Jeder, dem die Freiheit entzogen worden ist, ist mit Achtung vor der angeborenen Würde des Menschen zu behandeln.

61 Die Entscheidung des Europäischen Gerichtshofs für Menschenrechte enthält im Fall *Kalashnikov vs. Russia* aus dem Jahr 2002 die gleiche Argumentation. Vgl. *Dünkel/Lappi-Seppälä/Morgenstern/van Zyl Smit* 2010, S. 1011.

62 Die Kontrollmechanismen bzgl. des Strafvollzugs in Lateinamerika werden im *5. Kapitel* der Arbeit behandelt.

Die Gefangenenzahl in Lateinamerika ist von vielfältigen Einflüssen geprägt, somit muss die Erklärung der unterschiedlichen Gefangenenraten vielschichtig sein und verschiedene Faktoren berücksichtigen. Diese Analyse wird erschwert durch die Tatsache, dass es in Lateinamerika sehr wenige vergleichende Studien gibt. Beachtenswert sind in Lateinamerika die Forschungen von *ILANUD* (Instituto latinoamericano de las Naciones Unidas para la prevencion del delito y el tratamiento del delincuente) in der Dekade der 1990er Jahre, in der sie die Umsetzung der Alternativen zur Freiheitsstrafe, die bedingte Entlassung und die Anwendung von Diversionsmaßnahmen in besonderem Maß gefördert haben. Damit wurde versucht, eine Lösung für die Probleme des Missbrauchs bei der Anwendung von Untersuchungshaft, Gefängnisstrafen und der Verschärfung der Kriminalpolitik zu finden.[63] Allerdings fehlen Bestandsaufnahmen zu den Ursachen der Belegungsentwicklung, insbesondere zu dem teilweise drastischen Anstieg der Gefängnispopulationen im Zeitraum 1996-2013 (s. *Tabelle 5*).[64]

Auf europäischer Ebene ist die Situation anders, da es aus den vergangenen Jahren umfassende Forschungsarbeiten zum Thema der Erklärung von Gefangenenraten und der Kriminalpolitik gibt. Diese wurden vor allem im englischsprachigen Raum und Skandinavien vorgelegt, u. a. von *Cavadino* und *Dignan*,[65] *Lappi-Seppälä*[66] und *Snacken*[67] als bedeutende Vertreter. Sie betrachten die Bedeutung unterschiedlicher politischer Systeme und sozio-ökonomischer Rahmenbedingungen im Hinblick auf politische Legitimität sowie soziales und institutionelles Vertrauen.[68] Zudem sind die vergleichenden Forschungsprojekte, die vom *Lehrstuhl für Kriminologie* an der *Ernst-Moritz-Arndt-Universität Greifswald* durchgeführt wurden, besonders interessant.[69]

---

63 Vgl. *Carranza/Houed/Liverpool/Mora/Manzanera* 1988; *Carranza* 1991, S. 57.

64 Zu einigen Erklärungsversuchen bzgl. *Chile* siehe unten.

65 Sie unterscheiden nach sozio-ökonomischen und straforientierten Indizes vier verschiedene Gesellschaftstypen: den neo-liberalen (*USA, England* und *Wales, Australien, Südafrika* und *Neuseeland*), den konservativ-korporatistischen (*Deutschland, Frankreich, Italien* und die *Niederlande*), den sozialdemokratisch-korporatistischen (*Schweden* und *Finnland*) und den östlichen korporatistischen Typus (*Japan*). Im allgemeinen Ergebnis kommen die neo-liberalen Staaten auf eindeutig höhere Gefangenenraten als die konservativ-korporatistischen Staaten und vor allem die skandinavischen Länder, vgl. *Cavadino/Dignan* 2006, S. 3 ff., S. 15.

66 Vgl. *Lappi-Seppälä* 2009.

67 Vgl. *Snacken* 2007.

68 Vgl. *Dünkel/Lappi-Seppälä/Morgenstern/van Zyl Smit* 2010, S. 11.

69 Die Projektforschung befasst sich mit der Erklärung der extrem unterschiedlichen Gefangenenraten in Europa. Der Projekt-Titel ist „Kriminalität, Kriminalpolitik,

Das Greifswalder Projekt erklärt, dass die Gefangenenraten das Resultat einer komplexen Interaktion verschiedener Ursachen sind. „Gefangenenraten sind nicht Schicksal, sondern Resultat einer bestimmten Kriminalpolitik. Man kann unterscheiden zwischen externen und internen Faktoren sowie Faktoren, die zwischen diesen beiden Konstellationen liegen und einen moderierenden Einfluss haben können."[70]

Als interne Faktoren, die innerhalb des Strafrechtssystems einen direkten Einfluss auf die Gefangenenraten haben, sind Reformen des materiellen Strafrechts, die Behandlung von leichter und mittelschwerer Kriminalität durch Diversionsformen, der Gebrauch der Untersuchungshaft, die Ausgestaltung des Sanktionensystems und die Strafzumessungspraxis, die Nutzung der vom Gesetz zur Verfügung stehenden Alternativen zur Freiheitsstrafe und die Entlassungspraxis bzgl. der bedingten (vorzeitigen) Entlassung zu nennen.[71]

Zu den externen Faktoren, die von außerhalb des Strafrechtssystems auf die Entwicklung von Gefangenenzahlen einwirken, gehören u. a. gesellschaftspolitische Änderungen und Reformen, gesellschaftliche Transformationsprozesse, Veränderungen der wirtschaftlichen Rahmenbedingungen und der demographische Strukturwandel.

Neben den beiden o. g. Gruppen gibt es auch weitere einflussreiche Komponenten/Elemente, die dazwischen liegen, wie zum Beispiel Massenmedien, öffentliche Meinung und allgemeine Politikströmungen.[72]

Für *Chile* ergeben sich relevante Veränderungen im Hinblick auf Strafrahmenverschiebungen und Deliktskategorisierungen.[73] Dabei dominieren eher Strafrechtsreformen, die Verschärfungen durch eine Erhöhung der Strafrahmen bei Eigentumsdelikten, Drogen- und insbesondere Sexualdelikten mit sich brachten.[74] Ferner ist eine restriktive Entlassungspraxis in den letzten 10 Jahren für die Gefangenenzahlen bedeutsam.[75]

In *Chile* befanden sich zum 30.04.2013 36.158 Gefangene im Strafvollzug und zum selben Zeitpunkt 11.169 Personen in Untersuchungshaft. Dies bedeutete 270 Gefangene pro 100.000 der Gesamtbevölkerung.[76]

---

strafrechtliche Sanktionspraxis und Gefangenenraten im europäischen Vergleich" vgl. *Dünkel/Lappi-Seppälä/Morgenstern/Dirk van Zyl Smit* 2010.

70 Vgl. *Dünkel/Lappi-Seppälä/Morgenstern/van Zyl Smit* 2010, S. 1082.

71 Vgl. *Dünkel/Lappi-Seppälä/Morgenstern/van Zyl Smit* 2010, S. 1053 ff.

72 Vgl. *Dünkel/Lappi-Seppälä/Morgenstern/van Zyl Smit* 2010, S. 11.

73 Dieses Thema wird im *4. Kapitel* der Arbeit behandelt.

74 Vgl. *Hernández* 2004, S. 228 f.; *Alvarez/Marancunic/Herrera* 2007, S. 117.

75 Vgl. *Castro Morales* 2009, S. 91 ff.; *Salinero* 2012, S. 15.

76 Vgl. International Centre for Prison Studies, www.prisonstudies.org/info/worldbrief/-wpb_country.php?country=215.

Die Zahl der Gefangenen stieg in *Chile* zunächst besonders deutlich in den Jahren 1995 bis 2012 an (absolut von 25.000 auf 54.139, vgl. unten *Abbildung 2*), insbesondere im Jahr 2005, was vor allem durch die zunehmende Zahl von Verurteilungen und die Verschärfung der Strafgesetze begründet war. Ein Grund für den Anstieg der Verurteilungen in Chile war die Reform des alten chilenischen Strafprozessgesetzes, die 2005 in allen Regionen *Chiles* in Kraft trat.[77] Das Vertrauen der Bevölkerung in das reformierte Justizsystem nahm zu, dementsprechend stieg die Zahl der Anzeigen und infolgedessen ebenfalls die der Verurteilten besonders deutlich in den Jahren 1998 bis 2009 von 29.093 auf 248.140.[78]

Das Sexualstrafrecht wurde Ende der 1990er Jahre durch Neukriminalisierungen und Strafverschärfungen verändert (Gesetz Nr.19.617 von 12 Juli 1999). Im Anschluss an die Ereignisse im sog. *Spiniak*-Fall[79] in *Santiago* stand die Gesetzgebung zu Sexualstraftaten im Mittelpunkt.[80] Durch das Gesetz Nr. 19.927 vom 14. Februar 2004 wurden die Vorschriften zur Bekämpfung der Kinderpornographie und des sexuellen Missbrauchs von Kindern erweitert.[81]

Weiterhin zu erwähnen sind die Strafverschärfungen durch das Gesetz Nr. 20.253 vom 28. Juni 2008 (Eigentumsdelinquenz)[82] und durch das Gesetz Nr. 19.366 von 1995 (Drogenstrafrecht).[83]

Ferner war eine restriktive Entlassungspraxis in den letzten 10 Jahren für die Gefangenenzahlen bedeutsam. Die Zahlen der jährlich Entlassenen sanken in Chile in den Jahren 2000 bis 2009 von 1.836 auf 347.[84] Verschiedene Studien belegen, dass die Entlassungspraxis unter dem Eindruck bzw. Einfluss massen-

---

77 Die Strafprozessreform in *Chile* wurde in fünf zeitlichen Phasen implementiert. Die erste Phase wurde am 12. Oktober 2000 in der vierten und neunten Region, die zweite 2001 in der zweiten, dritten und siebten Region, die dritte Phase 2002 in der ersten, elften und zwölften Region, die vierte Phase 2003 in der fünften, sechsten, achten und zehnten Region eingeführt. Die letzte Phase wurde am 16. Juni 2005 in der Hauptstadt Santiago eingeführt.

78 Vgl. *Alvarez/Marancunic/Herrera* 2007, S. 124; *Salinero* 2012, S. 8.

79 *Claudio Spiniak* ist ein Geschäftsmann, der private Feiern mit prostituierten Kindern organisierte. Der Fall wurde zwischen 2003 und 2005 in allen Medien intensiv behandelt. *Spiniak* wurde wegen Kindesmissbrauchs und der Produktion von pornografischem Material verurteilt.

80 Eine ähnliche Situation gab es in *Belgien* mit dem Dutroux-Fall, vgl. *Dünkel* 2011, S. 213.

81 Vgl. *Hernández* 2004, S. 228; *Salinero* 2012, S. 13.

82 Vgl. *Mera* 2005, S. 43; *Salinero* 2012, S. 14.

83 Vgl. *Salinero* 2012, S. 13.

84 Vgl. *Alvarez/Marancunic/Herrera* 2007, S. 117; *Castro Morales* 2009, S. 91; *Salinero* 2012, S. 15.

medialer Darstellungen („Inszenierungen") von Einzelfällen zurückhaltender bzw. risikoscheuer geworden ist.[85]

Andere Erklärungen für die Entwicklung der Gefangenenzahlen in *Chile* betreffen die Wertorientierung und politisch-ökonomische Faktoren innerhalb einer Gesellschaft sowie das Vertrauen in die politische und rechtliche Kultur.[86] Nach *Lappi-Seppälä* haben diese verschiedenen Faktoren sowohl direkten als auch indirekten Einfluss auf die Ausgestaltung der Strafrechts- und Bestrafungspolitik. Nach *Lappi-Seppälä* ist im Fall der skandinavischen Länder „die Verbindung von strafrechtlich moderater Sanktionierung und wohlfahrtsstaatlicher Orientierung ausgeprägt, da das Wohlfahrtsmodell nicht nur soziale und ökonomische Sicherheit, sondern auch soziales Vertrauen gewährleistet. Eine Gesellschaft, in der Toleranz, geringe Angst, Achtung der Menschenwürde vorherrschen, zeichnet sich zugleich durch moderate Bestrafungspolitik aus."[87]

Chile zählt zu den am stärksten industrialisierten Ländern Südamerikas. Seit Anfang der 1980er Jahre und verstärkt in den 1990er Jahren betrug das Wirtschaftswachstum mehr als 5% pro Jahr.[88] Seit 2002 wurde ein Assoziierungsabkommen mit der *EU* abgeschlossen, 2004 wurde ein Freihandelsabkommen mit den *USA* und 2005 auch mit *China* unterzeichnet.[89] Trotz dieser wirtschaftlichen Entwicklung ist die chilenische Gesellschaft von bedeutenden sozialen Differenzierungen geprägt. Unter den *OECD-Mitgliederstaaten*[90] charakterisiert sich Chile durch die größte Ungleichheit der Einkommensverteilung. Zudem hat

---

85   Vgl. *Sepúlveda/Sepúlveda* 2008, S. 85 ff.; *Alvarez/Marancunic/Herrera* 2007, S. 117.

86   Vgl. *Lappi-Seppälä* 2010, S. 940.

87   Vgl. *Lappi-Seppälä* 2010, S. 949 ff.

88   Vgl. *OCDE* 2013, S. 5.

89   Vgl. *Ministerio de Relaciones Exteriores de Chile* in: http://www.direcon.gob.cl/mapa-de-acuerdos.

90   Die *Organisation für wirtschaftliche Zusammenarbeit und Entwicklung* (englisch Organisation for Economic Co-operation and Development, OECD) ist eine internationale Organisation mit 34 Mitgliedstaaten, die sich der Demokratie und Marktwirtschaft verpflichtet fühlen. Die meisten *OECD*-Mitglieder gehören zu den Ländern mit hohem Pro-Kopf-Einkommen und gelten als entwickelte Länder. Am 7. Mai 2010 trat *Chile* als erster Staat Südamerikas der *OECD* bei.

Chile nach *Mexiko* und *Israel* den dritthöchsten Anteil der relativen Armut[91] in der *OECD*.[92]

Nach einer Umfrage des *Nationalen Instituts für Menschenrechte* ist in *Chile* die Wahrnehmung der Ungleichheit und Ungerechtigkeit sehr stark vorhanden. 75% der Bürger sind der Meinung, dass in *Chile* das Gesetz nicht für alle gleichermaßen gilt. 85% der Befragten glauben, dass die Qualität der Gesundheitsfürsorge davon abhängt, wie viel sie bezahlen können. 77% sind der Meinung, dass der Hauptgrund der sozialen Ungleichheit in *Chile* die schlechte Qualität der Ausbildung ist. In Bezug auf die Arbeit glauben 67% der Befragten, dass die Rechte der Arbeiter nicht beachtet werden, und 66% sind der Meinung, dass sie die Arbeit verlieren, wenn sie ihre Arbeitsrechte verteidigen würden.[93]

Zudem glauben 59% der Bürger, dass es richtig ist, dass alle Verbrecher ins Gefängnis gehen, unabhängig von der Straftat. 47% der Bürger sind nicht der Ansicht, dass nur die schwersten Verbrechen mit Gefängnis bestraft werden sollen.[94]

Eine Gesellschaft der „Exklusion", die „sich um das Wohlergehen anderer kaum kümmert, wird leider eher nicht bereit sein, ihre straffälligen Mitglieder mit milderen Sanktionen zu bestrafen." Die chilenische Gesellschaft ist in den letzten 20 Jahren diesen Weg gegangen. Sie ist ein Gemeinwesen, das stark durch soziale Differenzierungen bzw. Ungleichheit charakterisiert ist. *Chile* ist zugleich eine durch Angst und soziale Gleichgültigkeit geprägte Gesellschaft, die wenig bereit ist, alternative bzw. mildere Formen der Bestrafung zu suchen. In der Tat sind in *Chile* Debatten über die Reformen des Strafrechts schwerer geworden und haben – abgesehen vielleicht von den Reformen der Todessstrafe, die in *Chile* seit 2001 abgeschafft ist,[95] und der Abschaffung der Landstreicherei und des Ehebruchstatbestandes – kaum stattgefunden.

---

91 Unter relativer Armut versteht man eine Unterversorgung an materiellen und immateriellen Gütern und eine Beschränkung der Lebenschancen, und zwar im Vergleich zum Wohlstand der jeweiligen Gesellschaft. Im Gegensatz zum Begriff der absoluten Armut, der auf Subsistenz verweist, also auf das, was zum Leben unbedingt notwendig ist, basiert der international anerkannte Begriff relativer Armut auf der Vorstellung sozialer Ungleichheit. In http://www.armut.de/definition-von-armut_relative-armut.php.

92 Vgl. *OECD* in http://www.oecd.org/centrodemexico/estadisticas/.

93 Vgl. *Nationales Institut für Menschenrechte* 2011, S. 8.

94 Vgl. *Nationales Institut für Menschenrechte* 2011, S. 21.

95 Gesetz Nr. 19.734 von 5 Juni 2001.

Abbildung 2: Entwicklung der Gefangenenzahlen in Chile 1990-2012

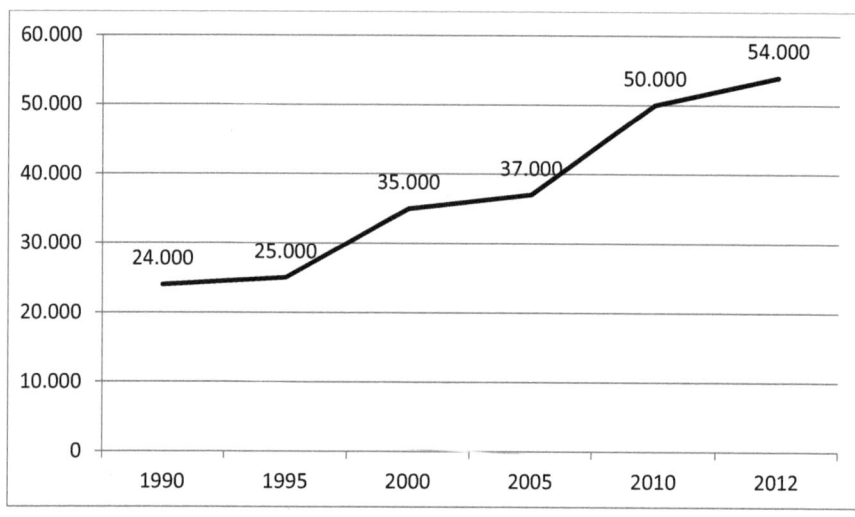

Quelle: *Gendarmeria de Chile* 2013, S. 3.

2.6.3 Charakteristika der Gefangenenpopulation

In Bezug auf die Merkmale der Gefangenen in der Region insgesamt ist zu beobachten, dass die Mehrheit der inhaftierten Männer eigene Staatsbürger und zu mehr als 50% Untersuchungshäftlinge sind (vgl. *Tabelle 7*).[96]

In *Bolivien* machen die Gefangenen in Untersuchungshaft mehr als 80% der insgesamt Inhaftierten aus, in *Paraguay* 70%, in *Panama* 64%, in *Venezuela* 66%, in *Uruguay* 60% und in *Argentinien* 52%. Nur in *Chile, Costa Rica* und *Brasilien* ist der Anteil der Verurteilten größer als der Anteil der Untersuchungshäftlinge (vgl. *Tabelle 7*).[97]

---

96   *Dammert/Zuñiga* 2008, S. 43 ff.

97   *Dammert/Zuñiga* 2008, S. 71 ff.

Tabelle 7:   Anteil der Gefangenen in Untersuchungshaft

Land	Stichtag	Anteil der Verurteilten (%)	Anteil der Untersuchungsgefangenen (%)
Argentinien	Dez. 2010	47,4	52,6
Bolivien	31. Dez. 2011	16,4	83,6
Brasilien	Dez. 2011	63,1	36,9
Chile	30. Juni 2012	77,9	22,1
Costa Rica	Mai 2012	78,5	21,5
Ecuador	September 2009	54,0	46,0
Kolumbien	Oktober 2010	69,2	30,8
Panama	Juli 2010	39,2	60,8
Paraguay	Juli 2009	28,8	71,2
Peru	März 2012	41,6	58,4
Uruguay	April 2012	35,4	64,6
Venezuela	Juni 2010	33,8	66,2

Quelle: *Dammert/Zuñiga* 2008, S. 43 ff.

Die Anzahl der *weiblichen* Gefangenen ist gering und übersteigt (mit Ausnahme von *Bolivien*) 10% nicht (vgl. *Abbildung 3*). Am niedrigsten ist der Anteil weiblicher Gefangener in *Argentinien* und *Paraguay* mit jeweils 5%.

Der Anteil ausländischer Gefangener liegt mit Ausnahme von *Costa Rica* (14,2%) ebenfalls zumeist weit unter 10% (vgl. *Abbildung 4*).[98] In *Brasilien* und *Kolumbien* wurde mit 0,7% der niedrigste Anteil registriert, in *Argentinien* mit 10,0% der höchste Wert nach *Costa Rica*.

---

98   Vgl. *Dammert/Zuñiga* 2008, S. 89 ff.

Abbildung 3: Geschlechterverteilung

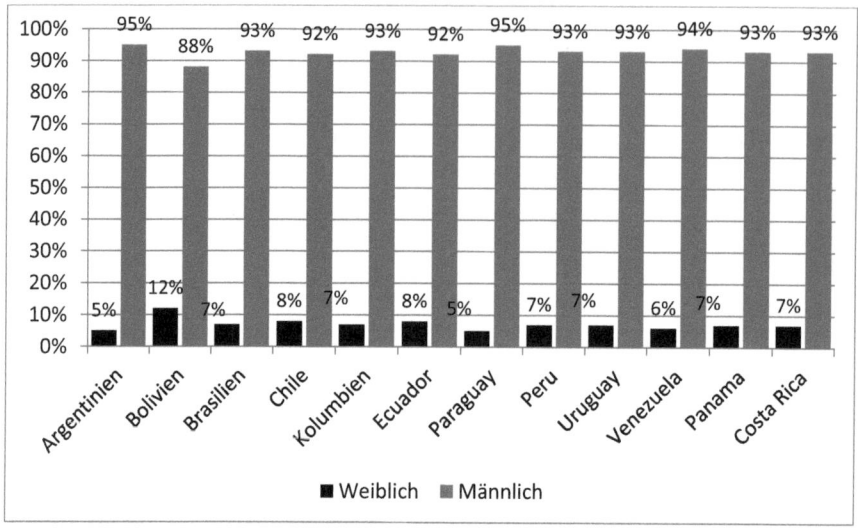

Quelle: *Dammert/Zuñiga* 2008, S. 8 f.

Abbildung 4: Ausländeranteil

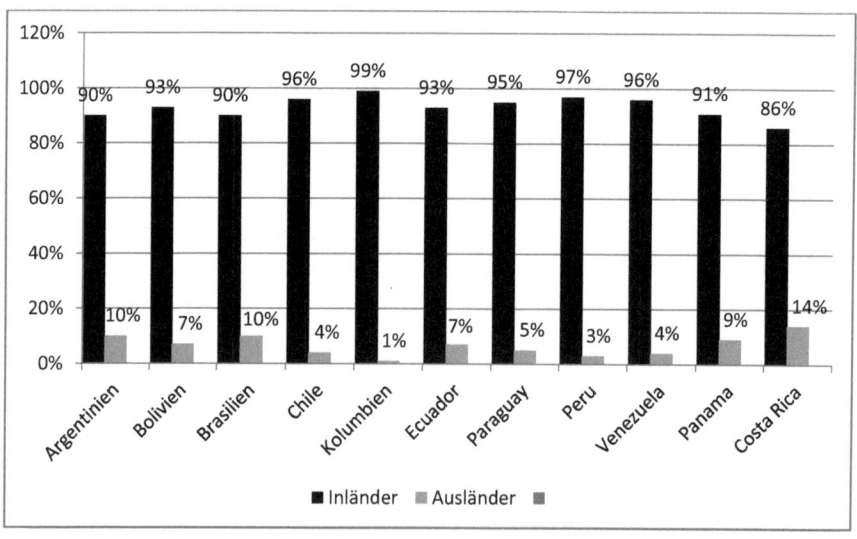

Quelle: *Dammert/Zuñiga* 2008, S. 8 f.

2.6.4 Das Budget der Anstalten für Sicherheit und Resozialisierung

Die Resozialisierung als Ziel der Strafe ist in der amerikanischen Menschen-rechtskonvention anerkannt und wird in Art. 5 besonders hervorgehoben.[99] Allerdings hat das Ziel der Resozialisierung gesetzlich keine Priorität in den Vollzugsystemen der Region. Investitionen für die Resozialisierungsabteilungen sind sehr gering und das Budget der Vollzugseinrichtung ist insgesamt im Grunde auf Überwachungs- bzw. Sicherheitspersonal und die Gewährleistung der Ernährung von Gefangenen konzentriert. In *Chile* und *Panama* zum Beispiel fließen nicht mehr als 3% des Budgets in Resozialisierungsmaßnahmen (vgl. *Tabelle 8*). In *Peru* und *Uruguay* sieht das Budget der Vollzugseinrichtungen keinen gesondert ausgewiesenen Betrag für die Resozialisierung vor. Das Land mit den stärksten Investitionen in die Resozialisierung ist *Ecuador*, wo 20% des Budgets der Einrichtungen an Wiedereingliederungsprogramme gehen.[100]

Tabelle 8: **Verteilung des Budgets für Resozialisierungsmaß-nahmen, Gesundheit, Ernährung und Personal (in %)**

Land	Jahr	Budget für Resoziali-sierungsmaß-nahmen	Budget für Gesundheit	Budget für Ernährung	Budget für Personal	Anderes
Chile	2007	1,9	0,5	26,0	71,0	0,6
Ecuador	2007	20,0	0,5	12,0	66,0	1,5
Panama	2007	3,0	18,0	39,2	56,0	---
Paraguay	2008	Nicht ausgewiesen	0,8	42,0	56,0	1,2
Peru	2007	Nicht ausgewiesen	0,9	17,0	40,0	42,1

Quelle: *Dammert/Zuñiga* 2008, S. 31 ff.; für die anderen in den obigen Tabellen erwähn-ten lateinamerikanischen Länder waren entsprechende Angaben nicht zugänglich.

---

99 Nach Art. 5 Nr. 6 der AMRK ist wesentliches Ziel der Freiheitsstrafe die Besserung und die gesellschaftliche Wiedereingliederung der Inhaftierten.

100 Vgl. *Dammert/Zuñiga* 2008, S. 31 ff.

2.6.5 Situation der Menschenrechte im Gefängnis

Grundsätze wie die Wahrung der Menschenwürde,[101] die Beachtung von Grundrechten der Gefangenen,[102] die Wiedereingliederung in die Gesellschaft[103] und die Notwendigkeit eines Rechtsschutzsystems für Verhaftete und Gefangene[104] sind als Vollzugsstandard in Lateinamerika allgemein akzeptiert. Allerdings unterscheidet sich die Praxis aufgrund unterschiedlicher strafvollzugspolitischer Orientierungen deutlich. Nach dem Bericht der Interamerikanischen Menschenrechtskommission sind als Hauptprobleme im Strafvollzug der Region folgende Aspekte zu benennen: Überbelegung, mangelhafte Bedingungen der Unterbringung, Ernährung und Ausstattung, hohes Gewaltniveau, Folter als Methoden zur Gewinnung von Beweisen, explosiv gestiegene Anzahl von Untersuchungsgefangenen, Missbrauch gegen besonders verletzliche Gruppen (Jugendliche und Frauen), prekäre Funktionsweise der Arbeits-und Ausbildungsbetriebe und Korruption der Vollzugsbediensteten.[105]

Dem Bericht der *IKM* zufolge ist der Tod im Gefängnis ein Phänomen, das alle Justizvollzugsanstalten der Region berührt. Der Tod tritt in folgenden Konstellationen auf: Gewalt zwischen Gefangenen, fehlende Gesundheitsfürsorge, Brand, Gewalt von Bediensteten gegen Gefangene und Selbsttötung.[106]

Hinsichtlich der Gewalt unter Gefangenen zeigt die Statistik, dass die meisten Morde in *Venezuela* und *Chile* registriert wurden (vgl. *Tabelle 9*). Die hauptsächlichen Gründe dafür sind: Korruption, Bandenkriege, Alkohol- und Drogenkonsum, Überbelegung oder Gefängnisse, in denen die Kontrolle und Organisation durch die Gefangenen wahrgenommen wird.[107]

---

101 Nach Art. 11 Nr. 1 der AMRK hat jeder Mensch das Recht auf Achtung seiner Ehre und auf Anerkennung seiner Würde.

102 Für den Bereich des Strafvollzugs besonders relevant sind folgende Grundrechte der AMRK: das Recht auf Leben (Art. 4), das Verbot der Folter und anderer unmenschlicher oder erniedrigender Strafen oder Behandlung (Art. 5), das Verbot der Zwangs- oder Pflichtarbeit (Art. 6), das Recht auf Freiheit (Art. 7), das Recht auf ein rechtsstaatliches Verfahren (Art. 8), das Recht auf Achtung des Privat- und Familienlebens (Art. 17), der Schutz der Gedanken-, Gewissens-und Religionsfreiheit (Art. 12), das Recht der freien Meinungsäußerung (Art. 13), die Vereinigungsfreiheit (Art. 15) und die Gleichheit vor dem Gesetz (Art. 24). Dieses Thema wird im *Kapitel 4.1* der Arbeit aufgegriffen.

103 Vgl. Art. 5 Nr. 6 der AMRK.

104 Vgl. Art. 7 und 25 der AMRK. Dieses Thema wird im *5. Kapitel* der Arbeit behandelt.

105 Vgl. *IKM* 2011, S. 2.

106 Vgl. *IKM* 2011, S. 107.

107 Vgl. *IKM* 2011, S. 111.

Tabelle 9: Anzahl der Toten (Todesfälle) als Folge der Gewalt unter Gefangenen

Land	Zeit	Anzahl der Toten
Argentinien	2006 – 2010	26
Chile	2005 – 2009	203
Costa-Rica	2005 – 2009	25
Ecuador	2005 – Juni 2010	172
El Salvador	2006 – Mai 2010	72
Guayana	2006 – 2010	10
Kolumbien	2005 – 2009	113
Nicaragua	2006 – 2010	4
Trinidad & Tobago	2006 – 2010	2
Uruguay	2005 – 2009	57
Venezuela	2005 – 2009	1.865

Quelle: *IKM* 2011, S. 107.

Nach dem Bericht der *IKM* ist die Folter im Gefängnis ein Phänomen, das alle Justizvollzugsanstalten berührt. Das Folterphänomen hat fünf Gründe in der Region:[108]

- *Kultur der Gewalt*: Es gibt unter den Vollzugsbediensteten eine Kultur der Gewalt, die von der Anstaltsleitung und den Aufsichtsbehörden stillschweigend toleriert wird.
- *Fehlende fachliche Ausbildung*: Es gibt eine unangemessene Rekrutierung und fachliche Ausbildung sowie unzureichende Arbeitsbedingungen der Vollzugsbediensteten.
- *Straflosigkeit*: Es gibt einen inakzeptablen Grad der Straflosigkeit der Täter, die Folter verüben, jedoch weder angezeigt und verfolgt noch verurteilt werden.
- *Verschärfungen der Kriminalpolitik*: Die Verschärfung des Strafsystems ist eine Tendenz in der Region, die in den Massenmedien und der öffentlichen Politik viel Aufmerksamkeit gefunden hat. In der Folge wird die Beachtung der Menschenrechte der Inhaftierten als

108 Vgl. *IKM* 2011, S. 141 ff.

nicht notwendig angesehen und die Vollzugbediensteten werden in ihrer Kultur der Gewalt legitimiert.

- *Gewinnung von Beweisen durch Folter:* Die Zulässigkeit der Beweise, die durch Folter erlangt wurden, ist ein negatives Anzeichen für das Personal, das die Folter verübt, und die Rechtskultur in Lateinamerika.

Nach dem Bericht der *IKM* mangelt es in Lateinamerika an Gefängnisbetrieben. Deshalb arbeiten in den meisten Ländern nur ca. 50% der Gefangenen. Bemerkenswert ist, dass die höchste Beschäftigungsrate in *Kolumbien* registriert wurde und die geringste in *Guatemala* (vgl. *Tabelle 10*).

Tabelle 10: Durchschnittlicher Anteil der Gefangenen, die in einem Betrieb arbeiten

Land	Gefangene, die in einem Betrieb arbeiten (in %)
Argentinien	48
Brasilien	24
Chile in den öffentlichen Anstalten in den Privatanstalten	50 32
Ecuador	39
Guatemala	8
Kolumbien	61
Mexiko	50
Surinam	15
Trinidad & Tobago	38
Uruguay	42

Quelle: *IKM* 2011, S. 233 f.

Inakzeptable Lebensbedingungen und unzureichende rechtliche Garantien für Gefangene wurden nicht nur in Gefängnissen für Erwachsene, sondern auch in Jugendanstalten gefunden. Der Bericht der Interamerikanischen Menschenrechtskommission (*IKM*) „Justicia Juvenil y derechos humanos en las Américas" enthält einen Abschnitt über Jugendliche, denen die Freiheit entzogen ist. Kapitel 4.3 des Berichtes entwickelt die Idee der Rechte der Jugendgefangenen und beschreibt die Hauptprobleme des Jugendstrafvollzugs in Lateinamerika (vgl. hierzu ausführlich *Kapitel 4)*.

2.6.6 Strafvollzugspolitik in der Region

Die Strafvollzugspolitik in Lateinamerika konzentrierte sich in den vergangenen Jahren auf den Bau neuer Strafanstalten. *Chile, Ecuador, Venezuela, Kolumbien* und *El Salvador* haben diesen Weg als wichtigste Strategie zur Bekämpfung der Überbelegung ausgewählt. Die Ausnahme stellt *Panama* dar, wo die Reformen des Sanktionensystems – die Einführung alternativer Sanktionen und die verstärkte Anwendung von Vollzugslockerungen – als Hauptstrategie zur Bekämpfung der Überbelegung gewählt wurden.[109]

Chile hat darüber hinaus ein Privatisierungsmodell initiiert, und zwar ein gemischtes Modell. Mit privaten Investoren werden neue Gefängnisse gebaut, beim Betrieb der Anstalten werden die Bereiche Ernährung, Reinigung und die Durchführung von Behandlungs- bzw. Resozialisierungsprogrammen von Privaten übernommen.[110] Die Ordnung und Sicherheit werden vom Staat gewährleistet.[111]

Die chilenische Strategie der Privatisierung war nicht frei von Problemen. Zu den Hauptproblemen gehör(t)en: eine ansteigende Zahl der Suizide, Kostensteigerungen, Probleme mit der Qualität der Dienstleistungen und eine schnelle Überbelegung der neuen Gefängnisse.[112]

Nach dem Brand in einem Gefängnis in der Hauptstadt von *Chile* im November 2010, bei dem mehr als 80 Gefangene zu Tode gekommen waren, gab es eine Änderung der Gefängnispolitik. Die Regierung begann mit verschiedenen Reformen. Es wurden zusätzliche alternative Sanktionen zu der Freiheitsstrafe eingeführt und man strebt an, die Lebensbedingungen in Strafanstalten deutlich zu verbessern.[113]

---

109 Vgl. *Dammert/Zuñiga* 2008, S. 65 ff.

110 In Deutschland werden hinsichtlich der Privatisierung von Anstalten nur bestimmte Bereiche der Versorgung akzeptiert, zum Beispiel Küche, medizinische Behandlung oder Reinigung der Wäsche. In Deutschland wie auch in Chile besteht aus verfassungsrechtlichen Gründen keine Möglichkeit einer weitergehenden Privatisierung, vgl. *Dünkel* 2009, S. 49; *Laubenthal* 2011, S. 18 ff.

111 Vgl. *Castro Morales* 2006, S. 31 ff.

112 Vgl. *Castro Morales* 2006, S. 36 ff.

113 Vgl. *Castro Morales* 2011, S. 111 ff.

3. Jugendstrafrecht in Chile, Peru und Bolivien

3.1 Chile

3.1.1 Zur historischen Entwicklung des Jugendstrafrechts in Chile: Strafrechtsgesetz von 1874 und die Phase des „modelo tutelar"

Die geschichtliche Entwicklung des Jugendstrafrechts in *Chile* wird durch die Entwicklung des Strafrechtsgesetzes und des Jugendgesetzes (*Ley de Menores*) geprägt. In zeitlicher Hinsicht gibt es zwei wesentliche Entwicklungsstadien, die im Folgenden kurz dargestellt werden sollen.

Strafrechtsgesetz von 1874

Das Strafrechtsgesetz von 1874 betrachtete Jugendliche unter dem Gesichtspunkt der Schuldfähigkeit.

Gemäß Artikel 10 Nr. 2 und 3 des Strafgesetzes unterschied man zwischen drei Gruppen. Alle Kinder unter 10 Jahren galten als unzurechnungsfähig. Jugendliche zwischen 10 und 16 Jahren wurden nicht bestraft, wenn sie bei Begehung der Tat ohne Urteilsvermögen („*sin discernimiento*") gehandelt hatten. In diesem Fall wurde regelmäßig eine psychologische Untersuchung durchgeführt, die zwei Fragen zu klären hatte: den Zustand der Reife des Kindes und seine Möglichkeit, zwischen Recht und Unrecht zu unterscheiden.[114]

Wenn das Kind diese Unrechtseinsicht aufwies, hatte es mit Urteilsvermögen gehandelt und wurde als Folge einem Erwachsenen gleichgestellt, allerdings wurde die Strafe gemindert und sie sollte im Gefängnis verbüßen werden. Im anderen Fall handelte das Kind ohne Urteilsvermögen (bzw. war unzurechnungsfähig) und war folglich strafrechtlich nicht verantwortlich. In diesem Fall wurden die Jugendlichen in die Obhut ihrer Eltern, ihres Vormunds, Pflegers sowie in der Erziehungsanstalt (*Correccionales*) überstellt.[115]

Jugendliche ab dem Alter von 17 Jahren wurden ohne Milderung bestraft und sollten ihre Strafe im Gefängnis verbüßen.[116]

Die Rechtsprechung des Obersten Chilenischen Gerichtshofs entwickelte im Laufe der Zeit zwei Indikatoren für das Urteilsvermögen. Das Kriterium für die Beurteilung des Urteilsvermögens des jungen Menschen war zum einen die Gefährlichkeit (*peligrosidad*). Einen „gefährlichen" Täter konnte man als strafrechtlich verantwortlich erklären und deshalb strafrechtlich sanktionieren. Zum

---

114 Vgl. *Cillero* 1997, S. 505 ff.

115 Vgl. *Cillero* 1997, S. 506.

116 Vgl. *Cillero* 1997, S. 507.

anderen wurde das Kriterium der Wiedereingliederung (*rehabilitación*) angewendet. Für einen Jugendlichen mit positiven Entwicklungsmöglichkeiten wurde das Kriterium der Wiedereingliederung herangezogen. Er galt dann als „nicht schuldfähig", konnte allerdings eine erzieherische Maßnahme erhalten.[117]

Das erste Jugendgesetz von 1928 (Ley 4.447) und weitere Gesetzesreformen im Zeitraum bis 2007 – die Phase des „modelo tutelar"

1928 wurde in *Chile* das erste Jugendgesetz verabschiedet. Es wurde durch das amerikanische Modell des 19. Jahrhunderts inspiriert, und sein Anwendungsbereich war die Kontrolle von „gefährdeten" Kindern und Jugendlichen (*peligro de riesgo social*) und von Kindern in einer „regelwidrigen Lage" (*situación irregular*).[118] Anknüpfungspunkt war entsprechend dem wohlfahrtsrechtlichen Modell nicht die Straftat als solche, sondern die Gefährdung des Kindeswohls.

Das Jugendgesetz veränderte die Regelungen zur Strafmündigkeit im Strafgesetzbuch und führte zudem spezielle Jugendgerichte ein. Das allgemeine Strafrecht war auf Jugendliche im Alter von mindestens 16 Jahren anzuwenden. Nach der Reform waren Jugendliche im Alter von unter 16 Jahren strafrechtlich nicht verantwortlich. Zwischen 16 und 20 Jahren war eine Untersuchung des Urteilsvermögens und der Unrechtseinsicht vorgeschrieben. Strafen wurden bei dieser Altersgruppe ggf. gemildert.[119]

Für die über 21-Jährigen wendete man Strafen ohne Milderung an.[120]

Im Jugendgesetz wurde eine Reihe von Maßnahmen für strafrechtlich nicht verantwortliche Jugendliche unter 16 Jahren und für Jugendliche, die für strafrechtlich nicht verantwortlich erklärt worden waren (s. o.), festgelegt. Alleiniges Ziel dieser Maßnahmen war die Erziehung und Wiedereingliederung in die Gesellschaft. Die als „Schutzmaßnahmen" (*medidas de protección*) bezeichneten erzieherischen Maßnahmen, die das Jugendgericht anwenden konnte, waren in Artikel 29 geregelt:[121]

---

117 Vgl. *Cillero* 1997, S. 508; in der chilenischen Strafrechtsdogmatik ist die Frage der strafrechtlichen Verantwortlichkeit Minderjähriger im Rahmen der Schuld geregelt. Im vorliegenden Fall bedeutete dies eine flexible Handhabung der Schuldfähigkeit entsprechend der eingeschätzten Erfolgsaussichten erzieherischer Maßnahmen.

118 Vgl. *Rojas* 2010, S. 385.

119 Vgl. *Rojas* 2010, S. 387.

120 Vgl. *Rojas* 2010, S. 387.

121 Vgl. *Cillero/Bernales* 2002, S. 19; die Maßnahme der Überstellung des Kindes in die Obhut des „Vaters" bringt den klassisch-paternalistischen Ansatz des Gesetzes geradezu symbolhaft zum Ausdruck.

- Überstellung des Kindes an den Vater,
- Unterbringung in einer geschlossenen Einrichtung der Jugendhilfe,
- Unterbringung in einem (offenen) Erziehungsheim oder
- Übergabe an eine Pflegefamilie.

Die Maßnahmen waren zeitlich unbefristet und die Vertretung durch einen Rechtsbeistand nicht vorgesehen.

Darüber hinaus konnte die Polizei gefährdete Kinder festnehmen und in einem „Haus für Minderjährige" (*casa de menores*) unterbringen, das einem geschlossenen Erziehungsheim entsprach.

Eine weitere Reform des chilenischen Jugendstrafrechts ist auf das Jahr 1966 datiert. Mit dem Zweiten Jugendgesetz wurden die Schutzmaßnahmen beibehalten und neue Altersgruppen eingeführt. Nach Artikel 10 des chStGB waren strafrechtlich nicht verantwortlich:[122]

- Die unter 16-Jährigen (Art. 10 Nr. 2),
- die 16- und 17-Jährigen, mit Ausnahme derjenigen, die „mit Urteilsvermögen" (*discernimiento*) gehandelt hatten (Art. 10 Nr. 3). Der Begriff „Urteilsvermögen" umfasste ebenso wie § 3 des deutschen JGG sowohl die kognitive Komponente der Einsichtsfähigkeit als auch die Fähigkeit, nach dieser Einsicht zu handeln.

Für die 16- und 17-Jährigen mit Urteilsvermögen galt das allgemeine Strafrecht. Allerdings war die Strafe nach Art. 72 chStGB zu mildern.

In Rahmen seiner Zuständigkeit konnte das Jugendgericht nach Art. 29 des Jugendgesetzes folgende abschließend aufgezählten Maßregeln verhängen:

- Den Minderjährigen nach vorheriger Verwarnung seinen Eltern, Schutzpersonen oder denjenigen, in deren Obhut er sich befand, zurückgeben.
- Ihn der „Freiheit unter Aufsicht" (*libertad vigilada*) unterstellen, welche in der vom Gericht durch spezielle Weisungen konkretisierten Form durchgeführt wurde.
- Ihn für die als notwendig erachtete Zeit besonderen Erziehungsanstalten, die im Jugendgesetz im Einzelnen benannt wurden, oder einer anderen vom Richter bestimmten Anstalt anvertrauen.
- Ihn der Fürsorge einer Person mit dem Ziel übergeben, dass er in einer Familie untergebracht wurde, welche der Richter erzieherisch für ge-

---

122 Vgl. *Cillero/Bernales* 2002, S. 20.

eignet erachtete, wobei der Minderjährige gleichzeitig der Freiheit unter Aufsicht unterstellt wurde.[123]

Knapp 30 Jahre später folgte eine weitere Stufe in der Entwicklung des Jugendstrafrechts in *Chile*. Durch das Gesetz Nummer 19.343 von 1994 wurden wichtige Reformvorschriften in das Jugendgesetz eingeführt. So wurde die damals mögliche Unterbringung Jugendlicher in Erwachsenengefängnissen abgeschafft. Ferner enthielt das Gesetz Einschränkungen bei der vorläufigen Inhaftierung (Untersuchungshaft) von Jugendlichen, zum Beispiel in Art. 16 Absatz 3 des Gesetzes 19.343: Jeder Jugendliche, der von Festnahme oder Freiheitsentziehung betroffen ist, muss unverzüglich einem Richter vorgeführt werden.[124]
Der letzte Versuch, das wohlfahrtsorientierte *Jugendstrafrechtssystem (modelo tutelar)* zu modernisieren, erfolgte mit dem Gesetz Nummer 19.806 vom Mai 2000. Das Gesetz führte wichtige Änderungen im Bereich der polizeilichen Festnahme, der Jugenduntersuchungshaft und der Organisation der Polizei mit der Einrichtung von Jugendpolizeidienststellen ein. Zudem stärkte es den Katalog der Rechte junger Menschen.
Die Reformen, die durch das Gesetz 19.806 eingeführt wurden, waren wichtig, aber unzureichend, da sie die strukturellen Probleme des Systems nicht lösten. Zum Beispiel wurden Jugendliche im Alter von 16 und 17 Jahren als Erwachsene bestraft, wenn sie bei Begehung der Tat „mit Urteilsvermögen" (*con discernimiento*) gehandelt hatten. Ferner wurden in der Praxis schwerwiegende Probleme in Bezug auf die Verletzung von Rechten der Jugendlichen bekannt, auf die das neue Gesetz reagieren wollte. Beispielsweise gab es im Jahr 2001 mehr als 4.000 Jugendliche, die in Erwachsenengefängnissen untergebracht waren.[125]

3.1.2 Geschichte des Jugendstrafgesetzes Nr. 20.084 aus dem Jahr 2007 – die Neuorientierung am Justizmodell

In den letzten 20 Jahren sind wichtige Reformen im Bereich des Strafrechts und des Sanktionssystems in *Chile* verabschiedet worden. Die Reformen des Strafprozess- und des Jugendstrafrechts bedeuteten eine radikale Veränderung des Kriminaljustizsystems mit neuen Gesetzen und Institutionen sowie einer anderen Rechtskultur, die eine tiefgreifende Veränderung der Wertorientierung und Handlungsroutinen der betroffenen Akteure im Justizsystem erforderte.
Warum wurden gerade in den letzten 20 Jahren diese beiden grundlegenden Reformen in Angriff genommen? Die Ursachen sind komplex und vielfältig.

---

123 Vgl. *Martin/Reimer/Prieto* 1986, S. 1404.

124 Vgl. *Cillero/Bernales* 2002, S. 17.

125 Vgl. *Cillero/Bernales* 2002, S. 21.

Trotzdem gibt es einige Faktoren, die beide Reformen charakterisieren. Die wichtigsten Faktoren, die den Prozess der rechtlichen Reformen in *Chile* erklären, sind:

- Der Übergang zur Demokratie und der Beginn der Modernisierung des gesamten politischen, des Verfassungs- und Rechtssystems sowie der öffentlichen Verwaltung,
- die Ratifizierung internationaler Abkommen zum Schutz der Menschenrechte,
- die Einbeziehung und Beteiligung von Experten sowie
- die Entstehung entsprechender Reformbewegungen in der gesamten Region Lateinamerikas (siehe dazu *Kapitel 2*).

3.1.2.1 Der Übergang zur Demokratie und die Einleitung eines Prozesses der Modernisierung des politischen und rechtlichen Systems in Chile

In Chile begann die Militärdiktatur unter *Augusto Pinochet* im September 1973. Nach dem Putsch, der die demokratische Regierung von *Salvador Allende* stürzte, ordnete die Militärjunta die Auflösung des Parlaments an und schuf einen sog. Nationalen Sicherheitsdienst (*dirección nacional de inteligencia*), der zum wichtigsten Instrument der Verfolgung aller politischen Gegner wurde. Dieser Sicherheitsdienst stand lediglich unter der Kontrolle von *Pinochet* und war für Folterungen, die Verschleppung und Tötung von Anhängern der Linksparteien maßgeblich verantwortlich. Die neue Militärdiktatur ordnete ein Verbot jeglicher politischer Aktivitäten an und löste das Parlament und gesellschaftliche Vereinigungen einschließlich der Gewerkschaften auf. Während der Diktatur versuchte die Militärjunta, die wirtschaftlichen Probleme zu lösen, und *Pinochet* verabschiedete in den 1980er Jahren eine neue Verfassung, die die Kontinuität der Diktator bis 1989 gewährleistete.[126] Die Militärdiktatur *Pinochets* endete mit den Präsidentschaftswahlen des Jahres 1989, bei denen der Christdemokrat *Patricio Aylwin* als Kandidat von 17 Parteien gewählt wurde.

Die Regierung *Aylwins* begann eine Reihe von Reformen in verschiedenen Bereichen des Staatsapparats, zum Beispiel Änderungen der Verfassung (sog. *Cumplido*-Reform),[127] im Rahmen derer die Strafandrohungen für terroristische Delikte gemildert wurden und allgemein das Prinzip eines fairen Strafverfahrens anerkannt und stärker beachtet wurde. Ferner begannen die ersten Reforminitiativen in unterschiedlichen Bereichen des Justizsystems, die unter den nächsten Regierungen konkretisiert wurden, zum Beispiel bei Strafverfahren, im Fami-

---

126 Vgl. *Cavallo/Salazar/Sepúlveda* 1997, S. 101.

127 *Francisco Cumplido* war seinerzeit Justizminister und die Reform trägt seinen Namen.

lienrecht, Arbeitsrecht, Strafvollzug und Jugendstrafrecht.[128] Man versuchte mit diesen Reformen nicht nur die Funktionsweise des Systems zu verbessern, das ohne Rücksicht auf Menschenrechte gehandelt hatte, sondern beseitigte auch das gesamte diktatorische System.[129]

3.1.2.2 Die Ratifizierung internationaler Abkommen zum Schutz der Menschenrechte

Erst 1993 begann allmählich die juristische Aufarbeitung der Menschenrechtsverletzungen unter der Militärdiktatur. Die Regierung von *Ricardo Lagos* (2000-2004) forcierte die Suche nach den „Verschwundenen" der Militärdiktatur. Nach dem im Dezember 2004 vorgelegten Bericht der Kommission zur Aufarbeitung der Folterpraxis der Militärdiktatur wurden ca. 27.255 gefolterte Personen registriert. Nach einer Untersuchung der Menschenrechtsorganisation *DNI-Chile* wurden während der Diktatur 107 Minderjährige ermordet. 54% der Ermordeten waren 16 und 17 Jahre, 26% 14 oder 15 Jahre alt und der Rest waren unter 14-jährige Kinder.[130]

Nach den massiven Verletzungen der Menschenrechte in *Chile* ergriffen die demokratischen Regierungen verschiedene Maßnahmen zum Schutz der Menschenrechte: die Ratifizierung der wichtigsten internationalen Menschenrechtskonventionen und die Anpassung der innerstaatlichen Rechtsordnung an diese neuen Standards.

Mit Ausnahme des Fakultativprotokolls zum Internationalen Pakt über wirtschaftliche, soziale und kulturelle Rechte (unterzeichnet erst im Jahr 2009, aber noch nicht ratifiziert) und dem Fakultativprotokoll zum Übereinkommen über die Beseitigung der Diskriminierung von Frauen (im Jahr 2001 unterzeichnet) hat Chile in den letzten zwanzig Jahren die wichtigsten internationalen Menschenrechtsabkommen ratifiziert (vgl. *Tabelle 11*).[131]

128 Vgl. *Rojas* 2010, S. 714.

129 Danach wurden nach jahrelanger Blockade vom Kongress weitere Änderungen der Verfassung beschlossen, zum Beispiel die Abschaffung des Amtes eines designierten Senators auf Lebenszeit (beispielsweise pensionierte Generäle, Führungskräfte des Militärs und der Polizei), die Verkürzung der Amtszeit des Staatspräsidenten auf 4 Jahre und die Stärkung der Kontrollrechte der Abgeordnetenkammer.

130 Vgl. *Rojas* 2010, S. 678.

131 Vgl. www.onu.cl/onu/derechos-humanos.

Tabelle 11:   Liste der von Chile ratifizierten internationalen Menschenrechtsabkommen

Name des internationalen Menschenrechtsabkommens	Ratifizierung (Datum)
Übereinkommen gegen Folter und andere grausame, unmenschliche oder erniedrigende Behandlung oder Strafe vom 10. Dezember 1984 (Resolution 39/46 der Generalversammlung der Vereinten Nationen)	30.10.1988
Übereinkommen zur Beseitigung jeglicher Form der Diskriminierung von Frauen vom 18. Dezember 1979 (Resolution 34/180 der Generalversammlung der Vereinten Nationen)	06.01.1990
Konvention über die Rechte des Kindes vom 20. November 1989 (Resolution 50/155 der Generalversammlung der Vereinten Nationen)	12.09.1990
CCPR-OP1-Fakultativprotokoll zum Internationalen Pakt über bürgerliche und politische Rechte vom 19. Dezember 1966 (Resolution 2200 A XXI der Generalversammlung der Vereinten Nationen)	28.08.1992 (Beitritt)
Fakultativprotokoll zum Übereinkommen über die Rechte des Kindes betreffend den Verkauf von Kindern, Kinderprostitution und Kinderpornographie vom 25. Mai 2000 (Resolution 54/263 der Generalversammlung)	06.03.2003
Fakultativprotokoll zum Übereinkommen über die Rechte des Kindes betreffend die Beteiligung von Kindern an bewaffneten Konflikten vom 25.Mai 2000 (Resolution 54/263 der Generalversammlung der Vereinten Nationen)	31.08.2003
Internationale Konvention zum Schutz der Rechte von Wanderarbeitnehmern und ihren Familienangehörigen vom 18. Dezember 1990 (Resolution 45/158 der Generalversammlung der Vereinten Nationen)	01.07.2005

Name des internationalen Menschenrechtsabkommens	Ratifizierung (Datum)
Konvention über die Rechte von Menschen mit Behinderungen vom 13. Dezember 2006 (Resolution 61/106 der Generalversammlung der Vereinten Nationen)	29.07.2008
CCPR-OP2-DP-Zweites Fakultativprotokoll zum Internationalen Pakt über bürgerliche und politische Rechte vom 15. Dezember 1989 (Resolution 44/128 der Generalversammlung der Vereinten Nationen)	26.12.2008
CAT-OP-Fakultativprotokoll zum Übereinkommen gegen Folter und grausame, unmenschliche oder erniedrigende Behandlung oder Strafe vom 22. Juni 2006 (Resolution 57/199 der Generalversammlung der Vereinten Nationen)	12.01.2009
Übereinkommen zum Schutz von Personen vor Entführung, Verschleppung u. ä. vom 18. Dezember 1992 (Resolution 47/133 der Generalversammlung der Vereinten Nationen)	23.12.2010

3.1.2.3   Die Beteiligung von Experten

Ein weiterer Faktor, der den Prozess der rechtlichen Reform in *Chile* erklären kann, ist die aktive Teilnahme einer Gruppe von Experten. Im Bereich der Jugendstrafrechtsreform spielten *Miguel Cillero*[132] und *Jaime Couso*[133] eine

---

132 Vgl. zu seinen auch aus kriminologischer Perspektive für die Reformüberlegungen wichtigsten Veröffentlichungen: El interés superior del niño en el marco de la Convención Internacional sobre los Derechos del Niño. In: Revista Justicia y Derechos del niño, *UNICEF* 1999; Adolescentes y Sistema Penal: Proposiciones desde la Convención sobre los Derechos del Niño. In: Revista Justicia y Derechos del niño UNICEF 2000; Nulla poena sine culpa. Un límite necesario al castigo penal. In: Revista Justicia y Derechos del niño *UNICEF* 2001; Derechos humanos de la infancia. In: Revista de Derechos del niño Universidad Diego Portales 2003; De la tutela a las garantías: consideraciones sobre el proceso penal y la justicia de adolescentes. In: Revista de Derechos del niño Universidad Diego Portales 2004; Comentario a la Ley de Responsabilidad Penal de Adolescentes de Chile. In: Revista Justicia y Derechos del niño, *UNICEF* 2006.

wichtige Rolle, zwei Strafrechtsprofessoren der Universität *Diego Portales* in *Santiago de Chile*. Darüber hinaus muss man im Bereich der Strafverfahrensreform *Mauricio Duce*[134] und *Cristian Riego*[135] erwähnen, zwei Professoren für Strafverfahrensrecht derselben Universität.[136]

Die Gruppe von Experten organisierte Seminare, Workshops sowie Forschungsprojekte und gründete Fachzeitschriften, um die Unterschiede zwischen dem favorisierten Justiz- und dem herkömmlichen Wohlfahrtssystem zu erklären. Diese wissenschaftliche Auseinandersetzung auch im Hinblick auf internationale Entwicklungen und speziell die allgemeine Neuorientierung in lateinamerikanischen Ländern[137] war sehr wichtig, da diese Initiativen die Basis für die künftigen rechtlichen Reformen geschaffen haben. Zudem entwickelte sich zum ersten Mal in *Chile* das Verfahrensrecht und Jugendstrafrecht zu einer eigenständigen Disziplin. In der Tat bildete die traditionelle Schule das Strafverfahrensrecht und Jugendstrafrecht noch nicht als eigenständiges Fach aus. Sie wurden als ein Teil des Zivilverfahrensrechts und als ein Teil des Allgemeinen Strafrechts betrachtet.

Das moderne Strafverfahrensrecht und Jugendstrafrecht als Fach mit systematisch erlangtem und wissenschaftlich akkreditiertem Wissensbestand entwickelte sich in *Chile* seit Ende der 1990er Jahre. Relevant wurden für diese Entwicklung Fachzeitschriften der Universität Diego Portales, nämlich die „Cuadernos de Análisis Jurídicos" und die „Revista de Derechos del Niño". Die erstgenannte Zeitschrift beschäftigte sich mit den Strukturproblemen eines justizmodellorientierten Verfahrens, dem Konzept der fairen Verfahrens, der Modernisierung der Rechtsbehelfe und der Erweiterung der Rechte der Angeklag-

---

133 Vgl. zu seinen für die Reformüberlegungen wichtigsten Veröffentlichungen: Problemas teóricos y prácticos del principio de separación de medidas y programas entre la vía penal-juvenil y la vía de protección especial de derechos. In: Justicia y derechos del niño. *UNICEF* 1999; La otra violencia: poder penal doméstico sobre los niños en el derecho chileno. Violencia y derecho. In: Ediciones del puerto. 2003; La política criminal de adolescentes en la ley n° 20.084. Estudios y reflexiones sobre derecho penal juvenil. In: Defensoria penal publica. 2009; Notas para un estudio sobre la especialidad en el derecho penal y procesal penal de adolescentes: el caso de la ley chilena. Justicia y derechos del niño, Nr. 10. *UNICEF* 2008; Principio educativo y (re)socialización en el derecho penal juvenil. Justicia y derechos del niño, Nr. 8. *UNICEF* 2006; Juzgamiento Penal de Adolescentes, Lom 2013.

134 Vgl. *Duce* 1996; 2000; 2002; 2003; 2004; 2005; 2006; 2007; 2013.

135 Vgl. *Riego* 1994; 2000; 2002; 2005; 2007.

136 Es ist bezeichnend, dass die wesentlichen Reformimpulse aus einer Universität kamen, die erst nach Ende der Diktatur gegründet wurde und an der vorwiegend Professoren tätig waren, die als Systemkritiker der Diktatur zuvor keine Anstellung gefunden hatten.

137 Vgl. hierzu *Tiffer-Sotomayor* 2000; *Gutbroth* 2010.

ten.[138] Die zweite Zeitschrift konzentrierte sich von Anfang an auf die Verbreitung der Kinderrechtskonvention, die Hauptprobleme des Wohlfahrts- models und die Anwendung der Garantien des Strafrechts (das Gesetzlichkeits- prinzip, das Schuldprinzip, das Prinzip der *ultima ratio* von Freiheitsstrafe, das Prinzip der Verhältnismäßigkeit) und des Verfahrensrechts (das *Nemo-tenetur*-Prinzip, Prinzip der Waffengleichheit und Unschuldsvermutung) im Jugendstraf-recht.[139]

Darüber hinaus berichteten beide Zeitschriften über den Stand der Reformen in anderen Ländern der Region und veröffentlichten Artikel von lateinamerika-nischen Experten, zum Beispiel von *Alberto Binder* oder *Carlos Tiffer-Sotomayor*.

3.1.2.4 Der Arbeitsauftrag: Entwurf für ein neues Jugendstrafrecht und Gründe für die Verabschiedung des Gesetzes

1990 wurde eine beratende Kommission gebildet, um ein neues Jugendstrafrecht zu entwerfen. Im Jahr 1994 legte die Kommission einen Vorschlag für die Mo- dernisierung des Jugendstrafrechts vor, aber erst 2002 wurde der Entwurf im

---

138 So kann man z. B. die folgenden Schwerpunkthefte der Zeitschrift nennen: Cuadernos de Análisis Jurídio Nr. 21 zum Thema Sistema Penal y Seguridad Ciudadana, 1999, Nr. 29 zum Thema Estudios de Derecho Procesal, 1994, Nr. 30 zum Thema Estudios de De- recho Penal y Procesal penal, 1994.

139 Als Beispiel kann man in der ersten Nr. der Zeitschrift des Jahres 2003 die folgenden Themen und Beiträge nennen: Nr. 1: Parte I: Estudios: *Cillero/Bernales*: Derechos humanos de la infancia; Adolescencia en la justicia penal de menores de Chile: evalua- ción y perspectivas; *Millán/Villavicencio*: La representación de niños, niñas y ado- lescentes en los procedimientos para la adopción de medidas de protección; *Couso*: El nuevo proceso penal y los imputados menores de edad: estudio exploratorio acerca de los resultados del primer año de aplicación en las regiones de Coquimbo y la Araucanía; *Vargas*: Los niños en la mediación familiar; *Vargas/Correa*: Comentarios al artículo de Macarena; *Casas/Correa*: Conductas discriminatorias, abusivas e infundadas en contra de estudiantes en la selección y marginación en los establecimientos de educación básica y media: diagnóstico y caracterización del problema; Parte II: Ensayos: *Masters*: Reflexiones sobre el desarrollo internacional de la justicia restaurativa; *Casas*: Expe- riencias comparadas de resolución de conflictos en la educación; *Guzmán*: La fe del carbonero; Parte III: Seminarios: *Valenzuela*: Derechos del niño en la educación y discriminación: muchos principios y pocas reglas; *Valenzuela*: Coloquio sobre modelos de resolución de conflictos en la educación en Canadá, Argentina, Uruguay y Chile; Jurisprudencia: Moda, libertad de expresión y derechos del niño en la educación en *Chile*, comentario de *Jaime Couso*; Criterios de determinación judicial de la sanción penal juvenil en Costa Rica, Voto No. 591-F 97, Tribunal superior de casación penal, Segundo Circuito Judicial de San José.

Parlament eingebracht.[140] Fünf Jahre später, am 8. Juni 2007 trat das Gesetz in Kraft.

Warum wurde das Gesetz erst nach 17 Jahren verabschiedet und welche Faktoren waren in der parlamentarischen Diskussion für die Verabschiedung des Gesetzes entscheidend? Die Antwort auf die erste Frage erschließet sich durch drei Phänomene: die Priorität der Reform des Strafverfahrensrechts, die Blockade des Gesetzesprojekts im Kongress und die mangelnde Infrastruktur im Bereich der Jugendstrafrechtspraxis.

Priorität der Reform des Strafverfahrensrechts

In *Chile* wurde 1906 das inquisitorische Strafverfahrenssystem übernommen. Der Prozess wurde geheim geführt und in zwei Phasen unterteilt: Die Instruktionsphase und die Phase der Entscheidung. In beiden Etappen war der gleiche Richter zuständig. Ferner wurde die Anordnung von Untersuchungshaft gegenüber dem Beschuldigten zur allgemeinen Regel und der Verteidiger des Angeklagten als „Feind der Wahrheit" angesehen. Das eingeschränkte Unmittelbarkeitsprinzip wurde als zentraler Grundsatz des Prozesses angesehen, was zur Folge hatte, dass der Richter aus Gründen der Arbeitsüberlastung seine Funktionen an Mitarbeiter delegierte.

In *Chile* begann Ende der 1980er Jahre die Diskussion um ein neues Strafverfahrensgesetz. Der Inquisitionsprozess bedeutete eine Durchsetzung des staatlichen Strafverfolgungsanspruchs unter weitgehender Nichtbeachtung fundamentaler Grundrechte und rechtsstaatlicher Garantien des Beschuldigten, zum Beispiel: das Recht auf ein zuständiges, unabhängiges und unparteiisches Gericht, das Recht auf Verteidigung, das Recht auf detaillierte Voruntersuchungen des Angeklagten über die gegen ihn erhobenen Beschuldigungen, genügend Zeit und ausreichende Möglichkeiten zur Vorbereitung seiner Verteidigung und das Recht der Verteidigung, die vor Gericht anwesenden Zeugen zu befragen und Sachverständige oder andere Personen, die den Tatbestand klären könnten, als Zeugen vorladen zu lassen.[141]

Nach den Präsidentschaftswahlen bildete Präsident *Aylwin* am 20. November 1990 eine Expertenkommission, um ein neues Jugendstrafrecht zu entwerfen. Zur gleichen Zeit begannen die Arbeiten der anderen Kommissionen zur Reform des Strafverfahrensrechts. Der Entwurf der Strafverfahrensreform wurde im Kongress am 29. Oktober 2000 verabschiedet und danach begann die Herausforderung der Implementierung des neuen Systems. Mit der Reform des Jugendstrafrechtssystems sollte abgewartet werden, da man sich in *Chile* zunächst auf die Umsetzung der Strafverfahrensreform konzentrieren wollte.

---

140 Vgl. *De Ferrari* 2006, S. 120.

141 Vgl. Art. 8 Nr.1 und 2 der Amerikanische Konvention über Menschenrechte.

Die Reform führte die Mündlichkeit des Verfahrens, die Trennung zwischen der Ankläger- und der Richterfunktion sowie vier neue Institutionen ein: Die Staatsanwaltschaft,[142] den „Garantie-Richter" (*Juez de Garantía*), die Richter der Hauptverhandlung (*Jueces de Tribunal de Juicio Oral*)[143] und ein öffentliches Strafverteidigerbüro.[144] Ferner wurde das Opportunitätsprinzip eingeführt und die Rechte des Angeklagten wurden erweitert, z. B. hinsichtlich seiner Verteidigung und Informationsrechte.

Die Aufgabe der Implementierung der Strafverfahrensreform oblag dem Präsident *Aylwin* nachfolgenden Präsidenten *Eduardo Frei*, der sich zusammen mit seiner Ministerin *Soledad Alvear* auf dieses Ziel konzentrierte. Das war keine leichte Aufgabe, da die Strafprozessreform in *Chile* sukzessive umgesetzt wurde. Die erste Phase erfolgte am 12 Oktober 2000 in der IV. und IX. Region, die zweite 2001 in der II., III. und VII. Region, die dritte Phase 2002 in der I. XI. und XII. Region, die vierte Phase 2003 in der V., VI., VIII. und X. Region. Die letzte Phase wurde am 16. Juni 2005 in der Hauptstadt Santiago verwirklicht.

Zugleich wurde deutlich, dass man für eine Reform mit diesen Dimensionen nicht nur ein neues Gesetz brauchte, sondern auch neues Personal und eine grundlegende Reform für die Ausbildung der neuen Akteure.

Bemerkenswert war, dass die neue Verfahrensrechtsreform für das Jugendstrafrecht eine wichtige Rolle spielte, da die spätere Jugendstrafrechtsreform von Richtern, Staatsanwälten, Verteidigern etc. aus den neu entstandenen Institutionen und Behörden des Strafverfahrenssystems konzipiert wurde. Einen großen Einfluss hatten die Vorgaben bzgl. der Einführung von Strafverfahrensgarantien und Möglichkeiten, ein schnelles und flexibles Verfahren sowie eine Reihe von Diversionsmaßnahmen anzuwenden.[145] Insofern war die Reform des allgemeinen Strafverfahrensrechts – anders als in Europa, insbesondere in *Deutschland*, wo häufig das Jugendstrafrecht Vorreiter für Reformen des allgemeinen Straf- und Strafverfahrensrechts war, – ein wichtiger Motor für die Jugendstrafrechtsreform.

---

142 Die Staatsanwaltschaft wurde durch das Gesetz Nr. 19.519 vom 16.09.1997 eingeführt.

143 Vor der Verfahrensreform war der Strafrichter ( ) zuständig für die Ermittlung und das Urteil. Nach der Reform wurde der Strafrichter abgeschafft. Der „Garantie-Richter" (*Juez de Garantía*) und die Richter der Hauptverhandlung (*Jueces de Tribunal de Juicio Oral*) wurden durch das Gesetz Nr. 19.665 vom 9.03.2000 eingeführt.

144 Vor der Verfahrensreform war für die Verteidigung der Angeklagten die CAJ (*Corporación de Asistencia Judicial*) verantwortlich. In dieser Institution arbeiteten Jurastudenten, die die Beklagten verteidigten. Nach der Verfahrensreform wurde das öffentliche Strafverteidigerbüro durch das Gesetz Nr. 19.718 vom 10.03.1998 eingeführt. Heutzutage arbeiten im öffentlichen Strafverteidigerbüro nur Anwälte, die sich mit der Verteidigung der Angeklagten beschäftigen.

145 Vgl. *Duce* 2010, S. 283.

Blockade des Gesetzesprojektes im Kongress

Der Präsident *Ricardo Lagos* legte am 2. August 2002 dem Parlament den Entwurf für die Modernisierung des Jugendstrafrechts vor. Jedoch wurden nach drei Jahren Blockade vom Kongress weitere Änderungen des Entwurfs beschlossen, die auf eine Verschärfung des Jugendstrafrechts abzielten.[146] Verantwortlich für diese Blockade war die Koalition der Rechtsparteien. Die Rechtskoalition mit den Senatoren *Alberto Espina, Andrés Chadwick* und *Marcos Aburto* sah die Reform als Mittel zur verstärkt repressiven Bekämpfung der Jugendkriminalität. Aus diesem Grund legte sie verschiedene Vorschläge für das Gesetzgebungsverfahren vor, um die Sanktionen zu verschärfen.[147] Die Vorschläge der Rechtsparteien verlängerten das Gesetzgebungsverfahren erheblich und erschwerten eine Vereinbarung mit der Koalition der Linksparteien und der Parteien der Mitte wesentlich.

Mangelnde Infrastruktur der Jugendstrafrechtspraxis

In der Phase der parlamentarischen Diskussion des Gesetzes diskutierte man über sein Inkrafttreten. Ursprünglich war das Inkrafttreten für Juni 2006 geplant. Jedoch beantragte die Regierung durch den Justizminister die Aussetzung des Gesetzes, da die minimalen Bedingungen für eine einigermaßen funktionierende Jugendstrafrechtspflege nicht existierten.[148]

In der Tat bedeutete der Gesetzentwurf des Jugendstrafrechts und des Jugendstrafvollzugs, der im Parlament diskutiert worden war, gleichzeitig eine radikale Veränderung der Infrastruktur, den Neubau und die Einrichtung der Jugendanstalten, mehr Personal und Weiterbildung für die Richter, Staatsanwaltschaft, Verteidiger und Polizei.

Das Parlament entschied, dass das Gesetz im Juni 2006 in Kraft treten sollte. Parallel dazu wurde vom Parlament zum Zweck einer angemessenen Funktionsweise des Gesetzes eine Kommission eingesetzt, die einen Bericht über den Zustand der Jugendgefängnisse und Ausbildungsprogramme erarbeiten sollte. Diese Kommission legte ein paar Monate später zwei Berichte vor. Sie hatten eine neue Aussetzung des Gesetzes zur Folge, da die neu zu erbauenden Jugendanstalten noch nicht fertig gestellt waren.[149]

Aufgrund der zwei Berichte der Kommission gab es im Parlament eine neue Diskussion über das Inkrafttreten des Gesetzes. In dieser Diskussion bestanden die Präsidentin der Republik *Michel Bachelet* und ihr Justizminister *Carlos*

---

146 Vgl. *De Ferrari* 2006, S. 137.

147 Vgl. *De Ferrari* 2006, S. 138.

148 Vgl. *De Ferrari* 2006, S. 156.

149 Vgl. *De Ferrari* 2006, S. 157.

Maldonado auf die Inkraftsetzung des Gesetzes zum 7. Juni 2007, da das Gesetz eine Lösung für zahlreiche Probleme der Jugendkriminalität durch wirksame Interventionen enthalten werde. Ferner sagte der Minister: „Obwohl die Bedingungen nicht optimal für eine gute Funktionsweise der Jugendstrafrechtspflege sind, verspreche ich, dass die Infrastruktur heute ausreichend ist und sich im Laufe der Zeit verbessern wird".[150]

Der Weg war also lang und kompliziert. Im Jahr 1994 hatte die Experten-Kommission einen Vorschlag für die Modernisierung des Jugendstrafrechts gemacht, aber erst 2002 wurde der Entwurf dem Parlament vorgelegt. Der Entwurf war am 14. Juli 2004 in der Ersten Kammer und im Senat am 28. November 2005 verabschiedet worden. Das neue Jugendstrafsystem trat schließlich im Juni 2007 in Kraft.

Welche *Faktoren* waren in der *parlamentarischen Diskussion* für die Verabschiedung des Gesetzes entscheidend? Die Antwort auf diese Frage findet sich in dem internationalen Druck, den der Ausschuss für die Rechte des Kindes der Vereinten Nationen auf *Chile* gemacht hat und in der nachfolgend zu erläuternden „doppelten Rechtfertigung" der Reformen (mit Blick auf Täter- und Opferinteressen, s. u.).

In verschiedenen Jahren zeigte sich der Ausschuss besorgt über die langsamen Fortschritte im Bereich des Jugendstrafrechtssystems in *Chile*. In der Tat betonte der Ausschuss, dass in *Chile* die Anwendung des Erwachsenstrafrechts auf Jugendliche im Alter von 16 bis 17 Jahren einen Verstoß gegen die Kinderrechtskonvention darstellt.[151] Die Modernisierung des Jugendstrafrechts wurde dadurch zu einem dringenden Reformanliegen in Chile und sein internationaler Ruf war in Zweifel gesetzt bzw. beschädigt worden.[152]

Der Erfolg der Reform basierte auch auf der Tatsache, dass sie unterschiedlichen rechtspolitischen Ansprüchen bzw. Strömungen entgegenkam. Die Reform wurde nicht nur im Hinblick auf die Stärkung der Rechte der Jugendlichen begründet, sondern auch als eine wichtige Maßnahme angesehen, um die öffentliche Sicherheit und die Interessen der Opfer zu gewährleisten. Einerseits war sie damit eine Gesetzgebungsmaßnahme zur Verwirklichung der in der Kinderrechtskonvention anerkannten Rechte, andererseits eine Lösung für die Probleme eines angemessenen Reagierens auf Probleme der Jugendkriminalität unter Berücksichtigung der Opferinteressen.

Diese „doppelte Rechtfertigung" der Reform war fundamental für die Verabschiedung des Gesetzes. Die Koalition der Rechtsparteien, die in diesem Augenblick die Mehrheit im Senat bildeten, fand im Kampf gegen Jugendkrimina-

---

150 Diario de Sesiones del Senado, Legislatura 352, Extraordinaria, Sesión 5°, 13 de Octubre de 2004, S. 51.

151 Vgl. *Comité de los Derechos del Niño* 2007.

152 Vgl. *Cillero/Bernales* 2002, S. 19.

lität und im Schutz der Interessen der Opfer einen Grund, um die Reform zu unterstützen. Bemerkenswert war, dass am Ende der Parlamentsdebatte die sensible Phase der Sozialisation, die speziellen Bedürfnisse junger Täter sowie die rechtlichen Fragen eines moderaten, verhältnismäßigen und ausdifferenzierten Reaktionssystems für jugendliche Straffällige in den Hintergrund getreten sind, aber gleichwohl durchgesetzt werden konnten.[153]

3.1.3 Überblick über die gegenwärtige rechtliche Regelung des chilenischen Jugendstrafgesetzes Nr. 20.084

3.1.3.1 Anwendungsbereich und Grundlage

Das chilenische Gesetz N° 20.084, das von der Kinderrechtskonvention stark beeinflusst wurde, hat ein System der Verantwortlichkeit von Jugendlichen bei einer Verletzung von Strafrechtsnormen geschaffen. Das chilenische Jugendstrafrechtssystem hat eine spezialpräventive Orientierung, wobei der junge Täter im Mittelpunkt der Betrachtung steht. Die Strafen sollen zur Besserung des Täters dienen und ihn zu einem Leben in sozialer Verantwortung (*responsabilidad social*) ohne Straftaten führen.[154] Der in Deutschland gebrauchte Begriff der „Erziehung" (vgl. § 2 Abs. 1 JGG) wird in diesem Kontext interessanterweise nicht erwähnt. Stattdessen spricht das chilenische Gesetz von gesellschaftlicher Integration als Ziel (*integración social*).

Das Gesetz ist nach dem einleitenden Teil in drei Hauptteile gegliedert: Der erste Hauptteil betrifft die „Rechtsfolgen im Fall der strafrechtlichen Verantwortlichkeit Jugendlicher", der zweite das „Verfahren" und der dritte Teil den „Vollzug bzw. die Vollstreckung von Strafen und Maßnahmen".

In *Chile* beginnt die Strafmündigkeit mit 14 Jahren. Nach dem Gesetz sind jugendliche Personen solche im Alter von 14 bis 17 Jahren. Kinder, das heißt Personen unter 14 Jahren, sind gemäß Art. 10 chStGB schuld- und strafunmündig. Für Heranwachsende gilt in Chile im Gegensatz zu Deutschland das materielle und formelle Erwachsenenstrafrecht, da die volle Strafmündigkeit und Behandlung nach dem Erwachsenenstrafrecht ab dem Alter von 18 Jahren vorgesehen ist.[155]

In *Chile* gibt es keine eigenen jugendstrafrechtlichen Straftatbestände. Stattdessen gelten die einschlägigen Verhaltensvorgaben, die auch für Erwachsene

---

153 Vgl. *De Ferrari* 2006, S. 140.

154 Vgl. *Couso/Duce* 2013, S. 419.

155 Vgl. Art. 3 des Gesetzes.

verbindlich sind.[156] Die Besonderheit des Jugendstrafrechts zeigt sich allein hinsichtlich des Sanktionssystems, der Dauer der Sanktionen, des Jugendstrafverfahrens und des besonderen, auf Reintegration in die Gesellschaft ausgerichteten Jugendstrafvollzugs.[157]

Die Dauer der Strafe hängt von der Schwere des Delikts ab, sie kann aber im Fall der Freiheitsstrafe bei Jugendlichen nur bis zu maximal 10 Jahre betragen.[158]

Die im Gesetz anerkannten Prinzipien sind folgende: das Wohl der Jugendlichen, Freiheitsstrafe als *ultima ratio*, die Trennung und die Spezialisierung der Institutionen, die mit jugendlichen Straffälligen arbeiten. Nach Artikel 3 des Gesetzes sollen die Behörden bei jeder Entscheidung, Durchführung von Sanktionen oder Maßnahmen das Wohl der Jugendlichen (*interés superior del niño*, vgl. auch Art. 3 KRK) berücksichtigen. Gemäß Artikel 26 des Gesetzes soll Freiheitsentzug bei Jugendlichen nur als letztes Mittel angeordnet werden. Das Prinzip der Trennung, das in Artikel 48 des Gesetzes geregelt ist, ordnet die Trennung zwischen Erwachsenen und Jugendlichen in jeder Phase des Prozesses und des Vollzugs der Strafe an. Das Prinzip der Spezialisierung ist in den Artikeln 29, 30 und 54 des Gesetzes geregelt und hebt die Notwendigkeit einer besonderen fachlichen Ausbildung für das Personal hervor, das mit Jugendlichen arbeitet, insbesondere für die Polizei, Staatsanwaltschaft und für die Richter (vgl. *Tabelle 12*).

---

156 Der Aufbau der Straftat in *Chile* enthält wie in *Deutschland* drei Elemente: der Tatbestand, der die beiden Dimensionen des objektiven und des subjektiven Tatbestands enthält, die Rechtswidrigkeit und die Schuld.

157 Vgl. *Couso/Duce* 2013, S. 13.

158 Vgl. Art. 18 des Gesetzes. Bei Erwachsenen beträgt die zeitige Höchststrafe lebenslange Freiheitsstrafe, vgl. Art. 32 bis Strafgesetzbuch oder zeitige Freiheitsstrafe von bis zu 20 Jahren, vgl. *Cillero* 2006, S. 190.

Tabelle 12: Strafrechtliche Verantwortlichkeit – sachliche
Zuständigkeit und Rechtsfolgen bei Straftaten

Altersgruppe	Kinder (noch nicht 14 Jahre)	Jugendliche von 14 bis unter 18 Jahre	Erwachsene ab dem Alter von 18 Jahren
Strafrechtliche Verantwortlichkeit	Schuldunfähigkeit	Strafrechtlich verantwortlich gem. Art. 3 des Gesetzes Nr. 20.084	Strafrechtlich verantwortlich gem. Art. 1 des chStGB
Sachliche Zuständigkeit	Familienrichter	Staatsanwaltschaft, Strafverteidiger[159] und sog. Garantie-Richter	Staatsanwaltschaft, Strafverteidiger und sog. Garantie-Richter
Rechtsfolgen	Schutzmaßnahmen nach dem Familiengesetz	Bestimmte Sanktionen nach dem Jugendstrafgesetz Nr. 20.084	Sanktionen und Maßregeln nach dem chStGB

Ein weiterer Aspekt, der in den Gesetzen von *Chile* geregelt wird, ist der Grundsatz der subsidiären Anwendung des allgemeinen Strafrechts und des allgemeinen Strafprozessrechts.[160] Jedoch ist zu beachten, dass die Vorschriften des materiellen Strafrechts[161] sowie des formellen Strafverfahrensrechts[162] „jugendadäquat" ausgelegt werden sollen. Die Forderung nach einer jugendadäquaten Gesetzesauslegung gilt insbesondere auch für die subjektiven Zurechnungsvoraussetzungen, Irrtumsvorschriften, Täterschafts- und Teilnahmeregelungen sowie für die Verfahrensgarantien (Grundsatz des fairen Verfahrens etc.), die Flexibilität i. S. des Opportunitätsprinzips (Diversion) und die Dauer des Verfahrens.

---

159 Gemeint ist hier der „öffentliche Strafverteidiger" als Organ der Rechtspflege. Zu den Verfahrensbeteiligten im Einzelnen siehe unten *3.1.3.2.*

160 Vgl. Art. 27 des Gesetzes.

161 Vgl. *Couso/Duce* 2013, S. 425; *Hernandez* 2007, S. 85 f.

162 Vgl. *Couso/Duce* 2013, S. 107 ff.

3.1.3.2 Beteiligte des Jugendstrafverfahrens

In *Chile* gibt es in erster Instanz zwei Arten von Richtern, die sich mit Jugend- und Erwachsenenkriminalität beschäftigen.

Der sog. Garantie-Richter (im Spanischen *Juez de Garantía*), oder besser Ermittlungsrichter, beteiligt sich an der ersten Phase des Verfahrens. Der Richter entscheidet über die vorläufigen Maßnahmen, insbesondere die Anordnung von Untersuchungshaft und im Allgemeinen über Maßnahmen wie Durchsuchungen, Überwachung der Telekommunikation etc., die sich auf die Rechte des Angeklagten auswirken. Ferner ist er in der Phase der Vorbereitung der Hauptverhandlung aktiv, wo er über die Beweise entscheidet, die in der Hauptverhandlung verwendet werden können.[163]

An zweiter Stelle sind die an der Hauptverhandlung beteiligten Richter (im Spanischen *Jueces de Tribunal de Juicio Oral*) zu nennen. Sie entscheiden über die Schuld des Angeklagten und die Strafzumessung.

Der „Garantie-Richter" (*Juez de Garantía*) und die Richter der Hauptverhandlung (*Jueces de Tribunal de Juicio Oral*) sind auch an Strafverfahren gegenüber Erwachsenen beteiligt, d. h. es gibt in *Chile* keine vollständige Spezialisierung der Jugendgerichtsbarkeit. Allerdings können sie als Jugendrichter nur mitwirken, wenn sie einen Fortbildungskurs für Jugendstrafrecht an der Richterakademie absolviert haben.[164]

In zweiter Instanz finden sich die obersten Gerichte der jeweiligen Gerichtsbezirke (*Corte de Apelaciones*), die über Strafkammern (*sala de asuntos penales*) verfügen. Für die Revision (*Nulidad*) ist die allgemeine Kammer für Strafsachen (*sala de casación penal*) beim Obersten Gerichtshof (*Corte Suprema*) zuständig. Hier gibt es keinen speziellen Spruchkörper für die Jugendgerichtsbarkeit.

In *Chile* ist für die Verteidigung der Angeklagten das öffentliche Büro des Strafverteidigers (im Spanischen *Defensoria Penal Publica*) zuständig. Nach Art. 93b des Strafverfahrensgesetzes kann sich der Beschuldigte in jeder Phase des Verfahrens eines Verteidigers bedienen.

Im Bereich der jugendlichen Straftäter hat das Büro eine spezialisierte Abteilung eingerichtet, deren Mitglieder für die Jugendlichen die Verteidigung, Beratung und Information bzgl. der Rechte im Verfahren übernehmen.[165]

In Chile hat die Staatsanwaltschaft (StA) zwei Hauptfunktionen: Sie ist verantwortlich für die strafrechtliche Verfolgung und damit „Herrin des Ermittlungsverfahrens", ferner ist sie Anklagevertreterin im Hauptverfahren.[166]

---

163 Vgl. Art. 70 des Strafverfahrensgesetzes.

164 Vgl. Art. 29 und 57 des Gesetzes.

165 Vgl. Art. 102 des Strafverfahrensgesetzes.

166 Vgl. Art. 77 des Strafverfahrensgesetzes.

Die Staatsanwaltschaft kann von der Verfolgung absehen, wenn die Schuld des Täters als gering anzusehen ist und kein öffentliches Interesse an der Verfolgung besteht (Bagatellsachen).[167] Anders als im Erwachsenenstrafverfahren soll der Staatsanwalt die Diversion in besonderem Maß als Option prüfen und dabei das jugendliche Alter und die Lebensumstände berücksichtigen. Ebenso wie im Erwachsenenstrafverfahren gilt das Bemühen des Beschuldigten, Wiedergutmachung zu leisten (*acuerdo reparatorio*), als besonderer Einstellungsgrund (vgl. Art. 241 ChStPO).

Auf dem Gebiet des Jugendstrafrechts spielen Diversionsmaßnahmen auch faktisch eine große Rolle, wenngleich es dazu keine exakten statistischen Angaben gibt (vgl. unten *Kapitel 3.1.4.4*). Nach Art. 35 des chilenischen Jugendstrafgesetzes muss die Entscheidung i. S. des Opportunitätsprinzips die Wirkung auf das zukünftige Leben der Jugendlichen berücksichtigen.[168]

3.1.3.3   Die vorläufige Festnahme

Weitere verfahrensrechtliche Besonderheiten des Jugendstrafverfahrens gibt es im Bereich der vorläufigen Festnahme.

Artikel 19 Nr. 7 der chilenischen Verfassung (chVerf) gewährleistet die persönliche Freiheit und schützt als Menschenrecht vor willkürlicher Freiheitsentziehung.[169] Die Inhaftierung von Jugendlichen gilt als besonders einschneidende und mit Zurückhaltung anzuwendende Maßnahme, die dem Gericht und der Familie unmittelbar mitzuteilen ist.

Nach Art. 31 des Gesetzes hat die Polizei das Gericht innerhalb von 24 Stunden über die Festnahme des Minderjährigen zu unterrichten. Darüber hinaus kann ein junger Häftling nicht ohne seinen Verteidiger verhört werden. Auch

---

167 Vgl. Art. 166, 167 und 168 des Strafverfahrensgesetzes.

168 Vgl. Art. 170 des Strafverfahrensgesetzes.

169 Die Garantien von Artikel 19 Nr. 7 der chVerf lassen sich in sechs Teile gliedern. Artikel 19 Nr. 7.a) enthält die allgemeine Garantie der Freiheit der Person. Buchstaben b) und c) stellen die Voraussetzungen auf, unter denen die Entziehung der Freiheit zulässig ist. Danach darf die Freiheit einem Menschen nur aus den Gründen und unter den Bedingungen entzogen werden, die vorher gesetzlich festgelegt sind. Die Festnahme ist nur unter zwei Voraussetzungen möglich: aufgrund eines richterlichen Haftbefehls oder wenn der Täter auf frischer Tat angetroffen wurde. Buchstabe d) verbietet die Unterbringung nach einer Festnahme oder Haft an Orten, die nicht gesetzlich dazu bestimmt sind. Buchstabe e) stellt die Voraussetzungen auf, unter denen die Untersuchungshaft zulässig ist. Buchstabe f) gewährleistet das Recht, nicht als Zeuge gegen sich selbst auftreten oder sich schuldig bekennen zu müssen (Nemo-tenetur-Grundsatz).

enthält das Gesetz eine Sanktion für den Fall, dass der Jugendliche an einem anderen Ort als einer Polizeiwache inhaftiert wird.[170]

3.1.3.4 Die Anordnung von Untersuchungshaft

In *Chile* ist die Anordnung von Untersuchungshaft gegenüber Jugendlichen stärker begrenzt. Es gibt in diesem Bereich strengere Anforderungen als für Erwachsene. In Bezug auf die gesetzlichen Voraussetzungen ist festzuhalten, dass Untersuchungshaft in *Chile* nur dann angeordnet darf werden, wenn ein dringender Tatverdacht (d. h. die hohe Wahrscheinlichkeit einer späteren Verurteilung) gegeben ist und die Straftat mit einer Freiheitsstrafe von mehr als fünf Jahren bedroht ist. Letztere Voraussetzung gilt bei Erwachsenen nicht. Ferner muss (wie im deutschen Recht) ein Haftgrund vorliegen. Folgende Haftgründe sind zu unterscheiden: die Gefahr für den Erfolg der Untersuchung (Verdunkelungsgefahr), die Gefahr für die Sicherheit der Allgemeinheit (u. a. Wiederholungsgefahr), die Gefahr für das Opfer und die Fluchtgefahr. Insoweit gibt es allerdings im Gegensatz zum deutschen Recht (vgl. § 72 JGG) keine zusätzlichen Einschränkungen.

Darüber hinaus ist der Grundsatz der Verhältnismäßigkeit der den vorläufigen Prozess sichernden Maßnahmen gesetzlich festgelegt.[171] Grundsätzlich muss die Maßnahme verhältnismäßig sein und die Dauer der Maßnahme im Verhältnis zur erwarteten Strafe stehen. Ferner sollte der Richter die Anwendung anderer vorläufiger Maßnahmen der Anordnung von Untersuchungshaft stets vorziehen.[172]

3.1.4 Das Sanktionensystem

Hinsichtlich des Sanktionensystems wird im Allgemeinen nach den informellen Sanktionen im Rahmen der Diversion und den formellen Sanktionen des Jugendgerichts unterschieden. In Chile kann der Staatsanwalt aber im Gegensatz zu Deutschland (vgl. § 45 JGG) keine informellen Sanktionen anordnen bzw. anregen oder anderweitige erzieherische Maßnahmen berücksichtigen, d. h. er hat lediglich die Möglichkeit der Einstellung, vergleichbar mit § 45 Abs. 1 JGG.

Im Hinblick auf die jugendrichterlichen Sanktionen gilt nach Art. 6 des Jugendstrafgesetzes nicht das Sanktionensystem des Allgemeinen Strafrechts, welches aus Freiheitsstrafe, Geldstrafe und der Strafaussetzung zur Bewährung besteht.

---

170 Vgl. Art. 31 des Gesetzes. Polizeibeamte, die gegen diese Norm verstoßen, können dementsprechend mit einer Verwaltungsstrafe (z. B. Lohnkürzung) sanktioniert werden.

171 Vgl. Art. 33 des Gesetzes.

172 Vgl. Art. 32 des Gesetzes.

Vielmehr gibt es im chilenischen Jugendstrafrecht acht Hauptstrafen (vgl. *Tabelle 13*): die Ermahnung, die Geldstrafe, die gemeinnützige Arbeit, die Wiedergutmachung des Schadens, die betreute Freiheit (*libertad vigilada*), die speziell betreute Freiheit (*libertad vigilada especial*), die Unterbringung in einer Anstalt mit halb-geschlossenem Regime und die Unterbringung in einer geschlossenen Anstalt (*centros juveniles*). Neben den Hauptstrafen gibt es folgende Nebenstrafen: das Fahrverbot und den Verfall (Art. 6 Abs.2 und Art. 7 des Gesetzes). Daneben umfasst das Rechtsfolgensystem des Jugendstrafrechts die Maßregeln der Besserung und Sicherung (*medida de seguridad*), z. B. Unterbringung in einem psychiatrischen Krankenhaus (*internamiento en centro psyquiatrico*).

Nach Art. 19 des Gesetzes sind die dort aufgeführten Rechtsfolgen „gemischte Sanktionen". Das bedeutet, dass eine Kombination von mehreren Sanktionen möglich ist, wie beispielsweise die Unterbringung in einer halbgeschlossenen oder geschlossenen Jugendstrafanstalt mit betreuter oder speziell betreuter Freiheit.

Im Hinblick auf den Zweck der Sanktionen verlangt das chilenische Gesetz bei deren Auswahl und Bemessung, dass vorrangig die Verantwortlichkeit des Jugendlichen (einschließlich generalpräventiver Aspekte) und seine gesellschaftliche Integration (spezialpräventiver Aspekt) zu berücksichtigen sind.[173]

Bei der Strafzumessung sind nach chilenischem Gesetz die Idee der Freiheitsstrafe als *ultima ratio*[174] und der Grundsatz der Verhältnismäßigkeit der Sanktion immer zu beachten.[175]

---

173 Vgl. Art. 20 des Gesetzes.

174 Vgl. Art. 26 des Gesetzes.

175 Der Grundsatz der Verhältnismäßigkeit der Sanktionen spielt im Rahmen der Strafzumessung und bei der Anordnung von Untersuchungshaft eine Rolle, vgl. Art. 24 und 33 des Gesetzes.

Tabelle 13: **Übersicht zu den Rechtsfolgen bei Straftaten Jugendlicher in Chile**

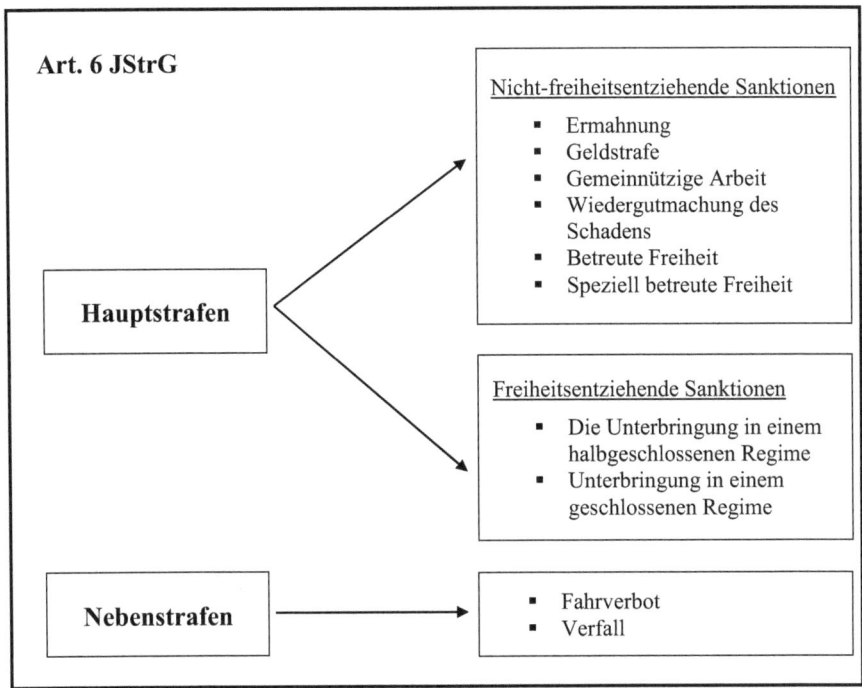

3.1.4.1 Nicht-freiheitsentziehende Sanktionen

Die Ermahnung ist in Artikel 8 des Jugendstrafgesetzes geregelt. Sie besteht aus einer Verwarnung durch den Richter mit dem Ziel, dass der Jugendliche die Schwere seiner Handlungen und das begangene Unrecht einsieht.

Die Geldstrafe ist in Artikel 9 des Jugendstrafgesetzes geregelt. Bei der Bemessung der Strafe muss der Richter die wirtschaftliche Situation des Jugendlichen und seiner Familie berücksichtigen, ohne dass es sich vorliegend um ein Tagessatzsystem nach europäischem Vorbild handelt.

Gemäß Artikel 10 des Jugendstrafgesetzes besteht die Wiedergutmachung in der Rückerstattung einer ggf. entwendeten Sache, der finanziellen Entschädigung des Opfers oder der Ausführung einer Arbeit für das Opfer. Der Richter muss hierfür die Zustimmung des Täters und des Opfers einholen.

„Leistungen zum Wohl der Gemeinschaft" bzw. Gemeinnützige Arbeiten bestehen nach Artikel 11 des Jugendstrafgesetzes aus einer unentgeltlichen Arbeit oder einem Dienst für die Gemeinschaft. Die Arbeit sollte die schulische oder berufliche Ausbildung oder die reguläre Berufstätigkeit des Jugendlichen nicht beeinträchtigen. In *Chile* umfasst die Strafe mindesten 30 Stunden und nicht mehr als 120 Stunden.

„Betreute Freiheit" und „Speziell betreute Freiheit" bedeutet, dass der Jugendliche gemäß Artikel 14 und 15 des Jugendstrafgesetzes von einem Betreuer oder Tutor nach Maßgabe eines individuellen Entwicklungsplans überwacht und kontrolliert wird. Der Tutor oder Betreuer ist verantwortlich für die Entwicklung und Steuerung eines Programms zur Orientierung, Ausbildung und Wiedereingliederung des jungen Menschen. In *Chile* hat die Strafe der „betreuten Freiheit" zwei Varianten, die sich durch die Intensität der Kontrolle des Tutors unterscheiden. In jedem Fall dauert diese Überwachung maximal drei Jahre. Die betreute Freiheit stellt praktisch eine Strafaussetzung zur Bewährung dar, die in Chile bei Jugendstrafen bis zu 5 Jahren möglich ist (vgl. Art. 23 Nr. 23 Jugendstrafgesetz).

3.1.4.2 Freiheitsentziehende Sanktionen

Die beiden Formen der Jugendstrafe mit einer Unterbringung im geschlossenen oder halboffenen Regime werden bereits durch den Jugendrichter im Urteil festgelegt. Auch die spätere Verlegung vom geschlossenen in das halboffene Regime oder die Ersetzung durch eine nicht-freiheitsentziehende Sanktion werden durch den Richter verfügt (s. u.).

Die Unterbringung in einer halbgeschlossenen Anstalt ist in Artikel 15 des Jugendstrafgesetzes geregelt. Hiernach soll der Jugendliche während der Nachtzeit in der Jugendanstalt untergebracht werden, kann aber verschiedene pädagogische Programme außerhalb der Anstalt in der Gemeinde besuchen. In Bezug auf die Dauer unterscheidet das Gesetz zwei Altersgruppen: Jugendliche von 14 bis unter 16 Jahren (hier beträgt die maximale Unterbringungsdauer fünf Jahre) und von 16 bis unter 18 Jahren (maximale Unterbringungsdauer zehn Jahre).

Daneben gibt es die Unterbringung in einer geschlossenen Anstalt bzw. die Freiheitsstrafe in spezialisierten Anstalten. Nach Artikel 17 des Jugendstrafgesetzes ist die Anstalt verantwortlich für die Entwicklung und Steuerung eines Programms für die individuelle Entwicklung, Ausbildung und Wiedereingliederung des jungen Menschen. Die maximale Unterbringungsdauer beträgt auch hier fünf bzw. zehn Jahre.

Nach Art. 53 des Gesetzes kann der zuständige Jugendrichter die freiheitsentziehende Sanktion auf Antrag des Gefangenen oder dessen Verteidigers durch andere nicht-freiheitsentziehende Sanktionen ersetzen. In Bezug auf die Anwendungsvoraussetzungen ist interessant, dass es im Gesetz keinen Hinweis auf eine Antragsfrist gibt. Gemäß Art. 53 sind für den Ersatz der freiheitsentziehenden Sanktionen folgende Voraussetzungen zu beachten: „der Vollzug der Strafe muss begonnen haben" und „der Ersatz der Strafe muss die Wiedereingliederung des Verurteilten unterstützen".

Nach *Couso* soll das Gericht bei einem Ersatz ein generalpräventives Minimum verlangen und dementsprechend prüfen, ob der Teil der bisherigen Verbüßung der Strafe angemessen ist. Das Gericht kann dieses generalpräventive „Minimum" anhand der Straftat, der Strafe und deren Dauer bemessen. Ferner ist nach *Couso* die zu erwartende Wirkung der Ersatzstrafe auf den Verurteilten zu berücksichtigen.[176]

Aus einer *UNICEF*-Untersuchung, die von Juni 2007 bis Oktober 2011 an den Gerichten der Region Bio-Bio durchgeführt wurde, geht hervor, dass die Gerichte beim Ersatz der Verurteilung die folgenden Faktoren berücksichtigten: die Beteiligung des Gefangenen am Vollzugsplan, das Verhalten des Verurteilten im Vollzug, die Schwere der Straftat, die Dauer des Vollzuges, die Auswirkungen der Änderung auf das Leben des Gefangenen und bzgl. des Zwecks der Strafe das Verhalten des Verurteilten nach der Verurteilung sowie die Stellungnahme der Vollzugsbehörden und der betreffenden Anstalt.[177]

Über den Antrag auf Ersatz der Strafe entscheidet der sog. Garantie-Richter (*Juez de Garantía*). Vor der Entscheidung sind der Antragsteller (der Jugendliche selbst oder sein Verteidiger), die Vollzugsbehörde und der Staatsanwalt zu hören. Ferner können die Eltern des Gefangenen und das Opfer oder sein Vertreter an dem Gerichtstermin teilnehmen.[178]

Zudem darf nach Art. 55 des Gesetzes das Gericht über einen Straferlass entscheiden, wenn der Zweck der Strafe erreicht wurde, und es einen Bericht der Vollzugbehörde gibt, der den Straferlass empfiehlt. Die Freiheitsstrafe darf jedoch nur dann erlassen werden, wenn der Täter mindestens die Hälfte der Strafe verbüßt hat.

Die Untersuchung von *UNICEF* an den Gerichten der Region Bio-Bio ergab ferner, dass die Gerichte bei der Entscheidung über einen Straferlass nachfolgende Faktoren berücksichtigen: Die Beteiligung des Gefangenen am Vollzugsplan, die Dauer des Vollzugs und den (positiven) Bericht der Vollzugsbehörden.[179]

3.1.4.3 Folgen der Nichterfüllung von Sanktionen

Schließlich kann das Gericht nach Art. 52 des Gesetzes eine neue Strafe verhängen, wenn der Verurteilte während des Vollzugs bzw. der Vollstreckung einer Sanktion gegen Weisungen oder Auflagen gröblich oder beharrlich verstößt, die Geldstrafe oder andere Leistungen nicht erbringt oder im Fall der Unterbringung

---

176 Vgl. *Couso/Duce* 2013, S. 387.

177 Vgl. *UNICEF* 2012, S. 15.

178 Art. 53 des Gesetzes Nr. 20.082.

179 Vgl. *UNICEF* 2012, S. 15.

in einer halb-geschlossenen Anstalt gegen die Regeln der Anstalt erheblich verstößt. In diesen Fällen enthält das Gesetz die folgenden Strafkonstellationen:

a) An die Stelle einer uneinbringlichen Geldstrafe treten bis zu 30 Stunden Gemeinnützige Arbeit bzw. Leistungen zum Wohl der Gemeinschaft.

b) An die Stelle eines Fahrverbots treten bis zu 30 Stunden Gemeinnützige Arbeit bzw. Leistungen zum Wohl der Gemeinschaft.

c) An die Stelle einer Gemeinnützigen Arbeit, einer Leistung zum Wohl der Gemeinschaft oder einer Wiedergutmachung des Schadens tritt die betreute Freiheit von bis zu drei Monaten.

d) An die Stelle einer betreuten Freiheit tritt die speziell betreute Freiheit oder die Unterbringung in einer halb-geschlossenen Anstalt für die Dauer von bis zu 60 Tagen.

e) An die Stelle einer speziell betreuten Freiheit tritt die Unterbringung in einer halb-geschlossenen Anstalt bis zum vorgesehenen Ende der Strafe.

f) An die Stelle einer Unterbringung in einer halbgeschlossenen Anstalt tritt die Unterbringung in einer geschlossenen Anstalt für die Dauer von bis zu 90 Tagen.

Nach der o.g. *UNICEF*-Untersuchung berücksichtigten die Gerichte bei der Verhängung anderer Strafen (*Quebrantamiento*) die folgenden Faktoren: das Verhalten des Verurteilten, die Häufigkeit der Nichterfüllung, die Schwere der Straftat und die Gründe für die Nichterfüllung.[180]

3.1.4.4 Sanktionspraxis

Die von Gerichten am häufigsten verhängten Sanktionen sind die nicht-freiheitsentziehenden Sanktionen. Ihr Anteil an den Verurteilungen betrug in den Jahren 2007-2010 insgesamt etwa 90%.[181] Hierbei lag der Anteil der verhängten Leistungen zum Wohl der Gemeinschaft (Gemeinnützige Arbeit) durchschnittlich bei 34,5%, der speziell betreuten Freiheit bei 19,6%, der betreuten Freiheit bei 13,5%, der Geldstrafe bei 6,2% und der Entschädigung bei 16,2%.[182] Auch 2012 war die Häufigkeit der nicht-freiheitsentziehenden Sanktionen mit 89% stabil. Ebenfalls weitgehend konstant mit zunehmender Tendenz blieben die Anteile der Verurteilungen zu Leistungen zum Wohl der

---

180 Vgl. *UNICEF* 2012, S. 15.

181 Vgl. *Defensoria Penal Pública* 2010, S. 26.

182 Vgl. *Defensoria Penal Pública* 2010, S. 26.

Gemeinschaft (41%) und derjenige von zur speziell betreuten Freiheit Verurteilten (28,8%).[183]

Der Anteil der freiheitsentziehenden Sanktionen stieg von 7,6% im Jahr 2010 auf 11% im Jahr 2012.[184] Im Bereich der freiheitsentziehenden Sanktionen wurde von den Gerichten jeweils etwa zur Hälfte die Unterbringung in einer halboffenen und in einer geschlossenen Anstalt angeordnet. Ihr Anteil betrug in den Jahren 2008 bis 2012 jeweils zwischen 6% und 4%.

Abgesehen von der unten dargestellten Strafrestaussetzung kommt auch eine Ersetzung (*sustitución*) freiheitsentziehender Sanktionen durch ambulante Sanktionen in Betracht ebenso wie die Ersetzung der Unterbringung im geschlossenen durch die Unterbringung im halboffenen Vollzug. Innerhalb der ambulanten Sanktionen kann der sog. Garantie-Richter eine intensive Überwachungsform wie z. B. die speziell betreute Freiheit (*libertad vigilada*) durch die (einfache) betreute Freiheit ersetzen. Insgesamt findet eine Ersetzung aber äußerst selten Anwendung. Nach Angaben der *UNICEF-Defensoría Penal Pública* betraf die Ersetzung nur 1,2% aller Sanktionen. Deutlich höher waren die Anteile bei den freiheitsentziehenden Sanktionen. So betrug der Anteil der ersetzten Unterbringungen in einer geschlossenen Anstalt 13% und bei Unterbringungen in einer Anstalt mit halboffenem Regime ca. 23%.[185]

Nach den Untersuchungen von *UNICEF* gibt es zwei Gründe für die restriktive Anwendung der Ersatzsanktionen: Zum einen messen die Richter den Berichten der Vollzugsbehörden nur geringen Wert bei. Ferner sind die Voraussetzungen des Gesetzes zum Ersatz von Sanktionen i. S. einer milderen Strafe nicht sehr präzise, was die Rechtsprechung erschwert, da die Richter bei der Anwendung des Ersatzes zumeist sehr unsicher sind.[186]

Ebenso wie bei der Frage der Anwendung von Ersatzsanktionen war die Anwendung der Strafrestaussetzung (bei Unterbringung im geschlossenen oder halboffenen Regime) bzw. des Straferlasses (bei nicht-freiheitsentziehenden Sanktionen) sehr gering. Nach der Untersuchung der *UNICEF-Defensoría Penal Pública* wurde die Strafrestaussetzung nur bei 2,3% der Freiheitsstrafen im geschlossenen Regime angewandt. Auch bei einer Verbüßung im halboffenen Regime war die Aussetzungsquote mit 3,2% kaum höher (vgl. *Tabelle 14*). Der Grund dafür ist auch hier das Misstrauen der Richter in die Arbeit und die Berichte der Vollzugsbehörden.[187] Bei den nicht-freiheitsentziehenden Sanktionen kann (ebenfalls nach der Hälfte der Laufzeit) ein Straferlass verfügt werden,

---

183 Vgl. *Servicio Nacional de Menores* 2012, S. 21.

184 Vgl. *Servicio Nacional de Menores* 2012, S. 20.

185 Vgl. *Unicef-Defensoria Penal Pública* 2011, S. 25.

186 Vgl. *UNICEF* 2012, S. 15.

187 Vgl. *UNICEF* 2012, S. 15.

wodurch z. B. im Bereich der betreuten Freiheit die Bewährungsaufsicht beendet wird.

Tabelle 14: Anteil von Strafrestaussetzungen bzw. Straferlass an den jeweils verhängten Sanktionen 2007-2010

Sanktion	Anwendung von Straferlass in Prozent %
Unterbringung in einer geschlossenen Anstalt	2,3
Unterbringung in einer halboffenen Anstalt	3,2
Spezielle betreute Freiheit	42,9
Betreute Freiheit	22,8
Leistungen zum Wohl der Gemeinschaft (Gemeinnützige Arbeit)	26,0
Ermahnung	1,4

Quelle: *UNICEF* 2012, S. 15.

3.2   Bolivien

3.2.1   Geschichte des Jugendstrafrechts in Bolivien

Die geschichtliche Entwicklung des Jugendstrafrechts in *Bolivien* ist von der Entwicklung des Jugendgesetzes und des Strafgesetzbuchs geprägt. Hier sind vier Stadien zu unterscheiden, die nachfolgend kurz dargestellt werden.

3.2.1.1   Das Strafgesetz von 1834

Die ersten Sonderregelungen für jugendliche Straftäter finden sich im Strafgesetz von 1834.[188] Wie in *Chile* ging es in erster Linie um die Klärung der Schuldfrage, und das Strafgesetz stellte erstmals auf das Urteilsvermögen des Jugendlichen ab.

---

188   Vgl. *Gutbrodt* 2010, S. 54.

Kinder unter 10 Jahren waren schuldunfähig. Jugendliche zwischen 10 und 18 Jahren wurden nicht bestraft, wenn sie bei Begehung der Tat ohne Urteilsvermögen und „Boshaftigkeit" (*sin discernimiento y malicia*) gehandelt hatten.[189] Kam das Gericht zu dem Schluss, dass ein Jugendlicher mit Unrechtsbewusstsein (Urteilsvermögen) und „boshaft" gehandelt hatte, war die Strafe auf ein Viertel bis maximal die Hälfte des für Erwachsene vorgesehenen Strafmaßes zu reduzieren. Kinder unter 10 Jahren und Jugendliche, die ohne Urteilsvermögen gehandelt hatten, wurden der Obhut ihrer Eltern oder ihres Vormunds bzw. Pflegers überstellt.[190]

3.2.1.2 Das Jugendgesetz von 1966

Während der ersten Hälfte des 20. Jahrhunderts wurde für Jugendliche eine Reihe von Verwaltungsvorschriften eingeführt. Gegenstand dieser Verordnungen waren die Rahmenbedingungen für Frauen und Kinder bzw. Jugendliche, die in Fabriken und Industrieunternehmen beschäftigt waren, sowie verschiedene Bestimmungen in Bezug auf Heime für verlassene oder hilfsbedürftige Kinder und Jugendliche.[191]

Das Fürsorgemodell in *Bolivien* wurde durch den Código de Contravenciones von 1947 eingeführt. Der Código enthielt einen Katalog von kriminellem und sozialem Verhalten, das unter Strafe gestellt wurde.[192]

Die 1960er Jahre brachten für das bolivianischen Jugendstrafrecht neuen Schwung. 1960 wurde der *Consejo Boliviano del Menor* eingeführt, am 15. Januar 1962 wurde das Gesetz zur Ermittlung der Vaterschaft verabschiedet.[193]

Eine weitere Stufe in der Entwicklung des bolivianischen Jugendstrafrechts datiert aus dem Jahr 1966. Das erste Gesetzbuch zum Schutz von Kindern und Jugendlichen orientierte sich, wie die anderen *Códigos* der Region, am Wohlfahrtsmodell. Es enthielt 339 Paragrafen mit straf-, familien- und arbeitsrechtlichen Regelungen. Darüber hinaus führte man die ersten Jugendgerichte (*Tribunales tutelares de menores*) sowie besondere Verfahrensweisen bzgl. der Behandlung Minderjähriger ein.[194] Der Jugendrichter spielte eine wichtige Rolle als „Beschützer" von gefährdeten Jugendlichen[195] (*situación irregular*), beispielsweise für „Kinder und Jugendliche, die verwahrlost sind, die nicht die Schule

189   Vgl. *Zegada* 2005, S. 14.

190   Vgl. *Gutbrodt* 2010, S. 54.

191   Vgl. *Gutbrodt* 2010, S. 56.

192   Vgl. *Gutbrodt* 2010, S. 56.

193   Vgl. *Gutbrodt* 2010, S. 57.

194   Vgl. *Gutbrodt* 2010, S. 58.

195   Vgl. *Zegada* 2005, S. 18.

besuchen, die betteln oder arbeiten."[196] In diesem Zusammenhang musste der Jugendrichter die Lebensbedingungen des jungen Rechtsbrechers identifizieren, und die Straftat galt nur als eine Dimension des sozialen Problems des Minderjährigen.[197] Ferner beinhaltete das Jugendgesetz von 1966 das System des Urteilsvermögens (Unrechtseinsicht), und Kinder und Jugendliche wurden nicht mehr vom allgemeinen Strafrecht erfasst. Zudem wurde das Strafmündigkeitsalter von 10 auf 17 Jahre angehoben.[198]

3.2.1.3   Das Jugendgesetz von 1975

Fast zehn Jahre später, am 30. April 1975, trat der zweite Código del Menor in Kraft. Dieser wurde in einem sehr schwierigen Kontext verabschiedet, da es zu jener Zeit in Bolivien politische und soziale Instabilitäten gab. Wie *Zegada* erklärt: „Das neue Gesetz ist stark von der Doctrina de seguridad nacional, extremen Interventionen des Staates und repressiven Vorschriften geprägt".[199] In diesem politischen Kontext verschärfte der zweite Código im Vergleich zu seinem Vorgänger die Lage der Jugendlichen.[200]

Das neue Gesetz enthielt wie schon der erste Código von 1966 straf-, arbeits- und familienrechtliche Regelungen sowie Bestimmungen zur Zuständigkeit von Behörden und Gerichten. Im Bereich des Jugendstrafrechts wurde die Orientierung am Wohlfahrtsmodell beibehalten. Der Anwendungsbereich des Gesetzes wurde allerdings auf Jugendliche im Alter von bis zu 16 Jahren begrenzt.[201]

3.2.1.4   Das Jugendgesetz von 1992

Die politischen und sozialen Verhältnisse Boliviens erholten sich langsam in den 1980er Jahren.[202] Neben der Bewältigung der wirtschaftlichen Probleme bemühten sich die verschiedenen Regierungen, zunehmend erfolgreich, um die

---

196   Vgl. *Zegada* 2005, S. 21.

197   Vgl. *Gutbrodt* 2010, S. 57.

198   Vgl. *Zegada* 2005, S. 18.

199   Vgl. *Zegada* 2005, S. 21.

200   Vgl. *Gutbrodt* 2010, S. 60.

201   Vgl. *Zegada* 2005, S. 20.

202   Die Präsidenten *Hernán Siles Zuazo* (1980) und *Paz Estenssoro* (1986) erarbeiteten einen Sanierungsplan, und ab 1986 erholte sich die Wirtschaft langsam. Bei den Präsidentschaftswahlen im Mai 1989 und Juni 1993 erzielte kein Kandidat die absolute Mehrheit, sodass das Parlament im August 1989 *Jaime Paz Zamora* (MIR) und im August 1993 *Gonzalo Sánchez de Lozada* (MNR) zum Präsidenten bestimmte.

Festigung der Demokratie, um Verwaltungs-, Justiz- und Sozialreformen sowie um die Bekämpfung der Drogenkriminalität, insbesondere des Drogenhandels. In diesem Zusammenhang ratifizierten die demokratischen Regierungen Boliviens als Maßnahmen zum Schutz der Rechte des Menschen die wichtigsten internationalen Menschenrechtskonventionen und fügten die neuen Standards in ihre innerstaatliche Rechtsordnung ein. Hierzu zählten die UN-Kinderrechtskonvention (KRK), die sog. Tokio-Rules und die Internationale Konvention zum Schutz der Rechte aller Wanderarbeitnehmer und ihrer Familienangehörigen.

Am 18. Dezember 1992 wurde durch das Gesetz Nr. 1.403 ein neuer *Código del Menor* verabschiedet. Aufgrund der Ratifizierung der KRK musste *Bolivien* sein Jugendstrafrecht an die internationalen Vorgaben anpassen.

Das „Gesetz des Kindes" (*Ley de los niños*) von 1992 wurde demnach stark von der Kinderrechtskonvention beeinflusst. In der Folge ergab sich eine andere Konzeption der strafrechtlichen Verantwortlichkeit Jugendlicher. So wurden Jugendliche („Kinder" in der Terminologie der KRK) als Rechtssubjekte angesehen, die Bezeichnung der „unüblichen Lage" (*situación irregular*) wurde durch den Begriff der „Gefährdung" (*situación peligrosa*) ersetzt, es wurde eine Reihe von rechtsstaatlichen Verfahrensgarantien gewährleistet und man führte spezielle Sanktionen für jugendliche Straftäter ein. Ferner wurde die Trennung von erwachsenen und jugendlichen Straftätern im Strafvollzug zwingend vorgeschrieben.

Obwohl der Código von 1992 einen Fortschritt darstellte, war auch er Gegenstand von Kritik. So behielt der neue Código die Rechtsfolgen der ehemals „unregelmäßigen Lage" bei. Wenn ein Minderjähriger sich in einer gefährlichen Lage befand, konnten verschiedene Maßnahmen bis hin zur Unterbringung in einer geschlossenen Einrichtung angeordnet werden.

Ende der 1990er Jahre wurde in *Bolivien* ein neuer Versuch unternommen, die aktuellen internationalen Standards, unter anderem die KRK, die *Beijing* Grundsätze und die *Riyadh*-Richtlinien, in das Jugendrechtssystem einzufügen.

Wie in *Chile* gab es in *Bolivien* eine Reform des Verfahrensrechts, doch der Einfluss dieser Reform auf das Jugendstrafrecht war begrenzt, da die Zuständigkeit bei Straftaten Jugendlicher in *Bolivien* bei den Familiengerichten liegt.[203]

---

203 In *Bolivien* begann 1994 die Diskussion um ein neues Strafverfahrensgesetz. Der Entwurf der Strafverfahrensreform wurde im Kongress 1999 verabschiedet. Durch die Reform wurden die Mündlichkeit des Verfahrens sowie die Trennung zwischen der Ankläger- und der Richterfunktion eingeführt. Daher gab es nun drei neue Institutionen: Die Staatsanwaltschaft, den öffentlichen Strafverteidiger und den Richter. Zudem wurden das Opportunitätsprinzip und die Anerkennung und Kontrolle der Rechte des Angeklagten eingeführt, vgl. *4.3.5.2.*

3.2.2 Überblick über das geltende bolivianische Jugendstrafrecht

3.2.2.1 Anwendungsbereich und gesetzliche Grundlagen

Der bolivianische Código del Niño, Niña y Adolescente, der durch das bolivianische Gesetz Nr. 2.026 am 27. Oktober 1999 in Kraft trat, wurde von der Kinderrechtskonvention inspiriert. Dieser Código, wie die Códigos von *Brasilien, Peru, Honduras, Guatemala, Paraguay, Ecuador, Venezuela und Kolumbien,* wurde als „vollständiger Codex" konzipiert. Er enthält Familien-, Sozial- und Jugendstrafrechtsregelungen. So beinhaltet Buch I „Rechte und grundlegende Aufgaben", Buch II betrifft „Präventionsmaßnahmen sowie die Pflege und den Schutz von Minderjährigen" und in Buch III geht es übergreifend um „Rechtsschutz, Verantwortlichkeit, Zuständigkeit und Verfahren".[204]

Die strafrechtliche Verantwortlichkeit Jugendlicher ist in Buch III, Kapitel III und IV des Código geregelt. Kapitel III ist in fünf Abschnitte unterteilt: „Die soziale Verantwortung von Jugendlichen (Abschnitt I), „die persönlichen Rechte" (Abschnitt II), „die Verfahrensgarantien" (Abschnitt III), „die Vorsichtsmaßnahmen" (Abschnitt IV) und „die sozialpädagogischen Maßnahmen" (Abschnitt V). Anschließend sind in Kapitel IV des Código die Zuständigkeit der Richter und die Funktionsweise der Staatsanwaltschaft festgelegt.

Gemäß Artikel 2 des Código werden im Hinblick auf familienrechtliche Regelungen drei Altersgruppen unterschieden: Kinder bis unter 12 Jahre, Jugendliche von 12 bis unter 18 Jahre und Erwachsene ab 18 Jahren.

Der Anwendungsbereich des Código hinsichtlich der strafrechtlichen Verantwortlichkeit umfasst in *Bolivien* dagegen nur Straftäter im Alter von 12 bis 15 Jahren.[205] Nach Artikel 225 des Gesetzes sind ab einem Alter von 16 Jahren die Vorschriften des Erwachsenenstrafrechts anzuwenden.[206]

Das Gesetz erfuhr scharfe Kritik. Die Nichtregierungsorganisation *Defensa de Niños y Niñas Internacional* konstatiert, dass die Anwendung des Erwachsenenstrafrechts auf Jugendliche im Alter von 16 und 17 Jahren einen Verstoß gegen die Kinderrechtskonvention und die Grundsätze des Ausschusses für die Rechte des Kindes darstellt.[207]

In *Bolivien* gibt es keine gesonderten Straftatbestände für Jugendliche. Stattdessen gelten die Verhaltensvorgaben, die auch für Erwachsene einschlägig und verbindlich sind. Die Besonderheit des Jugendstrafrechts zeigt sich lediglich hinsichtlich des Sanktionensystems, der Dauer der Sanktionen, des Jugendstraf-

---

204 Vgl. *Zegada* 2005, S. 31.

205 Vgl. Art. 222 des Gesetzes.

206 Vgl. *Gutbrodt* 2010, S. 158.

207 Vgl. *Observación General* Nr. 10, Comité de los Derechos del Niño. Elaborado en el 44° periodo, 15 enero 2007, en Ginebra, S. 38.

verfahrens und der Wiedereingliederung des Jugendlichen in die Gesellschaft.[208]

Die Dauer der Sanktion hängt wie in *Chile* von der Art der Strafe ab und kann im Fall der Freiheitstrafe z. B. bis zu 5 Jahre dauern.[209] Alle Freiheitsstrafen können auch zur Bewährung ausgesetzt bzw. durch ambulante Sanktionen ersetzt werden.

Folgende Prinzipien wurden durch das Gesetz eingeführt: die Freiheitsstrafe als *ultima ratio*, die Verhältnismäßigkeit der Sanktionierung, die Trennung von Erwachsenen und Jugendlichen im Bereich des Strafvollzugs und die Gewährleistung der grundlegenden Verfahrensgarantien wie z. B. des Rechts auf einen Rechtsbeistand, den Grundsatz *in dubio pro reo* etc. Artikel 249 des Gesetzes wiederholt die Regelungen der Kinderrechtskonvention (dort Art. 37) und der *Beijing*-Rules (Nr. 17), dass der Freiheitsentzug gegenüber Jugendlichen *ultima ratio* und möglichst kurz bemessen sein soll. Gemäß Artikel 239 muss jede Maßnahme unter Berücksichtigung des Alters des jungen Straftäters sowie der Schwere und den Umständen der Tat verhältnismäßig sein. Artikel 252 des Gesetzes regelt das Trennungsprinzip und ordnet an, dass der Freiheitsentzug von Jugendlichen nur in einer speziellen Jugendanstalt vollzogen werden darf. Artikel 215 und 230 betreffen die Verfahrensgarantie und ordnen an, dass jeder Prozess, in dem ein Jugendlicher beschuldigt ist, im mündlichen Verfahren durch spezialisierte Organe und beschleunigt durchzuführen ist.[210] Wichtige Garantien sind ferner die der Verteidigung, der Unschuldsvermutung, der Menschenwürde und der Waffengleichheit.[211]

3.2.2.2 Beteiligte des Jugendstrafverfahrens

Für Kinder und Jugendliche sind in *Bolivien* spezialisierte Richter für „Kindheit und Jugend" (*Juez de la Niñez y Adolescencia*) zuständig.[212] Nach Artikel 265

---

208 Vgl. *Gutbrodt* 2010, S. 156.

209 Vgl. Art. 251 des Gesetzes.

210 Vgl. *Zegada* 2005, S. 34.

211 Artikel 23 der bolivianischen Verfassung (bolVerfG) gewährleistet persönliche Freiheiten. Er enthält die allgemeine Garantie der Freiheit einer Person. Ferner gewährleistet er, dass die Freiheit eines Menschen nur aus bestimmten Gründen und bei Vorliegen definierter Voraussetzungen entzogen werden darf. Diese Voraussetzungen müssen gesetzlich geregelt sein. Zudem bestimmt Artikel 23 bolVerfG, dass jede in Haft gehaltene Person innerhalb von 24 Stunden einem Richter vorgeführt werden muss. Überdies garantiert die Vorschrift, dass jede in Haft gehaltene Person über die Gründe ihrer Festnahme unterrichtet werden muss und ihr die gegen sie erhobene Beschuldigung unverzüglich mitzuteilen ist.

212 Das bolivianische Gerichtsverfassungsgesetz sieht die Institutionalisierung der Jugendgerichte vor, vgl. Art. 264 und Art. 146 des Gerichtsverfassungsgesetzes.

des Gesetzes darf nur ein solcher Richter den Prozess leiten. Gemäß Artikel 269 hat der Richter die folgenden Befugnisse und Pflichten:

a) Er muss die Anträge der Staatsanwaltschaft entgegennehmen und darüber entscheiden,

b) er kann die Einstellung des Verfahrens („Vergebung", *Remisión*) akzeptieren oder verweigern,

c) er kann Sicherungsmaßnahmen anordnen und

d) er muss die Polizeihafteinrichtungen und Strafanstalten wöchentlich besuchen.

Neben dem Jugendrichter sind ein Rechtsbeistand (sog. Sekretär, *„secretario"*), ein Verwaltungsbeamter, ein Psychologe und ein Sozialarbeiter an dem Verfahren beteiligt. Wie in Deutschland berichten interdisziplinäre Teams dem Gericht über die Persönlichkeit des Jugendlichen und die Betreuung im Falle der Auferlegung von Maßnahmen.[213]

In *Bolivien* existiert ein „Büro für Verteidigung von Kindern und Jugendlichen" (*Defensorías de la Niñez y Adolescencia*). Nach Artikel 209 richtet dieses Büro einen kostenlosen Dienst zum Schutz der Rechte von Kindern und Jugendlichen ein, der in jeder Phase des Prozesses einzubeziehen ist.[214]

Hinsichtlich der Staatsanwaltschaft gibt es kaum Unterschiede zwischen *Chile* und *Bolivien*. Der Staatsanwalt ist Anklagevertreter und verantwortlich für die strafrechtliche Verfolgung. Für Jugendstrafverfahren ordnet das Gesetz an, dass ein auf Jugendstrafrecht spezialisierter Staatsanwalt eingesetzt werden muss (Artikel 9).

Das bolivianische Gesetz regelt die Einstellung des Verfahrens (*Remisión*) in Artikel 253 und 254. Der Staatsanwalt kann die „Aussetzung" des Falls oder das Ende des Verfahrens beantragen. Diese Begriffe entsprechen einer bedingten und unbedingten Verfahrenseinstellung, d. h. im ersten Fall der „Aussetzung" kann das Verfahren bei einer erneuten Straftat wieder aufgenommen und bei der Sanktionierung berücksichtigt werden, während dies bei einer unbedingten Einstellung nicht möglich ist. Für beide Einstellungsformen müssen folgende Voraussetzungen vorliegen: der Jugendliche muss Ersttäter und die Straftat muss mit einer Strafe von weniger als 5 Jahren bedroht sein bzw. keine gesellschaftliche Relevanz aufweisen.

---

213 Vgl. Art. 271 und Art. 314 des Gesetzes, *Gutbrodt* 2010, S. 174.

214 Vgl. Art. 230 und 313 Abs. 2 Nr. 3 des Gesetzes, *Gutbrodt* 2010, S. 174.

Überdies führte der Código verschiedene Behörden zum Schutz von Kindern und Jugendlichen ein, wie die *Comisiones Municipales de la Niñez*[215] *y Adolescencia und Consejos Departamentales de las Prefecturas.*[216]

3.2.2.3 Die vorläufige Festnahme

Auch in *Bolivien* gilt die vorläufige Inhaftierung von Jugendlichen als eine nur ausnahmsweise bzw. restriktiv anzuwendende Maßnahme. Die Behörden müssen das Gericht und die Familie des Jugendlichen über eine Festnahme unmittelbar in Kenntnis setzen. Die bol. Verfassung enthält zudem eine Sonderregelung für Jugendliche: Gemäß Artikel 23 Nr. 2 sollen freiheitsentziehende Maßnahmen bei Jugendlichen möglichst vermieden werden. Behörden und Polizei müssen in Fällen mit Jugendlichen besondere Aufmerksamkeit walten lassen. Ferner garantiert Nr. 3 des Artikels, dass die Behörden auch die Würde der jungen Menschen und ihre Identität respektieren müssen. Schließlich müssen Jugendliche in anderen Einrichtungen als Erwachsene festgehalten und ihre Bedürfnisse im Hinblick auf ihr Alter berücksichtigt werden.

Das bolivianische Gesetz schreibt vor, dass die Polizei das Gericht innerhalb von 24 Stunden und die Staatsanwaltschaft innerhalb von 8 Stunden nach der Festnahme über die Inhaftierung eines Jugendlichen zu unterrichten hat (Artikel 235).

3.2.2.4 Untersuchungshaft

Gemäß Artikel 231 des bolivianischen Gesetzes soll die Anordnung von Untersuchungshaft ebenfalls Ausnahmecharakter haben. Das Gesetz setzt hier für Jugendliche besonders strenge Maßstäbe an. So darf Untersuchungshaft nur dann angewendet werden, wenn dies unbedingt erforderlich ist und eine der folgenden Voraussetzungen vorliegt:

a) Die begangene Straftat ist mit einer Freiheitsstrafe von mehr als 5 Jahren bedroht,

b) es besteht Fluchtgefahr,

c) es besteht das Risiko der Beweisvernichtung (Verdunkelungsgefahr) oder

d) es liegt eine „Gefahr für die Gesellschaft" vor.

In jedem Fall darf die Untersuchungshaft nicht mehr als 45 Tage dauern.

---

215 Vgl. Art. 192 des Gesetzes.

216 Vgl. Art. 176 des Gesetzes.

3.2.3 Das bolivianische Sanktionensystem

Im Código wurde für Jugendliche von 12 bis 15 Jahren ein Sonderkatalog von ambulanten und stationären Maßnahmen eingeführt (vgl. *Tabelle 15*). Dieser unterscheidet drei Arten von Maßnahmen: Erziehungsmaßnahmen (*sanciones*), Weisungen (*ordenes de orientación*) und freiheitsentziehende Maßnahmen (*medidas privativas de libertad*). Zusätzlich schreibt der Katalog auch die Dauer der einzelnen Maßnahmen vor.

Im Hinblick auf den Zweck der Sanktionen geht es in *Bolivien* um die soziale Verantwortung des Jugendlichen und seine Wiedereingliederung in die Gesellschaft.

Artikel 237 des Gesetzes enthält die folgenden Klassifikationen:

Tabelle 15: Sanktionen für strafffällige Jugendliche in Bolivien

Erziehungs-maßnahmen	Weisungen	Freiheitsentziehende Maßnahme
• Ermahnung • Gemeinnütziger Arbeit • Betreute Freiheit	• Den Wohnort zu wechseln • Das Umgangsverbot mit bestimmten Personen • Das Verbot, Nachtlokale, Diskotheken oder Vergnügungszentren zu besuchen • Die Verpflichtung, ein Bildungszentrum zu besuchen oder eine Ausbildung aufzunehmen • Die Verpflichtung, eine Arbeit zu finden • Das Verbot, alkoholische Getränke oder andere Substanzen zu konsumieren	• Hausarrest • Unterbringung in einer halbgeschlossenen Einrichtung • Unterbringung in einer Jugendstrafanstalt

Quelle: *Zegada* 2005, S. 39.

3.2.3.1 Erziehungsmaßnahmen bzw. „Sanktionen"

Die Ermahnung ist in *Bolivien* in Artikel 242 geregelt. Sie ist eine Verwarnung durch den Richter und soll dem Jugendlichen die Schwere seiner Handlungen verdeutlichen. Falls notwendig können auch die Eltern oder Pfleger des Jugendlichen gleichfalls ermahnt werden.[217]

---

217   Vgl. *Gutbrodt* 2010, S. 192.

Die Ableistung gemeinnütziger Arbeit wird in Artikel 243 geregelt. Nach dieser Vorschrift darf die Arbeit bzw. der Dienst nicht länger als 6 Monate dauern (vgl. *Tabelle 16*), mit einer Arbeitszeit von höchstens acht Stunden täglich. Die Maßnahme darf zudem keinen negativen Einfluss auf die Bildung des Jugendlichen haben. Konkret beinhaltet diese Erziehungsmaßnahme die Erbringung von sozialen Diensten, zum Beispiel in einem Krankenhaus, einer Schule oder innerhalb staatlicher Programme.[218]

Artikel 244 regelt die betreute Freiheit bzw. die Freiheit auf Bewährung. Der Jugendliche wird von einem Angestellten der *Defensoría*, einem Mitarbeiter einer Kinderschutzorganisation oder einem Betreuer (freiwilliges Mitglied der Gesellschaft) betreut und muss an einem vom Jugendrichter festgelegten Erziehungsprogramm teilnehmen, wobei der Betreuer für die Entwicklung und Steuerung dieses Programms verantwortlich ist. Das Erziehungskonzept soll der Orientierung, Unterstützung und Wiedereingliederung des jungen Menschen dienen. In Bolivien dauert diese Maßnahme maximal 6 Monate (vgl. *Tabelle 16*). Sie kann jedoch bis zu dieser Höchstdauer jederzeit verlängert, zurückgenommen oder durch eine andere Maßnahme ersetzt werden.[219]

3.2.3.2 Weisungen

Weisungen werden in Artikel 246 geregelt und dürfen über einen Zeitraum von maximal 2 Jahren angeordnet werden. Nach *Zegada* sind Weisungen „Befehle oder Verbote, die vom Jugendrichter ausgesprochen werden und die die Lebensführung des Jugendlichen so regeln sollen, dass seine weitere Entwicklung in geordneten Bahnen verlaufen kann".[220] Nach Artikel 246 gibt es sechs unterschiedliche Weisungen, die dem Jugendlichen auferlegt werden können: das Verbot, den Wohnort zu wechseln (*instalarse en un lugar de residencia determinado o cambiarse de él*), das Umgangsverbot mit bestimmten Personen (*abandonar el trato con determinadas personas*), das Verbot, Nachtlokale, Diskotheken oder Vergnügungszentren zu besuchen (*prohibir la visita a bares, discotecas o centros de diversión determinados*), die Verpflichtung, ein Bildungszentrum zu besuchen oder eine Ausbildung zu beginnen (*matricularse en centro de educación o en otro donde se le enseñe alguna profesión u oficio*), die Verpflichtung, eine Arbeit zu finden (*adquirir un trabajo*), sowie das Verbot, alkoholische Getränke oder andere Substanzen zu konsumieren (*abstenerse de injerir bebidas alcohólicas y cualquier sustancia que produzca adicción*).[221]

---

218 Vgl. *Gutbrodt* 2010, S. 192.

219 Vgl. *Gutbrodt* 2010, S. 192.

220 Vgl. *Zegada* 2005, S. 37.

221 Vgl. *Gutbrodt* 2010, S. 193.

3.2.3.3   Freiheitsentziehende Maßnahmen

Hausarrest kann nur für maximal sechs Monate angeordnet und muss bei dem Jugendlichen zuhause oder bei Verwandten vollzogen werden (vgl. *Tabelle 16*). Hierbei darf „*el arresto domiciliario*" nach Artikel 247 keine Beeinträchtigung der Ausbildung oder Arbeit des Jugendlichen zur Folge haben.

Die Unterbringung in einer halbgeschlossenen Einrichtung bedeutet gemäß Artikel 248, dass der Jugendliche über Nacht in einer Jugendanstalt verbleibt, tagsüber aber einer Arbeit, Ausbildung oder verschiedenen pädagogischen Programmen in der Gemeinschaft nachgeht. In *Bolivien* kann diese Sanktion für eine Dauer von bis zu 6 Monaten verhängt werden.

Die Dauer der Unterbringung in einer Jugendstrafanstalt hängt vom Alter des Verurteilten ab: Bei Jugendlichen im Alter von 14 bis unter 16 Jahren beträgt die Höchststrafe 5 Jahre, bei Jugendlichen zwischen 12 und 13 Jahren darf die Freiheitsstrafe eine Dauer von 3 Jahren nicht überschreiten. Zudem darf die Unterbringung in einer Jugendstrafanstalt nur dann verhängt werden, wenn die begangene Tat mit einer Mindestfreiheitsstrafe von 5 Jahren bedroht ist oder wenn der Jugendliche gegen eine Erziehungsmaßregel oder Bewährungsauflage verstoßen hat.

Nach Artikel 252 ist die Teilnahme an pädagogischen Programmen in der Jugendanstalt obligatorisch.

Alle sechs Monate muss der zuständige Jugendrichter überprüfen, ob die Freiheitstrafe durch eine andere Maßnahme ersetzt werden kann.[222] Zudem kann der Jugendrichter nach der Verbüßung der Hälfte der Strafe die Verlegung in eine halbgeschlossene Einrichtung oder die Aussetzung der Reststrafe zur Bewährung beantragen.[223]

Tabelle 16:   Dauer der Sanktionen für straffällige Jugendliche in Bolivien

Maßnahmen	Dauer	Art.
Gemeinnützige Arbeit	Max. 6 Monate	243
Betreute Freiheit	Max. 6 Monate	244
Weisungen	Max. 2 Jahre	246
Hausarrest	Max. 6 Monate	247

---

222   Art. 251 Nr. 2 des Gesetzes.

223   Art. 250 des Gesetzes, siehe auch *Gutbrodt* 2010, S. 194.

Maßnahmen	Dauer	Art.
Unterbringung in einer halb-geschlossenen Einrichtung	Max. 6 Monate	248
Unterbringung in einer Jugendstrafanstalt	Max. 5 Jahre (14- bis unter 16-Jährige)	351
	Max. 3 Jahre (12- und 13-Jährige)	

Quelle: *Zegada* 2005, S. 39.

3.2.3.4   Sanktionspraxis

Die Möglichkeiten der Diversion wurden schon unter *Kapitel 3.2.2.2* angesprochen. Leider gibt es keine Statistiken zur unbedingten oder bedingten Verfahrenseinstellung bei Bagatellstraftaten Minderjähriger.

Zu den von Gerichten in *Bolivien* am häufigsten verhängten Strafen gehören die freiheitsentziehenden Sanktionen. Ihr Anteil an den Verurteilungen insgesamt betrug im Jahr 2010 etwa 94%.[224] Nach der *Defensa de Niños y Niñas internacional* (DNI) ist dieser Anteil in den letzten zwei Jahren stabil geblieben. Das liegt insbesondere daran, dass in *Bolivien* die Voraussetzungen für den Vollzug ambulanter Maßnahmen nicht gegeben sind.[225] Allerdings sind diese Zahlen nur eingeschränkt interpretierbar, weil der Anteil informeller Verfahrenserledigungen nicht bekannt ist (s. o.).

Ambulante Maßnahmen stellen eine Alternative zu freiheitsentziehenden Sanktionen dar und können in der Praxis die Unterbringung in einer Jugendstrafanstalt ersetzen. Dazu werden jedoch eine geeignete Infrastruktur, Personal und eine Koordinierung mit anderen Institutionen der Gesellschaft, z. B. Schulen, Ausbildungszentren, Gemeinde- bzw. Stadtverwaltungen und Krankenhäusern benötigt. Ohne diese Gegebenheiten ist es schwierig, eine angemessene Umsetzung ambulanter Maßnahmen zu erreichen.

In *Bolivien* gibt es nur eine Einrichtung, die eine ausreichende Infrastruktur und Koordinierung aufweist, um ambulante Maßnahmen anzuwenden, und zwar das *Departamento „Santa Cruz"*.[226] In den anderen 8 *Departamentos* gibt es lediglich Anstalten für freiheitsentziehende Sanktionen.[227]

---

224   Vgl. *DNI* 2012, S. 23.

225   Vgl. *DNI* 2012, S. 102.

226   Vgl. *DNI* 2012, S. 103.

227   Vgl. *DNI* 2012, S. 130 f.

Insgesamt ist festzustellen, dass zumindest auf der gerichtlichen Ebene ambulante Sanktionen keine nennenswerte Rolle spielen, wofür die fehlende Infrastruktur im Bereich der Jugendhilfe verantwortlich sein dürfte.

3.3 Peru

3.3.1 Die Entwicklung des Jugendstrafrechts in Peru

Die geschichtliche Entwicklung des Jugendstrafrechts in Peru lässt sich in vier Phasen gliedern, welche nachfolgend kurz dargestellt werden.

3.3.1.1 Das Strafgesetzbuch von 1924

Die ersten Regelungen speziell für Jugendliche finden sich im Strafgesetzbuch von 1924 im ersten Buch, Titel XVIII. Dort wurden verschiedene „Sozialmaßnahmen" als Sanktionen benannt. Man unterschied zwei Altersgruppen: Die zu ergreifenden Maßnahmen für Jugendliche unter 13 Jahren hingen von der Familiensituation sowie den „lebens- und moralischen" Bedingungen des Minderjährigen ab, während bei Jugendlichen von 13 bis unter 18 Jahren der Richter stets eine Unterbringung in Erziehungsheimen, geschlossenen Einrichtungen der Jugendhilfe, einer Schule oder einer Farm anordnen sollte.[228]

Im Fall von rückfälligen jugendlichen Straftätern konnte der Richter die Unterbringung in geschlossenen Einrichtungen der Jugendhilfe oder in Krankenhäusern für eine Dauer von bis zu 6 Jahre verhängen.[229]

Mit dem Strafgesetz wurden zudem spezielle Jugendgerichte eingeführt.[230] Grundgedanke des Strafgesetzes war das Wohlfahrtsmodell mit der Idee der „Unzurechnungsfähigkeit", d. h. einer fehlenden strafrechtlichen Verantwortlichkeit von Kindern und Jugendlichen. Die richterlich angeordneten Maßnahmen sollten den Minderjährigen aus einer Situation der Gefährdung des Kindeswohls (des „sozialen Risikos") retten.[231]

3.3.1.2 Das Jugendgesetz von 1962

1962 trat in Peru das erste Jugendgesetz in Kraft.[232] Dieses Gesetz wurde vom Wohlfahrtsmodell inspiriert und diente der Kontrolle von gefährdeten Kindern

---

228 Vgl. *Zegada* 2005, S. 87; *Solis* 2006, S. 46.

229 Vgl. *Solis* 2006, S. 46.

230 Vgl. *Solis* 2006, S. 46.

231 Vgl. *Zegada* 2005, S. 87.

232 Gesetz Nr. 13.968 vom 2.5.1962.

und Jugendlichen (*en peligro social*). Das Gesetz führte ein weitgehend formloses mündliches Verfahren ein. Der Schwerpunkt des Verfahrens lag auf der Identifizierung der Lebensbedingungen des Minderjährigen, die Straftat war nur eine Dimension des sozialen Problems des Kindes bzw. Jugendlichen.[233] Das Jugendgesetz von 1962 galt fast 30 Jahre lang ohne größere Veränderungen.[234]

3.3.1.3 Das Gesetz für Kinder und Jugendliche von 1992

Die 1980er Jahre waren in Peru geprägt von einer Demokratisierungsbewegung einerseits und einer entschiedenen Bekämpfung des Terrorismus, ein Problem, das durch die Aktivitäten der Gruppe „*sendero luminoso*" („leuchtender Pfad") geprägt war und erst Anfang der 2000er Jahre durch Auflösung der Gruppe beendet wurde.[235] Etwa parallel zu den Demokratisierungsbestrebungen unterzeichnete Peru am 3.9.1990 die KRK. Das Jugendstrafrecht musste nachfolgend an die internationalen Vorgaben angepasst werden,[236] sodass schließlich am 24.12.1992 durch das Dekret Nr. 26.102 ein neuer *Código del Menor* verabschiedet wurde.[237]

Das Gesetz folgte der Lehre des Justizmodells und wurde, wie die *Códigos* von Brasilien und Bolivien, als umfassende Gesetzgebung („*código integral*") konzipiert. Daher enthält es Regelungen zum Sozial-, Familien-, Arbeits- und Jugendstrafrecht. Buch I regelt die „Rechte und Freiheiten", Buch II das „System zum vollumfänglichen Schutz", Buch III die „Familienbehörden" und Buch IV die „Spezielle Verwaltung". Zudem führte der *Código* spezielle

---

233 Vgl. *Zegada* 2005, S. 87; *Solis* 2006, S. 49.

234 Vgl. *Defensoria del Pueblo* 2000, S. 24.

235 Vgl. *Ramirez Arévalo* 2011, S. 4.

236 Parallel zu dem Prozess der Demokratisierung begann in *Peru* ein Prozess der Ratifizierung internationaler Abkommen zum Schutz der Menschenrechte und damit die Anpassung der neuen Standards an die innerstaatliche Rechtsordnung. Hierzu zählen das Übereinkommen über die Rechte des Kindes (4.10.1990), das Übereinkommen zur Beseitigung jeder Form von Diskriminierung der Frau (1995), das Übereinkommen gegen Folter und andere grausame, unmenschliche oder erniedrigende Behandlung oder Strafe (6.8.1998), das Übereinkommen über die Rechte des Kindes betreffend den Verkauf von Kindern, Kinderprostitution und Kinderpornographie (18.1.2002), das Übereinkommen zum Schutz aller Personen vor Verschleppung („Verschwindenlassen", 15.3.2002) und die Internationale Konvention zum Schutz der Rechte aller Wanderarbeitnehmer und ihrer Familienangehörigen (1.1.2006), vgl. *Ramirez Arévalo* 2011, S. 10.

237 Vgl. *Defensoria del Pueblo* 2000, S. 24; *Solis* 2006, S. 49.

Jugendrichter ein und die sog. „Gerichte der Kinder und Jugendlichen".[238] Als zweite Instanz wurde die Familienkammer eingerichtet.[239]

Die strafrechtliche Verantwortlichkeit Jugendlicher ist in Buch III, Kapitel III des *Código* geregelt. Das Gesetz beinhaltet Regelungen zum Strafmündigkeitsalter,[240] zu Rechten,[241] Verfahrensgarantien,[242] dem Jugendstrafverfahren,[243] zur Untersuchungshaft[244] und den jugendstrafrechtlichen Sanktionen.[245] Ferner wurden mit der *Equipo Multidisciplinario*,[246] dem *Abogador Defensor* (Verteidiger)[247] und der *Policia Espezializada* (Jugendpolizei)[248] Behörden zum Schutz von Kindern und Jugendlichen eingeführt und deren Zuständigkeiten definiert.

Was den Anwendungsbereich des Código anbelangt, unterscheidet das Gesetz drei Altersgruppen: Kinder (0 bis 11 Jahre), Jugendliche (12 bis unter 18 Jahre) und Erwachsene (ab 18 Jahren). Gemäß Artikel 1 sind ab einem Alter von 18 Jahren die Vorschriften des Erwachsenenstrafrechts anzuwenden.

Die Dauer der Sanktion hängt wie in *Chile* von der Strafe ab, beispielsweise kann sie im Fall der Freiheitstrafe bei Minderjährigen bis zu 3 Jahre dauern.[249]

3.3.1.4 Verschärfungstendenzen in den 1990er Jahren

Die 1990er Jahre waren geprägt von Terrorismus, Menschenrechtsverletzungen[250] und politischer Instabilität.[251] Während der Regierungszeit von Präsi-

---

238 In *Peru* sind wie in *Bolivien* die Familiengerichte bei Straftaten Jugendlicher zuständig. Daher hatte die Strafverfahrensreform in Peru nicht zu viel Einfluss auf das Jugendstrafrecht. Die Reform führte die Mündlichkeit des Verfahrens und die Trennung zwischen der Ankläger- und der Richterfunktion ein. Zudem wurde das Opportunitätsprinzip eingeführt sowie die Anerkennung und Kontrolle der Rechte des Angeklagten, vgl. *4.4.5.2.*

239 Vgl. *Beloff* 2006, S. 18; *Solis* 2006, S. 49.

240 Art. 1 Código del Menor.

241 Art. 185 Código del Menor.

242 Art. 189 Código del Menor.

243 Art. 200 Código del Menor.

244 Art. 209 Código del Menor.

245 Art. 217 Código del Menor.

246 Art. 149 Código del Menor.

247 Art. 146 Código del Menor.

248 Art. 151 Código del Menor.

249 Art. 235 Código del Menor.

dent *Fujimori* wurde eine Reihe von Reformen zur Bekämpfung des Terrorismus verabschiedet. Die Verschärfungstendenzen, die die Sozialkontrolle durch das sog. Anti-Terrorismus-Gesetz erweiterten, gingen mit neuen Behandlungsmaßnahmen von Tätern terroristischer Akte einher, welche auch Jugendliche betrafen.

1998 wurde in *Peru* ein Anti-Terrorismus Gesetz durch das Dekret Nr. 895 verabschiedet. Dieses Gesetz beinhaltete eine Überweisung Jugendlicher im Alter von 16 und 17 Jahren an Erwachsenenmilitärgerichte im Falle der Begehung terroristischer Akte. Ferner führte das Gesetz Freiheitstrafen von bis zu 35 Jahren für erwachsene Terroristen ein.

Erwartungsgemäß erfuhr das Gesetz deutliche Kritik. Der Ombudsmann („*Defensoría del Pueblo*") beanstandete – ebenso wie der Kinderrechtsausschuss der Vereinten Nationen – insbesondere den weiten Anwendungsbereich des Anti-Terrorismus-Gesetzes,[252] da die Anwendung des Erwachsenenstrafrechts auf Jugendliche im Alter von 16 und 17 Jahren sowie die Dauer der Sanktionen von bis zu 6 Jahren[253] einen Verstoß gegen die Kinderrechtskonvention darstellten.[254] Diese Kritik wurde vom Ausschuss für die Rechte des Kindes der Vereinten Nationen in gleicher Weise geäußert.[255]

Eine weitere Reform des peruanischen Jugendstrafrechts datiert vom April 1999 durch das Dekret Nr. 899. Dieses Dekret führte im *Código del Menor* eine

250 1996 wurde z. B. die japanische Botschaft durch die terroristische Gruppe „Revolutionäre Bewegung *Túpac Amaru*" fast drei Monate besetzt, die Besetzung wurde mit der Erstürmung der Botschaft durch eine Militäreinheit der peruanischen Regierung beendet. Ferner wurde Peru während der *Fujimori*-Regierung von 1990 bis 2001 im In- und Ausland wegen des autoritären Regierungsstils, der Menschenrechtsverletzungen, der Vertiefung sozialer Unterschiede und wegen der verschiedenen Korruptionsskandale kritisiert.

251 Im Vergleich mit *Chile* und *Bolivien* ging der Prozess der politischen Stabilisierung in Peru langsamer vonstatten. Peru hat sich in den letzten 30 Jahren sehr intensiv auf die Bekämpfung des Terrorismus und der Korruption konzentriert. Diese Phänomene (des Terrorismus und der verbreiteten Korruption) haben die politische Lage destabilisiert und als Folge den Justizmodernisierungsprozess verlangsamt. Jedoch kann in *Peru* wie in *Chile* und *Bolivien* ein Modernisierungsprozess im Bereich des Strafrechts identifiziert werden, der sich in der Reform des Strafverfahrens und des Jugendstrafrechts ausgedrückt hat. In der Tat ersetzte *Peru* wie seine Nachbarn das inquisitorische System durch ein Anklageverfahren und das Wohlfahrtsmodell durch ein am Justizmodell orientiertes Jugendstrafrecht. Das neue Jahrhundert brachte in *Peru* eine politische Stabilisierung, und die Modernisierung des Justizsystems, die Anfang der 1990er Jahre eingeleitet worden war, wurde wieder aufgenommen.

252 Vgl. Ausschuss für die Rechte des Kindes CRC/C/15/Add. 8 del 22.2.2006.

253 Vgl. *Defensoria del Pueblo* 2012, S. 25.

254 Vgl. *Defensoria del Pueblo* 2012, S. 25.

255 Vgl. Ausschuss für die Rechte des Kindes CRC/C/15/Add.8 del 18.10.1998.

neue Straftat der Mitgliedschaft in einer „schädlichen Bande" (*Pandilla perniciosa*) ein. Der Begriff *pandilla perniciosa* ist weiter als etwa der Begriff einer „gefährlichen" Bande, weshalb hiermit eine sehr weitgehende Kriminalisierungsmöglichkeit gegenüber Jugendlichen geschaffen wurde. Nach Artikel 193 werden Handlungen sanktioniert, an denen mehrere Personen im Alter von 12 bis 17 Jahren beteiligt waren. Der objektive Tatbestand der Norm enthält eine große Vielfalt von Handlungen, beispielsweise körperliche Misshandlungen, Gesundheitsbeschädigungen, sexueller Missbrauch, Beschädigung des Eigentums einer anderen Person und Taten gegen die öffentliche Ordnung. Weitere Tatbestandsvoraussetzungen betreffen die Mittel der Handlung. So nennt Artikel 193 den Gebrauch von Schusswaffen, Stichwaffen oder Sprengkörpern und die Begehung der Tat unter dem Einfluss von Alkohol oder Drogen.[256]

Zu beachten ist, dass die Rechtsfolge der Norm eine härtere Strafe für den Führer der Bande als für die übrigen Mitglieder vorsieht. Als „erzieherische" Maßnahme (*médida socio-educativa*) ist die Inhaftierung der Jugendlichen für die Dauer von bis zu 3 Jahren vorgesehen.[257] Beim Anführer der Bande beträgt die maximale Dauer des Freiheitsentzugs 4 Jahre[258] und im Fall der Ermordung eines Opfers sogar 6 Jahre.[259]

Im Jahr 2000 erfolgte eine Reform des peruanischen Jugendstrafrechts durch das Gesetz Nr. 27.324.[260] Dieses Gesetz führte eine neue freiheitsentziehende Sanktion für Jugendliche, den sog. „besonderen kommunalen Dienst", ein, der nach dem Muster amerikanischer Boot-camps organisiert war. Die Sanktion konnte verhängt werden, wenn der Täter einer „schädlichen Bande" angehörte oder ein Delikt nach dem Gesetz über die Sicherheit bei Sportveranstaltungen begangen hatte.[261] Der „besondere kommunale Dienst" war stark militärisch geprägt und suchte die Wiedereingliederung der Jugendlichen durch extreme Disziplin. Nach dem im Jahr 2000 eingeführten neuen *Código del Menor* wurde diese Strafe jedoch abgeschafft.[262]

---

256 Vgl. *Defensoría del Pueblo* 2000, S. 28; *Solis* 2006, S. 49.

257 Art. 194 des Gesetzes.

258 Art. 196 des Gesetzes.

259 Art. 195 des Gesetzes.

260 Vgl. *Defensoría del Pueblo* 2000, S. 33.

261 Vgl. *Defensoría del Pueblo* 2000, S. 34 ff.

262 Vgl. *Defensoría del Pueblo* 2000, S. 37.

3.3.2 Überblick über den geltenden Código del Menor

3.3.2.1 Anwendungsbereich und Grundlage

Der geltende Código del Menor trat im Jahr 2000 in Kraft.[263] Das Gesetz Nr. 27.337 ist wie sein Vorgänger (der Código von 1992) von der Kinderrechtskonvention inspiriert. Er umfasst insgesamt 252 Artikel und ist in vier Bücher unterteilt, die aus weiteren Unterkapiteln bestehen: Buch I regelt die „Rechte und Freiheiten", Buch II das „Nationale System der Betreuung des Kindes", Buch III die „Institutionen der Familie" und Buch IV die „Organisation der spezialisierten Justiz im Bereich der Jugendlichen".

Der einleitende Titel enthält die Grundsätze und Definitionen des Gesetzes. Im ersten Buch gibt es eine lange Reihe von Rechten und Freiheiten, die Kinder und Jugendliche im ganzen Land genießen sollen. Im zweiten Buch werden die Rahmenbedingungen für die durch den Staat zu verwirklichende Familien- und Sozialpolitik sowie für Kontrollorgane zur Überwachung und Sicherstellung der Rechte von Kindern und Jugendlichen aufgestellt. Das dritte Buch betrifft das Eltern-Kind-Verhältnis und umfasst Vorschriften zu Adoption, zum Unterhalt und Besuchsregelungen bei Scheidung und Trennung.

Gegenstand des vierten Buches ist das System der strafrechtlichen Verantwortlichkeit Jugendlicher. Das Gesetz nimmt hier folgende Unterteilungen vor: „Jugendliche Rechtsbrecher" (Kapitel III), „schädliche Bande" (Kapitel IV), „Verfahren und Urteil" (Kapitel V), „Einstellung des Verfahrens" (Kapitel VI), „Soziale Erziehungsmaßnahmen" (Kapitel VII) und „Schutzmaßnahmen für jugendliche Rechtsbrecher" (Kapitel VIII).

In *Peru* beginnt die Strafmündigkeit mit 12 Jahren. Gemäß Artikel 184 ist für Jugendliche im Alter von 12 bis 17 Jahren das Jugendstrafrecht anzuwenden. Ab einem Alter von 18 Jahren gelten die Vorschriften des Erwachsenenstrafrechts (vgl. *Tabelle 17*).

Mit Ausnahme der Straftat „*Pandillaje Pernicioso*" („schädliche Bande") gibt es in *Peru* keine speziellen jugendstrafrechtlichen Straftatbestände. Wie in *Chile* und *Bolivien* gelten auch hier die Verhaltensvorgaben des allgemeinen Strafrechts.

Besonderheiten des Jugendstrafrechts zeigen sich im Hinblick auf das Sanktionensystem, die Sanktionsdauer, das Jugendstrafverfahren und allgemein die Wiedereingliederung des Jugendlichen in die Gesellschaft.

Die maximale Dauer der Freiheitsstrafe für Jugendliche beträgt drei Jahre.[264] Im Fall der „schädlichen Bande" kann jedoch eine Freiheitstrafe von

---

263 Reform vom 7.8.2000 durch das Gesetz Nr. 27.337.

264 Art. 235 des Gesetzes.

bis zu 6 Jahren verhängt werden.[265] Freiheitsstrafen von bis zu vier Jahren können zur Bewährung ausgesetzt oder durch ambulante Sanktionen ersetzt werden.

Zu den Prinzipien des Gesetzes zählen in erster Linie der umfassende Schutz von Kindern und Jugendlichen,[266] das vorrangige Kindeswohl,[267] der Grundsatz der Freiheitsstrafe als *ultima ratio*[268] und der Grundsatz der Nichtdiskriminierung von Jugendlichen gegenüber Erwachsenen.[269] Besondere Grundsätze für jugendliche Straftäter sind ferner das Gesetzlichkeitsprinzip[270] entsprechend dem lateinischen Grundsatz *nullum crime sine lege,* das Prinzip zum Schutz privater Informationen der Jugendlichen[271] und das Prinzip der Wiedereingliederung.[272]

Es gilt zudem die subsidiäre Anwendung des allgemeinen Strafrechts, des Zivilrechts- und des Strafprozessrechts.[273]

---

265 Art. 196 des Gesetzes.

266 Art. II. des Gesetzes.

267 Art. IX. des Gesetzes.

268 Nach Artikel 235 des Gesetzes ist die Inhaftierung nur als Ultima Ratio anzuwenden.

269 Art. V. des Gesetzes.

270 Art. 189 des Gesetzes.

271 Art. 190 des Gesetzes.

272 Art. 191 des Gesetzes.

273 Art. 182 des Gesetzes.

Tabelle 17: Strafrechtliche Verantwortlichkeit, sachliche Zuständigkeit und Rechtsfolgen im peruanischen Jugend- und Erwachsenenstrafrecht

Altersgruppe	Kinder unter 12 Jahren	Jugendliche von 12 bis 17 Jahren	Erwachsene ab 18 Jahren
Strafrechtliche Verantwortlichkeit	Schuldunfähigkeit	Strafrechtlich verantwortlich durch den *Código del Niño, Niña y Adolescente* von 2000	Strafrechtlich verantwortlich durch das perStrGB
Sachliche Zuständigkeit	Familienrichter	Staatsanwaltschaft, *Defensorías de la Niñez y Adolescencia*, interdisziplinäre Teams und Jugendrichter	Staatsanwaltschaft, Richter des Zwischenverfahrens, Richter der Hauptverhandlung und öffentliches Strafverteidigerbüro
Rechtsfolgen	Schutzmaßnahmen	Bestimmte Sanktionen nach dem *Código del Menor* von 2000	Strafen und Maßregeln nach dem perStGB

Quelle: *Zegada* 2005, S. 88.

3.3.2.2 Die Beteiligten des Jugendstrafverfahrens

In Peru werden Fälle Jugendlicher durch die Familiengerichte bearbeitet. Der Richter ist zuständig für die Vorbereitung und Leitung des Verfahrens sowie die ordnungsgemäße Durchführung der Hauptverhandlung. Im Übrigen hat der Richter die gleichen Befugnisse wie der Richter in *Bolivien*.[274]

Neben dem Jugendrichter gibt es zu seiner Unterstützung und Beratung im Verfahren – wie in *Bolivien* – ein interdisziplinäres Team, dem ein Psychologe, ein Arzt und ein Sozialarbeiter angehören. Das Team berichtet dem Gericht über die Persönlichkeit des Jugendlichen und übernimmt die Betreuung im Falle der Auferlegung von Maßnahmen.[275]

In *Peru* gibt es keine spezielle Institution für die Verteidigung *von Jugendlichen*. Nach Artikel 146 sind für die Verteidigung der Jugendlichen die allgemeinen Rechtsanwälte (*Abogados de Oficio*) verantwortlich, die vom Justizministe-

---

274 Art. 137 des Gesetzes.

275 Art. 149 Código del Menor.

rium im Einzelfall benannt werden, um Kinder und Jugendliche zu vertreten. Diese Anwälte erhalten jedoch keinen Kostenersatz vom Staat und sind dementsprechend demotiviert. Eine derartig unzureichende Situation gab es bis 2007 auch in *Chile*, wurde dort aber durch das Reformgesetz zum Strafverfahrensrecht beseitigt (in *Chile* wurde stattdessen das sog. Verteidigerbüro mit bezahlten spezialisierten Anwälten für Jugendstrafrecht eingeführt, vgl. oben *Kapitel 3.1.3.2*).

Hinsichtlich der Staatsanwaltschaft gibt es nicht viele Unterschiede im Hinblick auf *Chile* und *Bolivien*. Der Staatsanwalt ist Anklagevertreter und verantwortlich für die strafrechtliche Verfolgung. Wie in *Bolivien* regelt das peruanische Gesetz in Artikel 223-228 die Einstellung (*Remisión*). Der Staatsanwalt kann die „Aussetzung" (bedingte Einstellung oder die endgültige Einstellung des Verfahrens) verfügen, sofern eine Straftat „ohne gesellschaftliche Relevanz" (d. h. eine geringfügige Tat) vorliegt, der Jugendliche erstmals auffällig wird und seine familiären Umstände in Ordnung erscheinen.[276] Auch für *Peru* liegen leider keinerlei Daten zur Anwendungspraxis der Diversion vor.

3.3.2.3 Die vorläufige Festnahme

Nach Art. 200 des *Código* ist die Festnahme nur unter zwei Voraussetzungen möglich: aufgrund eines richterlichen Haftbefehls oder wenn der Jugendliche auf frischer Tat betroffen wird.[277]

Nach peruanischem Gesetz hat die Polizei die Staatsanwaltschaft innerhalb von 24 Stunden über die Festnahme zu unterrichten.[278]

---

276 Art. 225 Código del Menor.

277 Die peruanische Verfassung (pVerf) garantiert die persönliche Freiheit als Menschenrecht. Das Recht auf Freiheit ist in Artikel 24 pVerf geregelt. Buchstaben f) und g) pVerf stellen die Voraussetzungen auf, unter denen die Entziehung der Freiheit zulässig ist. Gemäß diesen Vorschriften darf die Freiheit einem Menschen nur aus den Gründen und unter den Bedingungen entzogen werden, die bereits vorher in der Verfassung oder einem Gesetz vorgesehen waren.

278 Art. 202 Código del Menor.

3.3.2.4   Die Anordnung von Untersuchungshaft

Untersuchungshaft kann in *Peru* angeordnet werden, wenn es einen „ausrei-chenden Nachweis"[279] der Teilnahme des Jugendlichen an der Straftat gibt, Fluchtgefahr besteht oder Beweise vernichtet werden könnten.[280]

3.3.3   Sanktionensysteme

Der Código enthält für Jugendliche im Alter von 12 bis 17 Jahren einen Katalog von Erziehungsmaßnahmen. Es werden fünf Arten von Maßnahmen unterschieden: Die Ermahnung, die Erbringung gemeinnütziger Arbeit, die betreute Freiheit, die „eingeschränkte Freiheit" und die Unterbringung in einer Jugendstrafanstalt. Zweck aller Maßnahmen ist die Wiedereingliederung des Jugendlichen.[281]

3.3.3.1   Erziehungsmaßnahmen

Die Ermahnung ist in Artikel 231 des Código geregelt. Es handelt sich um eine Verwarnung durch den Richter, durch die dem Jugendlichen die Schwere seiner Handlungen deutlich gemacht werden soll. Wie in *Bolivien* können auch die El-tern oder Pfleger des Jugendlichen ermahnt werden.

Die Ableistung gemeinnütziger Arbeit ist in Artikel 232 geregelt. Gemäß dieser Vorschrift darf die Arbeit nicht länger als sechs Monate dauern (vgl. *Ta-belle 18*) und die Ausbildung und Gesundheit der Jugendlichen nicht beein-trächtigen.

Gemäß Artikel 233 dauert die „Betreute Freiheit" nicht mehr als acht Monate. Der Jugendliche wird von einem Tutor des Centro de Operaciones de los Centros Juveniles betreut und soll an einem bestimmten Erziehungs-programm teilnehmen.[282]

Die „eingeschränkte Freiheit" (Libertad restringida) kann für einen Zeitraum von bis zu 12 Monaten angeordnet werden. Gemäß Artikel 234 muss sich der Straffällige täglich beim Servicio de Orientación de Gerencia de Operaciones melden. Der Servicio de Orientación ist verantwortlich für die Entwicklung

---

279   Eine Unterscheidung nach „hinreichendem" und „dringendem" Tatverdacht entspre-chend des deutschen Strafprozessrechts gibt es weder in *Peru* noch *Bolivien*, wohl aber in *Chile*.

280   Vgl. Art. 209 Código del Menor. Haftgründe der Wiederholungsgefahr oder der Schwe-re der Tat (vgl. §§ 112 Abs. 1 und 3 der deutschen StPO) sind gesetzlich nicht vorgese-hen.

281   Art. 229, 231, 232, 233, 234 und 235 Código del Menor.

282   *Zegada* 2005, S. 89.

eines Programms zur Orientierung und Wiedereingliederung des jungen Menschen.[283]

Die Unterbringung in einer Jugendstrafanstalt kann für eine Dauer von maximal 3 Jahren angeordnet werden.[284] Im Fall der Tatbegehung in einer „schädlichen Bande" (*Pandillaje Pernicioso*) gilt ein Zeitrahmen von maximal 3 (einfache Täterschaft) bis zu 6 Jahren (im Fall der Täterschaft als Bandenführer oder der Tötung des Opfers, vgl. *Tabelle 18*).[285] Zudem darf die Unterbringung in einer Jugendstrafanstalt verhängt werden, wenn die begangene Tat mit einer Mindeststrafe von vier Jahren bedroht ist, oder wenn der Jugendliche gegen Erziehungsmaßregeln verstoßen hat.[286]

Der Jugendliche kann nach Verbüßung von zwei Dritteln der Strafe die Umwandlung der Strafe in die Maßnahme der eingeschränkten Freiheit (*Libertad restringida*) beantragen.[287]

Tabelle 18: Dauer der Sanktionen für straffällige Jugendliche in Peru

Maßnahmen	Dauer	Art.
Die Ableistung gemeinnütziger Arbeit	Max. 6 Monate	232
Betreute Freiheit	Max. 8 Monate	233
Eingeschränkte Freiheit	Max. 12 Monate	234
Unterbringung in einer Jugendstrafanstalt	Max. 3 Jahre	235
	Fall der schädlichen Bande (Pandillaje Pernicioso): max. 3 bis 6 Jahre	195-196

Quelle: *Zegada* 2005, S. 89.

---

283   *Zegada* 2005, S. 89.

284   Art. 235 Código del Menor.

285   Art. 195 Código del Menor.

286   Art. 236 Código del Menor.

287   Art. 241 Código del Menor.

3.3.3.2   Sanktionspraxis

Zur Diversionspraxis gibt es – wie erwähnt (vgl. *Kapitel 3.3.2.2*) keine statistischen Angaben.

Zu den von Gerichten in *Peru* am häufigsten verhängten Maßnahmen gehört die Unterbringung in einer Jugendstrafanstalt. Ihr Anteil an den Verurteilungen insgesamt betrug im Jahr 2007 66%. Eine weitere vielfach verhängte Sanktion ist die eingeschränkte Freiheit, deren Anteil 2007 33% betrug.[288]

Diese Sanktionspraxis blieb in den Folgejahren relativ konstant; so wurde die Jugendstrafe im Jahr 2012 in 64% aller Verurteilungen verhängt, während der Anteil der eingeschränkten Freiheit bei 35% lag.[289]

In *Peru* spielen die sozialen und familiären Merkmale des Täters eine wichtige Rolle. Die Richter sind der Auffassung, dass diese Faktoren bei der Strafzumessung berücksichtigt werden müssen. Ferner vertreten sie die Ansicht, dass eine alternative (ambulante) Sanktion ohne eine intakte Familie bzw. ein stabiles Zuhause nicht erfolgversprechend ist, sodass sie lieber freiheitsentziehende Sanktionen verhängen. Dies gilt auch für den Fall des Drogenkonsums des Jugendlichen. Damit werden Jugendliche aus sozial benachteiligten Schichten systematisch diskriminiert.

Der Ombudsmann (*Defensoría del Pueblo*) hat die Sanktionspraxis stark kritisiert und beanstandet, dass sie einen Verstoß gegen die Kinderrechtskonvention und die Grundsätze der Beijing Rules darstellt.[290] Diese Kritik entspricht den Beobachtungen des Ausschusses für die Rechte des Kindes der Vereinten Nationen.[291] Darüber hinaus bedeutet die soziale Begründung eines Strafmaßes eine Diskriminierung von Jugendlichen, die aus ärmlichen Verhältnissen stammen. Hierzu äußert sich der „*Defensoría del Pueblo*" wie folgt: „Es ist ein Irrtum zu glauben, dass die Freiheitssanktion etwas Gutes oder ein Weg sein kann, um Jugendliche, die keine Familie oder kein Zuhause haben, zu schützen".

---

288   Vgl. *Defensoría del Pueblo* 2012, S. 42.

289   Vgl. *Defensoría del Pueblo* 2012, S. 42.

290   Vgl. *Defensoría del Pueblo* 2012, S. 42.

291   Vgl. Ausschuss für die Rechte des Kindes: CRC/C/PER/CO/3, 14 de Marzo de 2006.

3.4 Zusammenfassung und Vergleich mit Deutschland

3.4.1 Die Anwendung der Kinderrechtskonvention und von Standards der Vereinten Nationen

Insgesamt zeigt sich auf der gesetzgeberischen Ebene, dass die internationalen Standards der KRK und der Vereinten Nationen in allen vier Ländern handlungsleitend sind. Die Kinderrechtskonvention wurde von allen Ländern ratifiziert. Der Deutsche Bundestag verabschiedete die KRK am 14. November 1991, *Chile* am 12. November 1990, *Bolivien* und *Peru* am 3. November 1990. In Deutschland kommt der KRK somit Gesetzesrang, in *Chile, Bolivien* und in *Peru* Verfassungsrang zu.

Im Einklang mit der KRK (Art. 40) existieren in alle Ländern besondere Regelungen zum Umgang mit jugendlichen Straftätern. Der Umfang und die Bedeutung dieser Regelungen unterscheiden sich deutlich: In *Bolivien* und *Peru* gibt es einen „umfassenden Kodex", der – neben allgemeinen familien- und sozialrechtlichen Regelungen – spezielle Regelungen für Straftaten Jugendlicher enthält. In *Chile* und *Deutschland*[292] (im deutschen Jugendgerichtsgesetz) gibt es eigenständige jugendstrafrechtliche Gesetze, die auf eine klare Trennung zwischen Jugend- und Erwachsenenstrafrecht hinweisen.

Die Anwendungsbereiche der jeweiligen Systeme sind unterschiedlich: Während es in *Peru* und *Bolivien* spezielle familienrechtliche Systeme für jugendliche Straffällige gibt, beschäftigen sich in *Chile* und *Deutschland* die Institutionen der Strafrechtspflege mit jugendlichen Straffälligen. Die Jugendkriminalrechtspflege in *Chile* ähnelt daher insgesamt eher dem deutschen Recht.

Deutschland hat keine getrennte Jugendgerichtsbarkeit eingerichtet. Nach dem JGG sind für die Aburteilung jugendlicher Straftäter besondere Spruchkörper der Strafgerichte zuständig, die sog. Jugendgerichte. Das JGG hat vier Arten von Jugendgerichten eingeführt: Jugendrichter am Amtsgericht als Einzelrichter gem. § 33 II, das Jugendschöffengericht gem. § 33a, die Jugendkammer am Landgericht gem. § 33b Abs. 1 und die Große Jugendkammer gem. § 33b Abs. 2 JGG.[293]

---

292 In Deutschland stellte das erste Jugendgerichtsgesetz von 1923 ein Sonderstrafrecht für 14- bis 18-jährige jugendliche Täter auf. Das Gesetz führte das Prinzip „Erziehung statt Strafe", Erziehungsmaßregeln und die Strafaussetzung zur Bewährung (allerdings ohne Bewährungshilfe) ein. Zudem war das JGG auf das allgemeine Strafrecht bezogen, indem die Freiheitsstrafe bei Jugendlichen gemildert wurde. Das Jugendgerichtsverfahren wurde auf einen Jugendrichter übertragen und orientierte sich am Erziehungsgedanken, *Meier/Rössner/Schöch-Rössner* 2013, S. 36 ff.

293 Vgl. *Meier/Rössner/Schöch-Meier* 2013, S. 266 ff.

In *Deutschland*, *Chile*, *Bolivien* und Peru gibt es mit Ausnahme der Straftat „*Pandillaje Pernicioso*" in Peru keine eigenen jugendstrafrechtlichen Straftatbestände. Stattdessen gelten die Verhaltensvorgaben, die auch für Erwachsene einschlägig und verbindlich sind.

3.4.2 Strafmündigkeit und Anwendung des Jugendstrafrechts

Alle Länder haben ein Mindestalter für die Strafmündigkeit eingeführt. Die Altersgruppen variieren allerdings: Früh beginnt die Strafmündigkeit in *Bolivien* und *Peru* mit Vollendung des 12. Lebensjahrs, vergleichsweise spät in *Chile* und *Deutschland* mit Vollendung des 14. Lebensjahrs.[294]

Auch die oberen Altersgrenzen hinsichtlich der Anwendung des Jugendstrafrechts unterscheiden sich: In *Bolivien* wird ab einem Alter von 16 Jahren Erwachsenenstrafrecht angewendet, in *Chile* ab einem Alter von 18 Jahren. In *Peru* ist die Anwendung des allgemeinen Strafrechts ab einem Alter von 16 Jahren möglich. Dies gilt insbesondere für den Fall der Begehung terroristischer Handlungen. Die Regelungen in *Bolivien* und *Peru* verstoßen insoweit eindeutig gegen die KRK und andere internationale Menschenrechtsstandards.

Nur in *Deutschland* wurde der Anwendungsbereich des Jugendstrafrechts auf junge Erwachsene (Heranwachsende) erweitert. So erstreckt er sich nicht nur auf die 14- bis 17-jährigen Jugendlichen, sondern auch auf 18- bis 20-jährige Heranwachsende, sofern diese entweder nach ihrer „sittlichen und geistigen Entwicklung noch einem Jugendlichen" gleichstehen oder „es sich nach der Art, den Umständen oder den Beweggründen der Tat um eine Jugendverfehlung handelt" (§ 105 JGG).[295]

In den drei betrachteten lateinamerikanischen Ländern gibt es dagegen keinerlei Sonderregelungen für Heranwachsende, die jeweils in vollem Umfang nach Erwachsenenstrafrecht sanktioniert werden. Einzige Ausnahmen in Lateinamerika insoweit sind das Jugendstrafrecht in Brasilien und Uruguay, die jugendrechtliche Interventionen auch bei 18-20-Jährigen zulassen.

Die Anwendung des Jugendstrafrechts auf junge Erwachsene ist jedoch eine aus entwicklungspsychologischer, soziologischer und neurowissenschaftlicher Sicht gut begründbare Weiterentwicklung des Jugendstrafrechts, die auch in Lateinamerika zur Kenntnis genommen und in zukünftigen Reformgesetzen berücksichtigt werden sollte. *Pruin* erklärt, dass es kriminologische Ergebnisse sowie psychologische und soziologische Untersuchungen gibt, die bei dieser Altersgruppe die Anwendung von Jugendstrafrecht oder eine verpflichtende Strafmilderung empfehlenswert machen.[296]

---

294 Vgl. *Meier/Rössner/Schöch-Meier* 2013, S. 87.

295 Vgl. *Meier/Rössner/Schöch-Meier* 2013, S. 96.

296 Vgl. *Pruin* 2007, S. 266; *Dünkel/Pruin* 2012; *Dünkel/Geng* 2013.

Zudem gehen neurowissenschaftliche Erkenntnisse eindeutig dahin, dass sich die Fähigkeit zur strukturierten Planung und Voraussicht möglicher Handlungsfolgen ab der frühen Adoleszenz bis zu einem Alter von ca. 25 Jahren entwickelt. Nach *Dünkel* und *Geng* gibt es auch aus neurowissenschaftlicher Sicht gute Argumente für eine generelle Einbeziehung von Heranwachsenden und Jungerwachsenen bis zu einem Alter von 24 Jahren in das Jugendstrafrecht.[297]

Ferner gibt es einen allgemeinen europäischen Entwicklungstrend, der eine Sonderstellung von Heranwachsenden im Rahmen der strafrechtlichen Behandlung beinhaltet. Von besonderen Sanktionen oder Strafmilderungen des allgemeinen Strafrechts wird z. B. in *Dänemark*, *Finnland*, *Schweden*, den *Niederlanden*, *Österreich*, *Italien*, *Irland*, *Portugal* und der *Schweiz* Gebrauch gemacht.[298]

3.4.3 Diversionsmöglichkeiten

Alle hier untersuchten Staaten haben Diversionsmöglichkeiten für jugendliche Rechtsbrecher eingeführt. In *Chile*, *Peru* und *Bolivien* können Verfahren gänzlich folgenlos eingestellt werden, beispielsweise in Fällen mit geringer Schuld und mangelndem öffentlichen Interesse, allerdings begrenzt auf Ersttäter. Einstellungen in Verbindung mit informellen Sanktionen wie dies im deutschen JGG gem. § 45 Abs. 2 und 3 vorgesehen ist (s. u.), gibt es dagegen nicht.

Im deutschen Jugendstrafrecht ist die Diversion als informelle Reaktionsmöglichkeit in §§ 45, 47 JGG geregelt. Diversion bedeutet eine „Ablenkung" oder „Umleitung" eines förmlichen Verfahrens, die die Beseitigung der stigmatisierenden Wirkung eines Prozesses und die Beschleunigung der Erledigung sucht.[299] Im deutschen Jugendstrafrecht ist die Diversion ausdrücklich nicht auf Erstauffällige begrenzt. Vielmehr wurden gute Erfahrungen auch bei Mehrfachauffälligen gemacht. Die Rückfallquoten sind in jedem Fall nicht ungünstiger als bei einer formellen Verfahrenserledigung durch eine gerichtliche Verurteilung.[300]

Im deutschen Jugendstrafrecht eignet sich die Diversion nicht nur für Erstverfahren und Bagatelldelikte, denn eine Begrenzung auf Vergehen (wie im Erwachsenenverfahren, vgl. §§ 153 ff. StPO) gibt es nicht (vgl. §§ 45, 47 JGG).

Der Staatsanwalt kann auf der ersten Ebene der Diversion von der Verfolgung der Straftat absehen, wenn es um ein Vergehen mit geringer Schuld des

---

297 Vgl. *Dünkel/Geng* 2013, S. 571.

298 Vgl. *Pruin* 2007, S. 231; *Dünkel/Pruin* 2012.

299 Vgl. *Ostendorf* 2011, S. 118.

300 Vgl. *Heinz* 2013, S. 297.

Täters geht und kein öffentliches Interesse an der Verfolgung besteht (§ 45 Abs. 1 JGG, § 153 Abs. 1 StPO).[301]

Ferner sieht der Staatsanwalt nach § 45 Abs. 2 S. 1 JGG von der Verfolgung ab, wenn eine erzieherische Maßnahme bereits durchgeführt oder zumindest eingeleitet wurde und er weder eine Beteiligung des Richters noch die Erhebung der Anklage für erforderlich hält. Erzieherische Maßnahmen umfassen Maßnahmen der Erziehungsberechtigten (z. B. Taschengeldentzug), familienrichterliche Maßnahmen, pädagogische Maßnahmen der Schule sowie Maßnahmen am Ausbildungsplatz (z. B eine innerbetriebliche Umsetzung). Im Gesetz besonders hervorgehoben wird diesbezüglich seit dem 1. JGG-ÄndG von 1990 der Ausgleich mit dem Verletzten (Täter-Opfer-Ausgleich). Nach *Ostendorf* sollen die Maßnahmen nicht nur die Einsicht des Jugendlichen in das Unrecht der Tat und deren Folgen fördern, sondern ihn auch für die Zukunft zu einem normgemäßen Verhalten veranlassen.[302]

Eine weitere Einstellungsmöglichkeit ist in *Deutschland* die sog. Diversion mit Intervention (formloses jugendrichterliches Erziehungsverfahren) gem. § 45 Abs. 3 JGG, bei welcher der Staatsanwalt die Erteilung einer Ermahnung, Weisung oder Auflage durch den Jugendrichter anregt und – sofern der Jugendrichter der Anregung nachkommt – sowie der Jugendliche oder Heranwachsende die Verpflichtungen erfüllt hat, von der Verfolgung absieht.[303]

Das Verfahren kann auch nach einer Anklageerhebung unter den gleichen Voraussetzungen des § 45 JGG gem. § 47 JGG durch den Jugendrichter eingestellt werden. Der Jugendliche muss etwaigen Auflagen, Weisungen oder erzieherischen Maßnahmen jedoch vorher nachgekommen sein.[304]

Weder in Deutschland noch in *Bolivien*, *Peru* und *Chile* spielt die Polizei im Rahmen des Diversionsverfahrens eine Rolle, d. h. für die Polizei gilt das ausnahmslose Legalitätsprinzip.

3.4.4 Sanktionensystem

Die Strafrahmen des allgemeinen Strafrechts gelten sowohl in *Deutschland* als auch in den drei dargestellten südamerikanischen Ländern nicht für Jugendliche. Im Einklang mit den internationalen Vorgaben wurde in allen vier Ländern eine Bandbreite von Sanktions- und Maßnahmealternativen für jugendliche Straftäter eingeführt. Diese folgen einer bestimmten Hierarchie. So finden sich auf der untersten Ebene Verwarnungen oder Ermahnungen, gefolgt von erzieherischen Maßnahmen wie besonderen Weisungen in *Bolivien* und *Deutschland*. Geldstra-

---

301   Vgl. *Ostendorf* 2011, S. 119.

302   Vgl. *Ostendorf* 2011, S. 120.

303   Vgl. *Ostendorf* 2011, S. 122.

304   Vgl. *Ostendorf* 2011, S. 123.

fen bzw. finanzielle Auflagen für jugendliche Straftäter sind nur in *Chile* und *Deutschland* vorgesehen.

Nach § 5 JGG gibt es in *Deutschland* folgende Sanktionsmöglichkeiten: Erziehungsmaßregeln, §§ 9 bis 12 JGG (Weisungen, Hilfen zur Erziehung), Zuchtmittel, § 13 bis 16a JGG (Verwarnung, Auflagen, Jugendarrest) und die Jugendstrafe, § 17 ff. JGG.[305]

In allen vier Rechtssystemen besteht die Möglichkeit, den Täter zu gemeinnütziger Arbeit zu verpflichten. Unterschiede existieren jedoch im Hinblick auf die Höchstdauer dieser Sanktion: In *Chile* darf ein Jugendlicher maximal 120 Stunden gemeinnütziger Arbeit ableisten, in *Bolivien* und *Peru* kann die Sanktion für eine Dauer von maximal 6 Monaten verhängt werden. In *Deutschland* gibt es keine Obergrenze. Die maximale Laufzeit von zwei, ausnahmsweise 3 Jahren (vgl. § 11 Abs. 1 und 2 JGG), die allgemein für die meisten Erziehungsmaßregeln vorgesehen ist, kann nicht als Begrenzung angesehen werden. In *Deutschland* kann daher nur der allgemeine Verfassungsgrundsatz der Verhältnismäßigkeit als begrenzendes Element der Strafzumessung dienen.

In *Deutschland* wurden erfolgreich innovative Maßnahmen wie beispielsweise soziale Trainingskurse und der Täter-Opfer-Ausgleich eingeführt. Als Weisungen sind diese Maßnahmen in § 10 Abs. 1 Nr. 6 und 7 JGG geregelt.[306] Soziale Trainingskurse sowie allgemeine Maßnahmen der Jugendhilfe sind als Alternativen vor allem zum Jugendarrest entstanden.

Wie *Schöch* erklärt, stehen im Mittelpunkt der sozialen Gruppenarbeit handlungs- und erlebnisorientierte Ansätze, (z. B gemeinsame Radtouren), aber auch themenorientierte Ansätze (z. B. Anti-Aggressivitäts-Training oder Drogenseminare).[307] Der Täter-Opfer-Ausgleich wurde im Rahmen der Diversionsmaßnahmen nach den §§ 45, 47 JGG und auch als Weisung eingeführt. Mit dieser Erziehungsmaßregel soll ein positiver erzieherischer Prozess durch die Aussöhnung erreicht werden.[308]

Der Jugendarrest ist nur in *Bolivien* und *Deutschland* als Sanktion vorgesehen. Die Nutzung kurzer Freiheitsstrafen im Jugendstrafrecht ist in *Deutschland* wegen seiner weitgehenden Wirkungslosigkeit und unzureichender pädagogischer Konzeption kritisiert worden.[309] In der Tat ist der Arrest in *Deutschland*

---

305 *Meier/Rössner/Schöch-Rössner* 2013, S. 114.

306 *Meier/Rössner/Schöch-Schöch* 2013, S. 175; als weitere „neue ambulanten Maß-nahmen" sind im 1. JGG-ÄndG die Betreuungsweisung und die gemeinnützige Arbeit gesetzlich verankert worden, vgl. zur Implementation nach der Reform *Dünkel/ Geng/Kirstein* 1999.

307 *Meier/Rössner/Schöch-Schöch* 2013, S. 179; grundlegend *Dünkel/Geng/Kirstein* 1999.

308 *Meier/Rössner/Schöch-Schöch* 2013, S. 180.

309 *Meier/Rössner/Schöch-Schöch* 2013, S. 204.

zusammen mit der Verwarnung und Auflagen als Zuchtmittel geregelt.[310] Ferner ist zu erwähnen, dass der Arrest in *Deutschland* eine Maßnahme kurzfristiger Freiheitsentziehung mit einer Mindestdauer von zwei Tagen und einer Höchstdauer von vier Wochen ist. Demgemäß ist der Arrest nach § 16 Abs. 1 JGG in drei Formen konzipiert: Freizeit-, Kurz-, und Dauerarrest.[311] Der 2013 in *Deutschland* eingeführte sog. Warnschussarrest sieht unter engen Voraussetzungen die Verbindung einer Bewährungsstrafe mit Jugendarrest vor, vgl. § 16a JGG.

Alle vier Staaten sehen die Möglichkeit der Strafaussetzung zur Bewährung für jugendliche Straftäter vor. Dabei können unterschiedliche Formen in *Chile*, *Bolivien* und *Peru* ausgemacht werden (zur betreuten Freiheit vgl. oben). In Deutschland ist die Aussetzung der Jugendstrafe zur Bewährung in § 21 JGG geregelt. Nach § 21 Abs. 1 JGG wird eine Jugendstrafe von nicht mehr als einem Jahr ausgesetzt, wenn zu erwarten ist, dass der Jugendliche sich schon die Verurteilung zur Warnung dienen lässt und auch ohne die Einwirkung des Strafvollzugs (...) künftig einen rechtschaffenen Lebenswandel führen wird. Es muss also zu erwarten sein, dass der Jugendliche keine Straftaten mehr begeht.[312] Ferner ist unter den gleichen Voraussetzungen auch die Aussetzung einer Jugendstrafe von bis zu zwei Jahren möglich, wenn die Vollstreckung im Hinblick auf die Entwicklung des Jugendlichen nicht geboten ist. In der Bewährungszeit wird der Jugendliche obligatorisch einem Bewährungshelfer unterstellt, vgl. § 24 JGG. Zudem kann der Richter nach § 23 JGG Weisungen und Auflagen erteilen. Nach *Rössner* wird mit der Aussetzung der Jugendstrafe zur Bewährung die Vermeidung der Nachteile einer Jugendstrafe, insbesondere der Desintegration und des Prisonisierungseffekts erreicht.[313]

In *Bolivien* können alle Jugendstrafen ohne Berücksichtigung der Dauer der Strafe auch zur Bewährung ausgesetzt werden, d. h. Jugendstrafen bis zu 5 Jahren. In Peru sind Jugendstrafen bis zu 6 Jahren möglich, jedoch sind nur Strafen bis zu vier Jahren aussetzungsfähig. Eine Bewährungsunterstellung ist jeweils fakultativ vorgesehen. Die Aussetzungspraxis scheint allerdings in beiden Ländern eher restriktiv.

In *Chile* kann gem. Art. 23 Nr. 23 des Jugendstrafgesetzes eine Jugendstrafe zur von nicht mehr als 5 Jahren Dauer zur Bewährung ausgesetzt werden. Eine der deutschen Bewährungshilfe vergleichbare Institution gibt es allerdings noch nicht.

Bei der Verurteilung zu einer Jugendstrafe von mehr als 5 Jahren ist in Chile der teilweise Ersatz der Strafe bzw. des geschlossenen Regimes der Strafe möglich. Der Richter ersetzt auf Antrag des Gefangenen oder dessen Verteidi-

---

310 *Meier/Rössner/Schöch-Schöch* 2013, S. 192.

311 *Meier/Rössner/Schöch-Schöch* 2013, S. 203.

312 *Meier/Rössner/Schöch-Rössner* 2013, S. 242.

313 *Meier/Rössner/Schöch-Rössner* 2013, S. 246.

gers in diesem Sinn einen Teil der Strafe, wenn der Vollzug der Strafe begonnen hat und zu erwarten ist, dass die Ersetzung die Wiedereingliederung des Verurteilten unterstützt. Der Ersatz erfolgt entweder durch eine Unterbringung in einem halbgeschlossenen Regime (*regimen semi-cerrado*) oder durch eine Art Bewährungsunterstellung (betreute Freiheit, *libertad vigilada*). Die Unterbringung im sog. halbgeschlossenen Regime bedeutet, dass sich der Gefangene nur noch während der Nachtzeit in der Anstalt aufhält. Im Rahmen der betreuten Freiheit wird die Gefängnisstrafe tatsächlich durch die entsprechende ambulante Sanktion von maximal drei Jahren Dauer ersetzt.

Die Strafrestaussetzung zur Bewährung ist in Chile, Peru und Bolivien möglich, in Chile, wenn der Täter mindestens die Hälfte der Strafe verbüßt hat, in Peru und Bolivien, wenn der Täter mindestens zwei Drittel der Strafe verbüßt hat. Im Gegensatz zu Deutschland ist die Strafrestaussetzung nicht mit einer Unterstellung unter Bewährungsaufsicht verbunden und damit in ihrer pädagogischen und sozialintregrativen Wirkung zweifelhaft.

Auch hier fehlt es allerdings an zugänglichen statistischen Angaben.

Peru, Deutschland, Bolivien und *Chile* haben den Freiheitsentzug bei Jugendlichen als *ultima ratio* vorgesehen. Bedauerlicherweise scheint in Peru und Bolivien die praktische Umsetzung dieses Prinzips deutlich weit hinter dem gesetzlichen Anspruch zurückzubleiben. Die fehlende Infrastruktur zur Durchführung alternativer Maßnahmen macht in *Peru* und *Bolivien* die Freiheitstrafe in der Praxis zur dominierenden Sanktion. Es mangelt insbesondere an der Finanzierung und der sachgerechten Ausbildung der Richter. Im Vergleich mit *Peru* und *Bolivien* sind die Inhaftierungsraten in *Deutschland* und *Chile* sehr niedrig.

Lebenslange Freiheitsstrafen können in *Chile, Peru, Bolivien* und Deutschland gegen Jugendliche nicht verhängt werden. *Peru* erlaubt im Fall der Begehung terroristischer Akte einen Freiheitsentzug von bis zu 6 Jahren. In *Chile* und *Deutschland* beträgt das Höchstmaß der Jugendstrafe 10 Jahre und in *Bolivien* 5 Jahre. Jedoch wurde in *Deutschland* die Jugendstrafe für Heranwachsende durch die Reform vom 8.9.2012 im Falle der Verurteilung wegen Mordes aufgrund der „besonderen Schwere der Schuld" auf 15 Jahre erhöht.[314]

---

314 *Meier/Rössner/Schöch-Schöch* 2013, S. 227.

4. Jugendstrafvollzug in Chile, Peru und Bolivien

4.1 Die allgemeinen Vorgaben im Bereich der Menschenrechte von Jugendgefangenen in Amerika

Nach den Erfahrungen des 2. Weltkriegs wurde die Debatte über Menschenrechte intensiv geführt und internationale Menschenrechtskodifikationen wurden in der Folge der Allgemeinen Erklärung der Menschenrechte von 1948 etabliert.[315] In der zweiten Hälfte des 20. Jahrhunderts wurde dieses Verfahren zur Entwicklung der Menschenrechte mit Sonderregelungen für bestimmte Gruppen der Gesellschaft wie z. B Frauen, Ausländer oder Gefangene durch internationale Dokumente und Empfehlungen erweitert.

Mit dem Schutz jugendlicher Straftäter befassen sich zahlreiche internationale Menschenrechtsstandards.[316] Sie fordern die Staaten auf, besondere und kinderfreundliche Vollzugssysteme für Jugendliche vorzuhalten, in denen gesetzliche Regelungen bezüglich des Schutzes von Menschenrechten allgemein und der Menschenwürde im Besonderen, des Vollzugs, der getrennten Unterbringung von Erwachsenen, der Ausbildung und Weiterbildungsmöglichkeiten, Wiedereingliederung, Außenkontakte, der Ausbildung des Personals, der Entlassungsvorbereitung und einer vorzeitigen Entlassung enthalten sind.[317]

Auf lateinamerikanischer Ebene beruht der Menschenrechtsschutz für Jugendgefangene inzwischen auf fünf Säulen: der „Amerikanischen Menschenrechtskonvention" (AMRK), dem „Übereinkommen über die Rechte des Kindes" (Kinderrechtskonvention, KRK), der „Interamerikanischen Konvention zur Verhütung von und Bestrafung der Folter", den „Grundsätzen für den Schutz der Gefangenen in Amerika" und den Mindestgrundsätzen zum Schutz inhaftierter Jugendlicher (sog. Havanna-Regeln).

---

315   Z. B. in Europa die Europäische Menschenrechtskonvention von 1950, in Lateinamerika die amerikanische Menschenrechtskonvention von 1969 und in Afrika die Afrikanische Charta der Menschen- und Völkerrechte von 1981/1986. Vgl. *Morgenstern* 2008, S. 35.

316   Z. B. die Kinderrechtskonvention vom 20. November 1989, die sog. Beijing-Grundsätze vom 14. Dezember 1990, die Regeln der Vereinten Nationen zum Schutz von Jugendlichen unter Freiheitsentzug vom 14. Dezember 1990 und der Allgemeine Kommentar Nr. 10 (2007) der UN-Kinderrechtskommission „Kinderrechte in Jugendkriminalrechtssystemen" vom 24. April 2007, vgl. *Pruin* 2011, S. 127.

317   Die Grundidee der Anerkennung der Rechte von erwachsenen Gefangenen gilt auch für Jugendliche. Die Menschenwürde ist zu achten und Maßnahmen zum Schutz der besonders „vulnerablen" Jugendlichen sind zu verstärken. Damit wird zugleich verdeutlicht, dass auch ein Strafgefangener niemals bloßes Objekt eines staatlichen Verfahrens sein darf, vgl. *Morgenstern* 2008, S. 35.

4.1.1 Die Amerikanische Menschenrechtskonvention

Die Entstehungsgeschichte der AMRK ist mit der Entstehung der Organisation Amerikanischer Staaten (OAS) verbunden. Drei Jahre nach Kriegsende fand eine amerikanische internationale Konferenz in der Hauptstadt von Kolumbien, Bogota, statt. Dort wurden zwei Resolutionen verabschiedet: die Satzung der OAS und die „Erklärung über Rechte und Pflichten der Menschen".[318]

Nach Art. 1 der Satzung der OAS ist die Hauptaufgabe der Organisation, eine nachhaltige Zusammenarbeit zwischen den Mitgliedern zum Schutz und zur Förderung der gemeinsamen Ideale und Grundsätze herzustellen. Gemäß Art. 30 der Satzung verpflichten sich die Mitgliedstaaten, als Grundbedingung für Frieden und Sicherheit durch gemeinsame Anstrengungen in ihren Beziehungen eine internationale, sozial gerechte Ordnung und „integrale Entwicklung" für ihre Völker sicherzustellen. Die integrale Entwicklung umfasst die Bereiche Wirtschaft, Sozialwesen, Ausbildung, Kultur, Wissenschaft und Technologie und dient der Verwirklichung der Ziele, die sich jeder Staat setzt.[319] Nach Art. 53 der Satzung dienen folgende Organe und Behörde der Verwirklichung der Ziele der OAS: die Generalversammlung, die Konsultative Versammlung der Außenminister, die Räte, der Interamerikanische Rechtsausschuss, die Interamerikanische Menschenrechtskommission, das Generalsekretariat sowie Sonderkonferenzen und Sonderorganisationen.[320]

Auf Grund eines Antrags der Konsultativen Versammlung der Außenminister legte der Interamerikanische Rechtsausschuss im August 1959 den Entwurf der amerikanischen Menschenrechtskonvention vor. Der Entwurf der Konvention wurde von den Mitgliedstaaten diskutiert, aber noch nicht verabschiedet. Bis zum Jahr 1967 erarbeitete der Interamerikanische Rechtsausschuss eine Neufassung. Zugleich setzte die OAS eine weitere Expertengruppe ein, die einen endgültigen Entwurf erarbeiten sollte. Diese Expertengruppe erarbeitete in der Stadt San José in Costa Rica zum November 1969 das gesamte Regelwerk. Die AMRK trat im Jahr 1978 in Kraft und 25 Länder haben sie ratifiziert.[321] Zu den

---

318 Vgl. *González* 2012, S. 23.

319 Die Mitgliedstaaten der OAS sind: *Antigua und Barbuda, Argentinien, die Bahamas, Barbados, Belize, Bolivien, Brasilien, Kanada, Chile, Kolumbien, Costa Rica, Kuba, Dominica, Ecuador, San Salvador, USA, Grenada, Guatemala, Guayana, Haiti, Honduras, Jamaika, Mexiko, Nicaragua, Panama, Paraguay, Peru, Dominikanische Republik, Santa Lucia, San Kitts und Nevis, San Vincent, Surinam, Trinidad & Tobago, Uruguay* und *Venezuela.*

320 Vgl. *González* 2012, S. 25.

321 Die AMRK ist jedoch nicht das einzige Instrument zum Schutz der Menschenrechte. Auf der Ebene der Vereinten Nationen sind die „Allgemeine Erklärung der Menschenrechte" von 1948, der „Internationale Pakt über wirtschaftliche, soziale und kulturelle

Ausnahmen zählen Länder wie Kanada und die Vereinigten Staaten von Amerika.[322] Die AMRK ist in drei Teile gegliedert. Die Präambel erwähnt folgende Werte: die Achtung der Menschenwürde, Freiheit, Demokratie und die Wahrung der Menschenrechte. Danach folgen die Teile I bis III, die die Verpflichtung der Staaten und geschützte Rechte allgemein (Teil I), den Schutz der einzelnen Rechte und Freiheiten (Teil II) und Allgemeine Vorschriften und Übergangsregelungen (Teil III) behandeln.

In Bezug auf die Verpflichtung der Mitgliedstaaten finden sich in der AMRK zwei Grundpflichten.[323] Die Verpflichtung der Achtung der Rechte fordert, dass die Mitgliedstaaten die Menschenrechte nicht verletzen dürfen, und die zweite Verpflichtung enthält eine Forderung für die Mitgliedstaaten zur Verbesserung der Menschenrechtssituation bzgl. der jeweiligen Rechte und Freiheiten.[324]

Im Bereich des Strafvollzugs enthält die AMRK einige für Strafgefangene relevante Artikel, vor allem in Kapitel II: das Recht auf Leben (Art. 4), das Recht auf eine menschenwürdige Behandlung (Art. 5), das Recht auf persönliche Freiheit mit entsprechenden Rechtsgarantien (Art. 7),[325] das Recht auf ein faires Verfahren (Art. 8), das Gesetzmäßigkeitsprinzip und das Rückwirkungsverbot (Art. 9), das Recht auf Entschädigung (Art. 10), das Recht auf Achtung der Privatsphäre (Art. 11), die Gewissens- und Religionsfreiheit (Art. 12), Ge-

---

Rechte" von 1966, der „Internationale Pakt über bürgerliche und politische Rechte" von 1966 sowie die „Konvention über die Rechte des Kindes" von 1989 zu erwähnen.

322 Die Länder, die die AMRK ratifiziert haben sind: *Argentinien* (8.4.1984), *Barbados* (11.5.1981), *Bolivien* (6.12.1979), *Brasilien* (7.9.1992), *Chile* (8.10.1990), *Kolumbien* (5.8.1973), *Costa Rica* (3.2.1970), *Dominikanische Republik* (6.03.1993), *Ecuador* (12.8.1977), *El Salvador* (6.12.1978), *Grenada* (7.4.1977), *Honduras* (9.5.1977), *Jamaika* (7.9.1978), *Mexiko* (3.2.1981), *Nicaragua* (9.5.1979), *Panama* (5.8.1978), *Paraguay* (7.8.1989, *Peru* (7.12.1978), *Surinam* 11.12.87, *Trinidad & Tobago* (4.03.1991), *Uruguay* (3.6.1985) und *Venezuela* (6.3.1977).

323 Art. 1 AMRK.

324 Vgl. *Medina* 2003, S. 16.

325 Art. 7 Nr. 2 stellt auch die Voraussetzungen auf, unter denen die Entziehung der Freiheit zulässig ist. Diese allgemeinen Voraussetzungen erlauben die Entziehung nur auf einer gesetzlichen und verfassungsmäßigen Grundlage. Gem. Art. 7 Nr. 5 AMRK und Art. 40b) Nr. ii KRK soll jede festgenommene Person über die Gründe für die Festnahme unverzüglich und unmittelbar informiert werden. Zudem behält jede Person das Recht auf die Vorführung vor einen Richter innerhalb von 24 Stunden. Besonders relevant für die richterliche Haftprüfung ist die sogenannte „Habeas-corpus-Doktrin", die eine Entscheidung über die Rechtmäßigkeit der Haft gewährleistet. Nach Art. 7 Nr. 6 AMRK muss die Entscheidung innerhalb kurzer Frist stattfinden, vgl. *Comité de los derechos del Niño* 2007, S. 83.

dankenfreiheit und Freiheit der Meinungsäußerung (Art. 13), die Gleichheit vor dem Gesetz (Art. 24) und das Recht auf gerichtlichen Rechtsschutz (Art. 25).[326] Art. 19 der AMRK betrifft insbesondere Kinder und Jugendliche. Danach hat jedes minderjährige Kind Anspruch auf die wegen seiner Minderjährigkeit erforderlichen Schutzmaßnahmen seitens der Familie, der Gesellschaft und des Staates. Zudem haben die Rechte der Kinder in Art. 5 Nr. 5 der AMRK Anerkennung gefunden. Nach Art. 5 Nr. 5 sind Minderjährige, gegen die ein Strafverfahren läuft, von Erwachsenen zu trennen und schnellstmöglich vor besondere Gerichte zu stellen, damit sie entsprechend ihrer Stellung als Minderjährige behandelt werden können.

4.1.2 Das Übereinkommen über die Rechte des Kindes (KRK)

Von besonderer Bedeutung für das Thema der Menschenrechte der Jugendstrafgefangenen ist die Kinderrechtskonvention (KRK) vom 20. November 1989, die mit Ausnahme der USA und Somalias weltweit ratifiziert wurde. In den lateinamerikanischen Ländern ist die KRK im Rang z. T. sogar der Verfassung übergeordnet, häufig ihr aber auch gleichgestellt (vgl. unten *Kapitel 4.1.7*).

Die KRK der Vereinten Nationen enthält wichtige Mindeststandards zum Jugendstrafrecht, Strafverfahren und Strafvollzug. Beispielsweise gewährleistet Art. 37 KRK das Verbot von Folter, Todesstrafe und schließt die lebenslängliche Freiheitsstrafe und willkürliche Verhaftung aus. Zudem werden die Prinzipien der von Erwachsenen getrennten Unterbringung, der Gesetzlichkeit und der Freiheitsstrafe als letztes Mittel (*ultima ratio*) bekräftigt. Die strafverfahrensrechtlichen Garantien und der Sinn der Sanktionen sind in Art. 40 niedergelegt.

Mit der KRK wird betont, dass die Sanktionen oder Maßnahmen, die gegen Jugendliche verhängt werden können, sowie die Art ihrer Durchführung auf den Prinzipien der Gesetzlichkeit, der Wiedereingliederung, Erziehung und Rückfallverhütung beruhen müssen.[327]

4.1.3 Die Interamerikanische Konvention zur Verhütung und Bestrafung der Folter

Die dritte Säule des Menschenrechtsschutzes für junge Gefangene ist die Interamerikanische Konvention zur Verhütung und Bestrafung der Folter von 1987.

Jeder Vertragsstaat trägt dafür Sorge, dass nach seinem Strafrecht alle Folterhandlungen als Straftaten gelten.[328] Eine Definition des Begriffes „Folter" kann man in Art. 2 finden. Er bekräftigt die Idee der Dokumente der Vereinten

---

326 Vgl. *Castro Morales/Cillero/Mera* 2010, S. 61.

327 Vgl. *Tiffer-Sotomayor* 2000, S. 245.

328 Vgl. Art. 6 der Interamerikanischen Konvention zur Verhütung und Bestrafung der Folter.

Nationen zum Folterbegriff: „Folter ist jede Handlung, durch die einer Person vorsätzlich große körperliche oder seelische Schmerzen oder Leiden zugefügt werden, z.

B um von ihr oder einem Dritten eine Aussage oder ein Geständnis zu erlangen, um sie für eine tatsächlich oder mutmaßlich von ihr oder einem Dritten begangene Tat zu bestrafen, um sie oder einen Dritten einzuschüchtern oder zu nötigen oder aus einem anderen, auf irgendeiner Art von Diskriminierung beruhenden Grund, wenn diese Schmerzen oder Leiden von einem Angehörigen des öffentlichen Dienstes oder einer anderen in amtlicher Eigenschaft handelnden Person, auf deren Veranlassung oder mit deren ausdrücklichem oder stillschweigendem Einverständnis verursacht werden".[329]

Die Mechanismen der Kontrolle sind ähnlich wie in Europa organisiert. So gibt es einen Internationalen Ausschuss, der die Länder bereisen und inspizieren soll. Über die Arbeitsweise und die bislang erfolgten Besuche (in Chile zuletzt 2005) gibt es allerdings keine detaillierten Informationen. Neben dem Internationalen Ausschuss soll es jeweils pro Land zwei nationale Ausschüsse geben, die allerdings überwiegend noch im Aufbau befindlich sind. So gibt es z. B. in *Chile* erst seit 2010 eine Entscheidung des Justiz- und des Außenministeriums, wer mit dieser Aufgabe betraut werden soll. Federführend ist das *Instituto Nacional de Derechos Humanos* in Santiago de Chile, an dem zugleich der Ombudsmann angesiedelt ist (vgl. hierzu *Kapitel 5.3.1.5*).

4.1.4 Die amerikanischen Strafvollzugsgrundsätze: „Grundsätze für den Schutz der Gefangenen in Amerika"

Die erste Empfehlung der *OAS* zum Schutz der Gefangenen in Amerika entstand 2008. Warum erst 2008 die erste Empfehlung für Gefangene in der Region geschaffen wurde, ist im Einzelnen nicht erforscht, jedoch gibt es drei Faktoren, die zu einer Erklärung beitragen können:

1. Die Implementation der Anti-Folter-Konvention in Lateinamerika.
2. Die Rechtsprechung des Interamerikanischen Gerichtshofs für Menschenrechte, insbesondere im Hinblick auf Folter, Unterbringung und besondere Pflichten des Staates gegenüber Gefangenen.[330]
3. Die Tatsache, dass es in Lateinamerika viele Probleme und Verstöße gegen die Rechte von Gefangenen gibt. Beispielsweise bestehen nach einem Bericht der Interamerikanischen Menschenrechtskommission die Hauptprobleme in Gefängnissen der Region in der Überbelegung,

---

329 Siehe Art. 1 des Übereinkommens gegen Folter und andere grausame, unmenschliche oder erniedrigende Behandlung oder Strafe von 1984.

330 In *Kapitel 5.2.2* findet sich eine Analyse über die Rechtsprechung des Interamerikanischen Gerichtshofs für Menschenrechte zum Jugendstrafvollzug.

mangelhaften Bedingungen der Unterbringung, Ernährung und der Organisation des Gefängniswesens insgesamt. Außerdem in einem hohen Gewaltniveau unter den Gefangenen, aber auch im Verhältnis zwischen Bediensteten und Gefangenen, in der Folter als Methode zur Gewinnung von Beweisen genutzt wird. Hinzu kommen die Überlänge der Untersuchungshaft, der Missbrauch besonders verletzlicher Gruppen (Jugendlicher und Frauen), die prekäre Funktionsweise der Arbeitsbetriebe sowie die mangelnde Gelegenheit zur beruflichen Bildung und die Korruption der Vollzugsbediensteten.[331]

Die Grundsätze für den Schutz der Gefangenen in Amerika sind in vier Hauptteile gegliedert und jeder Teil erwähnt verschiedene Aspekte des Strafvollzugs. So betrifft der zweite Hauptteil allgemeine Grundsätze wie die menschenwürdige Behandlung, Gesetzlichkeit des Vollzugs, persönliche Freiheit, Gleichheit vor dem Gesetz, Freiheitsstrafe als *ultima ratio*, das faire Verfahren und den gerichtlichen Rechtsschutz. Der dritte Teil enthält Grundsätze über die Planung des Vollzugs, die Gesundheitsfürsorge, Ernährung, Unterbringung, Arbeit, Ausbildung, Religionsausübung, den Ausgang bzw. Vollzugslockerungen, Besuche und die Trennung des Vollzugs. Im vierten Teil geht es hauptsächlich um Vollzugsbedienstete, die Anwendung unmittelbaren Zwangs, Disziplinarmaßnahmen und die Aufsicht über die Justizvollzugsanstalten.[332]

Die Anwendungsbereiche der vorliegenden Regelungen gelten generell für Erwachsene und auch für junge Inhaftierte. Die Allgemeine Anordnung der Empfehlung besagt darüber hinausgehend, dass die Grundsätze auch zugunsten anderer Personen als Straftäter anzuwenden sind. Damit gelten die Empfehlungen z. B. für alle Untergebrachten in allgemeinen Krankenhäusern, psychiatrischen Krankenhäusern, Altenheimen, Waisenhäusern und Obdachlosenheimen.

Erwähnenswert ist der Grundsatz XVII, der Maßnahmen gegen die Überbelegung enthält. Der Grundsatz fordert eine Festsetzung der Belegungsfähigkeit in jedem Gefängnis und enthält das Verbot der Überbelegung. Ferner soll die Festsetzung der Belegungsfähigkeit veröffentlicht werden.

Bemerkenswert ist, dass es keine Grundsätze für eine Vorbereitung auf die Entlassung gibt. Die Vorbereitung der Entlassung ist ein relevantes Thema für den Strafvollzug und hat eine direkte Verbindung zur Wiedereingliederungsperspektive.[333] Bedauerlicherweise enthalten die vorliegenden Regelungen keine Empfehlung oder Orientierung zum Problem der Entlassungsvorbereitung, z. B. hinsichtlich der Wohnsituation, prekärer Lebensverhältnisse (Armut), fehlender Beschäftigung, schlechter Gesundheit, Schulden und Desorientierung. Dieses

---

331 Vgl. CIDH 2011, S. 2.

332 Vgl. *Castro Morales/Cillero/Mera* 2010, S. 65.

333 Vgl. *Pruin* 2012, S. 68.

Stadium des Vollzugs betrifft auch junge Inhaftierte. Die Behörden, die mit Jugendlichen arbeiten, sollen der Vorbereitung der Entlassung besondere Aufmerksamkeit schenken. Aus diesem Grund haben die europäischen Grundsätze für die von Sanktionen oder Maßnahmen betroffenen jugendlichen Straftäter (ERJOSSM) für dieses Thema besondere Regelungen getroffen.[334] So kann man insbesondere die folgenden Regelungen finden:

- Es sind Maßnahmen zu treffen, um den Jugendlichen eine schrittweise Rückkehr in die Gesellschaft zu ermöglichen (Regel Nr. 101.1).
- Diese Maßnahmen sollen zusätzliche Möglichkeiten, die Anstalt zu verlassen, umfassen sowie eine vorzeitige bedingte Entlassung in Verbindung mit wirksamen sozialen Hilfen (Regel Nr. 101.2).
- In den Vollzugseinrichtungen müssen die Vertreter der Sozialen Dienste (Bewährungshilfe, freie Straffälligenhilfe) und anderer Institutionen Zugang zu den Jugendlichen haben, um ihnen bei der Vorbereitung der Entlassung behilflich zu sein (Regel Nr. 102.2).
- Die betroffenen Dienste und Institutionen sind verpflichtet, bereits vor dem Zeitpunkt der voraussichtlichen Entlassung wirksame Vorabunterstützung zu leisten (Regel Nr. 102.3).

4.1.5 Mindestgrundsätze zum Schutz inhaftierter Jugendlicher (die sog. Havanna-Regeln)

Die fünfte Säule des Menschenrechtsschutzes für Gefangene sind die Mindestgrundsätze zum Schutz inhaftierter Jugendlicher (sog. Havanna-Regeln). Gegenstand der Havanna-Regeln sind die Anerkennung und Berücksichtigung der besonderen Bedürfnisse junger Menschen in Haft und die Verbesserung ihrer rechtlichen Stellung.[335]

Die Mindestgrundsätze zum Schutz inhaftierter Jugendlicher betonen, dass der Freiheitsentzug in Gefängnissen oder anderen geschlossenen Einrichtungen nicht nur als letztes Mittel in Betracht kommt, sondern auch lediglich für einen möglichst kurzen Zeitraum zu bemessen ist. Darüber hinaus soll während des Vollzugs die Trennung von jugendlichen und erwachsenen Strafgefangenen sowie die Beachtung der besonderen Bedürfnisse der Jugendlichen gewährleistet werden. Zudem sind die präzisen Bestimmungen in Bezug auf Gestaltung und Führung von Haftanstalten für Jugendliche, z. B Aktenführung (Art. 19 ff.), Ausbildung und Arbeit (Art. 38 ff.), medizinische Versorgung (Art. 49 ff.), Dis-

---

334 Vgl. *Dünkel* 2011, S. 151; *Dünkel/Castro* 2012, S. 115.

335 Vgl. *Dünkel* 1998, S. 364; *Tiffer-Sotomayor* 2000, S. 242; *Zegada* 2005, S. 154 f.; *Gutbrot* 2010, S. 114.

ziplinarmaßnahmen (Art. 66 ff.) oder die Wiedereingliederung in die Gesellschaft (Art. 79 ff.) zu beachten.[336]

4.1.6 Exkurs: Die allgemeinen Vorgaben im Bereich der Menschenrechte bzgl. junger Gefangener auf europäischer Ebene und die Europäischen Regeln über straffällige Jugendliche, die Sanktionen oder Maßnahmen unterworfen sind, vom 5.11.2008 („Greifswald-Rules")

Die europäischen Menschenrechtsstandards sind zwar für Lateinamerika nicht verbindlich, jedoch werden sie – ebenso wie die Rechtsprechung des Europäischen Gerichtshofs für Menschenrechte – zunehmend als Orientierungshilfe und im Hinblick auf die Verbesserung des Menschenrechtschutzes in Lateinamerika bedeutsam wahrgenommen.[337]

Der Menschenrechtsschutz für Gefangene in Europa beruht inzwischen auf drei Säulen: Die erste ist die Europäische Menschenrechtkonvention (EMRK) von 1950. Sie enthält in Art. 3 ein Verbot von Folter und unmenschlicher und erniedrigender Behandlung oder Strafe. Andere relevante Artikel für Strafgefangene finden sich in Art. 5 (Recht auf Freiheit und Sicherheit), Art. 6. (Recht auf ein faires Verfahren), Art. 8 (Recht auf Achtung des Privat- und Familienlebens) oder Art. 13 (Recht auf wirksamen Rechtsschutz).[338]

Die zweite Säule ist die Europäische Anti-Folter-Konvention von 1987, die das Anti-Folter-Komitee ermächtigt, die Behandlung Inhaftierter durch Besuche von Gefängnissen und anderen geschlossenen Einrichtungen zu überprüfen.[339]

Bei der dritten Säule handelt es sich um die Europäischen Strafvollzugsgrundsätze von 2006. Teil I der EPR enthält einige allgemeine Grundsätze z. B. zur Achtung der Menschenrechte, Wiedereingliederung und regelmäßiger staatlicher und unabhängiger Kontrolle. Teil II bezieht sich auf die Haftbedingungen mit Sonderregelungen für bestimmte Gefangenengruppen wie z. B. Frauen. Titel III und IV widmen sich der Gesundheitsfürsorge und Sicherheit. Teil V bezieht sich auf die Leitung und das Personal. Die Anderen Teile enthalten wichtige Regelungen zu Inspektionen und für die Untersuchungshaft.[340]

---

336 Vgl. *Gutbrot* 2010, S. 115.

337 Vgl. *Dünkel/Castro Morales* 2012.

338 Vgl. *Morgenstern* 2008, S. 38; *Dünkel* 2009, S. 46.

339 Vgl. *Morgenstern* 2008, S. 38.

340 Vgl. *Morgenstern* 2008, S. 40; *Dünkel* 2009, S. 58.

Die vierte Säule betrifft die Empfehlungen des Europarats speziell für junge Inhaftierte, insbesondere die Grundsätze für die von Sanktionen oder Maßnahmen betroffenen jugendlichen Straftäter und Straftäterinnen (ERJOSSM).[341] Die ERJOSSM folgen der Tradition bisheriger internationaler Regelungen des Europarats und der Vereinten Nationen und enthalten ein modernes Verständnis menschenrechtlicher Standards bezogen auf die Vollstreckung ambulanter und den Vollzug stationärer Sanktionen.[342]

Die Empfehlung ist in acht Hauptteile gegliedert: Der erste Teil enthält allgemeine Grundsätze, der zweite Hauptteil betrifft ambulante und der dritte stationäre Sanktionen. In den weiteren Teilen geht es um Beratung und Verteidigung, Beschwerden, Rechtsmittel, Inspektionen und das Monitoring, Personal und die Evaluation. Eine abschließende Regel fordert die regelmäßige Anpassung und Überarbeitung der Empfehlungen.[343]

Unter dem Titel „Allgemeiner Teil" sind sieben Grundsatzregeln für die Zielsetzung und Ausgestaltung des Freiheitsentzugs erwähnenswert:

1. Sanktionen oder Maßnahmen, die gegen Jugendlichen verhängt werden können, sowie die Art ihrer Durchführung müssen gesetzlich geregelt sein und auf den Prinzipien der Wiedereingliederung, Erziehung und Rückfallverhütung beruhen (Grundsatz Nr. 2).
2. Der Freiheitsentzug ist nur zu dem Zweck durchzuführen, zu dem er verhängt wurde, und in einer Weise, die die damit verbundenen Beeinträchtigungen nicht zusätzlich erhöht (Regel 49.1).
3. Beim Freiheitszug von Jugendlichen sollte die Möglichkeit einer vorzeitigen Entlassung vorgesehen sein (Regel 49.2).
4. Jugendliche, denen die Freiheit entzogen ist, müssen Zugang zu einer Auswahl an sinnvollen Beschäftigungen und Programmen auf der Grundlage eines umfassenden individuellen Vollzugsplanes haben, der auf ihre Entwicklung durch eine weniger einschneidende Gestaltung des Vollzugs sowie die Vorbereitung ihrer Entlassung und Wiedereingliederung in die Gesellschaft gerichtet ist. Diese Beschäftigungen und Programme sollen die körperliche und geistige Gesundheit der Jugendlichen, ihre Selbstachtung und ihr Verantwortungsgefühl ebenso fördern wie die Entwicklung von Einstellungen und Fertigkeiten, die sie vor einem Rückfall schützen (Regel 50.1).

---

341 Die Expertenkommission, die die Regelungen erarbeitete, waren: *Prof. Andrea Baechtold, Bern, Prof. Frieder Dünkel*, Greifswald, und *Prof. Dirk van Zyl Smit*, Nottingham, vgl. *Kühl* 2012, S. 30.

342 Vgl. *Dünkel* 2011, S. 141; *Dünkel/Castro Morales* 2012, S. 96 f.; *Dünkel* 2014, S. 276.

343 Vgl. *Dünkel* 2011, S. 141; *Dünkel/Castro Morales* 2012, S. 97; *Dünkel* 2014, S. 277.

5. Um eine durchgehende Behandlung sicherzustellen, sind die Jugendlichen von Beginn an und über die gesamte Dauer des Freiheitsentzugs von den Stellen zu betreuen, die auch nach ihrer Entlassung für sie verantwortlich sind (Regel 51).

6. Da Jugendliche, denen die Freiheit entzogen ist, in hohem Maße schutzbedürftig sind, haben die Behörden ihre körperliche und psychische Unversehrtheit zu schützen und ihr Wohlergehen zu fördern (Regel 52.1).

7. Besondere Beachtung ist auf Bedürfnisse von Jugendlichen zu richten, die körperliche oder seelische Misshandlungen oder sexuellen Missbrauch erfahren haben (Regel 52.2).

In den weiteren Teilen der ERJOSSM sind die Abschnitte mit Empfehlungen für Aktivitäten im Rahmen des Vollzugs, Außenkontakten, die Gewährleistung von Sicherheit und Ordnung, Vorbereitung auf die Entlassung und Beschwerdeverfahren, Inspektionen und Kontrolle zu erwähnen.[344]

Die Aktivitäten im Rahmen des Vollzugs sollen der Entwicklung Jugendlicher dienen. Alle Aktivitäten haben zum Ziel, dass sie der Erziehung, der persönlichen und sozialen Entwicklung, der Berufsausbildung, Resozialisierung und Vorbereitung auf die Entlassung dienen (Regel 76.1).

Der Abschnitt über Kontakte mit der Außenwelt geht vom Grundsatz möglichst vielfältiger und wenig eingeschränkter Kontakte aus (vgl. Regel 83).[345]

In Bereich der Sicherheit und Ordnung sowie Disziplinar- und Sicherheitsmaßnahmen legen die Empfehlungen besondere Akzente auf ein dynamisches Konzept von Sicherheit und Ordnung. Z. B. wird in Regel 88.3 gewährleistet, dass die Bediensteten in Bezug auf Sicherheit und Ordnung dynamische Ansätze entwickeln müssen,[346] was positive Beziehungen zu den Jugendlichen in der Einrichtung voraussetzt.[347] Eine andere relevante Regel in diesem Bereich ist die Abschaffung isolierender Maßnahmen wie den disziplinarischen Arrest in einer gesonderten Arrestzelle (Regel 95.3).[348]

Besonderes Augenmerk richten die Empfehlungen auf die Regelung über den gerichtlichen Rechtsschutz, Inspektionen und das Monitoring von ambu-

---

344 Vgl. *Kühl* 2012, S. 31.

345 Vgl. *Dünkel* 2011, S. 150; *Dünkel/Castro Morales* 2012, S. 115.

346 Nach *Dünkel* bedeutet die „dynamische Sicherheit" intensive Kontakte, Beziehungen und Kommunikation zwischen Personal und Insassen. Dieses Konzept steht im Gegensatz zu einer Betonung der „passiven Sicherheit" durch Mauern, Stacheldraht und elektronische Überwachung, die als weniger erfolgreich einzuschätzen ist und die zudem die Subkultur eher fördert, vgl. *Dünkel* 2002, S. 26; *Dünkel* 2014, S. 285.

347 Vgl. *Dünkel* 2011, S. 150; *Dünkel/Castro Morales* 2012, S. 117.

348 Vgl. *Dünkel* 2011, S. 150; *Dünkel/Castro Morales* 2012, S. 117.

lanten Maßnahmen und stationären Einrichtungen (Teil V). In diesem Teil sind die folgenden Regeln zu beachten:

- Die Jugendlichen und ihre Eltern oder Erziehungsberechtigten müssen ausreichend Gelegenheit haben, sich mit Anträgen oder Beschwerden an die jeweils zuständige Stelle zu wenden (Regel 122).
- Die Verfahren für die Stellung von Anträgen und die Einlegung von Beschwerden müssen einfach und effektiv sein. Die Entscheidungen über Anträge und Beschwerden müssen rasch getroffen werden (Regel 122.1).
- Mediation und Maßnahmen der ausgleichenden Konfliktlösung sind als Mittel zur Abhilfe von Beschwerden oder Erledigung von Anträgen vorzuziehen (Regel 122.2).
- Wird ein Antrag abgelehnt oder eine Beschwerde zurückgewiesen, sind den Jugendlichen und gegebenenfalls den betroffenen Eltern oder Erziehungsberechtigten die Gründe hierfür mitzuteilen. Die Jugendlichen oder gegebenenfalls ihre Eltern oder Erziehungsberechtigten müssen das Recht haben, bei einer unabhängigen und unparteiischen Instanz Rechtsbehelfe einzulegen (Regel 122.3).

4.1.7 Die Verbindlichkeit der internationalen Jugendstrafvollzugs-standards

Die Frage nach der Verbindlichkeit internationaler Jugendstrafvollzugsstandards ist für die einzelnen Dokumente unterschiedlich zu bewerten. Die AMRK und KRK enthalten keine Vorgaben über ihren Rang und ihre Wirkungsweise im nationalen Recht. Die Stellung der Konventionen im Recht der Mitgliedstaaten und im Besonderen ihr Verhältnis zum nationalen Verfassungsrecht sind daher uneinheitlich. Heute kann man in Lateinamerika drei Gruppen von Ländern unterscheiden: In der ersten Gruppe steht die Menschenrechtskonventionen im Rang über der Verfassung (*Supra-Constitucional*), das ist der Fall in *Guatemala, Honduras, Peru, Kolumbien* und *Venezuela*. In der zweiten Gruppe stehen Konventionen im Verfassungsrang oder über dem Gesetz, wie z. B. der Fall in *Chile, Argentinien, Costa Rica, Mexiko* und *Panama*. In der dritten Gruppe stehen die Konventionen im Gesetzesrang, wie z. B. in *Uruguay* und der *Dominikanischen Republik*.[349]

Die restlichen „Empfehlungen" oder „Grundsätze" der Vereinten Nationen oder der OAS sind als „soft law" einzuordnen. Es handelt sich um Menschenrechtsinstrumente, die eine andere Hierarchie als die Konventionen haben. Jedoch ist nach der Rechtsprechung des *Interamerikanischen Gerichtshofs für Menschenrechte* (IGM) die Bedeutung der Empfehlungen für den Vollzug der

---

349 Vgl. *Ayala* 2011, S. 42 ff.

Sanktionen gegenüber Jugendlichen nicht zu unterschätzen. Nach dem IGM gestalten die Amerikanische Menschenrechtskonvention, die Kinderrechtskonvention und andere internationale Normen wie die Tokio-Rules, Havanna-Rules, Beijing-Rules und Riyadh-Guidelines einen Corpus Juris zur Betreuung und zum Schutz Jugendlicher.[350] Die Rechtssysteme der Staaten, in denen Jugendsachen behandelt werden, müssen sich nicht nur an verfassungsrechtlichen, sondern auch an völkerrechtlichen Vorgaben und internationalen Standards mit Menschenrechtsbezug orientierten.[351]

Ähnlich hat auch das deutsche BVerfG in seiner Entscheidung vom 31.5.2006 zum Erfordernis einer gesetzlichen Grundlage für den Jugendstrafvollzug die Bedeutung völkerrechtlicher Vorgaben sowie internationaler Standards besonders hervorgehoben und aufgewertet. Dort heißt es: *„Auf eine den grundrechtlichen Anforderungen nicht genügende Berücksichtigung vorhandener Erkenntnisse oder auf eine den grundrechtlichen Anforderungen nicht entsprechende Gewichtung der Belange der Inhaftierten kann es hindeuten, wenn völkerrechtliche Vorgaben oder internationale Standards mit Menschenrechtsbezug, wie sie in den im Rahmen der Vereinten Nationen oder von Organen des Europarates beschlossenen einschlägigen Richtlinien oder Empfehlungen enthalten sind ..., nicht beachtet beziehungsweise unterschritten werden."*[352] Damit kommt den üblicherweise als „soft law" und nicht als bindend angesehenen Regelungen eine Indizwirkung der Verfassungswidrigkeit gesetzlicher Normierungen zu, wenn der deutsche Gesetzgeber hinter derartigen internationalen Standards zurückbleibt. Zunehmend werden in Europa vom Europäischen Gerichtshof für Menschenrechte internationale Standards wie die *European Prison Rules* auch als Auslegungsmaßstab und Richtlinie bei der Frage der Menschenrechtskonformität bestimmter nationaler Praktiken und Regelungen herangezogen.[353]

---

350 Vgl. die Fälle *Instituto de Reeducacion del Menor vs. Paraguay* und *Bulacio vs. Argentina*. Siehe unten *Kapitel 5.2.2.*

351 Vgl. die Fälle *Instituto de Reeducacion del Menor vs. Paraguay* und *Bulacio vs. Argentina*.

352 Vgl. BVerfG NJW 2006, S. 2097 unter Hinweis auf ein vergleichbare Entscheidung des Schweizerischen Bundesgerichts, Urteil vom 12. Februar 1992, BGE 118 Ia 64, 70), vgl. auch *Ostendorf* 2009, S. 50; *Dünkel* 2011, S. 151.

353 Vgl. *van Zyl Smit/Snacken* 2009, S. 365. Aus der aktuellen Rechtsprechung z. B. *Vinter and others v. The United Kingdom*, (Applications nos. 66069/09, 130/10 and 3896/10) v. 9. 07. 2013, Rn. 64, 77, 115 f.

4.2 Chile

4.2.1 Historische Aspekte der rechtlichen Regelung des Jugendstrafvollzugs in Chile und dessen Entwicklung

Jugendanstalten in *Chile* existieren in einigen Regionen seit 1896.[354] Vor diesem Zeitpunkt verbüßten junge Täter ihre Strafe in den allgemeinen Gefängnissen, da es keine besonderen Reaktionsarten für die Jugendlichen gab und die Vorschriften nur eine milderen Bestrafung entsprechend der Reife des Kindes oder Jugendlichen vorsahen.[355] Erziehungsanstalten für Frauen und Männer wurden in *Chile* 1896 in den Städten von Talcahuano, Santiago und dann 1906 in Concepción gebaut. Der innere Aufbau der Anstalten sah zwei Abteilungen vor, eine für jugendliche Straftäter, die andere für Jugendliche, denen die Freiheit aufgrund eines Antrags des Vaters entzogen worden war.[356] Jedoch wurde die Trennung zwischen Verurteilten und auf Antrag des Vaters Untergebrachten später aufgehoben.[357]

Für jede Anstalt waren ein Leiter und zwei untergeordnete Direktoren zu bestellen. Es gab auch einen Seelsorger, einen Arzt, drei Lehrer für die Berufe Schuhmacher, Tischlerei und Schneiderei, einen Lehrer für Musikunterricht, eine Krankenschwester und einen Wachbeamten (*portero*).[358]

Die Durchführung des Jugendstrafvollzugs war nur durch Verwaltungsvorschriften rudimentär geregelt. Das Ziel der Strafe oder der Unterbringung war die Bekämpfung der „moralischen Korruption" der Jugendlichen. Dazu wurde in den Erziehungsanstalten ein „Silent System" eingeführt.[359] Dieses System sah

---

354 Vgl. *Rojas* 2010, S. 211.

355 Das Strafrechtsgesetz von 1874 unterschied drei Gruppen: Kinder unter 10 Jahren, Jugendliche von 10 bis 16 Jahren und Jugendliche ab dem Alter von 17 Jahren. Die erste Gruppe galt als unzurechnungsfähig. In der zweiten Gruppe wurde unterschieden, ob die Jugendlichen „mit" oder „ohne" Urteilsvermögen gehandelt hatten. Wenn der Jugendliche mit Urteilsvermögen gehandelt hatte, wurde er als Folge einem Erwachsenen gleichgestellt, aber die Strafe wurde gemindert. Der Jugendliche ohne Urteilsvermögen wurde als unzurechnungsfähig behandelt. Die dritte Gruppe wurde ohne Milderung bestraft, vgl. *Kapitel 3.*

356 Nach dem chilenischen Familiengesetz durfte der Vater seine Kinder zur „Bestrafung" ins Gefängnis schicken, da in Chile die Idee des *Pater Familias* (Vater als Familienoberhaupt) galt. Die Kinder hatten keine Rechte, kein Eigentum, keine Forderungen gegen andere. Die Idee des *Pater Familias* geht auf die römische Rechtsfigur der patri potestas (die väterliche Gewalt) zurück, vgl. *Wesel* 2006, S. 206.

357 Vgl. *León* 2003, S. 760 ff.; *Rojas* 2010, S. 215.

358 Vgl. *León* 2003, S. 777 ff.; *Rojas* 2010, S. 215.

359 Nach *Kaiser* wurden im 19. Jahrhundert die drei Systeme „Solitary", „Silent" und „English Progressive" entwickelt. Im „Solitary System" oder Pennsylvanischen System

die gemeinsame Tagesarbeit der Gefangenen bei strengster Disziplin und Schweigepflicht vor. Die Jugendlichen mussten in militärischer Formation marschieren, eine Uniform tragen und die Besucher sowie die Schriftwechsel wurden streng kontrolliert. Als Disziplinarmaßnahmen waren die Verwarnung und der Kerker mit Fesselung, eine Art verschärfter Arrest, vorgesehen.[360]

Die meisten Jugendlichen in Erziehungsanstalten wurden zwischen 1900 und 1925 aufgrund eines Antrags des Vaters inhaftiert (50%), gefolgt von den wegen Diebstahls und Körperverletzungsdelikten verurteilten Jugendlichen.[361]

Die Wirkung der Erziehungsanstalten war begrenzt, da die Freiheitsstrafe weiterhin in den Gefängnissen verbüßt wurde. Problematisch war die Situation von Jugendlichen, die in anderen Städten als Santiago, Talcaguano und Concepción verurteilt wurden. Für sie war die Unterbringung in Gefängnissen vorgesehen. Z. B. wurden im Jahr 1920 2.000 Jugendliche im Gefängnisse eingewiesen, in Erziehungsanstalten hingegen nur 500. Zudem waren die Haftbedingungen der Erziehungsanstalten aufgrund der unzureichenden Finanzierung erniedrigend.[362]

1913 wurde das System der Erziehungsanstalt verändert. Die Anstalten hießen nunmehr „Reformschulen" und führten ein Modell mit Berufsausbildung und einem Bauernhof als Ausbildungsbetrieb ein. Jedoch bestanden die Probleme des bisherigen Systems weiterhin und so wurde die Reformschule aufgrund von Finanzierungsproblemen 1923 abgeschafft.[363]

1924 wurde die sog. Schule für die „Präventiverziehung" eingeführt. Diese Schule hatte eine wohlfahrtsrechtliche Orientierung und verstärkte die Rolle des Staates bei der Wiedereingliederung der Jugendlichen.[364]

1928 wurde in *Chile* das erste Jugendgesetz verabschiedet.[365] Die Ziele des Gesetzes Nr. 4.447 bestanden in der Verminderung der Jugendkriminalität, der Einrichtung besonderer Jugendgerichte, der Schaffung von Erziehungs- und Wiedereingliederungseinrichtungen (*centros de readaptación*) und einer Neure-

---

„sollten die Gefangenen in strenger Einzelhaft bei Tag und Nacht und ohne jede Arbeit zu innerer Einkehr, zur Buße und Versöhnung mit Gott gebracht werden". Das „Silent System" beruht auf dem Gedanken, „dass jede Verbesserung im Gefängnis die Aufhebung der verbrecherischen Gemeinschaft sei und dass die alte Gemeinschaft nicht aufrechterhalten werden sollte". Das Englische „Progressivsystem" kannte vier Stufen allmählicher Lockerungen des Vollzugs bis zur bedingten Entlassung, vgl. *Kaiser/Kerner/Schöch-Kaiser* 1992, S. 85 ff.

360 Vgl. *León* 2003, S. 788 ff.; *Rojas* 2010, S. 217.

361 Vgl. *Rojas* 2010, S. 215.

362 Vgl. *Rojas* 2010, S. 218.

363 Vgl. *Rojas* 2010, S. 213.

364 Vgl. *Rojas* 2010, S. 383.

365 Vgl. *Rojas* 2010, S. 385.

gelung der altersbezogenen Behandlung junger Menschen in „unregelmäßiger Situation" (*situación irregular*), d. h. junger Rechtsbrecher und gefährdeter bzw. verwahrloster Jugendlicher.[366]

Das Jugendgesetz veränderte die Regelungen zur Strafmündigkeit im Strafgesetzbuch und führte ein komplexes System für den Vollzug der Strafe und von Maßnahmen ein. Die Freiheitsstrafen gegenüber Jugendlichen im Alter von 16 bis 20 Jahren, die eine Straftat mit vorhandenem Urteilsvermögen begangen hatten, sollten im Gefängnis verbüßt werden.[367] Zudem wurden für diejenigen, die ohne Urteilsvermögen gehandelt hatten, die Anstalt „*Alcibiades Vicencio*" in Santiago und in den anderen Regionen besondere Abteilungen in den Gefängnissen eingerichtet. Jedoch war die Trennung der Jugendlichen von den Erwachsenen im Gefängnis für lange Zeit nicht durchführbar.[368]

Gleichzeitig wurde für Kinder, die auf der Straße gefunden wurden, das Haus der Minderjährigen konzipiert. Bedauerlicherweise wurden die Häuser der Minderjährigen nicht in jeder Region eingerichtet und als Lösung für diese Kinder blieb es demgemäß dabei, dass sie im Gefängnis untergebracht wurden.[369]

Die Anstalt „*Alcibiades Vicencio*" folgte dem System der Schule für die oben erwähnte Präventiverziehung von 1924 und führte die Agrararbeit auf einer Farm ein. Innerhalb des Gebäudes wurden kleine Häuser gebaut. Jedoch wurde die Anstalt im Laufe der Zeit zum Gegenstand massiver Kritik aufgrund von zahlreichen Gefängnisausbrüchen, sexuellen Missbrauchs und Folter. In der Folge wurden auch diese Jugendlichen in Gefängnisse verlegt.[370]

Im Gefängnis war die Lage nicht besser, da die Jugendgefangenen mehr als 11 Stunden am Tag ohne Freizeit und Arbeitschance in ihren Hafträumen eingeschlossen waren.[371]

1953 wurde durch das Gesetz Nr. 11.183 eine weitere Reform eingeführt. Die Richter sollten danach die Anstalten, in denen Jugendliche inhaftiert sind, regelmäßig besuchen.[372]

---

366 Das Jugendgesetz von 1928 in Verbindung mit dem Strafrechtsgesetz unterschied drei Gruppen: Kinder unter 16 Jahren, Jugendliche zwischen 16 und 20 Jahren (*jóvenes*) und Erwachsene ab dem Alter von 21 Jahren. Die erste Gruppe galt als unzurechnungsfähig. Für die zweite Gruppe war die Untersuchung des Urteilsvermögens (*discernimiento*) vorgeschrieben. Strafen wurden bei dieser Altersgruppe gemildert. Für die dritte Gruppe wendete man die Strafe ohne Milderung an.

367 Vgl. *Rojas* 2010, S. 387.

368 Vgl. *Rojas* 2010, S. 387.

369 Vgl. *Rojas* 2010, S. 419.

370 Vgl. *Rojas* 2010, S. 420.

371 Vgl. *Rojas* 2010, S. 509.

372 Die Kontrollmechanismen werden i. E. in *Kapitel 5* analysiert.

Andere Reformen betrafen das Dekret. Nr. 20 vom 7.10.1942 und das Gesetz von 1966.[373] Das Jugendgesetz von 1966 veränderte die Regelungen zur Strafmündigkeit im Strafgesetzbuch und unterschied drei Gruppen: Kinder unter 15 Jahren, Jugendliche von 16 bis 17 Jahren und Erwachsene ab dem Alter von 18 Jahren.

Die Freiheitsstrafen für Minderjährige von 16 bis 17 Jahren, die mit Einsichtsvermögen handelten, sind nach Art. 58 des Jugendgesetzes von 1966 in besonderen „Zentren für Wiederanpassung" zu vollstrecken. Die Ausgestaltung des Vollzugs ist den Anstaltsordnungen überlassen.[374]

Nach Verbüßung ihrer Strafen werden sie entweder in die Freiheit entlassen oder in ein Rehabilitationszentrum überwiesen.[375] (Art. 59 des Jugendgesetzes)

Für die Heranwachsenden ab 18 Jahren und für die Erwachsenen finden sich Regelungen zum Vollzug der Freiheitsstrafe in einigen wenigen Vorschriften des Strafgesetzbuchs und in der Gefängnisordnung (*Reglamento Carcelario*, Dekret Nr. 805 vom 30.4.1928), d. h. in Verwaltungsvorschriften. Für die Minderjährigen unter 21 Jahren und für Frauen ist nach Art. 87 des Strafgesetzbuchs die Verbüßung in besonderen Anstalten vorgesehen. In Orten, wo es solche nicht gibt, verbleiben sie jedoch in den allgemeinen Anstalten.[376]

Nach einem Forschungsbericht über Jugendstrafe und Jugendstrafvollzug aus dem Jahr 1986 waren die Bedingungen in den chilenischen Strafanstalten überwiegend desolat.[377] Beispielsweise wurde berichtet, dass „der bauliche und hygienische Zustand äußerst mangelhaft" war. Zur Betreuung geeignete spezialisierte Fachkräfte gab es wenig, das Wachpersonal war in der Regel schlecht ausgebildet. Durch die anhaltende Überbelegung der Haftanstalten wurde diese Situation weiter bis an die Grenze des Unerträglichen verschlimmert. In aller Regel mussten sich mehrere Gefangene eine Zelle teilen".[378]

Durch das Gesetz Nr. 19.343 von 1994 wurden ein paar wichtige Reformvorschriften in das Jugendgesetz eingeführt. Mit dem Gesetz wurde die Unterbringung Jugendlicher in Erwachsenengefängnissen abgeschafft.[379] Ferner führte das Gesetz Nr. 19.343 drei Arten von Anstalten ein, nämlich die „Anstalt zum befristeten Aufenthalt und zur Verteilung" (*Centro de Tránsito y distribu-*

---

373 Vgl. *Martin/Reimer/Prieto* 1986, S. 1403.

374 Vgl. *Martin/Reimer/Prieto* 1986, S. 1422.

375 Vgl. *Martin/Reimer/Prieto* 1986, S. 1422.

376 Vgl. *Martin/Reimer/Prieto* 1986, S. 1422.

377 Vgl. den Sammelband über „Jugendstrafe und Jugendstrafvollzug, Stationäre Maßnahmen der Jugendkriminalrechtspflege im internationalen Vergleich" von *Dünkel/Meyer* 1986.

378 Vgl. *Martin/Reimer/Prieto* 1986, S. 1427.

379 Vgl. *Cillero/Bernales* 2002, S. 17.

ción), die „Anstalt zur Überwachung und Diagnose" (*Centro de observación y diagnóstico*) und die „Abteilung für Minderjährige" (*Sección de Menores*). Kinder und Jugendliche mit sozialen Problemen mussten in der „Anstalt zum befristeten Aufenthalt" und in der „Anstalt zur Überwachung und Diagnose" untersucht werden. Die Untersuchung des Urteilsvermögens musste in der „Anstalt zur Überwachung und Diagnose" ausgeführt werden, und in der „Abteilung für Minderjährige" wurde die Freiheitsstrafe gegenüber Jugendlichen in einer Abteilung der Erwachsenenanstalten vollzogen.

4.2.2   Die gegenwärtige rechtliche Regelung des Jugendstrafvollzugs in Chile

4.2.2.1   Das Jugendstrafgesetz Nr. 20.084 von 2007

In Chile wird der Jugendstrafvollzug in zwei Quellen geregelt. Die maßgeblichen gesetzlichen Regelungen des Jugendstrafvollzugs finden sich in den Art. 42 bis 49 des Jugendstrafgesetzes Nr. 20.084.[380] Die Praxis des Jugendstrafvollzugs wird vor allem durch Verwaltungsvorschriften geprägt. Bemerkenswert ist, dass es in Chile kein Strafvollzugsgesetz gibt und der Vollzug nicht nur für die Erwachsenen,[381] sondern auch für Jugendliche durch Verwaltungsvorschriften reguliert wird.

Das Gesetz Nr. 20.084 enthält im Titel III Regelungen zum Vollzug von Strafen und Maßnahmen. Titel III ist in drei Abschnitte gegliedert: Der erste Teil regelt die „Verwaltung" (*Administración*), der zweite Abschnitt betrifft „Rechte und Garantien des Vollzugs" (*Derechos y garantías en la ejecución*) und der dritte die „Kontrolle des Vollzugs" (*Del control de ejecución de las sanciones*).

Nach Art. 42 des Gesetzes ist für den Jugendstrafvollzug in Chile „der nationale Dienst für Minderjährige" (*Servicio Nacional del Menor*) zuständig. Dieser ist dem Justizministerium angegliedert und beschäftigt sich mit der Verwaltung der Jugendanstalten.[382]

---

380   Das chilenische Gesetz Nr. 20.084 hat ein System der Verantwortlichkeit von Jugendlichen bei einer Verletzung von Strafrechtsnormen geschaffen. Das chilenische Jugendstrafrechtssystem hat eine spezialpräventive Orientierung, bei der der junge Täter im Mittelpunkt der Betrachtung steht. Die Strafen sollen zur Besserung des Täters dienen und ihn zu einem Leben in sozialer Verantwortung ohne Straftaten führen, vgl. *Couso/ Duce* 2013, S. 419.

381   Für die Erwachsenen finden sich Regelungen zum Vollzug der Freiheitsstrafe in einigen wenigen Vorschriften des Strafgesetzbuchs, z. B. zur Arbeitspflicht, vgl. Art. 32, 89 chStGB, und in Verwaltungsvorschriften (*Reglamento Establecimientos Penitenciarios*, Dekret Nr. 518 vom 22.05.1998).

382   Zudem ist die Zuständigkeit des *SENAME* in Art. 17 JVV geregelt.

Gemäß Art. 43 des Gesetzes gibt es drei Arten von Anstalten: die Anstalten zur Inhaftierung in einem halb geschlossenen Regime, die Anstalten zur Inhaftierung in einem geschlossenen Regime und die Anstalten zur Untersuchungshaft.

Die Aufgabe des Jugendstrafvollzugs ist in Art. 44 des Gesetzes beschrieben. Nach Abs. 1 soll der Vollzug der Freiheitsstrafe zu einer Eingliederung der Jugendgefangenen führen. Damit ist die Vollzugsbehörde für die Entwicklung und Steuerung eines Programms für „Orientierung, Ausbildung und Wiedereingliederung" des jungen Menschen verantwortlich.

Gemäß Art. 45 des Gesetzes darf die Vollzugsbehörde Pflichten und Beschränkungen zur Aufrechterhaltung der Sicherheit oder Ordnung der Anstalt auferlegen. Die Pflichten und Beschränkungen müssen die Verfassung und die Kinderrechtskonvention beachten. Zudem dürfen Bedienstete der Anstalten unmittelbaren Zwang anwenden, wenn der verfolgte Zweck auf keine andere Weise erreicht werden kann. Die Anwendung körperlicher Züchtigung und unmenschliche, erniedrigende Behandlung sind verboten.

Nach Art. 46 des Gesetzes darf die Vollzugsbehörde „Disziplinarmaßnahmen", „Sicherheit und Ordnung" und „unmittelbareren Zwang" regeln. Sie soll Voraussetzungen, Arten der Disziplinarmaßnahmen, Disziplinarbefugnis und Dauer der Disziplinarmaßnahmen bestimmen.

Nach Art. 48 des Gesetzes wird Freiheitsstrafe grundsätzlich in Jugendstrafanstalten vollzogen, d. h. es handelt sich um eine besondere Ausprägung des auch anderen Vollzugsformen bekannten Trennungsprinzips.

Darüber hinaus enthält Art. 49 des Gesetzes eine präzise Beschreibung der „allgemeinen Rechte des Vollzugs" und „die Rechte der Jugendgefangenen", denen die Freiheit entzogen ist.

Die allgemeinen Rechte des Vollzugs sind:

a) Alle Jugendlichen sind unter Achtung der Menschenwürde, der persönlichen Entwicklung und der Wiedereingliederung zu behandeln.

b) Alle Jugendlichen werden über ihre Rechte, Pflichten und die Bedingungen von Disziplinarmaßnahmen unterrichtet.

c) Alle Jugendlichen haben ein Beschwerderecht und dürfen einen Antrag auf gerichtliche Entscheidung stellen.

d) Alle Jugendlichen haben das Recht auf einen Strafverteidiger (auch während des Vollzugs der Freiheitsstrafe).

Die Rechte der Jugendgefangenen, denen die Freiheit entzogen ist, umfassen:

a) das Recht auf Besuch; der Jugendgefangene darf Besuch mindestens einmal pro Woche empfangen,

b) das Recht auf Privatsphäre und

c) das Recht auf Besuch von Verteidigern.

Gegenstand des Gesetzes ist zudem die Verlegung in eine Anstalt für Erwachsene. Art. 56 des Gesetzes bestimmt, dass ein Jugendgefangener in eine Anstalt für Erwachsene zu verlegen ist, wenn während des Vollzugs die Volljährigkeit eintritt. In diesen Fällen bedarf die Verlegung der Zustimmung des Richters.

Die Behandlung des Jugendgefangenen in einem Gefängnis für Erwachsene richtet sich nach Jugendstrafvollzugsrecht und die Heranwachsenden sind getrennt von erwachsenen Gefangener in besonderen Abteilungen unterzubringen.

4.2.2.2 *Verwaltungsvorschriften zum Gesetz Nr. 20.084*

Die nähere Ausgestaltung des Jugendstrafvollzugs findet sich in der im Wesentlichen beibehaltenen Verwaltungsvorschrift (JVV) aus dem Jahre 2006.[383] Die Verwaltungsvorschrift gliedert sich in acht Titel. Der erste Titel enthält die „Allgemeinen Anordnungen", Titel II „die Behandlung für Drogensüchtige", Titel III „Allgemeine Vorschriften für jede Art der Justizvollzugsanstalten", Titel IV „Verwaltung des offenen Vollzugs", Titel V „Allgemeine Vorschriften über den Vollzug der freiheitsentziehenden Strafe", Titel VI „Besondere Vorschriften über den Vollzug der freiheitsentziehenden Strafe", Titel VII „Abteilung der Jugendlichen in Erwachsenenstrafanstalten" und Titel VIII „Schlussvorschriften".

4.2.2.2.1 *Rechte der Jugendgefangenen*

Die Grundsätze wie die Wahrung der Menschenwürde, die allgemeinen bürgerlichen Grundrechte, die Wiedereingliederung in die Gesellschaft und die Notwendigkeit eines Rechtsschutzsystems für die Verhafteten und Gefangenen sind als Vollzugsstandard in Chile allgemein akzeptiert.[384] Z. B. sind im Jugendstrafgesetz[385] sowie in der Verwaltungsvorschrift zum Jugendstrafgesetz fünf Konstellationen von Rechten gewährleistet: Allgemeine Rechte der Jugendli-

---

383 Vgl. Jugendverwaltungsvorschrift zum Gesetz Nr. 20.084, Dekret Nr. 1.378 vom 13.12.2006.

384 Für den Bereich des Strafvollzugs besonders relevant sind folgende Grundrechte der AMRK: das Recht auf Leben (Art. 4), das Verbot der Folter und anderer unmenschlicher oder erniedrigender Strafe oder Behandlung (Art. 5), das Verbot der Zwangs- oder Pflichtarbeit (Art. 6), das Recht auf Freiheit (Art. 7), das Recht auf ein rechtsstaatliches Verfahren (Art. 8), das Recht auf Achtung des Privat- und Familienlebens (Art. 17), der Schutz der Gedanken-, Gewissens- und Religionsfreiheit (Art. 12), das Recht der freien Meinungsäußerung (Art. 13), die Vereinigungsfreiheit (Art. 15) und die Gleichheit vor dem Gesetz (Art. 24). Dieses Thema wird in *Kapitel 5* aufgegriffen.

385 Vgl. Art. 49 des Jugendgesetzes.

chen während des Vollzugs,[386] spezifische Rechte der Jugendstrafgefangenen,[387] Rechte der Jugendlichen während der Untersuchungshaft,[388] Rechte der weiblichen Gefangenen und Rechte der Ausländer.[389]

4.2.2.2.2 Grundsätze der Organisation einer Jugendstrafvollzugsanstalt

Die JVV widmet der Organisation einer Jugendstrafvollzugsanstalt besondere Aufmerksamkeit und entwirft dafür entsprechende Grundregeln des Vollzugs, die eine entscheidende Funktion zur Erreichung des Vollzugsziels haben.

Dazu gehört insbesondere eine integrierte Auslegung der nationalen und internationalen Normen, die die Betreuung und den Schutz von Jugendlichen gewährleisten sollen (Art. 2 Abs. 2 JVV).

Als tragendes auch vor der chilenischen Verfassung selbstverständliches Grundprinzip benennt Art. 4 JVV zunächst das „Verbot unzulässiger Diskriminierung wegen Geschlecht, Rasse, sexueller Ausrichtung" als alle Maßnahmen umfassenden Maßstab.

Aus Art. 2 JVV lassen sich der ebenfalls selbstverständliche Kindeswohlgrundsatz, die Notwendigkeit der Achtung der Privatsphäre (Art. 12 JVV) sowie die Förderung der Persönlichkeit der Jugendlichen (Art. 35 JVV) ableiten. Passend zum letzteren Aspekt betonen Art. 155, 26, 42 und 94 JVV die Notwendigkeit einer Spezialisierung des Personals, das für den Erfolg der Arbeit eine fachliche Ausbildung braucht.

Ebenfalls mit Blick auf Kontrollmechanismen betont Art. 32 JVV, dass jede Maßnahme der Behörde, die einzelne Angelegenheiten auf dem Gebiet des Strafvollzugs regelt, einer gerichtlichen Entscheidung unterzogen werden kann

---

386 Die allgemeinen Rechte der Jugendlichen während des Vollzugs sind: Alle jugendlichen Straftäter sind unter Achtung ihrer Menschenrechte, ihres Reifegrades und ihrer Würde zu behandeln (Art. 3 JVV). Die Sanktionen dürfen für die betroffenen Jugendlichen weder erniedrigend noch herabsetzend sein (Art. 4 JVV). Ferner umfasst ist ein Beschwerderecht. Der Antrag muss möglichst schnell bzw. unverzüglich von der Behörde geprüft werden und die Beratung durch einen Anwalt ist zu gewährleisten (Art. 3 JVV).

387 Die Rechte der Jugendlichen, denen die Freiheit entzogen ist, sind: Recht auf Besuch (Art. 79, 49a JVV), Recht auf persönlichen Besitz (Art. 55 JVV), Recht auf Ausbildung und Weiterbildung (Art. 51), Recht auf die Nachtruhe und Ruhezeit (Art. 49c und 50 JVV), Recht auf Kleidung (Art. 54 JVV), Recht auf Freizeit (Art. 56 JVV), Recht auf Gewissensfreiheit (Art. 57 JVV), Recht auf Wohnen mit ihren Kindern in der Jugendanstalt (Art. 100 JVV).

388 Die Rechte der Gefangenen in Untersuchungshaft sind: das Recht auf Beachtung der Unschuldsvermutung (Art. 135 JVV), das Recht auf Besuche und Kontakte mit ihrem Anwalt (Artikel 136a JVV), das Recht auf Freizeit (Art. 136b JVV) und das Recht auf Bildung (Art. 137 JVV).

389 Das Recht der Ausländer: Nach der Aufnahme der Gefangenen soll die Botschaft informiert werden (Art. 15 JVV).

(vgl. hierzu ausführlich *Kapitel 5.3.1.3*). Art. 5 JVV konkretisiert zudem das Recht, in allen Stadien des Vollzugs über die eigenen Rechte unterrichtet zu werden.

4.2.2.2.3 Aufnahme und Vollzugsplan

Die Grundsätze für den Schutz der Gefangenen in Amerika stellen im Grundsatz Nr. IX „Allgemeine Anforderungen an das Aufnahme- und Planungsverfahren". Nach dem Grundsatz Nr. IX.2 muss eine umfangreiche Akte für den Gefangenen angefertigt werden. Die Akte soll Angaben zur Identität des Gefangenen, zu den Gründen seiner Inhaftierung, dem genauen Zeitpunkt der Aufnahme und den eingebrachten persönlichen Gegenständen enthalten. Zudem ist gemäß Grundsatz Nr. X.1 die Aufnahme eine sehr wichtige Gelegenheit, um den Gefangenen über seine Rechte und Pflichten zu informieren.

Die chilenische JVV sieht in Art. 34 und 35 ausführliche Regelungen zur Aufnahme vor. Die JVV wiederholt die Regel des Grundsatzes IX.2 und sie ordnet zudem an, dass die Vollzugsakten der Jugendgefangen die Vollzugsplanung, die genaue Dauer der Freiheitsstrafe, die Angaben über die Anwendung von Disziplinarmaßnahmen, den Namen des Verteidiger und Berichte über die Entwicklung des Gefangenen enthalten sollen.

In *Chile* wird für den Jugendlichen ein individueller Vollzugsplan im Urteil erarbeitet. Der Plan wird mit dem Leiter der Anstalt, dem Richter und dem Jugendlichen besprochen und dieser kann dabei eigene Wünsche äußern und Änderungen vorschlagen.[390] Die Planung erfasst die Frage der Unterbringung in bestimmten Abteilungen, die Zuweisung zu Behandlungsprogrammen, den Arbeitseinsatz bzw. die schulische Ausbildung.[391]

Es gibt hinsichtlich der Gestaltung der Haftäume keine verwaltungsrechtlichen Vorgaben, insbesondere keinen „Anspruch" auf Einzelunterbringung während der Ruhezeit, wie dies in Deutschland durchgängig der Fall ist.[392] Die Praxis in *Chile* beinhaltet eine bauliche Differenzierung der Anstalt in relativ kleine Häuser mit Haftäumen, welche regelmäßig für 4 Insassen konzipiert sind. Jedes Haus hat je nach Region unterschiedlich ca. 5 Haftäume.

Die Vollzugspläne sind darauf ausgerichtet, die „Entwicklung und Festigung von Selbstvertrauen, die Fähigkeit, anderen Vertrauen zu schenken, die Entwicklung von Selbstständigkeit, die Allgemeinbildung und soziale Fähigkeiten" des Gefangenen zu fördern.

---

390 Art. 122 JVV.

391 Das Gesetz Nr. 20.082 enthält in Art. 16 und 17 auch Regelungen zur Vollzugsplanung.

392 Vgl. *Kühl* 2012, S. 153 ff.

Bei der Aufnahme sind die jungen Gefangenen über ihre Rechte und Pflichten zu informieren.[393]

4.2.2.2.4 Regime des Ausgangs

Die JVV bestimmt fünf Formen von Vollzugslockerungen: Ausgang aus wichtigem Anlass, Ausgang während der Woche, Ausgang zum Wochenende und Ausgang einmal im Jahr. Daneben besteht der Ausgang speziell für schwangere Frauen.

Der Anstaltsleiter ordnet auf Antrag des Gefangenen den Ausgang an. Dieser Ausgang darf angeordnet werden, wenn nicht zu befürchten ist, dass der Gefangene sich dem Vollzug der Freiheitsstrafe entzieht wird. Darüber hinaus soll der Anstaltsleiter bei der Gewährung des Ausgangs die Möglichkeiten der Wiedereingliederung der Jugendlichen immer berücksichtigen.[394]

Der Anstaltsleiter kann dem Gefangenen für den Ausgang Weisungen erteilen.[395] Darüber hinaus kann er den Ausgang widerrufen, wenn der Gefangene die Maßnahme missbraucht, Weisungen nicht nachkommt oder die Voraussetzungen für ihre Bewilligung nicht vorgelegen haben.[396]

Ausgang aus wichtigem Anlass ist in Art. 130 und Art. 132 JVV geregelt. Es gibt drei Fälle, in denen der Anstaltsleiter dem Gefangenen Ausgang gewähren kann: wegen einer lebensgefährlichen Erkrankung oder wegen des Todes eines Angehörigen sowie wegen wichtiger Ereignisse im Leben der Jugendlichen und wichtiger Sitzungen, an denen die Jugendlichen teilnehmen müssen.

Ausgang während der Woche: Der Anstaltsleiter kann den Ausgang des Gefangenen für eine bestimmte Tageszeit während der Woche gewähren. Der Ausgang soll gewährt werden, wenn der Gefangene sich mindestens sechs Monate im Jugendstrafvollzug befunden hat und wenn der Bericht über ihn positiv ausfällt.[397]

Ausgang zum Wochenende: Nach Art. 134 JVV kann der Anstaltsleiter dem Gefangenen den Ausgang für ein Wochenende gewähren. Der Ausgang soll gewährt werden, wenn der Gefangene die Hälfte der Strafe verbüßt hat und wenn der Bericht über ihn positiv ausfällt.

Ausgang speziell für schwangere Frauen: Bei einer Schwangeren kann der Anstaltsleiter gewähren, dass die Gefangene während der Schwangerschaft 6

---

393 Art. 3b JVV.

394 Art. 124 und 126b. JVV.

395 Art. 125 JVV.

396 Art. 127 JVV.

397 Wenn die Behandlung des Gefangenen oder seine Eingliederung nach der Entlassung hierdurch gefördert wird.

Wochen vor der Entbindung und bis zu zwölf Monate nach der Entbindung zu Hause bleiben kann.[398]

Ausgang einmal im Jahr: Ein Gefangener kann einmal im Jahr bis zu 10 Stunden aus der Haft beurlaubt werden.

4.2.2.2.5 Kontakte mit Personen außerhalb der Anstalt

Grundlegende Vorgaben zum Kontakt zur Außenwelt finden sich schon in den Grundsätzen für den Schutz der Gefangenen in Amerika: Gemäß Grundsatz Nr. XVIII haben die Gefangenen ein Recht auf „regelmäßige und häufige" Besuche von Angehörigen, anderen Personen und Verteidigern. Zudem soll die Vollzugsbehörde andere Arten des Kontaktes zur Außenwelt z. B. über Briefkorrespondenz, Pakete und Zeitungsbezug gewährleisten.

Nach der JVV darf der Jugendgefangene Besuch mindesten einmal in der Woche empfangen. Die Gesamtdauer beträgt mindestens drei Stunden. Ferner sollen die Besucher die Regeln der Anstalt respektieren.[399]

Darüber hinaus kann der Anstaltsleiter Besuche untersagen, wenn die Sicherheit oder Ordnung der Anstalt gefährdet würde. Die Untersagung des Besuches als Disziplinarmaßnahme ist verboten.[400]

Nach Art. 81 JVV ist den Gefangenen der Empfang von Paketen mit Nahrungs- und Genussmitteln gestattet. Der Empfang von Paketen kann jedoch untersagt werden, wenn dies wegen Gefährdung der Sicherheit und/oder der Ordnung der Anstalt unerlässlich ist.

4.2.2.2.6 Ausbildung, Ruhezeit und Freizeit

Detaillierte Regelungen zu den Bereichen Ausbildung, Schule, Freizeit und Arbeit fassen die Grundsätze für den Schutz der Gefangenen in Amerika in den Prinzipien XIII und XIV zusammen.

Grundsatz XIII erklärt, dass der Gefangene ein Recht auf Schulunterricht, Berufsausbildung und kulturelle Angebote hat. Dafür sollen die Vollzugsbehörden einen Katalog mit entsprechenden differenzierten Vollzugsangeboten vorsehen und eine adäquate Infrastruktur, z. B eine Bibliothek, gewährleisten.

Der Grundsatz XIV formuliert ein Recht der Gefangenen auf berufliche Aus- und Weiterbildungsmaßnahmen, Arbeit und eine Arbeitsentlohnung. Diese Ausbildung und Arbeitsmöglichkeiten sollen in das staatliche Vollzugssystem eingegliedert sein.

---

398 Art. 97 JVV. Die Strafe wird in diesem Fall nicht unterbrochen, sondern praktisch zu Hause vollstreckt.

399 Art. 79, 49a) JVV.

400 Art. 80 JVV.

In der JVV finden sich spezifische Normen, die zunächst die allgemeinen Bedingungen von schulischer und beruflicher Ausbildung regeln. Jedoch geht die JVV kaum über die Regelung des Grundsatzes Nr. XIV hinaus. Insbesondere fehlt es an klaren Vorgaben zur Arbeit und Arbeitsentlohnung.

In Art. 50 JVV wird explizit ein „Recht" der jungen Gefangenen auf schulische und berufliche Bildung festgeschrieben. Nach Art. 51 JVV hat der Jugendgefangene, der den Abschluss der Hauptschule nicht erreicht hat, das Recht auf Unterricht. Darüber hinaus haben Analphabeten ein Recht auf speziellen Unterricht.[401]

Dafür soll die Vollzugsbehörde dem Gefangenen eine Berufsausbildung oder Teilnahme an anderen ausbildenden oder weiterbildenden Maßnahmen gewährleisten.[402]

Bedeutsam für den jungen Gefangenen ist zudem, dass die Gefangenschaft aus dem Abschlusszeugnis über eine Ausbildungsmaßnahme nicht erkennbar sein darf.[403]

In der JVV ist außerdem vorgesehen, dass jeder Jugendliche Anspruch auf mindestens 8 Stunden tägliche Ruhezeit hat. Die Ruhezeit sollte nicht unterbrochen werden und unter den Bedingungen einer menschenwürdigen Unterbringung stattfinden. Während der Ruhezeit muss die Trennung zwischen jungen Erwachsenen und Minderjährigen gewährleistet werden.[404]

Die JVV enthält auch besondere Regelungen zu Sport, der in Gruppen betrieben wird. Nach Art. 56 kann der Jugendgefangene in seiner Freizeit an Sport- und Freizeitaktivitäten teilnehmen. Die Behörde soll die Infrastruktur und Ausrüstung für die Ausübung dieses Rechts gewährleisten.

Ferner darf der Gefangene Zeitungen und Zeitschriften „in angemessenem Umfang" durch Vermittlung der Anstalt beziehen.[405]

4.2.2.2.7 Schutz der Religionsfreiheit

Grundsatz XV der Grundsätze für den Schutz der Gefangenen in Amerika widmet sich der Gewährleistung der Gedanken-, Gewissens- und Glaubensfreiheit.

Die JVV postuliert zunächst allgemein in Art. 57, dass Gedanken-, Gewissens- und Religionsfreiheit der Jugendlichen zu respektieren sind. Aus diesem Grund darf dem Gefangenen religiöse Betreuung durch einen Seelsorger seiner

---

401 Weiterhin zu erwähnen ist der Unterricht zu Sexualität, Schwangerschaft und Geschlechtskrankheiten, vgl. Art. 93 JVV.

402 Art. 52 JVV.

403 Art. 53 JVV.

404 Art. 49c) und 50 JVV.

405 Art. 49g) JVV.

Religionsgemeinschaft nicht versagt werden. Darüber hinaus darf der Jugendgefangene grundlegende religiöse Schriften und religiöse Gegenstände besitzen.

4.2.2.2.8 Persönlicher Besitz

Das Recht auf persönlichen Besitz wird in Art. 55 JVV geregelt. Gemäß Art. 55
darf der Jugendgefangene seinen Haftraum mit Erinnerungsstücken von persön-
lichem Wert ausstatten, allerdings können Gegenstände, die die Sicherheit oder
Ordnung der Anstalt gefährden, ausgeschlossen werden.
Nach Art. 54 JVV haben junge Menschen das Recht, ihre eigene Kleidung
zu tragen. Die Behörde soll die Kleidung für Jugendliche liefern, wenn sie nicht
in der Lage sind, sich eigene Kleidung zu beschaffen. Dabei muss die Anstalts-
kleidung so beschaffen sein, dass die Menschenwürde von Jugendlichen nicht
verletzt wird, d. h. ein stigmatisierendes „Outfit" ist zu vermeiden.

4.2.2.2.9 Konfliktbehandlung: Disziplinarmaßnahmen, Verfahren und Unmittelbarer Zwang

Die Regelungen der „Sicherheit und Ordnung" und des „unmittelbaren Zwanges" sind u. a. in den Grundsätzen für den Schutz der Gefangenen in Amerika
zum Bereich der Disziplinarmaßnahmen im Grundsatz XXII.1 geregelt. Die Ba-
sisregel zur „Achtung der Menschenrechte" ist hierbei von besonderer Bedeutung. Der Grundsatz eines fairen Verfahrens sowie die richterliche Kontrolle
von Disziplinarmaßnahmen spielen im repressiv ausgelegten Disziplinarwesen
verständlicherweise die wichtigste Rolle.
Speziell mit dem Thema „isolierende Unterbringung" befasst sich der
Grundsatz Nr. XXII.3, der besagt, dass Arrest als Disziplinarmaßnahme nur in
Ausnahmefällen verhängt werden darf, wenn kein anderes Mittel ausreichend
erscheint. Im Fall von Jugendlichen wird diese isolierende Disziplinarmaßnahme untersagt.[406]

Disziplinarmaßnahmen

Die JVV sieht eine informelle Konfliktschlichtung gegenüber einer formellen
Disziplinierung als vorrangiges Instrument des Disziplinarverfahrens an.
Titel V Abs. 9 JVV regelt die Frage der disziplinarischen Verstöße und
der Verhängung von Strafen. Das Ziel der Regelungen bezüglich der Ordnung
und der Sanktionierung von Ordnungsverstößen findet sich in Art. 104 JVV.

---

406 Ähnlich einschränkend sind insoweit die ERJOSSM aufgrund von Empfehlungen des
Anti-Folterkomitees des Europarats und von UNICEF, vgl. Nr. 95.3 ERJOSSM, siehe
hierzu Dünkel 2011, S. 150; 2014, S. 285.

Nach Art. 104 zielen die Regelungen der Ordnung und Sicherheit auf ein geordnetes Gemeinschaftsleben ab. In der JVV findet sich ein abschließender Katalog von Anlasstaten, der drei Schweregrade von Disziplinartatbeständen beinhaltet, beispielsweise bezogen auf Gewalttätigkeiten gegen Menschen als schwerer Disziplinarverstoß und die Beschädigung von Sachen als ggf. weniger schwerer Verstoß (vgl. *Tabelle 19*). Andererseits existieren allgemein umschriebene Anlasstaten, die dem Vollzugspersonal viel Entscheidungsfreiraum lassen.[407] Die JVV legt die Arten der zulässigen Disziplinarmaßnahmen abschließend fest.[408] Durchgängig sind Beschränkungen des Rundfunkempfangs, der Freizeitbeschäftigung, der Besuche und der Ausgänge möglich. Nach der JVV ist auch die Anordnung des isolierenden Arrests möglich.

Tabelle 19: Anordnungsvoraussetzungen und Inhalt von Disziplinarmaßnahmen im Jugendstrafvollzug

Anordnungsvoraussetzungen der *schwerwiegenden* disziplinarischen Verstöße	Inhalt der Disziplinarmaßnahmen
a) Andere Personen tätlich oder sexuell angreifen, b) andere Personen bedrohen, c) sich zugewiesenen Aufgabe entziehen, d) an einer Meuterei teilnehmen, e) entweichen oder zu entweichen versuchen, f) Lebensmittel oder fremdes Eigentum zerstören oder stark beschädigen, g) Lebensmittel oder fremdes Eigentum wegnehmen, h) Drogen oder Waffen in die Anstalt bringen oder	a) Reparatur des Schadens, b) Negative Anmerkung in der Gefangenenpersonalakte, c) Entzug der Freizeitbeschäftigung bis zu 30 Tagen, d) Untersagung des Ausgangs bis zu 30 Tagen und e) Untersagung des Besuchs von Ehegatten bis zu zwei Monaten

---

407 Die Einteilung der disziplinarischen Verstöße ist in den Artikeln 107, 108, 109 und 110 JVV geregelt. Die disziplinarischen Verstöße werden als „schwerwiegend" (*grave*), „weniger schwerwiegend" (*menos grave*) und „leicht" (*simple*) klassifiziert.

408 Art. 105 JVV regelt das Prinzip der Disziplinartatbestände. Der Anstaltsleiter soll nur die Disziplinarmaßnahmen anordnen, die in der „Vorschrift" nach zulässig sind.

| i) drei weniger schwere disziplinarische Verstöße innerhalb eines Vierteljahrs begehen. | |

Anordnungsvoraussetzungen der „weniger schwerwiegenden" disziplinarischen Verstöße	**Inhalt der Disziplinarmaßnahmen**
a) Andere Personen verbal angreifen, b) sich zugewiesenen Aufgaben entziehen, c) Lebensmittel oder fremdes Eigentum zerstören oder beschädigen, d) verbotene Gegenstände in die Anstalt einbringen, e) unangemessenes Verhalten während der Verlegung, f) sich selbst verletzen, um sich zugewiesenen Aufgaben zu entziehen, drei leichte disziplinarische Verstöße innerhalb eines Vierteljahrs begehen.	a) Reparatur des Schadens, b) negative Anmerkung in der Gefangenenpersonalakte, c) Entzug der Freizeitbeschäftigung für bis zu 15 Tage und d) Untersagung des Ausgangs für bis zu 30 Tage.
Anordnungsvoraussetzungen der _leichten_ disziplinarischen Verstöße	**Inhalt der Disziplinarmaßnahmen**
a) Rückkehr vom Ausgang in betrunkenem Zustand, oder die Ausbildungsmaßnahme oder die Arbeit in der Anstalt stören.	a) Mündliche Ermahnung, oder b) Entzug der Freizeitbeschäftigung für bis zu 7 Tage.

Aus verfassungsrechtlicher Sicht (Schutz der Familie, Art. 1, 19 Nr.4 der chilenischen Verfassung) problematisch ist die Möglichkeit der Untersagung des Besuchs von Ehegatten bei schwerwiegenden Verstößen, was allerdings in Chile bislang nicht weiter hinterfragt wurde.[409]

---

409 In Deutschland ist ein Besuchsverbot für Angehörige von Gefangenen mit Blick auf Art. 6 GG untersagt, vgl. § 25 Nr. 2 StVollzG und die entsprechenden Regelungen in den Landesgesetzen zum Jugend- und Erwachsenenstrafvollzug, vgl. zum Jugendstrafvollzug _Kühl_ 2012, S. 222.

Im Gegensatz zu den Grundsätzen für den Schutz der Gefangenen in Amerika wird die *isolierende Einzelhaft* in Chile vorgesehen.[410] Allerdings handelt es sich rechtlich gesehen nicht um eine Disziplinarmaßnahme (weshalb sie in Tabelle 19 nicht aufgeführt ist), sondern um eine Maßnahme eigener Art, die mit einer Sicherungsmaßnahme nach deutschem Recht vergleichbar ist. Die Maßnahme mit dem wörtlich übersetzten Titel „Trennung von der Gruppe" ist in Art. 75 JVV geregelt, sie beträgt allerdings im Höchstmaß nur 7 Tage, und ist nur anwendbar, wenn die Sicherheit des Jugendlichen selbst (z. B. wegen Suizidgefahr), anderer Jugendlichen oder des Personals gefährdet ist. Diese Maßnahme kann nicht auf schwangere Frauen, Mütter mit Kindern und Jugendliche in psychologischer, psychiatrischer oder Drogen- bzw. Alkoholbehandlung angewendet werden.[411]

Disziplinarbefugnis und -verfahren

In der JVV wird die förmliche Disziplinierung von detaillierten Verfahrensregeln begleitet. Nach Art. 116 JVV gibt es eine disziplinarische Kommission, die dem Anstaltsleiter eine Maßnahme vorschlägt. Der Anstaltsleiter ordnet die Disziplinarmaßnahmen an.

Problematisch ist, dass in *Chile* die Möglichkeiten des gerichtlichen Rechtschutzes stark beschränkt sind, da die Verwaltungsentscheidungen als innere Angelegenheit der Verwaltung angesehen werden. Das Gesetz Nr. 20.084 und die JVV enthalten allgemeine Vorschriften über die gerichtliche Kontrolle auf dem Gebiet des Jugendstrafvollzugs ohne Vorgaben über den Beschwerdegegenstand, Beteiligte, Form, Frist, Verfahren vor dem Gericht und Zulässigkeit der Anträge auf gerichtliche Entscheidung. Das bedeutet, wenn die interne Auseinandersetzung mit der Anstalt zu keinem Ergebnis führt, bleibt dem jungen Gefangenen nichts anderes übrig, als den allgemeinen Rechtsweg einzuschlagen.[412]

---

410 In Europa wird auch die geforderte Abschaffung isolierender Maßnahmen wie des disziplinarischen Arrests in einer gesonderten Arrestzelle thematisiert, vgl. Rule Nr. 95.3 ERJOSSM, vgl. *Dünkel* 2011, S. 150; *Dünkel/Castro* 2012, S. 115. In der aktuellen Gesetzgebung der Länder hat allein das Land Brandenburg die Forderung nach Abschaffung des Arrests als Disziplinarmaßnahme umgesetzt.

411 Die Abgrenzung von zulässigen Maßnahmen der Suizidprävention und unzulässiger Isolierung bei Jugendlichen in psychologischer, psychiatrischer Behandlung o. ä. ist nicht ganz klar, dürfte aber so gemeint sein, dass Jugendliche in entsprechenden speziellen Behandlungsmaßnahmen nicht aus der Maßnahme entfernt und von anderen Gefangenen isoliert werden sollen.

412 Die rechtliche Ausgestaltung des Rechtsschutzes im chilenischen Jugendstrafvollzug wird in *Kapitel 5.3* dargestellt.

Die Etappen des Verfahrens, die die JVV zur Anwendung der Disziplinarmaßnahmen regeln, gliedern sich in vier Phasen:

a) Der Sachverhalt ist zu klären, der Jugendgefangene wird gehört und die Erhebungen werden in einer Niederschrift festgelegt.[413]

b) Der Anstaltsleiter soll sich vor der Entscheidung in einer Konferenz mit der disziplinarischen Kommission besprechen. Zudem soll der Anstaltsleiter vor der Anordnung einer Disziplinarmaßnahme berücksichtigen, ob der Gefangene sich in einer ärztlichen Behandlung befindet.[414]

c) Die Entscheidung wird dem Gefangenen und den Eltern des Gefangenen vom Anstaltsleiter eröffnet.[415]

d) Der Jugendgefangene und seine Eltern erhalten Gelegenheit, sich mit Beschwerden gegen die Disziplinarmaßnahme an den regionalen Direktor (*Director Regional*) zu wenden.[416]

Unmittelbarer Zwang

Nach der Regelung Nr. XXIII.2 der Grundsätze für den Schutz der Gefangenen in Amerika dürfen Vollzugsbedienstete Gewalt bzw. unmittelbaren Zwang gegen Gefangene ausschließlich als „letztes Mittel" anwenden. Die Art und Weise der Anwendung dieser Zwangsmittel muss den Verhältnismäßigkeitsgrundsatz berücksichtigen und entsprechende Maßnahmen dürfen nicht länger als notwendig eingesetzt werden.

In Chile ist für die Aufrechterhaltung von Kontrolle und Sicherheit der Jugendanstalt die „*Gendarmería de Chile*" verantwortlich.[417] Die *Gendarmería de Chile*[418] darf unmittelbaren Zwang anwenden und die Hafträume und Sachen der Gefangenen durchsuchen, dies jedoch nur auf Anordnung des An-

---

413 Art. 118 JVV.

414 Art. 115 JVV.

415 Art. 119 JVV.

416 Art. 119 JVV.

417 Gemäß Art. 139 und 149 JVV ist die *Gendarmería de Chile* zuständig für die Überwachung der Anstalt und die Verwaltung der technischen Sicherheitslösungen sowie baulichen Gegebenheiten, die Überwachungstechnologie, Alarmanlagen und Sicherheitsmaßnahmen, ferner die Verlegung der Gefangenen, Überwachung der Zugänge und Abgänge der Jugendanstalt und die Beratung des Personals der Vollzugsanstalt in Sicherheitsfragen.

418 Die *Gendarmería* ist in gewisser Weise der Berufsgruppe des Allgemeinen Vollzugsdienstes in Deutschland vergleichbar, jedoch verfügen die entsprechenden Beamten über eine militärische Ausbildung und tragen militärische Grade.

staltsleiters.[419] Zudem gewährleistet die JVV, dass Schusswaffen gebraucht werden dürfen, wenn andere Maßnahmen des unmittelbaren Zwanges bereits erfolglos waren oder keinen Erfolg versprechen.[420]

4.2.2.3 Verfassungsmäßigkeit der Verwaltungsvorschriften zum Jugendvollzug

Insgesamt wird die Verfassungsmäßigkeit der nur rudimentären gesetzlichen Ausgestaltung des Jugendstrafvollzugs sowie des Erwachsenenstrafvollzugs gerade im Hinblick auf deutliche rechtliche Beschränkungen in Frage gestellt. Die rudimentäre gesetzliche Ausgestaltung des Jugendstrafvollzugs sowie die Tatsache der Regelung der Materie lediglich durch Verwaltungsvorschriften bedeuten einen Verstoß gegen den Grundsatz des „Gesetzlichkeitsprinzips" und den „Vorbehalt des Gesetzes".

Das vorerwähnte „Gesetzlichkeitsprinzip", das in Art. 19 Nr. 3 Abschnitt 6 und 7 der chilenischen Verfassung und Art. 2 des chilenischen StGB geregelt ist,[421] enthält – wie in Deutschland – drei Dimensionen: Die Strafbarkeit und Strafe müssen gesetzlich niedergelegt und so bestimmt formuliert sein, dass jedermann sein Verhalten daran ausrichten kann. Rückwirkende Strafgesetze und Gewohnheitsrecht sind ebenso verboten wie die Analogie.

Der Grundsatz „nulla poena sine lege" wird nicht nur beeinträchtigt, wenn die Merkmale des Straftatbestandes nicht konkret umschrieben sind oder wenn die Rückwirkung sowie eine Analogie angewandt werden müsste, sondern auch wenn die Durchführung der Strafe oder strafrechtlicher Maßnahmen nur in Verwaltungsvorschriften geregelt sind.

Der Grundsatz des „Vorbehalts des Gesetzes", der in Art. 19 Nr. 26 und Art. 63 Nr. 3 der Verfassung nicht ausdrücklich normiert ist, jedoch vorausgesetzt wird, bedeutet, dass alle wesentlichen Regelungen und besondere staatliche Eingriffe in Grundrechte des Bürgers nur durch oder aufgrund eines formellen Gesetzes erfolgen dürfen.[422]

---

419 Art. 141 JVV.

420 Art. 146 JVV.

421 Außerdem hat das Gesetzlichkeitsprinzip in der Amerikanischen Konvention über Menschenrechte internationale Anerkennung gefunden. Nach Art. 9 AMRK darf niemand wegen einer Handlung oder Unterlassung verurteilt werden, die im Zeitpunkt ihrer Begehung nach dem geltenden Recht nicht strafbar war. Eine höhere Strafe als diejenige, mit der eine Straftat zur Zeit ihrer Begehung gesetzlich vorgesehen war, darf nicht verhängt werden. Falls nach dem nach Begehung der Straftat geltenden neuen Recht eine mildere Strafe zu verhängen ist, muss dies der schuldigen Person zugutekommen.

422 Vgl. Mera/Couso 2003, S. 116.

Auf der internationalen Ebene bedeutet dies außerdem für *Chile*, dass die rudimentäre gesetzliche Ausgestaltung des Jugendstrafvollzugs sowie die Verwaltungsvorschriften zum Gesetz einen Verstoß gegen die allgemeinen Pflichten zum Schutz der Menschenrechte darstellen.

Chile hat als Mitgliedstaat der AMRK die Verpflichtung zur Achtung und zur Versicherung der bürgerlichen Rechte und Freiheiten.[423] Mit anderen Worten verpflichtet sich *Chile*, diese zu respektieren und gesetzgeberische oder sonstige Maßnahmen zur Verbesserung und Durchsetzung der bürgerlichen Rechte und Freiheiten zu entwickeln.[424]

Das Fehlen einer gesetzlichen Regelung im Bereich des chilenischen Strafvollzugs bedeutet einen Verstoß gegen die positive Dimension dieser Verpflichtung und eine Nichterfüllung des internationalen Kompromisses zur Durchsetzung der Rechte von Gefangenen.

4.2.3 Bestandsaufnahme des gegenwärtigen Jugendstrafvollzugs

4.2.3.1 Überblick zur quantitativen Entwicklung

Am 31.03.2012 befanden sich in *Chile* 679 Inhaftierte im Vollzug der Freiheitsstrafe und 570 in der Untersuchungshaft für Jugendliche. Die Zahl der Inhaftierten sank in *Chile* besonders deutlich von 2000 bis 2012 (absolut von 5.346 auf 679),[425] insbesondere im Jahr 2007, was vor allem mit dem Erlass des neuen Jugendstrafgesetzes und der Differenzierung zwischen (familienrechtlichen) Schutzmaßnahmen und Strafe verbunden ist. Nach dem Inkrafttreten des neuen chilenischen Jugendstrafgesetzes am 8. Juni 2007 ist es in *Chile* gelungen, die Gefangenenraten zu reduzieren und die Sanktionspraxis zu verändern. Das neue Jugendstrafgesetz führte ein neues Sanktionssystem mit ambulanten Sanktionen ein und verbietet die Inhaftierung in einem Gefängnis oder einer Jugendstrafanstalt als Jugendschutzmaßnahme. Damit wurde die frühere Praxis untersagt, z. B. Straßenkinder oder Kinder mit Verwahrlosungserscheinungen aufzugreifen und in Jugendanstalten unterzubringen. Ob auch die Zahl von Jugendstrafgefangenen und jugendlichen Untersuchungsgefangenen rückläufig ist, kann mangels einer Differenzierung der Inhaftiertenzahlen nach strafrechtlichen und familienrechtlichen Verfahren für den Zeitraum bis 2007 nicht gesagt werden.

Der Anteil der Jugendlichen im chilenischen Strafvollzug ist gering: 2012 waren lediglich 2,1% (31.03.2012) aller Gefangenen Jugendliche bis zum vollendeten 18. Lebensjahr. Eine Unterbringung Jugendlicher im Erwachsenenvollzug ist nicht möglich, jedoch können Jugendliche nach Vollendung des 18. Le-

---

423   Art. 1 AMRK.

424   Vgl. *Medina* 2003, S. 16.

425   Vgl. *SENAME* 2012, S. 11 und unten *Abbildung 5*.

bensjahrs in den Erwachsenenvollzug verlegt werden. Falls sie im Jugendvollzug verbleiben, beispielsweise um eine Ausbildungsmaßnahme zu vollenden,
kann dies theoretisch bis zum Ende der Strafe dauern.

Abbildung 5: **Entwicklung von Jugendlichen in Jugendanstalten (bis
2007 einschl. familienrechtlicher Unterbringungen) in
Chile, 1990-2012**

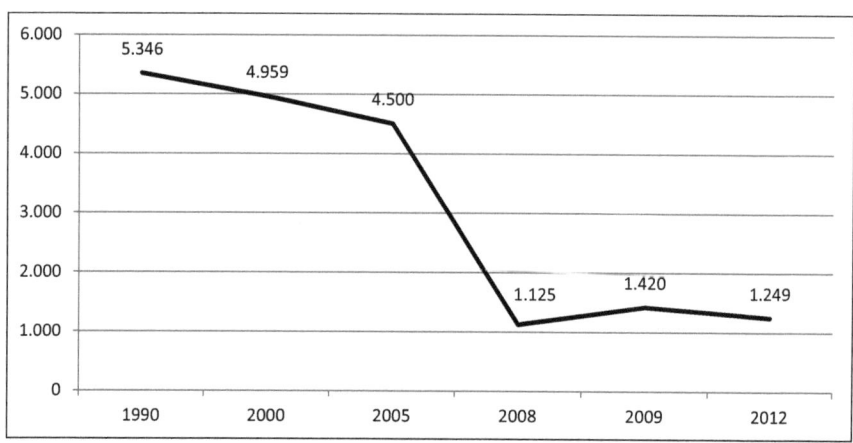

Quelle: *SENAME* 2012, S. 11 (Bis 2007: Belegung in Jugendanstalten einschließlich nach
Familienrecht Untergebrachter; ab 2008: Belegung im Jugendstrafvollzug, Untersuchungsgefangene und Verurteilte, jeweils zum 31.3. des Jahres).

*4.2.3.2   Überblick über die Vollzugseinrichtungen und die
Vollzugsbelegung*

Freiheitsstrafe wird nach Art. 19 der JVV in speziellen Jugendstrafanstalten
vollzogen. Alle Regionen haben Anstalten oder Abteilungen eingerichtet, insgesamt 17.[426] Die Jugendanstalten haben eine doppelte Aufgabe: den Vollzug der
Freiheitsstrafe (*Centro de Regimen Cerrado, CRC*) und den Vollzug der Untersuchungshaft (*Centro de Internación Provisoria, CIP*).

Darüber hinaus ist zu erwähnen, dass es auch Jugendabteilungen in den Erwachsenengefängnissen gibt, in den Städten Chillan, Copiapo, Vallenar, La Serena, Valparaiso, Rengo, Talca, Concepción, Puerto Montt, Coyhaique, Santiago
(Puente Alto) und Punta Arena.

---

426   Vgl. *SENAME* 2012, S. 10.

Nach den Berichten der „Aufsicht über die Jugendvollzugsanstalten" [427] ist der bauliche Zustand der Jugendvollzuganstalten in jeder Region unterschiedlich. Besondere Probleme findet man in den Anstalten von San Bernardo,[428] Coronel,[429] La Serena,[430] Puerto Montt[431] und Punta Arenas, [432] wo die Infrastruktur und Einrichtung gemäß den Berichten der Aufsichtsbehörde „unbefriedigend" war (vgl. *Tabelle 20*).[433] Insgesamt gibt es nur drei Anstalten von 17, die mit „sehr gut" (Arica und Antofagasta) und „gut" (Talca) bewertet wurden.

Tabelle 20: **Übersicht über die Einrichtungen des Jugendvollzugs in Chile**

Región	Stadt	Name der Anstalt	Art der Anstalt	Baujahr	Zustand der Infrastruktur
Arica y Parinacota	Arica	Arica	CIP/CRC	1995	sehr gut
Tarapaca	Iquique	Centro Iquique	CIP/CRC	1980	befriedigend
Antofagasta	Antofagasta	Centro Antofagasta	CIP/CRC	1998	sehr gut
Atacama	Copiapo	Centro Copiapo	CIP/CRC	2001	Es liegt keine Information

427 Die Aufsicht über die Jugendanstalten ist in der JVV geregelt. Nach Art. 90 JVV darf in jeder Region eine Kommission die Aufsicht über die Jugendanstalten führen. Die Aufsichtskommission ist gem. Art. 91 JVV zuständig für: Besuche der Jugendanstalten in jeder Region, mindestens zweimal im Jahr, die Beantragung von Berichten oder Gesuche um Informationen aus den Behörden, das Verfassen von Empfehlungen und Berichten für das Justizministerium mit Empfehlungen und Vorschlägen zur Verbesserung der Situation in den Jugendanstalten. In *Kapitel 5.3.1.4* wird auf die Arbeit der Aufsichtskommission näher eingegangen.

428 Vgl. Acta de Visita CISC Región Metropolitanta 2° Semestre 2011, S. 3 ff.

429 Vgl. Acta de Visita CISC Región del Bio-Bio 1° Semestre 2012, S. 6.

430 Vgl. Acta de Visita CISC Región de Coquimbo 1° Semestre 2012, S. 7.

431 Vgl. Acta de Visita CISC Región de Los Lagos 1° Semestre 2012, S. 5.

432 Vgl. Acta de Visita CISC Región de Magallanes y la Antártica chilena 1° Semestre 2012, S. 6.

433 Jeder Bericht enthält eine Bewertungsskala mit fünf Noten oder Stufen: ausgezeichnet, sehr gut, gut, befriedigend und unbefriedigend. Die Bewertung wird für verschiedene Aspekte des Vollzugs erteilt, beispielsweise: Größe und Gestaltung der Jugendanstalten, Zustand der Arbeitsbetriebe und Einrichtungen zur beruflichen Bildung, Unterbringung und Zustand der Krankenbehandlung. Die Berichte sind für jede Region abrufbar unter: http://dosvias.minjusticia.gob.cl/en/cisc/primer-semestre-2012.html.

Región	Stadt	Name der Anstalt	Art der Anstalt	Baujahr	Zustand der Infrastruktur vor
Coquimbo	La Serena	La Serena Ex-Talay	CIP/CRC	1998	unbefriedigend
Valparaiso	Limache	Centro Limache	CIP/CRC	k.A	befriedigend
Libertador Bernardo Ohiggins	Graneros	Centro de Graneros	CIP/CRC	2002	befriedigend
Maule	Talca	Centro de Talca	CIP/CRC	2000	gut
Bio-Bio	Chillán	Sección Juvenil de Chillán	Jugendabteilung in Erwachsenengefängnis	2011	befriedigend
	Coronel	Centro de Coronel	CIP/CRC	1999	unbefriedigend
Araucanía	Chol-Chol	Centro Chol-Chol	CIP/CRC	2005	befriedigend
Los Lagos	Puerto Montt	Centro Puerto Montt	CIP/CRC	1983	unbefriedigend
Aysen	Coyaique	Centro Coyaique	CIP/CRC	2005	befriedigend
Magallanes y la Antártica chilena	Punta Arenas	Centro Punta Arenas	CIP/CRC	2005	unbefriedigend
Metropolitana	Santiago	Centro San Bernardo	CIP/CRC	1994	unbefriedigend
	Santiago	San Joaquin	Jugendabteilung in Erwachsenengefängnis	k. A.	befriedigend

Quelle: Justizministerium, Berichte der „Aufsicht über die Justizvollzugsanstalten", 2011 und 2012.

Die Gesamtkapazität in *Chile* beträgt somit insgesamt 1.471 Haftplätze für Jugendliche. Am 31.3.2012 betrug die Anzahl der jungen Gefangenen in Chile 1.247, was einer durchschnittlichen Auslastung von 84,9% entspricht.[434] Nur in 5 von 17 Einrichtungen gab es eine Überbelegung (vgl. unten *Tabelle 21*).

Die Auslastung des Erwachsenenvollzugs beträgt in *Chile* 155%, d. h. auf 100 Plätze kommen durchschnittlich 155 Gefangene. In diesem Zusammenhang ist allerdings darauf hinzuweisen, dass die Überbelegung nicht die Jugendgefängnisse betrifft, jedenfalls nicht in den Dimensionen des Erwachsenenvollzugs, da die Auslastung der chilenischen Jugendgefängnisse zum Stichtag 31.3.2012 – wie erwähnt – nur bei knapp 85% lag.[435]

Andererseits ist die Überbelegung vor allem in den Jugendanstalten der großen Städte besorgniserregend.[436] Die Daten des *SENAME* (*Servicio Nacional del Menor*) weisen auf eine erheblich verschärfte Situation hin. So ist die Belegungssituation in Iquique mit 113 auf 100 Haftplätze noch relativ „entspannt". Der problematischste Fall liegt in La Serena vor, wo der Prozentsatz der Überbelegung bei 67,5% liegt. Auch in San Bernardo und San Joaquín ist die Situation mit ca. 17% bzw. 25% Überbelegung gravierend.[437]

---

434 Vgl. *SENAME* 2012, S. 10.

435 Vgl. *SENAME* 2012, f. 10.

436 Vgl. *SENAME* 2012, S. 12.

437 Vgl. *SENAME* 2012, S. 12.

Tabelle 23:   Die Belegungssituation in Jugendanstalten

Stadt	Anzahl der Jugendgefangenen am 31. März 2012	Belegungs fähigkeit	Auslastung (Über-/Unterbelegung)
La Serena	67	40	167,5%
Antofagasta	66	44	150,0%
San Bernardo	205	164	125,0%
San Joaquín	237	202	117,3%
Iquique	51	45	113,3%
Limache	104	110	94,5%
Puerto Monnt	49	60	81,7%
Coronel	91	120	75,8%
Talca	67	92	72,8%
Valdivia	48	70	68,6%
Graneros	70	112	62,5%
Coyhaique	17	28	60,7%
Copiapó	41	70	58,6%
Chol Chol	73	134	54,5%
Santiago	36	78	46,2%
Punta Arenas	14	38	36,8%
Arica	11	64	17,2%
Insgesamt	1.247	**1.471**	**84,9%**

Quelle: *SENAME* 2012, S. 10.

4.2.3.3   *Altersstruktur und Merkmale der Jugendgefangenen in Chile*

Ein Blick auf die Gefängnisstatistiken zeigt, dass wenige Gefängnisinsassen unter 18 Jahre alt sind. Die zahlenmäßig stärkste Gruppe des Jugendstrafvollzugs, die 18 Jährigen, stellten am 31. März 2012 67,2% der Jugendstrafvollzugsinsassen. Die Gruppe der 16- und 17-Jährigen machte noch 30% der Gesamtbelegung des Jugendstrafvollzugs aus. 14- und 15-Jährige spielten mit 1,9% eine sehr geringe Rolle (vgl. *Abbildung 6*).[438]

Abbildung 6: **Altersstruktur im Jugendstrafvollzug in Chile**

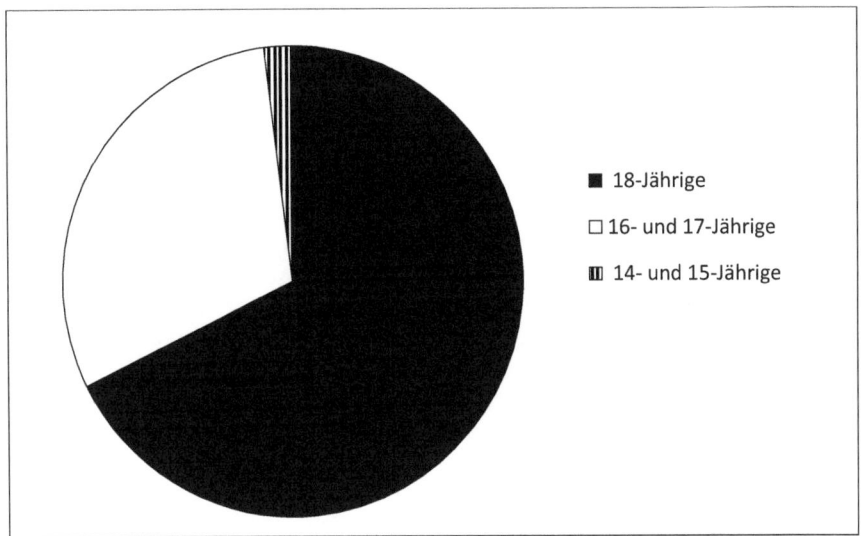

Quelle: *SENAME* 2012, S. 14.

In Bezug auf die Merkmale der Gefangenen in den Jugendanstalten ist zu beobachten, dass die weit überwiegende Mehrheit der Gefangenen Männer (96%) sind.[439]

Differenziert man nach dem Alter und Geschlecht, so setzten sich die 46 weiblichen Jugendstrafgefangenen am 31. März 2012 ebenfalls nur zu 4% aus Jugendlichen zusammen. Bedauerlicherweise scheinen die Probleme dieser Gruppe wegen ihrer geringen Quantität besonders gravierend zu sein.

Die Rechte wie getrennte Abteilungen für Frauen,[440] Privatsphäre[441] sowie die Durchsuchung weiblicher Gefangene durch Beamtinnen[442] sind als Vollzugsstandards in Chile im Jugendstrafrechtsgesetz sowie in der JVV aner-

---

438   Vgl. *SENAME* 2012, S. 14.

439   Vgl. *SENAME* 2012, S. 11.

440   Art. 92 JVV.

441   Art. 94 Abs. 2 und 3 JVV.

442   Art. 94 JVV.

kannt.[443] Allerdings unterscheidet sich die Praxis aufgrund der prekären Infrastruktur von diesen Vorgaben. In der Tat gibt es keine Frauenabteilungen in den Anstalten von Copiapo, Graneros und Puerto Montt, und die Frauen müssen dort in der Krankenstation wohnen.[444]

Hinsichtlich der *Drogenabhängigkeit* dominieren im chilenischen Jugendvollzug nach einer Untersuchung der „Interamerikanischen Kommission für Drogenkontrolle und Missbrauch" aus dem Jahr 2010 Marihuana und Pasta-Base (eine Sorte von Kokain) mit 30% und 15% aller festgestellten Drogen.[445]

4.2.3.4 Deliktsstruktur

Die meisten Strafgefangenen in Jugendstrafanstalten sind wegen Eigentumsdelikten verurteilt (62%),[446] gefolgt von Körperverletzungsdelikten mit 7,2%.[447] Verurteilungen wegen Bedrohung, Sachbeschädigungsdelikten, Delikten gegen die Privatsphäre der Personen und des illegalen Waffenbesitzes weisen einen Anteil von 4,0% auf. Mit einer geringeren Bedeutung folgen Drogendelikte (3,2%), Sexualdelikte (1,3%), Straßenverkehrsdelikte (1,0%) und Tötungsdelikte (0,6%).[448]

Hinsichtlich der Eigentumsdelikte dominieren in Chile die Delikte ohne Gewalt mit 36,5% (z. B. Diebstahl, Diebstahl von Volksvermögen, Verkauf von gestohlenen Sachen, Wohnungseinbruch ohne Personen in der Wohnung/im Haus). Der Anteil von Eigentumsdelikten mit Gewalt machte nur 25,6% aus (Raub, Erpressung, Wohnungseinbruch mit Personen im Haus/in der Wohnung).[449]

---

443 Gemäß Art. 93 bis 100 JVV haben die weiblichen Gefangenen Anspruch auf eine ärztliche Betreuung. Zudem soll die Vollzugsanstalt die erforderlichen Mittel für Hygiene und Empfängnisverhütung für Frauen zur Verfügung stellen. Darüber hinaus hat die Gefangene während der Schwangerschaft, bei und nach der Entbindung Anspruch auf ärztliche Betreuung und Hebammenhilfe in der Vollzugsanstalt, sowie das Recht auf Wohnen mit ihren Kindern in der Jugendanstalt. Das Neugeborene kann in der Vollzugsanstalt bis zur Vollendung des zweiten Lebensjahrs untergebracht werden, mit Zustimmung des Richters bis zum Alter von 6 Jahren.

444 Vgl. *UNICEF* 2008, S. 5.

445 Vgl. *Comisión Interamericana para el control del abuso de drogas* 2010, S. 48 ff. In dieser Erhebung wurde auch Alkohol als Droge erfasst.

446 Vgl. *Defensoria Penal Pública* 2011, S. 22.

447 Vgl. *Defensoria Penal Pública* 2011, S. 22.

448 Vgl. *Defensoria Penal Pública* 2011, S. 22.

449 Vgl. *Defensoria Penal Pública* 2011, S. 22.

In den ersten drei Jahren nach Inkrafttreten des Jugendstrafgesetzes Nr. 20.084 hat sich der Anteil der Gewaltdelikte einschließlich von Raub und Erpressung sowie Wohnungseinbruchdiebstahl von 10,3% und 6,0% 2008 auf 6,6% und 4,8% im Jahr 2010 vermindert. Der Anteil von Verurteilungen zu Haft wegen Diebstahls ist in dieser Zeit fast ohne Veränderung geblieben.[450]

Tabelle 22: Deliktsstruktur im Jugendstrafvollzug in Chile 2010

Delikte	%
Eigentumsdelikte ohne Gewalt	36,5
Eigentumsdelikte mit Gewalt	25,6
Körperverletzungsdelikte	7,2
Delikte gegen die Privatsphäre der Personen	4,5
Illegaler Waffenbesitz	4,3
Bedrohungsdelikte	4,0
Sachbeschädigungsdelikte	4,0
Drogendelikte	3,2
Sexualdelikte	1,3
Straßenverkehrsdelikte	1,0
Tötungsdelikte	0,6
Sonstige	7,8
Insgesamt	100

Quelle: *Defensoria Penal Pública* 2011, S. 22.

4.2.3.5 Untersuchungshaftvollzug

Der Vollzug der Untersuchungshaft bei Jugendlichen wird in Art. 135 und 138 JVV geregelt. Für Untersuchungsgefangene ist eine getrennte Unterbringung in einer besonderen Abteilung vorgesehen. Zudem hat die JVV bestimmte Rechte der Untersuchungsgefangenen anerkannt, z. B. die Beachtung der Unschuldsver-

---

450 Vgl. *Defensoria Penal Pública* 2011, S. 22.

mutung,[451] das Recht auf Besuche und Kontakt mit einem Anwalt,[452] das Recht auf Freizeit[453] sowie das Recht auf Bildung.

Auch im Rahmen des Vollzugs der Untersuchungshaft sind die Regelungen über Behandlungsmaßnahmen, die Anwendung von Disziplinarmaßnahmen und des unmittelbaren Zwangs anzuwenden.

In Bezug auf die Anteile von Untersuchungsgefangenen an der Gesamtpopulation des Jugendstrafvollzugs in *Chile* ist zu beobachten, dass zwischen 2007 und 2011 die Minderheit der Gefangenen (38,8%) Untersuchungshäftlinge waren.[454]

In den Jahren 2007-2011 war in den Regionen von Atacama (49%), Valparaiso (44%), Los Ríos (42%), Metropolitana (37%), Magallanes (32%), Antofagasta (31%), Bio-Bio (30%) und Los Lagos (29%) der Anteil der Untersuchungshäftlinge geringer als der Anteil der Verurteilten.[455] Nur in der Region von Aysén machten die Gefangenen in Untersuchungshaft ca. 76% der insgesamt Inhaftierten aus, außerdem war der Untersuchungshaftanteil in La Araucanía mit 60% und in Tarapacá mit 58% besonders erhöht.[456]

Tabelle 23: Durchschnittlicher Anteil von Untersuchungsgefangenen im Jugendvollzug in Chile von 2007 bis 2011

Region (geordnet von Norden nach Süden)	Jugendliche in U-Haft (in %)
Arica y Parinacota	19,2
Tarapacá	58,0
Atacama	48,6
Antofagasta	30,8
Coquimbo	31,7
Valparaiso	43,9
Lib. Bdo. Ohiggins	48,0

---

451 Art. 135. Dieses Recht wird auch in Art. 4 der chilenischen Strafprozessordnung geregelt.

452 Art. 136a).

453 Gemäß Art. 136b) erhält der Verhaftete die Gelegenheit, sich in seiner Freizeit zu beschäftigen.

454 Vgl. *SENAME* 2012, S. 17.

455 Vgl. *SENAME* 2012, S. 17.

456 Vgl. *SENAME* 2012, S. 17.

Region (geordnet von Norden nach Süden)	Jugendliche in U-Haft (in %)
Metropolitana	36,8
Maule	42,9
La Araucania	60,4
Bio-Bio	29,6
Los Rios	41,5
Los Lagos	29,3
Aysen	76,2
Magallanes	31,8
Insgesamt	38,8

Quelle: *SENAME* 2012, S. 17.

Die Entwicklung der Untersuchungshaftanteile im Zeitraum zwischen 2007 und 2011 zeigt, dass es seit 2009 einen interessanten Rückgang gab. Im Jahr 2007 bis 2008 haben die Zahlen der Untersuchungsgefangenen zugenommen, jedoch ist ihr Anteil im Vergleich der Jahre 2009 bis 2011 von 43% auf 39% leicht zurückgegangen.[457] Als mögliche Erklärung der Änderung der Untersuchungshaftpraxis könnte ein Brand in einem Gefängnis in der Hauptstadt von *Chile* im November 2010 herangezogen werden, bei dem mehr als 80 Gefangene starben.

Jedoch hat der Rückgang der Zahlen eine dunkle Seite, da die Dauer der Untersuchungshaft sich in Chile schrittweise erhöht hat. Im Vergleich der letzten drei Jahre ist sie um 45,6% gestiegen (vgl. *Tabelle 23*).[458] Dies kann allerdings u. U. auch insoweit als positiv bewertet werden, als offensichtlich die Jugendlichen, bei denen früher nur eine kurze Untersuchungshaftdauer angeordnet wurde, inzwischen von Untersuchungshaft verschont bleiben.

---

457 Vgl. *SENAME* 2012, S. 16.
458 Vgl. *SENAME* 2012, S. 16.

Tabelle 24: Die durchschnittliche Dauer der Untersuchungshaft bei Jugendlichen

Dauer der Untersuchungshaft in Chile		
2008	**2009**	**2010**
81,1 Tage	99,6 Tage	118,9 Tage

Quelle: *SENAME* 2012, S. 16.

4.2.4 Die Situation der Menschenrechte in den chilenischen Jugendgefängnissen nach den Berichten von UNICEF und den Aufsichtskommissionen des Justizministeriums

Der erste Bericht von *UNICEF* vom März 2008 beschreibt die Hauptprobleme der chilenischen Jugendanstalten. Danach fand man Probleme im Bereich der Ausbildung und Weiterbildung, Ordnung und Disziplin, Gesundheitsfürsorge, Infrastruktur, Trennung der Gefangenen und im Bereich des Personals.

Die Beschreibung der Probleme ist sehr präzise und der Bericht erwähnt die Jugendanstalten, in denen diese Probleme auftraten. So orientiert sich beispielsweise die „Berufsausbildung" nur an dem Ziel der Freizeitbeschäftigung und vermittelt keine Fähigkeiten für eine Erwerbstätigkeit nach der Entlassung.[459] Die Gesundheitsuntersuchungen und medizinische Vorsorgeleistungen stellten sich als prekär heraus.[460] Ferner reicht sowohl die Anzahl der Vollzugsbediensteten als auch die ärztliche Versorgung nicht aus, und es ist ein exzessiver Gebrauch von Krankmeldungen des Personals wegen übermäßiger Arbeitszeit und gestörter Arbeitsumgebung zu beobachten.[461]

Im Zusammenhang mit der Ordnung wurden den Jugendgefangenen die Verhaltensvorschriften nicht mitgeteilt und auch ein faires Verfahren in der An-

---

459 Dieses Problem wurde insbesondere in den Jugendanstalten von Limache, Talca, Coronel, Chol-Chol und Puerto Montt festgestellt, vgl. *UNICEF* 2008, S. 3.

460 Dieses Problem wurde in den Jugendanstalten von Graneros, Valdivia, Chol-Chol und Puerto Montt festgestellt, vgl. *UNICEF* 2008, S. 3.

461 Dieses Problem wurde in den Jugendanstalten von Graneros, Valdivia, Puerto Montt, Talca und Chol-Chol festgestellt, vgl. *UNICEF* 2008, S. 4.

wendung der Disziplinarmaßnahmen konnte nicht festgestellt werden.[462] Ferner wurden häufig isolierende Maßnahmen angewandt.[463]

Laut dem Bericht von *UNICEF* fanden sich weitere Probleme in Bezug auf die Infrastruktur, z. B. Jugendanstalten mit Wasserleitungen in schlechtem Zustand,[464] Schwierigkeiten in der Gestaltung der Anstalten, die in schlechtem baulichen Zustand und hygienisch unzureichend waren,[465] die Lage von Gefängnissen am Rande der Stadt[466] und Anstalten ohne Frauenabteilung. Letzteres ist problematisch, da die Frauen während des Vollzugs in der Krankenstation wohnen mussten.[467]

Eine weitere Dimension des Jugendstrafvollzugs, die nach Einschätzung von *UNICEF* problematisch ist, sind die Jugendabteilungen in Gefängnissen für Erwachsene. In diesen Abteilungen sind alle Probleme, die im Bericht beschrieben wurden, noch größer.[468]

2012 veröffentlichte das Justizministerium die Protokolle der Aufsichtsbesuche, die die Kommissionen in jeder Jugendanstalt der Region zusammengetragen haben (vgl. unten *Tabelle 24*).[469] Jede Anstalt wurde anhand der kontrollierten sieben Dimensionen des Vollzugs bewertet (Belegungssituation, Personal, Zustand der Infrastruktur, Ordnung und Disziplin, Qualität der Gesundheitsfürsorge, Verpflegung und Ablauf der Besuche).

Bemerkenswert ist, dass die Infrastruktur und Einrichtung in den Anstalten von San Bernardo,[470] Coronel,[471] La Serena,[472] Puerto Montt[473] und Punta

---

462 Dieses Problem wurde in den Jugendanstalten von Lihuén, Graneros, Rancagua, Talca, Coronel und Puerto Montt festgestellt, vgl. *UNICEF* 2008, S. 4.

463 Dieses Problem wurde in den Jugendanstalten von Lihuén, Talca und Chol-Chol festgestellt, vgl. *UNICEF* 2008, S. 5.

464 Dieses Problem wurde in den Jugendanstalten von Copiapo, Serena, Concepción, Chol-Chol, Valdivia und Puerto Montt festgestellt, vgl. *UNICEF* 2008, S. 5.

465 Dieses Problem wurde in den Jugendanstalten von Talca, Chol-Chol, Puerto Montt, Coronel und Valparaiso festgestellt, vgl. *UNICEF* 2008, S. 5.

466 Dieses Problem wurde in den Jugendanstalten von Graneros, Valdivia, Coyaique und Punta Arenas festgestellt, vgl. *UNICEF* 2008, S. 5.

467 Dieses Problem wurde in den Jugendanstalten von Lihuén, Graneros und Chol-Chol festgestellt, vgl. *UNICEF* 2008, S. 5.

468 Vgl. *UNICEF* 2008, S. 6.

469 Die Berichte sind für jede Region abrufbar unter: http://dosvias.minjusticia.gob.cl/en/-cisc/primer-semestre-2012.html

470 Vgl. Acta de Visita CISC Región Metropolitana, 2° Semestre 2011, S. 3 ff.

471 Vgl. Acta de Visita CISC Región del Bio-Bio, 1° Semestre 2012, S. 6.

472 Vgl. Acta de Visita CISC Región de Coquimbo, 1° Semestre 2012, S. 7.

473 Vgl. Acta de Visita CISC Región de Los Lagos, 1° Semestre 2012, S. 5.

Arenas[474] „unbefriedigend" war. Die Verpflegung war in jeder Jugendanstalt „ausgezeichnet" mit Ausnahme der Anstalt in Chillan, wo sie als „unbefriedigend" bezeichnet wurde.

Die Qualität der Gesundheitsfürsorge war in Antofagasta, La Serena und San Bernardo „unbefriedigend". Die Mitteilung über Rechte und Register der Diziplinarmaßnahmen waren „befriedigend" in Arica, Copiapo, Limache, Talca, Chol-Chol, Chillan, Puerto Montt und San Bernardo.

Es ist schwer, eine Verbesserung in den letzten vier Jahren festzustellen. In den Aufsichtsberichten 2012[475] wurden neue Probleme im Bereich der Ordnung, Gesundheitsfürsorge und Frauenabteilungen in den Anstalten von Lihuén, Talca, Chol-Chol, Graneros, Valdivia und Puerto Montt festgestellt. Auch sind in den Anstalten von Puerto Montt, Talca und Limache die Schwierigkeiten bezüglich der Ausbildung bestehen geblieben, sowie in Puerto Montt und La Serena die unzureichende Infrastruktur. Ferner wurden die Probleme der Frauenabteilungen von Graneros und Talca und der unzureichenden Personalausstattung in Chol-Chol und Puerto Montt nicht gelöst.

Darüber hinaus wurden in den Aufsichtsberichten 2012 weitere Probleme gefunden. Z. B. ist erwähnenswert, dass in La Serena, Talca und Chillan das Personal über keine fachliche Ausbildung verfügte, um psychologische Krisen der Jugendlichen zu behandeln. In Chol-Chol wurde Drogenkonsum festgestellt, in Coyhaique Unterricht ohne Gefangene (die sich weigerten an den Angeboten teilzunehmen), sowie in La Serena und Chillan eine sehr kurze Dauer der Besuche aufgrund von Sicherheitsmaßnahmen. Zudem gab es in Arica faktisch keine Besuche von Angehörigen, da alle Gefangenen aus anderen Regionen des Landes kamen.

---

474 Vgl. Acta de Visita CISC Región de Magallanes y la Antártica chilena, 1° Semestre 2012, S. 6.

475 Acta de Visita CISC CIP-CRC I. Región 14.05.2012, Acta de Visita CISC CIP-CRC II. Región 29.05.2012, Acta de Visita CISC CIP-CRC III. Región 1.05.2012, Acta de Visita CISC CIP-CRC IV. Región 24.05.2012, Acta de Visita CISC CIP-CRC V. Región sin fecha, Acta de Visita CISC CIP-CRC VI. Región 12.05.2012, Acta de Visita CISC CIP-CRC VII. Región 28.05.2012, Acta de Visita CISC CIP-CRC VIII. Región 12.05.2012, Acta de Visita CISC CIP-CRC IX. Región 13.05.2012, Acta de Visita CISC CIP-CRC X. Región 22.05.2012, Acta de Visita CISC CIP-CRC XI. Región 5.05.2012, Acta de Visita CISC CIP-CRC Región Metropolitana 5.05.2012 und 7.05.2012.

Tabelle 25: Probleme einzelner Jugendanstalten ausweislich der Berichte von UNICEF (2008) und der justizministeriellen Aufsichtskommissionen (2012)

Probleme laut UNICEF-Bericht	Jugendanstalten	Probleme laut Aufsichtskommissionen	Jugendanstalten
Berufsausbildung		**Berufsausbildung**	
Die Berufsausbildung orientiert sich nur an dem Ziel der Freizeitbeschäftigung.	Limache, Talca, Coronel, Chol-Chol und Puerto Montt	Die Berufsausbildung orientiert sich nur an dem Ziel der Freizeitbeschäftigung.	Limache, Talca und Puerto Montt
Ordnung und Disziplin:		**Ordnung und Disziplin:**	
Keine Information über die Verhaltensvorschriften, kein faires Verfahren bei der Anwendung von Disziplinarmaßnahmen und von isolierenden Maßnahmen.	Lihuén, Talca und Chol-Chol	Keine Information über die Verhaltensvorschriften, kein faires Verfahren bei der Anwendung von Disziplinarmaßnahmen und von isolierenden Maßnahmen.	Copiapo, Puerto Montt, San Bernardo, Chillan
Gesundheitsfürsorge:		Gesundheitsfürsorge:	
Prekäre Lage bei den Gesundheitsuntersuchungen und medizinischen Vorsorgeleistungen	Graneros, Valdivia, Chol-Chol und Puerto Montt	Prekäre Lage bei den Gesundheitsuntersuchungen und medizinischen Vorsorgeleistungen	Antofagasta, La Serena, Chillan, Puerto Montt, San Bernardo
Infrastruktur:		**Infrastruktur:**	
Wasserleitungen in schlechtem Zustand, Gebäude in schlechtem baulichen und hygienischen Zustand.	Copiapo, La Serena, Concepción, Chol-Chol, Valdivia, Talca und Puerto Montt	Wasserleitungen in schlechtem Zustand, Gebäude in schlechtem baulichen und hygienischen Zustand.	La Serena, Graneros, Chillan, Puerto Montt und San Bernardo
Fehlende Frauenabteilung	Lihuén, Graneros und Chol-Chol	Fehlende Frauenabteilung	Copiapo, Graneros und

Probleme laut UNICEF-Bericht	Jugendanstalten	Probleme laut Aufsichtskommissionen	Jugendanstalten
			Puerto Montt
Personal:		**Personal:**	
Unzureichende Anzahl von Vollzugsbediensteten sowie mangelhafte ärztliche Versorgung, exzessiver Gebrauch von Krankmeldungen durch das Personal	Graneros, Valdivia, Puerto Montt, Talca und Chol-Chol	Unzureichende Anzahl von Vollzugsbediensteten sowie mangelhafte ärztliche Versorgung, exzessiver Gebrauch von Krankmeldung durch das Personal	Antofagasta, Graneros, Talca, Chol-Chol, Puerto Montt und Coyhaique

4.2.5 Die Menschenrechtssituation im chilenischen Strafvollzug allgemein – der Bericht der Interamerikanischen Menschenrechtskommission von 2008

Inakzeptable Lebensbedingungen und unzureichende rechtliche Garantien für Gefangene wurden nicht nur in Anstalten für Jugendliche, sondern auch in denjenigen für Erwachsene gefunden. Der Bericht der *Interamerikanischen Menschenrechtskommission* (IMK) durch ihren Berichterstatter[476] im Jahr 2008 nach dem Besuch in sieben chilenischen Anstalten[477] beschreibt die Hauptprobleme des chilenischen Strafvollzugs. Der Bericht der IMK enthält die folgenden fünf Themenbereiche: Allgemeine Beobachtungen, Beobachtungen der Privatanstalten, der öffentlichen Anstalten, der Jugendanstalten und der Frauenanstalten (siehe *Kapitel 3.2.5.1-5*).[478]

---

476 Die Berichterstatter („*Relatorias*") sind eine Abteilung der IKM, die die Aufgabe der Beobachtung der Menschenrechtssituation in den Gefängnissen der verschiedenen Regionen haben. Dafür können sie die Mitgliedsstaaten besuchen und Empfehlungen oder Maßnahmen zur Förderung der Beachtung dieser Rechte unterbreiten. Jeder Richter der IKM hat die Leitung für eine „*Relatoria*" mit einem bestimmten Themengebiet (z. B. bzgl. bestimmter Gefangenengruppen wie jugendliche Inhaftierte, Frauen oder ethnische Minderheiten oder bzgl. bestimmter Menschenrechte wie z. B. freie Meinungsäußerung, Beschwerderechte etc.). Der Berichterstatter für das Gefängniswesen im Jahr 2008 war Florentin Meléndez. In Kapitel 4 werden die „*Relatorias*" und andere Funktionen der IKM detailliert beschrieben.

477 Drei Privatanstalten, zwei öffentliche Anstalten und zwei Jugendanstalten.

478 Vgl. *Comisión Interamericana de Derechos Humanos, Comunicado Prensa* Nr. 39/08 unter: www.cidh.oas.org/Comunicados/Spanish/2008/39.08sp.htm.

Allgemeine Beobachtungen

Nach dem Berichterstatter der IMK war die Überbelegung im Beobachtungszeitraum von 2008 in Chile besorgniserregend. Es wurde außerdem eine exzessive und unnütze Anwendung des unmittelbaren Zwangs und der Absonderung aus disziplinarischen Gründen ermittelt. Besuche waren aus Gründen der Sicherheit extrem überwacht. Diese Kontrolle war für die Kinder und Frauen der Gefangenen unverhältnismäßig und erniedrigend. Ferner gab es nur eine unzureichende Anzahl von Arbeitsbetrieben und Einrichtungen zur beruflichen Bildung.

Problematisch war, dass ältere Gefangene (bis zu 80 Jahre alt) und Gefangene mit psychischen Krankheiten in normalen Anstalten untergebracht wurden.[479]

Beobachtungen in den Jugendanstalten

Der Berichterstatter beobachtete, dass die Überbelegung in der Jugendanstalt von San Bernardo hoch war. Darüber hinaus waren die Baulichkeiten der Anstalt sehr desolat und die Hygiene prekär. Alarmierende Probleme waren auch hinsichtlich der Gesundheitsfürsorge, der Freizeitangebote und der Möglichkeiten zur beruflichen Bildung zu finden.

Außerdem war die Beachtung der Trennungsvorschriften des Jugendvollzugs problematisch, da die Untersuchungsgefangenen mit den Verurteilten zusammen untergebracht waren. Es gab auch eine exzessive und unnütze Anwendung des unmittelbaren Zwangs und der Absonderung aus disziplinarischen Gründen.

Nach Ansicht des Berichterstatters wies das Personal nur eine unzureichende fachliche Ausbildung auf, hinzu kamen schlechte Arbeitsbedingungen, ferner waren die Ressourcen der Jugendanstalten nicht ausreichend.[480]

Beobachtungen in den Frauenanstalten

Der Berichterstatter besuchte zudem eine Frauenanstalt in Santiago und eine Frauenabteilung im Gefängnis von Valparaiso. Die Probleme, die er in diesen Gefängnissen vorfand, waren: Überbelegung, ungesunder Zustand der Unterbringung und fehlende angemessene ärztliche Behandlung für Frauen und Mütter mit Kindern.[481]

---

479 Vgl. IKM Comunicado Prensa Nr. 39/08.

480 Vgl. IKM Comunicado Prensa Nr. 39/08.

481 Vgl. IKM Comunicado Prensa Nr. 39/08.

Beobachtungen in den öffentlichen Anstalten

Die Überbelegungssituation war in den öffentlichen Anstalten außergewöhnlich. Die Einrichtungen waren in einem baulich verfallenen Zustand und die Hygiene der Anstalten war sehr prekär. Darüber hinaus konnte man extreme Probleme in der Gesundheitsfürsorge, bei den Freizeitangeboten und Gelegenheiten zur beruflichen Bildung finden.

Beobachtungen in den Privatanstalten[482]

In den Privatanstalten war die Belegungssituation angemessen und die Funktionsweise der Arbeitsbetriebe und Einrichtungen zur beruflichen Bildung gut.[483]

4.2.6 Gründe für die Unterentwicklung des Jugendstrafvollzugs

Chile hat in den letzten 20 Jahren wichtige Reformen eingeführt, welche durch die Akzeptanz der Menschenrechtstandards und Modernisierung von Behörden geprägt sind. Die Jugendstrafrechtsreform ist ein Beispiel dafür; sie führt wichtige Änderungen ein: Die Strafmündigkeit beginnt mit 14 Jahren und es gibt einen besonderen Katalog von Sanktionen mit einer jeweils spezifischen Dauer sowie prozessuale Vorschriften, die das Verfahren schnell und flexibel machen sollen. Zudem fordert das neue Jugendstrafgesetz die Beachtung des Verhältnismäßigkeitsgrundsatzes sowie eine Festlegung der Zwecke der Sanktion, die den Jugendlichen zur Besserung und zu einem Leben in sozialer Verantwortung führen sollen.

Jedoch ist der Jugendstrafvollzug im Jugendstrafgesetz unzureichend geregelt und lediglich in einer Verordnung erfolgt, die kein modernes Verständnis menschenrechtlicher Standards enthält. Zudem gibt es in *Chile* keine effektiven Kontrollmechanismen zum Schutz der Rechte der Jugendgefangenen (vgl. hierzu ausführlich *Kapitel 5.3.1*), und die Ausgestaltung der Jugendanstalten wird in Berichten von Menschenrechtsorganisationen stark kritisiert: Wieso wird nur eine Dimension des Jugendstrafsystems modernisiert? Wieso ändert sich die Situation nur für das Jugendstrafrecht und nicht für den Jugendstrafvollzug? Warum ist die Erneuerung und Weiterentwicklung des Jugendstrafvollzugs so schwer gewesen?

---

482 Chile hat ein gemischtes Privatisierungsmodell eingeführt. Mit privaten Investoren wurden neue Gefängnisse gebaut, beim Betrieb der Anstalten werden die Bereiche Ernährung, Reinigung und die Durchführung von Behandlungs- bzw. Resozialisierungsprogrammen von privater Hand übernommen. Gleichzeitig wird vom Staat die Funktion der Ordnung und Sicherheit in den Gefängnissen übernommen.

483 Vgl. IKM Comunicado Prensa Nr. 39/08.

Die Faktoren, die diese Phänomene erklären können, sind komplex und unterschiedlich. Zu den wichtigsten Faktoren gehören: Verschärfungen in der Kriminalpolitik, Prioritätensetzungen für andere Reformen, der Widerstand gegenüber der Modernisierung, die fehlende Teilnahme von Experten und die fehlende relevante Rechtsprechung über Menschenrechte von Gefangenen (siehe *Kapitel 4.2.6.1-5*).

4.2.6.1 Verschärfungen der Kriminalpolitik

Debatten in Richtung eines moderaten Strafrechts, einer Humanisierung der Strafe oder Verbesserung des Jugendstrafvollzugssystems sind in *Chile* schwer geworden und man kann nur wenige positive Beispiele finden, z. B. bzgl. der Abschaffung der Todesstrafe,[484] der Delikte der Bettelei,[485] des Ehebruchs[486] und der Sodomie.[487]

Zahlreiche Reformgesetze der letzten 20 Jahre waren vor allem auf die Verschärfung strafrechtlicher Zugriffe gerichtet, z. B. wurde das Sexualstrafrecht Ende der 1990er Jahre durch Neukriminalisierungen und Strafschärfungen verändert (Gesetz Nr. 19.617 von 12. Juli 1999). Im Anschluss an die Ereignisse im sog. *Spiniak-Fall*[488] in Santiago stand die Gesetzgebung im Sexualstrafrecht im Blickpunkt.[489] So erfolgten auch in diesem Bereich seit 2004 wiederholt gesetzliche Neukriminalisierungen oder Strafschärfungen. Durch das Gesetz Nr. 19.927 vom 14. Februar 2004 wurden die Vorschriften zur Bekämpfung der Kinderpornografie und des sexuellen Missbrauchs von Kindern erweitert.[490]

Im Januar 2002 kam es zu einer Reform des Strafverfahrensrechts[491] mit einer Erweiterung der Befugnisse der Polizei und einer Stärkung des Opferschutzes.[492] 2005 wurde die Ausweitung der Untersuchungshaft beschlossen.[493] Aufgrund der Reform kann der Richter die Untersuchungshaft nicht nur zum

---

484 Vgl. Gesetz Nr. 19.734 vom 5. Juni 2001.

485 Gesetz Nr. 19.567 vom 1. Juli 1998.

486 Gesetz Nr. 19.335 vom 23. September 1994.

487 Gesetz Nr. 19.617 vom 12. Juni 1999.

488 *Claudio Spiniak* ist ein Geschäftsmann, der private Feiern mit prostituierten Kindern organisierte. Der Fall wurde zwischen 2003 und 2005 in allen Medien verbreitet. *Spiniak* wurde wegen Kindesmissbrauchs und der Produktion von pornografischem Material verurteilt.

489 Eine ähnliche Situation gab es in Belgien im *Dutroux*-Fall, vgl. *Dünkel* 2011a, S. 213.

490 Vgl. *Hernández* 2004, S. 228; *Salinero* 2012, S. 13.

491 Vgl. Gesetz Nr. 19.789, veröffentlicht am 30.01.2002.

492 Vgl. *Stippel* 2010, S. 512.

493 Vgl. Gesetz Nr. 20074, veröffentlicht am 14.11.2005.

Schutz des Verfahrens anordnen, sondern auch, wenn er andere Maßnahmen als unzureichend für den Schutz der Sicherheit des Opfers oder der Gesellschaft ansieht.[494] 2006 wurden die Eingriffsbefugnisse der Polizei und Staatsanwaltschaft nochmals erweitert und im Bereich des Strafrechts die Strafen gegen Wiederholungstäter weiter verschärft.[495] Weiterhin zu erwähnen ist die Reform der Eigentumsdelinquenz. Durch das Gesetz Nr. 20.253 vom 28. Juni 2008 wurden die Vorschriften zum Diebstahl erweitert. Diese Reform verstärkte den Strafschärfungstrend, der bereits im Gesetz Nr. 19.950 vom 5.10.2004 verfolgt worden war, indem die Strafandrohung bei Diebstahl erhöht wurde.[496] Ferner wurde das Drogenstrafrecht 1995 reformiert. In der Tat wurden die Straftatbestände der Drogendelikte durch das Gesetz Nr. 19.366 mehrmals konkretisiert und die Sanktionen verschärft.[497] Seit 2005 existiert in diesem Bereich eine Neukriminalisierung durch Einführung des neuen Delikts „geringfügige Drogenproduktion".[498]

Der repressive Trend in der chilenischen Kriminalpolitik ist so stark gewesen, dass in der politischen Arena fast kein Platz für Debatten über eine Verbesserung des Jugendstrafvollzugssystems oder die Rehabilitierung der Gefangenen verblieb. Man kann sagen, dass das Strafvollzugsthema in *Chile* kaum Beachtung in der Öffentlichkeit gehabt hat und sich die Aufmerksamkeit nur im Fall einer Flucht aus dem Gefängnis oder bei großen Tragödien in den Anstalten auf dieses Thema richtete.[499] Ein Beispiel dafür sind die zwei Projektentwürfe zum Strafvollzugsgesetz[500] und die zwei Berichte von Expertenkommissionen im

---

494 Vgl. *Stippel* 2010, S. 517.

495 Vgl. Gesetz Nr. 20.053, veröffentlicht am 6.09.2005

496 Vgl. *Salinero* 2012, S. 14.

497 Vgl. *Mera* 2005, S. 43; *Salinero* 2012, S. 14.

498 Vgl. *Salinero* 2012, S. 13.

499 Nach dem Brand in einem Gefängnis in der Stadt von Iquique im Jahr 2000, wo 26 Gefangene starben, begann die Regierung von *Ricardo Lagos* mit einer Reform des Neubaus von Haftanstalten unter Beteiligung privater Investoren. Nach dem Brand in einem Gefängnis in der Hauptstadt von Chile im November 2010, wo mehr als 80 Gefangene starben, gab es eine Änderung der Gefängnispolitik. Die Regierung von *Sebastián Piñera* begann 2011 mit einer Reform des Sanktionssystems mit dem Ziel der Ausweitung alternativer Sanktionen und mit Maßnahmen zur Verbesserung der Lebensqualität der Gefangenen, vgl. *Castro Morales* 2011, S. 114 ff.

500 Der erste Entwurf eines Strafvollzugsgesetzes bzw. eines Strafvollstreckungsgesetzbuchs wurde im Dezember 1994 vorgestellt. Der Entwurf enthielt vier Titel und insgesamt 145 Artikel. Im ersten Titel ging es um allgemeine Vorschriften. Der zweite Titel enthielt Bestimmungen zum Vollzug der Freiheitsstrafe. Unter dem dritten Titel fanden sich Bestimmungen für den Vollzug aller übrigen strafrechtlichen Sanktionen. Im letzten Teil waren Regelungen für den Vollzug von Maßregeln der Besserung und Sicherung enthalten. Aufgrund des Drucks der Menschenrechtsbehörden und einiger wichti-

Bereich des Strafvollzugs,[501] die keinen Erfolg und keine Resonanz in der politischen Arena hatten.

4.2.6.2 Prioritätensetzungen für andere Reformen

In *Chile* war die sog. Große Strafverfahrensreform von 2000 von herausragender Bedeutung für das Strafsystem und die Sanktionspraxis. Die Reform führte neue Behörden, eine radikale Veränderung des Kriminaljustizsystems mit neuen kriminalpolitischen Orientierungen sowie eine andere Rechtskultur, die eine tiefgreifende Veränderung der Wertorientierungen und Handlungsroutinen der betroffenen Akteure des Justizsystems erforderte, ein. Die Aufgabe der Implementierung war keine leichte und ihre sukzessive Umsetzung erforderte viel Arbeit, Investitionen und Aufmerksamkeit, sodass andere Reformen wie die des Jugendstrafrechts, Strafgesetzbuchs,[502] Strafvollzugsgesetzes, Familienrechts und des Arbeitsrechts an die zweite Stelle gerückt sind.

---

ger Senatoren begann 2006 die Ausarbeitung eines zweites Strafvollzugsgesetzentwurfs. Bedauerlicherweise wurde der Entwurf aus verschiedenen Gründen nicht verabschiedet. Nach *Stippel* spielten bei diesem Scheitern die Opposition der Beamten, die schwache politische Lobby und die Prioritätensetzung zugunsten anderer Reformen ein wichtige Rolle, vgl. *Stippel* 2010, S. 490 ff.

501   Im Bereich des Strafvollzugs setzte die Regierung 1991 eine Expertenkommission ein, die eine Analyse und Empfehlungen erarbeiten sollte. Die Expertenkommission veröffentlichte ihren Bericht 1992. Nach der Kommission waren die Probleme des Strafvollzugssystems folgende: a) Mängel der Anstaltsbauten und der Unterbringung, Überbelegung der Zellen, b) unzureichende Differenzierung der Gefangenen, c) wenig ausgebildetes und gering qualifiziertes Personal, d) Vorherrschen des Sicherungs-, Verwaltungs- und Arbeitsvollzuges, e) Fehlen der Persönlichkeitsforschung und moderner Behandlungsmethoden, f) Fehlen der zur Modernisierung erforderlichen Finanzmittel. Die Empfehlungen der Kommission können in sechs Ideen eingeteilt werden: Notwendigkeit eines Strafvollzugsgesetzes, Modernisierung der Strafvollzugsbehörden, modernes Verständnis menschenrechtlicher Standards, effektiver Rechtsschutz und Modernisierung des Sanktionssystems. 2008 setzte die Regierung eine zweite Expertenkommission ein und der Bericht der Kommission wiederholt die bereits 1991 benannten Probleme, vgl. *Riego* 1994, S. 65 ff.; *Castro Morales* 2008, S. 78; *Castro Morales/ Henriquez* 2010, S. 117.

502   Das chilenische Strafgesetzbuch trat 1875 in Kraft und gilt nach zahlreichen Änderungen bis heute. Als Hauptstrafen sind neben der Todesstrafe, die in Chile seit 2001 abgeschafft ist, eine lange Reihe von Freiheitsstrafen aufgezählt. Die Freiheitsstrafen werden unterteilt in jeweils lebenslange, schwere und minder schwere Formen. Jede dieser Strafen wird in drei Grade untergliedert: den niedrigen, mittleren und höchsten Grad. Zudem kommen als freiheitsbeschränkende Hauptstrafen die Zwangsverschickung, die Verbannung, der Zwangsaufenthalt, die Ortsverweisung und die Stellung unter behördliche Aufsicht in Betracht. Zuletzt sind eine Reihe von Aberkennungen von Befähigungen, Amtsenthebungen, Berufsverbote, Fahrverbote und die Geldstrafe vorgesehen. Im Laufe der Zeit wurden ohne Erfolg fünf Kommissionen zur Ausarbeitung eines neuen

Nach den Präsidentschaftswahlen bildete Präsident *Aylwin* am 20. November 1990 eine Expertenkommission, um ein neues Jugendstrafrecht zu entwerfen (vgl. oben *Kapitel 3.1.2*). Zur gleichen Zeit begannen die Arbeiten der anderen Kommissionen zur Reform des Strafverfahrensrechts. Der Entwurf der Strafverfahrensreform wurde im Kongress am 29. Oktober 2000 verabschiedet und danach begann die Herausforderung der Implementierung des neuen Systems. Mit der Reform des Jugendstrafrechtssystems sollte abgewartet werden, da man sich in *Chile* zunächst auf die Umsetzung der Strafverfahrensreform konzentrieren wollte.

Die Reform führte die Mündlichkeit des Verfahrens, die Trennung zwischen der Anklägerfunktion und der Richterfunktion sowie vier neue Institutionen ein: die Staatsanwaltschaft,[503] den „Garantie-Richter" (*Juez de Garantía*), die Richter der Hauptverhandlung (*Jueces de Tribunal de Juicio Oral*)[504] und ein öffentliches Strafverteidigerbüro.[505] Ferner wurde das Opportunitätsprinzip eingeführt und es wurden die Rechte des Angeklagten erweitert, z. B. hinsichtlich seiner Verteidigung und Informationsrechte.

Die Aufgabe der Implementierung der Strafverfahrensreform oblag dem Präsident *Aylwin* nachfolgenden Präsidenten *Eduardo Frei*, der sich zusammen mit seiner Ministerin *Soledad Alvear* auf dieses Ziel konzentrierte. Das war keine leichte Aufgabe, da die Strafprozessreform in *Chile* sukzessive umgesetzt wurde. Die erste Phase erfolgte am 12. Oktober 2000 in der IV. und IX. Region, die zweite 2001 in der II., III. und VII. Region, die dritte Phase 2002 in der I., XI. und XII. Region, die vierte Phase 2003 in der V., VI., VIII. und X. Region. Die letzte Phase wurde am 16. Juni 2005 in der Hauptstadt Santiago verwirklicht.

Weitere Impulse für die Reformbewegung in *Chile* gaben die Ratifizierung der Kinderrechtskonvention im Jahr 1999 und die Kritik der Ausschusses für die Rechte des Kindes der Vereinten Nationen gegenüber *Chile,* die die Modernisie-

Strafgesetzbuchs im Justizministerium gebildet und vier Entwürfe vorgestellt (1929 Entwurf *Ortiz-von Bohlen*, 1938 Entwurf *Labatut-Silva*, 1946 Entwurf *Ministerio de Justicia*, 2005, Entwurf *Foro Penal* und 2013, Entwurf *Ministerio de Justicia*), vgl. *Matus* 2010, S. 143.

503 Die Staatsanwaltschaft wurde durch das Gesetz Nr. 19.519 von 16.09.1997 eingeführt.

504 Vor der Verfahrensreform war der Strafrichter (*Juez del Crimen*) zuständig für die Ermittlung und das Urteil. Nach der Reform wurde der Strafrichter als Ermittlungsrichter abgeschafft. Der „Garantie-Richter" (*Juez de Garantía*) und die Richter der Hauptverhandlung (*Jueces de Tribunal de Juicio Oral*) wurden durch das Gesetz Nr. 19.665 vom 9.03.2000 eingeführt.

505 Vor der Verfahrensreform war für die Verteidigung der Angeklagten die CAJ (*Corporación de Asistencia Judicial*) verantwortlich. In dieser Institution arbeiteten Jurastudenten, die die Beklagten verteidigten. Nach der Verfahrensreform wurde das öffentliche Strafverteidigerbüro durch das Gesetz Nr. 19.718 vom 10.3.1998 eingeführt. Heutzutage arbeiten im öffentlichen Strafverteidigerbüro Anwälte, die sich nur mit der Verteidigung von Angeklagten beschäftigen.

rung der Jugendstrafjustiz zu einem drängenden Bedürfnis machten. 2007 begann im Land die Einführung eines neuen Jugendstrafrechtssystems, das angesichts der Fülle der damit zusammenhängenden Probleme eine Herausforderung für den chilenischen Staat darstellte (vgl. *Kapitel 3.1.3*).

Eine Reform nach der anderen hatte einen sehr positiven Einfluss, da ein großer Teil des Strafverfahrensrechts im Jugendstrafrecht anzuwenden ist. Einen großen Einfluss auf das Jugendstrafrecht hatten daher die Strafverfahrensvorgaben wie die Einführung von Verfahrensgarantien und Möglichkeiten eines schnellen und flexiblen Verfahrens sowie die Beteiligung von Akteuren, die intensiv in der neuen Logik des Verfahrenssystems trainiert worden waren.

Weiterhin zu erwähnen ist die Reform des Baus von Gefängnissen für Erwachsene. Chile hat unter der Regierung von *Ricardo Lagos* im Jahr 2000 ein gemischtes Privatisierungsmodell eingeführt: Mit privaten Investoren wurden neue Gefängnisse gebaut und beim Betrieb der Anstalten wurden die Bereiche Ernährung, Reinigung und die Durchführung von Behandlungs- bzw. Resozialisierungsprogrammen von Privaten übernommen. Gleichzeitig wurde vom Staat die Funktion der Ordnung und Sicherheit in den Gefängnissen übernommen.[506]

Insgesamt sind 10 Haftanstalten mit einer Belegungszahl von 16.000 Haftplätzen geplant und großenteils auch errichtet worden. Zweck war es, den Schutz der Menschenrechte im Gefängnis sicherzustellen. Jedoch wurde diese neue Reform sehr kritisiert, da sie nur als „momentane Lösung" angesehen wurde. Der Neubau beseitigt nicht die Ursachen der Zunahme der Inhaftiertenzahl und damit war zu erwarten, dass die neuen Gefängnisse in ein paar Jahren wieder überfüllt sein würden.[507] Zudem wurde die Vertragsstrafe kritisiert, die die Regierung bezahlen sollte, falls die Belegungszahl der Haftanstalt überschritten wird. In diesem Fall sollte die Regierung ca. 5.000 Euro pro Tag zahlen.[508]

Nach der chilenischen Erfahrung stellt sich darüber hinaus die Frage, ob eine Resozialisierung durch Private tatsächlich besser gewährleistet werden kann. Weitere Probleme der Privatisierungsreform wurden durch einen Bericht der *Cámara de Diputados*[509] analysiert: die Verspätung des Neubaus, Mangelhaftigkeit in der Konstruktion, exzessive Kosten für die Regierung und wertlose Rehabilitierungschancen für die Gefangenen.[510]

---

506 Vgl. *Castro Morales* 2006, S. 31 ff.

507 Vgl. *Stippel* 2010, S. 522.

508 Vgl. *Dammert/Díaz* 2005, S. 3; *Castro Morales* 2006, S. 39; *Stippel* 2010, S. 561.

509 Die Legislative liegt beim Kongress, bestehend aus der Abgeordnetenkammer oder *Cámara de Diputados* (120 Abgeordnete, für 4 Jahre gewählt) und den Senat oder Senado (38 Mitglieder, auf 8 Jahre gewählt).

510 Vgl. *Castro Morales* 2007, S. 33, Sesión 11°, miércoles 4.4.2007, especial de 18:35 a 21:07 horas, in: www.camara.cl/boletin/doc.aspx?tesied-9169.

4.2.6.3 Widerstände gegenüber einer Modernisierung

Ein weiterer Faktor, der den Prozess der Reformen des Strafvollzugs in *Chile* limitiert hat, ist der Widerstand des Justizministeriums und der Strafvollzugsbehörde. Sie konzentrierten sich auf die Vorenthaltung von empirischen Informationen, Einschränkungen zum Besuch der Gefängnisse und eine Vertuschung von ungünstigen Tatsachen über die Lebenswirklichkeit im Vollzug. So wurden einzelne Berichte kritischer Forscher nicht zur Veröffentlichung freigegeben. Das Strafvollzugssystem wurde von der Behörde als „Pandoras Büchse" betrachtet, die es besser nicht zu öffnen galt.[511]

Seit 2005 verfasst das Zentrum für Menschenrechte der *Diego Portales Universität* (UDP) einen Jahresbericht über die Menschenrechtssituation im Land. Dieser Bericht enthält ein Kapitel über Menschenrechte im Gefängnis und den Vergleich des Stands der Implementierung internationaler Mindeststandards im Bereich der Menschenrechte innerhalb der einzelnen nationalen Rechtssysteme. Dieses Kapitel konzentriert sich auf die fragliche Umsetzung der internationalen Menschenrechtsstandards innerhalb des chilenischen Vollzugssystems und beschreibt die Hauptprobleme des Gefängnisses: Überbelegung, Folter und geringer Schutz der Rechte der Gefangenen.[512]

Die Reaktionen der Vollzugsbehörde und des Justizministerium gegen die Jahresberichte fielen sehr heftig aus. Durch die Medien widersprach die Justizbehörde den Ergebnissen des Kapitels und gleichzeitig verweigert sie jedes Jahr empirische Informationen über Belegung, Anwendung von Disziplinarmaßnahmen, isolierende Maßnahmen und eine Liste der Aktivitäten im Rahmen des Vollzugs. Zudem verbot sie Umfragen bei Gefangenen, die im Rahmen des Berichts jedes Jahr angefordert wurden.[513]

Die UDP verklagte 2005 die Vollzugsbehörde wegen der Verheimlichung von empirischen Informationen. Die Behörde wurde verurteilt (wobei das Gericht das Recht auf Information anerkannte), im Urteil wurde allerdings zugelassen, dass das Justizministerium eine Zahlung für die Erhebung von Daten verlangen darf. Später verlangte die Beklagte tatsächlich 30 Millionen de *Pesos chilenos* (ca. 40.000 Euro) für die Datenherausgabe.[514]

Eine weitere Dimension des Widerstands stellen die Beamten der Strafvollzugsbehörde dar. In einer demokratischen Gesellschaft spielen die Werte der Transparenz und Öffentlichkeit eine wichtige Rolle. Die Vollzugsbeamten als

---

511 Vgl. *Castro Morales* 2006, S. 20.

512 Vgl. *Castro Morales/Besio* 2005; *Castro Morales/Besio* 2006; *Castro Morales* 2007; *Castro Morales/Cillero* 2008; *Castro Morales* 2009; *Castro Morales/ Henriquez* 2010; *Castro Morales* 2011.

513 Vgl. *Castro Morales* 2006, S. 46 ff.

514 Vgl. *Castro Morales* 2006, S. 53 ff.

Teil des Strafsystems sind zur Öffentlichkeitsarbeit genau wie andere staatliche Beamte verpflichtet.

Jedoch sind die Werte der Transparenz und Öffentlichkeit für die chilenischen Strafvollzugsbeamten nicht immer selbstverständlich gewesen. Im Fall des chilenischen Strafvollzugs wurden diese Werte in letzter Zeit nur auf Grund der Berichte der Menschenrechtsinstitutionen als wichtig berücksichtigt. Zuvor waren die Beamten für lange Zeit nicht kontrolliert worden und ihre Arbeit hatte keine Resonanz in der Öffentlichkeit. Das ist sehr problematisch gewesen, da die Strukturen und Prozesse der Verwaltungskultur der Vollzugsbehörden sich an eine extreme kollegial-geschlossene Kohäsion, an Interventionismus der politischen Parteien und einer unzureichenden Verwaltungskontrolle orientiert haben. Wie der damalige Leiter des *SENAME Francisco Estrada* erklärte, es ist schwer, die Reformen in einer Institution zu entwickeln, in der die internen Verfahrensakten bzgl. Disziplinarverfahren gegenüber Beamten verschwunden sind, die politischen Parteien einen großen Einfluss haben und es einen Missbrauch des Budgets ohne Kontrolle gibt.[515]

Jedoch ist die Situation im Bereich der Transparenz, Öffentlichkeit und Akzeptanz des Strafvollzugs verbessert worden. Im Jahr 2008 wurde das sog. Transparenzgesetz verabschiedet,[516] 2009 wurde in Chile ein Ombudsmann (auf Spanisch *Instituto Nacional de Derechos Humanos*)[517] eingeführt und die Regierung von *Sebástian Piñera* hat einen wichtigen Schritt getan, da sie sich mit den Problemen des Strafvollzugs konfrontiert und sich für diese sensibilisiert hat.[518] Eine wichtige Rolle haben bei dieser Entscheidung der Justizminister und Juraprofessor *Felipe Bulnes* und die damalige Strafverteidigerin *Pátricia Peréz* gespielt.[519]

---

515 Vgl. *Ciper* Chile 2010, S. 1 in: http://ciperchile.cl/2010/09/15/el-secreto-desastre-de-las-carceles-para-jovenes/.

516 Das Gesetz Nr. 20.285 wurde am 20.8.2008 veröffentlicht. Es verlangt von den Institutionen, öffentliche Informationen zu veröffentlichen.

517 Vgl. Gesetz Nr. 20.405, das am 10.12.2009 veröffentlicht wurde.

518 Nach dem Brand in einem Gefängnis in der Hauptstadt von Chile im November 2010, bei dem mehr als 80 Gefangene starben, gab es eine Änderung der Gefängnispolitik. Die Regierung wurde zum ersten Mal mit den Problemen des Vollzugs in der Öffentlichkeit konfrontiert und begann mit einer Reform des Sanktionssystems zur Ausweitung alternativer Sanktionen und mit Maßnahmen zur Verbesserung der Lebensqualität der Gefangenen, vgl. *Castro Morales* 2011, S. 111.

519 Vgl. *Castro Morales* 2011, S. 113.

4.2.6.4 Fehlende Beteiligung von Experten

Ein weiterer Faktor, der die Unterentwicklung des Jugendstrafvollzugsrechts beeinflusst, war die lediglich begrenzte Teilnahme einer Gruppe von Experten, die den Reformprozess unterstützte. Im Vergleich zum Strafrecht, Verfahrensrecht und Jugendstrafrecht gibt es nur wenige im Jugendstrafvollzug spezialisierte Wissenschaftler. Das Strafvollzugsrecht wird in *Chile* nicht als „unabhängige Disziplin" gesehen, es wird vielmehr als ein Teil des allgemeinen Strafrechts betrachtet.

Im Vergleich zu *Deutschland*[520] oder zum angloamerikanischen Bereich[521] gibt es in *Chile* einen deutlichen Mangel an qualitativ hochwertigen Studien zu Strafvollzugsthemen. Es fehlt im Land an Konzepten, Methoden und Studien zur Struktur, zum Prozess und zur Ergebnisqualität und es gibt zu wenig universitäre Initiativen zur Evaluation im Jugendstrafvollzug (z. B. in der *Diego Portales*-Universität und der *Chile*-Universität).[522] Zudem gibt es wenige Masterstudiengänge, die das „Strafvollzugsrecht" als Lehrmodule enthalten.[523] Die Publikationen sind auch im Bereich des Strafvollzugs von geringer Zahl. Insgesamt wurden zwischen 1885 und 2006 in *Chile* 938 wissenschaftliche Artikel im Bereich des Strafsystems veröffentlicht[524] und weniger als 10% beschäftigen sich mit Strafvollzugsthemen.[525]

---

520 Vgl. *Dünkel* 1996; *Kunz* 2013, S. 81 ff.

521 Vgl. *Lösel* 2013, S. 131.

522 Das Menschenrechtszentrum der UDP hat 2005 eine Forschungsabteilung für Gefängnisse und Menschenrechte gegründet. Eine wesentliche Forschung im Bereich des Strafvollzugs ist das Buch „Derechos Fundamentales de los Privados de los Libertad" von Álvaro Castro Morales, Miguel Cillero Bruñol und Jorge Mera Figueroa aus dem Jahr 2010 (www.ediciones.udp.cl/derechos-fundamentales-de-los-privados-de-libertad). Zudem hat die Chile-Universität 2001 das „Instituto de Asuntos Públicos" gegründet. Das Instituto enthält eine Einheit für Kriminologie, die interessante Projekte zu Themen der Gefängnisse durchführte, z. B. Evaluation und Ergebnisse der Behandlung und Resozialisierungsangebote für erwachsene Gefangene. www.cesc.uchile.cl/proyectos/-area_estudiospenitenciarios.html.

523 An den chilenischen Universitäten gibt es ca. 5 Masterprogramme im Bereich des Strafrechts. Sie laufen in der Universität von Chile, Central, Diego Portales, Talca und Católica de Valparaíso. Hinzu kommen Studienprogramme im Bereich des Strafrechts (Aufbau der Verbrechenslehre und Besonderer Teil), Verfahrensrechts, der Rechtsstreitigkeiten (*litigación*) und der Rechtsprechung. Nur in den Universitäten Diego Portales und Talca gibt es ein Lehrmodul für Jugendstrafrecht. Ein Lehrmodul für Strafvollzug gab es nur in der Diego Portales-Universität.

524 Die Mehrheit der Artikel konzentriert sich auf Themen des allgemeinen und besonderen Teils des Strafrechts. Z. B. Zweck der Strafe (30 Artikel), Vorsatz und Tatbestandsirrtum (12 Artikel), Notwehr (14 Artikel), Schuld (42 Artikel), Fahrlässigkeit (20 Artikel), Täterschaft und Teilnahme (10 Artikel), Verjährung (19 Artikel), Unterlassungsdelikte

Insgesamt ist die strafvollzugsrelevante Forschung und Lehre an den chilenischen Universitäten wesentlich schwächer vertreten als in *Deutschland*. Diese
Lage erschwert die Unterstützung der Modernisierung.

4.2.6.5 Fehlende Rechtsprechung zu den Menschenrechten von Gefangenen

In *Chile* haben Verfassungsbeschwerden keinen Einfluss auf die Rechte der Gefangenen gehabt. Dieses Thema wird in *Kapitel 5.3.1* im Detail dargestellt.

4.3 Bolivien

4.3.1 Historische Aspekte der rechtlichen Regelung des Jugendstrafvollzugs

Wie das chilenische Strafgesetzbuch unterschied das bolivianische Strafgesetz
von 1834 drei Altersgruppen: Kinder unter 10 Jahren, Jugendliche von 10 bis 17
Jahren und Erwachsene ab dem Alter von 18 Jahren.

Die erste Gruppe galt als unzurechnungsfähig und folglich strafrechtlich
nicht verantwortlich. Hier wurden die Kinder in die Obhut ihrer Eltern oder ihres Vormunds oder Pflegers, sowie in die sog. *Casa de Corrección* überstellt.

Die zweite Gruppe betrachtete wie in *Chile* zwei Situationen: Wenn der Jugendliche mit Urteilsvermögen gehandelt hatte, wurde die Strafe bis zur Hälfte
oder einem Viertel gemindert und im Gefängnis verbüßt.[526] Für die Jugendlichen, die ohne Urteilsvermögen gehandelt hatten, wurde die Unterbringung in
einer *Casa de Corrección* vorgesehen.

Die dritte Gruppe wurde ohne Strafmilderung regelmäßig mit Gefängnis bestraft.[527]

1917 wurde in jedem Gefängnis des Landes eine Abteilung für Jugendstraftäter (*Pabellón Correccional*) gebaut.[528] Zudem wurde das *Patronato Nacional*

(20 Artikel), Arten von Sanktionen (46 Artikel), Betrugsdelikte (72 Artikel), Delikte
gegen das Eigentum (40 Artikel), Drogendelikte (51 Artikel), Straftaten gegen die sexu-
elle Selbstbestimmung (26 Artikel) und Straftaten gegen das Leben (29 Artikel), vgl.
Matus/Carnevali 2007, S. 21 f.

525 Zwischen 1875 und 2006 wurden in *Chile* im Bereich des Strafvollzugs nur 82 wissenschaftliche Artikel veröffentlicht. Sie fokussieren die Merkmale der Gefangenen sowie
Behandlungs- und Resozialisierungsprogramme, vgl. *Matus/Carnevali* 2007, S. 21 f.

526 Vgl. *DNI* 2012, S. 3.

527 Vgl. *DNI* 2012, S. 3.

528 Decreto Supremo vom 20.05.1917.

del Menor eingeführt, das die Verantwortlichkeit für Jugendstrafanstalten, stationäre Familienpflege (*hogares*) und Erziehungsanstalten trug.[529] Nach dem ersten Jugendgesetz von 1966 wurde das System der Unterscheidung der strafrechtlichen Verantwortlichkeit nach dem Urteilsvermögen abgeschafft. Der Anwendungsbereich des Gesetzes wurde auf Jugendliche, die sich in einer „unregelmäßigen Lage" befanden, ausgeweitet. Wie *Gutbrodt* erklärt, wurden die Jugendlichen nicht für ihr Handeln verantwortlich gemacht, sondern unter dem Gesichtspunkt ihrer „Gefährlichkeit für die Gesellschaft" (unabhängig von der Begehung von Straftaten i. S. d. StGB) betrachtet.[530] Als Folge wurden prostituierte Kinder und Jugendliche, jugendliche Bettler, Waisenkinder, Opfer von sexuellem Missbrauch oder Gewalt und Jugendstraftäter in die sog. Zentren zur Beobachtung und Diagnose (*Centros de Observación y Diagnóstico*) eingewiesen.[531] Diese Rechtslage blieb bis zum dritten Jugendgesetz von 1992 unverändert.

4.3.2 Die gegenwärtige rechtliche Regelung des Jugendstrafvollzugs

In *Bolivien* wird der Jugendstrafvollzug in drei Quellen geregelt. Die maßgeblichen gesetzlichen Regelungen des Jugendstrafvollzugs finden sich im Strafvollzugsgesetz für Erwachsene, im Gesetz Nr. 2.298, und im *Código del Niño, Niña y Adolescente*. Wie in Chile wird die Praxis des Jugendstrafvollzugs vor allem durch Verwaltungsvorschriften geregelt. Bemerkenswert ist, dass es in *Bolivien* kein Jugendstrafvollzugsgesetz gibt.

4.3.2.1 Das Strafvollzugsgesetz Nr. 2.298

Das Strafvollzugsgesetz für Erwachsene Nr. 2.298 vom 20.10.2001 (das auch für Jugendliche gilt) ist in zehn Titel gegliedert: Titel I: Grundsätze, Titel II: Innerer Aufbau der Justizvollzugsanstalten, Titel III: Justizvollzugsanstalten, Titel IV: Disziplinarmaßnahmen, Titel V: Planung des Vollzugs, Titel VI: Progressives System, Titel VII: Vollzugsplan und Ausbildung, Titel VIII: Hausarrest, Titel IX: Vollzug der ambulanten Sanktionen und Titel X: Kontrolle der Entlassung und Lockerungen des Vollzugs. Wie aus der Übersicht erkennbar wird, handelt es sich um eine Art Strafvollstreckungsgesetzbuch, das auch die Vollstreckung ambulanter Sanktionen beinhaltet (vgl. Titel VIII und IX).

Das Gesetz enthält in dem Titel V, Kapitel II besondere Vorschriften für den Jugendstrafvollzug. In sechs Artikeln legt das Gesetz einen besonderen Akzent auf die Themen der Klassifizierung der Jugendgefangenen, das Ziel der Behand-

---

529 Vgl. *DNI* 2012, S. 5.

530 Vgl. *Gutbrodt* 2010, S. 57.

531 Vgl. *DNI* 2012, S. 6.

lung, die Benachrichtigung über die Behandlung an die Eltern, Verpflichtungen der Jugendanstalt, die Spezialisierung des Personals und Disziplinarmaßnahmen.

Gemäß Art. 82 des Strafvollzugsgesetzes (bStVollzG) sind die Gefangenen von 16 bis 20 Jahren getrennt von über 20-jährigen Erwachsenen in besonderen Jugendanstalten oder -abteilungen unterzubringen. Frauen und Männer sowie Gefangene und Untersuchungshaftgefangene sind gleichfalls getrennt in besonderen Anstalten oder Abteilungen unterzubringen.

Nach Art. 148 bStVollzG sollen die Behandlungsuntersuchung und die Klassifizierung der Jugendgefangenen durch Spezialisten für Jugendliche durchgeführt werden. Ferner gewährleistet Art. 149 bStVollG, dass die Ausbildung und Arbeit der Behandlung der Jugendgefangenen dienen sollen.

Gemäß Art. 150 bStVollzG sollen die Jugendgefangenen, die Eltern und der Richter vierteljährlich durch den Anstaltsleiter über die Entwicklung der Behandlung der Jugendgefangenen unterrichtet werden.

Die Verpflichtungen der Jugendstrafanstalten lauten entsprechend Art. 151 bStVollzG wie folgt:

1. Schutz der Jugendgefangenen gegen jedes „moralische, soziale, psychologische und physische Risiko",
2. Priorität in der Unterbringung und Versorgung der Jugendgefangenen (im Vergleich zu den Abteilungen des Erwachsenenvollzugs, d. h. der Lebensstandard sollte im Jugendvollzug besser sein als im Erwachsenenvollzug),
3. Pflege der Beziehungen zwischen den Jugendgefangenen und ihren Verwandten,
4. Gewährleistung einer medizinischen Versorgung und des Materials für die Schule und Hygiene,
5. Bereitstellung der Kleidung der Jugendgefangenen und
6. Gewährleistung der Unterbringung in einem psychiatrischen Krankenhaus in Fällen einer psychiatrischen Erkrankung.

Das Prinzip der Spezialisierung ist in Art. 152 bStVollzG geregelt und ordnet gegenüber den Jugendanstalten an, dass die Vollzugsbediensteten im Bereich der Jugendlichen erzieherisch ausgebildet sein müssen (*especialistas*).

Hinsichtlich der Disziplinarmaßnahmen sollen entsprechende Maßnahmen bei Jugendlichen auf ein Drittel gemildert werden. Darüber hinaus verbietet Art. 153 bStVollzG isolierende Maßnahmen.

4.3.2.2 Der *Código del Niño, Niña y Adolescente*

Gemäß dem bolivianischen Código del Niño, Niña y Adolescente sind für die Verwaltung des Vollzugs die *SEDEGES* (*Servicios departamentales de gestión social*) zuständig, die den Präfekturen, d. h. auf kommunaler Ebene, zugeordnet sind. Ferner führte das Jugendgesetz ein interdisziplinäres Team ein, das für die Wiedereingliederung der Jugendgefangenen verantwortlich ist. Die Ergebnisse der Arbeit des Teams werden von Psychologen und Sozialarbeitern berücksichtigt.[532] Die Funktionen dieses Teams ergeben sich aus den Verordnungen der *Consejo de Judicatura*, während der Código nur eine allgemeine Beschreibung des Teams enthält.[533]

Darüber hinaus legt der Código ein besonderes Augenmerk auf die Einrichtungen für Jugendliche. Nach Art. 252 des Código werden die Freiheitsstrafe und Untersuchungshaft in Jugendanstalten vollzogen, in denen eine auf die unterschiedlichen Bedürfnisse der Jugendgefangenen abgestimmte Behandlung gewährleistet ist. Ferner ordnet Art. 252 an, dass die Jugendgefangenen und die Untersuchungsgefangenen an einer Beschäftigung und einem Ausbildungsprogramm teilnehmen sollen.

4.3.2.3 Verwaltungsvorschriften zum Código del Niño, Niña y Adolescente von 1999

Die bolivianische Verwaltungsverordnung (bJVV) enthält besondere Regelungen, die für die Organisation und das Personal von Bedeutung sind. Beim Aufnahmeverfahren sollen die Vollzugsbediensteten eine Akte anlegen, die die folgenden Informationen enthalten soll: Name, Gesundheitszustand, Haftbefehl bzw. Inhaftierungsgrund, Aufnahme-, Verlegungs- und Entlassungszeitpunkt.[534]

Die interdisziplinären Teams (*Grupos Interdisciplinarios*), die für die Wiedereingliederung der Jugendgefangenen verantwortlich sind, können zudem im Rahmen der Hauptverhandlung Vorschläge zur Sanktionsgestaltung machen und z. B. eine Minderung der Strafe beantragen. Über den Antrag entscheidet der Jugendrichter.[535]

Weiterhin soll die Jugendanstalt beim Vollzug der Freiheitsstrafe darauf achten, dass die Freiheitsstrafe und die Untersuchungshaft in getrennten Anstalten oder in getrennten Abteilungen bzw. Einrichtungen vollzogen werden.[536]

---

532   Art. 271 des Código.

533   Vgl. *Zegada* 2005, S. 33.

534   Art. 101 I. a) der Ausführungsverordnung zum Kinder- und Jugendgesetzbuch.

535   Art. 101 III. der Ausführungsverordnung zum Kinder- und Jugendgesetzbuch.

536   Art. 101 II. der Ausführungsverordnung zum Kinder- und Jugendgesetzbuch.

4.3.3　Bestandsaufnahme des gegenwärtigen Jugendstrafvollzugs

4.3.3.1　Überblick über die quantitative Entwicklung

Am 31.12.2010 waren in *Bolivien* 876 Jugendliche im Vollzug der Freiheitsstrafe inhaftiert (einschließlich Untersuchungsgefangene).[537] Die Zahl der Gefangenen stieg in *Bolivien* von 1994 bis 2010 deutlich an (absolut von 283 auf 876). [538] Bereits in *Kapitel 3.2.3.4* war festgestellt worden, dass 94% der gerichtlichen Sanktionen die Freiheitsstrafe betrafen, was vor allem mit der unzureichenden Infrastruktur bzgl. alternativer Sanktionen zu erklären ist. Nach dem Inkrafttreten des neuen bolivianischen Jugendstrafrechts von 1999 gibt es in *Bolivien* immer noch lediglich in einem von neun *Departamentos* eine ausreichende Infrastruktur bzw. eine Koordinierungsstelle, um ambulante Maßnahmen anzuwenden.[539] Eine Erklärung für den Anstieg der inhaftierten Jugendlichen gibt es in den vorhandenen Quellen jedoch nicht. Es scheint, als hätte sich die rigide Sanktionspraxis mit einer starken Dominanz der Freiheitsstrafe nicht verändert, d. h., dass die Zahl der gerichtlich sanktionierten Jugendlichen erheblich zugenommen haben muss. Ferner gibt es auch keine Daten über den Zeitraum vor 1994.

4.3.3.2　Überblick über die Vollzugseinrichtungen und die Belegung

Insgesamt gibt es in *Bolivien* 15 Anstalten, von denen 11 nur für Männer sind. Fast jedes *Departamento* hat in diesem Land eine Jugendanstalt für den Vollzug der Freiheitsstrafe und den Vollzug der Untersuchungshaft bei Jugendlichen.

Die Gesamtkapazität des bolivianischen Strafvollzugs ist unbekannt.

537　Vgl. *DNI* 2012, S. 24 f.

538　Vgl. *Zegda* 2005, S. 206.

539　Vgl. *DNI* 2012, S. 103.

156

Tabelle 26: Überblick über die Einrichtungen des Strafvollzugs in Bolivien

Region (Departamento)	Stadt- oder Landkreis (Provincia)	Name der Anstalt
Cochabamba	Quillacollo	Infractores Aconley Varones
	Quillacollo	Infractores Aconley Mujeres
La Paz	La Paz	Centro de Diagnónstico Terapia Varones
	La Paz	Centro de Diagnóstico Terapia Mujeres
Oruro	Oruro	Centro de observación albergue „mi Casa"-Varones
	Oruro	Centro de observación albergue „mi Casa"-Mujeres
Sucre	Sucre	Solidaridad
	Sucre	Guadalupe Mujeres
Potosí	Potosi	Nuevo Horizonte
Santa Cruz	Santa Cruz	Fortaleza „San Guillermo de Malavalle"
	Santa Cruz	Renacer
Pando	Cobija	Befindet sich derzeit im Bau
El Beni	Trinidad	Maná
Tarija	Tarija	Oasis
	Tarija	Trinidad

Quelle: *DNI* 2012, S. 27.

In Bezug auf die Überbelegung sollte man zwischen zwei Gruppen unterscheiden: Jugendliche von 12 und bis 15 Jahren und Jugendliche von 16 bis einschließlich 18 Jahren, die im Erwachsenengefängnis ihre Strafen verbüßen.

Für Jugendliche von 12 bis 15 Jahren, die in Jugendanstalten ihre Strafe verbüßen, liegen keine präzisen allgemeinen Informationen zur Überbelegung vor. Die Daten der Menschenrechtsorganisation *DNI* deuten auf eine erhebliche Überbelegung hin. So wurde in der Anstalt von „Aconley Varones" eine gravierende Überbelegung von 150% festgestellt. Andere Fälle von Überbelegung gab und gibt es, obwohl keine detaillierten Informationen über den Prozentsatz der

Überbelegung existieren, in *Centro Solidaridad de Sucre, Nuevo Horizonte* und *Centro Fortaleza de Santa Cruz*.[540]
Für bolivianische Jugendliche von 16 bis einschließlich 18 Jahren, die ihre Strafen im Erwachsenengefängnis verbüßen, ist die Überbelegungssituation besorgniserregend. Die Statistik zeigt, dass es 234 Jugendgefangene in Erwachsenengefängnissen gab.[541] Zudem zeigen die Statistiken, dass die Überbelegung in den letzten Jahren in den bolivianischen Erwachsenengefängnissen gestiegen ist. Beispielsweise beträgt die Belegungsfähigkeit in Bolivien ca. 4.700 Plätze, während die tatsächliche Belegung 2010 bei 9.368 Häftlingen lag.[542] Gemäß dem *DNI* sind in diesem Szenario die 234 Jugendgefangenen unter erniedrigenden Bedingungen untergebracht (vgl. *Tabelle 26*).[543]

Tabelle 27: Jugendliche zwischen 16 und 18 Jahren in bolivianischen Erwachsenengefängnissen

Gefängnis	Alter			Insgesamt	Jugendliche in der Anstalten, in%
	16	17	18		
MOCOVI	9	8	20	37	16
San Pedro	9	17	32	58	25
Villa Busch	0	1	1	2	1
Cantumarca	2	4	5	11	5
Montero	0	8	6	14	6
Palmasona	1	6	26	33	14
Puerto Suarez	0	0	1	1	0
Morros Blancos	2	5	6	13	6
San Antonio	0	0	1	1	0
Trinidad	0	1	1	2	1
Riberalta	8	9	9	26	11
Guayaramerin	0	3	4	7	3
San Roque	0	4	3	7	3

540 Vgl. *DNI* 2012, S. 130.
541 Vgl. *DNI* 2012, S. 27.
542 Vgl. *DNI* 2012, S. 26.
543 Vgl. *DNI* 2012, S. 27.

Gefängnis	Alter			Insgesamt	Jugendliche in der Anstalten, in%
	16	**17**	**18**		
San Sebastian Varones	2	4	**10**	16	7
Sacaba	1	0	**1**	2	1
Obrajes	0	2	**0**	2	1
Miraflores	0	0	**2**	2	1
Insgesamt	**34**	**72**	**128**	**234**	**100**

Quelle: *DNI* 2012, S. 27.

4.3.3.3 Altersstruktur und Merkmale der Jugendgefangenen

Die bolivianischen Gefangenen im Jugendstrafvollzug sind ganz überwiegend männlichen Geschlechts (85%).[544]

Der überwiegende Anteil der Jugendinhaftierten im bolivianischen Jugendstrafvollzug ist zwischen 15 und 16 Jahre alt (ca. 54% der Gefangenen).[545] Im Jahr 2010 lag der Anteil der 12- bis 14-Jährigen bei 30% und die 17- bis 18-Jährigen waren mit 16% vertreten.[546]

In *Bolivien* haben 50% der Jugendgefangenen die Schule abgebrochen. 3% haben die Schule nicht besucht und sind Analphabeten.[547]

Hinsichtlich der *Drogenabhängigkeit* dominieren im Jugendvollzug Marihuana und Alkohol (vgl. *Tabelle 27*). Eine Untersuchung der „Interamerikanischen Kommission für Drogenkontrolle und Missbrauch" (*Comisión interamericana para el control del abuso de drogas*) aus dem Jahr 2010 brachte folgendes Ergebnis:

---

544 Vgl. *DNI* 2012, S. 39 f.

545 Vgl. *DNI* 2012, S. 39 f.

546 Vgl. *DNI* 2012, S. 40.

547 Vgl. *DNI* 2012, S. 77.

Tabelle 28: **Drogenmissbrauch bei Insassen des Jugendstrafvollzugs in Bolivien**

	Gefangene mit Drogenmissbrauch, in %
Marihuana	27,4
Alkohol	54,4
Pasta-Base oder Kokain	13,3
Inhalieren von Substanzen (häufig Kleber)	16,8

Quelle: *Comisión Interamericana para el control del abuso de drogas* 2010, S. 40 f.

4.3.3.4 Deliktsstruktur

In den Departamentos von Cochabamba, Santa Cruz, La Paz y Oruro sind die meisten Insassen in Jugendstrafanstalten wegen Eigentumsdelikten verurteilt (32%), gefolgt von Körperverletzungsdelikten mit 20%. Sexualdelikte haben einen Anteil von 47% und Drogendelikte von 1% (2010).[548] Eine Erklärung für diesen außerordentlich hohen Anteil von Sexualstraftätern gibt es in den vorhandenen Quellen leider nicht.

4.3.3.5 Untersuchungshaftvollzug

Der Vollzug der Untersuchungshaft bei Jugendlichen im Alter von 12 bis 15 Jahren ist in Art. 252 des Código geregelt. Bei Untersuchungsgefangenen ist eine getrennte Unterbringung in einer besonderen Abteilung vorgesehen. Zudem ist in dieser Gruppe das bolivianische StVollzG anzuwenden. Dort sind das Recht auf Besuch und Kontakt mit einem Anwalt, das Recht auf Freizeit sowie das Recht auf Bildung, wonach der Verhaftete in den Plan der pädagogischen Programme der Anstalt aufgenommen werden muss (Art. 156 bStVollzG), anerkannt. Auch im Rahmen des Vollzugs der Untersuchungshaft sind die Regelungen der Behandlungsordnung, der Disziplinarmaßnahmen mit Milderungen und der Anwendung unmittelbaren Zwangs anzuwenden (Art. 154 und 155 bStVollzG).

---

548 Vgl. *DNI* 2012, S. 43.

In *Bolivien* befanden sich 2010 44% der Gefangenen von 12 bis 15 Jahren in Untersuchungshaft. In dieser Gruppe betrug die Dauer der Untersuchungshaft durchschnittlich 4 Monate.

Der Vollzug der Untersuchungshaft bei Jugendlichen im Alter von 16 bis einschließlich 18 Jahren ist im bolivianischen StVollzG geregelt. Für diese Gruppe gibt es keine getrennte Unterbringung in einer besonderen Abteilung.

96% der Inhaftierten im Alter von 16 bis einschließlich 18 Jahren befanden sich in Untersuchungshaft[549] und die Dauer der Untersuchungshaft betrug 2010 durchschnittlich 14 Monate.[550]

4.3.4 Situation der Menschenrechte in Jugendgefängnissen

Im Jahr 2009 hat der Ombudsmann (*Defensor del Pueblo*) einen Bericht über die Menschenrechtslage in *Bolivien* allgemein veröffentlicht. Der Bericht enthält ein Kapitel zur Menschenrechtslage von Gefangenen, in dem die folgenden Probleme identifiziert wurden: Kinder der Gefangenen, Situation der Frauen in Jugendanstalten und die Lage der Jugendlichen von 16 bis 18 Jahren, die im Erwachsenengefängnis ihre Strafen verbüßen.

4.3.4.1 Kinder der Gefangenen

Eine besorgniserregende Lage fand man in Bezug auf die Kinder der Gefangenen, die im Gefängnis ohne eine angemessene Infrastruktur wohnten. Nach dem Bericht des Ombudsmans (*defensor del pueblo*) lebten 877 Kinder in bolivianischen Gefängnissen bei ihren Eltern unter einem hohen Armutsniveau in Überbelegung und Promiskuität.[551]

4.3.4.2 Situation der Frauen in den Jugendanstalten

Nach Angaben des *DNI* aus dem Jahr 2012 war die Infrastruktur für Frauen in den Jugendanstalten ungenügend. Insgesamt gibt es in Bolivien nur vier Einrichtungen für junge Frauen. In den anderen Städten wie in Potosi, Santa Cruz, Cobija, Trinidad und Tarija, in denen es keine Jugendabteilungen für Frauen gibt, sollen sie in eine sozialtherapeutische Anstalt verlegt werden.

Das Problem ist in diesen Fällen, dass das Personal nicht zur Behandlung von Jugendgefangenen geschult ist. Zudem kann das Personal erniedrigende Maßnahmen gegen die Frauen verhängen. So fand man beispielsweise 2011 in

---

549 Vgl. *DNI* 2012, S. 43.

550 Vgl. *DNI* 2012, S. 67.

551 Vgl. *Defensor del Pueblo* 2009, S. 211.

einer sozialtherapeutischen Anstalt eine Jugendliche an einem Stuhl festge-
bunden.[552]

4.3.4.3 Die Situation von Jugendlichen von 16 bis 18 Jahren, die im Erwachsenengefängnis ihre Strafen verbüßen

Das Jugendstrafrecht in *Bolivien* in Form des Gesetzes Nr. 2026 gilt für Jugendliche von 12 bis 15 Jahren. Die Jugendlichen zwischen 16 und 18 Jahren werden
als Erwachsene behandelt und müssen ihre Strafe in einem Gefängnis für Erwachsene verbüßen. Zudem müssen die Jugendgefangenen während des Vollzugs ohne spezielle Behandlung und ohne Trennung von den Erwachsenen leben, obwohl das Strafvollzugsgesetz im diesem Fall die Unterbringung in einer
speziellen Abteilung nur für Jugendliche zwischen 16 und 21 Jahren anordnet.[553]

Bedauerlicherweise sind die Abteilungen für Jugendliche noch nicht gebaut
worden und die Jugendgefangenen, 234 nach einem Bericht des *DNI* aus dem
Jahr 2009,[554] müssen wie die Kinder der Gefangenen ein hohes Armutsniveau,
Überbelegung und Promiskuität erleiden.

Darüber hinaus ist die Trennung zwischen Untersuchungsgefangenen und
Verurteilten wegen der unzureichenden Infrastruktur nicht möglich. In Bolivien
sind die Zahlen der Untersuchungshaft sehr hoch, was bedeutet, dass sich 72%
der Inhaftierten in Untersuchungshaft befinden.[555]

85% der Anstalten haben keine Gesundheitsfürsorge, Krankenbehandlung
und medizinische Vorsorgeleistungen. Zudem ist die Hygiene der Unterbringung und der Toiletten unzumutbar.[556]

Weiterhin zu erwähnen ist, dass 45% der Anstalten keinen Platz für Freizeit
oder Freizeitbeschäftigung haben. Ferner haben 95% der Gefängnisse keine angemessene Infrastruktur für Unterricht, Ausbildung und Weiterbildung. Nur
25% der Anstalten haben die entsprechende Infrastruktur und Mittel für Arbeit
und nur 25% der Gefangenen können eine Selbstbeschäftigung ausüben.[557]

---

552 Vgl. *DNI* 2012, S. 131.

553 Vgl. *DNI* 2010, S. 27.

554 Vgl. *DNI* 2010, S. 26.

555 Vgl. *Defensor del Pueblo* 2009, S. 205.

556 Vgl. *Defensor del Pueblo* 2009, S. 206.

557 Vgl. *Defensor del Pueblo* 2009, S. 206.

4.3.5 Gründe für die Unterentwicklung des Jugendstrafvollzugs

Bolivien hat wie *Chile* in den letzten 30 Jahren wichtige Reformen eingeführt, die durch die Akzeptanz der Menschenrechtsstandards und durch die Modernisierung der Behörden geprägt sind. Die Jugendstrafrechtsreform ist ein Beispiel, ferner das Strafvollzugsgesetz und Strafverfahrensgesetz. Jedoch hatte der Prozess der Modernisierung in den Gefängnissystemen nicht die gleiche Intensität. Der Jugendstrafvollzug wird nur rudimentär in einer Verwaltungsverordnung geregelt. Zudem gibt es in Bolivien keine effektiven Kontrollmechanismen zum Schutz der Rechte von Jugendgefangenen, und die Funktionsweise der Jugendanstalten wird durch Berichte von Menschenrechtsorganisationen kritisiert.

Die Faktoren, die dieses Phänomen erklären können, sind – wie in *Chile* – komplex und unterschiedlich. Zu den wichtigsten Faktoren gehören: Verschärfungen der Kriminalpolitik, Prioritätensetzungen zugunsten anderer Reformen, Widerstände gegenüber der Modernisierung, die fehlende Teilnahme von Experten und eine fehlende einschlägige Rechtsprechung über Menschenrechte der Gefangenen.

4.3.5.1 Verschärfung der Kriminalpolitik

Debatten in Richtung eines moderaten Strafrechts, einer Humanisierung der Strafe oder der Verbesserung des Jugendstrafvollzugssystems sind in *Bolivien* schwer geworden und lassen sich nur mit wenigen Beispielen belegen, zum Beispiel die Regelung der richterlichen Kontrolle des Strafvollzugs im Jahr 2001[558] durch das Strafvollzugsgesetz und die Abschaffung der Freiheitsentziehung wegen nicht bezahlter Schulden.[559]

Zahlreiche Reformgesetze der letzten 10 Jahre waren vor allem auf die Verschärfung strafrechtlicher Zugriffe gerichtet. Zum Beispiel brachte die Strafverfahrensreform[560] im August 2003 eine Verschärfung gegenüber Wiederholungstätern, eine Ausweitung der Untersuchungshaft sowie einen Strafschärfungstrend für verschiedene Straftaten.[561] Aufgrund der Reform kann der Richter die Untersuchungshaft nicht nur zur Sicherung des Verfahrens anordnen, sondern auch, wenn er andere Maßnahmen als unzureichend für den Schutz der Sicherheit des Opfers oder der Gesellschaft ansieht.[562]

---

558 Ley Nr. 2298 de Ejecución Penal y Supervisión de 2001.

559 Ley de abolición de Prisión y Apremio Corporal por delitos patrimoniales, Nr. 1602 vom 15.12.1994.

560 Vgl. Ley Sistema Nacional de Seguridad Ciudadana Nr. 2494 vom 04.09.2003.

561 Vgl. *Fundación Construir/CEJA* 2012, S. 28 f.

562 Vgl. *Fundación Construir/CEJA* 2012, S. 27 f.

Seit 2010 wiederholten gesetzliche Regelungen in diesem Bereich eine Ausweitung der Untersuchungshaft und Verschärfung gegenüber Wiederholungstätern.[563] Weiterhin zu erwähnen ist die Reform des Korruptionsgesetzes. Durch das Gesetz Nr. 004 vom 4. März 2010 wurden die sog. Antikorruptionsgerichte eingeführt. Diese Reform erhöhte die Strafe bei Korruption, zudem wurden der Verfall und die Einziehung erweitert und die Straftatbestände der Korruptionsdelikte konkretisiert.[564]

Durch die Gesetze Nr. 170 und Nr. 262 vom 9. September 2011 und 31. Juli 2012 wurden die Vorschriften über den Terrorismus erweitert. Darüber hinaus wurde im Juli 2012 das „Gesetz über Menschenhandel und zur Stärkung des nationalen Systems der Sicherheit der Bürger" verabschiedet.[565]

Der repressive Trend in der bolivianischen Kriminalpolitik ist sehr ausgeprägt gewesen und hat sich in den letzten 10 Jahren auf die Verschärfung der strafrechtlichen Zugriffe konzentriert, sodass in der politischen Arena fast kein Platz für Debatten über eine Verbesserung des Jugendstrafvollzugssystems oder der Wiedereingliederung der Gefangenen verblieb.

4.3.5.2   Prioritätensetzungen für andere Reformen

In *Bolivien* war die sog. Große Strafverfahrensreform von 1999 von herausragender Bedeutung für das Strafsystem und die Sanktionspraxis. Die Reform begann 1994 mit der Diskussion um ein neues Strafverfahrensgesetz. Der Entwurf der Strafverfahrensreform wurde im Kongress 1999 verabschiedet.

Durch die Reform wurden die Mündlichkeit des Verfahrens sowie die Trennung zwischen der Ankläger- und der Richterfunktion eingeführt. Daher gab es nun drei neue Institutionen, und zwar die Staatsanwaltschaft, den öffentlichen Strafverteidiger und den Richter. Zudem wurden das Opportunitätsprinzip und die Anerkennung und Kontrolle der Rechte des Angeklagten eingeführt. Die Strafprozessreform wurde in zwei Etappen umgesetzt und ab dem 31.5.2005 galt sie in jeder Provinz Boliviens. Die Reform erforderte neue Institutionen, neues Personal und eine veränderte Ausbildung der Akteure. Neuheiten des Strafsystems waren das Öffentliche Strafverteidigerbüro, die Staatsanwaltschaft, die sog. Richter der Zwangsmittel (*Jueces de Instrucción de Cautelares*) und die Richter der Hauptverhandlung. Je nach Schwere der Strafe wurden verschiedene Zuständigkeiten eingeführt: das Tribunal der Entscheidung (*Tribunales de Senten-*

---

563   Ley de Modificaciones al Sistema Normativo Penal Nr. 007 vom 18.05.2010.

564   Vgl. *Fundación Construir/CEJA* 2012, S. 29 f.

565   Vgl. *Fundación Construir/CEJA* 2012, S. 33 f.

cia) bei Strafen über vier Jahren und die Gerichte der Entscheidung (*Juzgados de la sentencia*) bei Strafen von bis zu 4 Jahren.[566]

Im Bereich des Jugendstrafrechts begann 1999 durch das Gesetz Nr. 2.026 ein neues Jugendstrafrechtssystem. Die Jugendstrafrechtsreform war auch von großer Bedeutung und gleichzeitig war die Reform des Strafverfahrens eine Herausforderung für den bolivianischen Staat (vgl. bereits ausführlich oben *Kapitel 2*).

Weiterhin zu erwähnen ist das Strafvollzugsgesetz von 2001. Das Gesetz führte die richterliche Kontrolle ein und regelt die Rechte der Gefangenen, die Planung des Vollzugs, Besuche sowie Ausgang (Vollzugslockerungen) und Disziplinarmaßnahmen.[567]

4.3.5.3   Fehlende Teilnahme von Experten

Ein weiterer Faktor, der die Unterentwicklung des Jugendstrafvollzugsrechts beeinflusste, war die allenfalls begrenzte Teilnahme einer Gruppe von Experten, die den Reformprozess unterstützte. Im Vergleich zum Strafrecht, Verfahrensrecht und Jugendstrafrecht gibt es nur wenige auf den Jugendstrafvollzug spezialisierte Wissenschaftler. Das Strafvollzugsrecht kann weder in *Bolivien* noch in *Chile* als „unabhängige Disziplin" bezeichnet werden, es wird als ein Teil des Allgemeinen Strafrechts betrachtet. Aus diesem Grund war die Modernisierung des Strafvollzugssystems in *Bolivien* eine schwierige Aufgabe.

Jedoch ist es interessant, dass es in *Bolivien* wie in *Chile* eine Bewegung gab, die sich für den Ausbau menschenrechtlicher Maßnahmen im Gefängnis einsetzte. Der Ausbau menschenrechtlicher Standards im Bereich des Strafvollzugs war das explizite Ziel von Nichtregierungsorganisationen, wie z. B. *Defensa de Niños y Niñas Internacional, UNICEF* und des Ombudsmans *Defensor del Pueblo*.[568] Ihre Arbeit konzentriert sich auf die Implementierung internationaler Mindeststandards im Bereich der Menschenrechte innerhalb der einzelnen nationalen Rechtssysteme. Außerdem beschreiben sie die fragliche Umsetzung der internationalen Menschenrechtsstandards innerhalb des bolivianischen Vollzugssystems und erheben zudem empirische Daten über das Strafvollzugssystem.

---

566   Vgl. *Fundación Construir/CEJA* 2012, S. 20 f.

567   Vgl. Ley de Ejecución Penal y Supervisión Nr. 2298.

568   Ausführlichere Informationen finden sich in *Kapitel 5*.

4.4　Peru

4.4.1　Historische Aspekte der rechtlichen Regelung des Jugendstrafvollzugs

Anfangs gab es in Peru keine besonderen Reaktionsarten für Jugendliche, und die Vorschriften des pStGB von 1806 sahen nur eine mildere Bestrafung für die 9- bis 15-jährigen Jugendlichen vor.[569] Ein Jugendstrafvollzug existierte noch nicht und junge Täter mussten ihre Strafen in den allgemeinen Gefängnissen verbüßen. Für den Vollzug der Freiheitsstrafe galten lediglich Verwaltungsvorschriften.[570]

Erste Reformüberlegungen im Bereich des Jugendstrafvollzugs gab es Ende des 19. Jahrhunderts. Im Jahr 1896 wurde eine besondere Abteilung für Frauen im Gefängnis gebaut und 1902 wurde die erste *Escuela Correccional* für Männer eingeführt.[571]

Das neue pStGB von 1924 führte ein neues Modell für den Jugendvollzug ein. Kinder unter 13 Jahren sowie die Jugendlichen im Alter von 13 bis 17 Jahren, die ohne Urteilsvermögen gehandelt hatten, wurden in die Obhut ihrer Eltern, ihres Vormunds, Pflegers oder in die sog. *Escuela Correccional* überstellt.[572]

Jugendliche von 13 bis 17 Jahren, die mit Urteilsvermögen gehandelt hatten, sowie Jugendliche ab dem Alter von 18 Jahren verbüßten ihre Freiheitsstrafe in Gefängnissen für Erwachsene.[573]

1927 wurde die *Inspección General de Prisiones* eingeführt.[574] Diese neue Behörde war für die Errichtung und Organisation von Erwachsenen- und Jugendanstalten zuständig. In der Tat war die *Inspección* für die Gestaltung der *Reformatorios de Menores* und die Errichtung der *Escuela Asilo de Menores* verantwortlich, die 1926 gebaut wurden.

Nach dem Jugendgesetz von 1962 wurden die Jugendanstalten der *Dirección General de Asistencia Social y Tutela* unterstellt. Zudem wurde das System der Differenzierung nach dem jeweiligen Urteilsvermögen als Voraussetzung für die strafrechtliche Verantwortlichkeit abgeschafft und die Jugendlichen wurden

---

569　Wie das chilenische und bolivianische Strafrechtsgesetz unterschied das peruanische Strafgesetz von 1896 drei Gruppen: Kinder unter neun Jahren, Jugendliche von neun bis 15 Jahren und Erwachsene ab dem Alter von 16 Jahren.

570　Vgl. *Solis* 2006, S. 35.

571　Vgl. *Solis* 2006, S. 46.

572　Vgl. *Solis* 2006, S. 47.

573　Vgl. *Solis* 2006, S. 47.

574　Decreto Supremo vom 20.06.1917.

nicht für ihr strafbares Verhalten verantwortlich gemacht, sondern in Bezug auf ihre Gefährlichkeit für die Gesellschaft betrachtet. Als Folge wurden wie in *Bolivien* prostituierte Kinder, jugendliche Bettler, Waisenkinder, Opfer von sexuellem Missbrauch oder Gewalt und Jugendstraftäter in die sog. *Correccionales* eingewiesen.[575]

4.4.2 Die gegenwärtige rechtliche Regelung des Jugendstrafvollzugs

In *Peru* wird der Jugendstrafvollzug in zwei Arten von Vorschriften geregelt: im Kinder- und Jugendgesetzbuch und in verschiedenen Verwaltungsvorschriften.

4.4.2.1 Das Kinder- und Jugendgesetzbuch (Código del Menor)

Das Kinder- und Jugendgesetzbuch regelt allgemeine Informationen über die Rechte der Gefangenen, Einrichtungen für Jugendliche und die Mitwirkungspflicht bezogen auf die jungen Gefangenen.

Nach Art. 237 des Kinder- und Jugendgesetzbuchs werden die Freiheitsstrafe und die Untersuchungshaft in Jugendanstalten vollzogen. Darüber hinaus soll die Unterbringung der Jugendlichen gemäß dem Alter, Geschlecht und der Schwere der Straftat organisiert werden.

Art. 238 des *Código* ordnet an, dass die Jugendgefangenen und die Untersuchungsgefangenen an einem Ausbildungsprogramm teilnehmen müssen und dass ein interdisziplinäres Team für eine ständige Untersuchung verantwortlich ist.

Die folgenden Rechte der Gefangenen sind in Art. 240 des *Código* aufgelistet:

a) Recht auf menschenwürdige Behandlung,
b) Recht auf eine angemessene Gestaltung der Jugendanstalten,
c) Recht auf Ausbildung, Arbeit und Weiterbildung,
d) Recht auf Freizeit,
e) Recht auf Religionsausübung,
f) Recht auf medizinische Behandlung,
g) Recht auf Arbeitsentgelt,
h) Recht auf Besuch zweimal in der Woche,
i) Recht auf Gespräche mit einem Anwalt und auf Wahrnehmung gerichtlicher Termine,
j) Recht auf den Besitz von Zeitungen und Zeitschriften und
k) Beschwerderechte.

---

575 Vgl. *Solis* 2006, S. 48.

4.4.2.2 Verwaltungsvorschriften

In *Peru* ist die Judikative für den Jugendstrafvollzug verantwortlich. Insofern kann sie den Jugendstrafvollzug durch die Zustimmung zu Verwaltungsordnungen (V. O.) regeln.[576] Die wichtigsten *Resoluciones Administrativas* für den Jugendstrafvollzug sind die Nr. 129-2011-CE-PJ, die das System der Wiedereingliederung der Jugendlichen regelt, die mit dem Strafgesetz in Konflikt geraten sind (*Sistema de reinserción social del adolescente en conflicto con la Ley Penal*), und die Nr. 348-2004-GG-PJ, die besondere Vorschriften im Bereich der Rechte, Ausgang, Disziplinarmaßnahmen und Ermutigung der Jugendgefangenen enthält.

Weitere *Resoluciones Administrativas* wurden für die Sicherheit in den Jugendanstalten (Nr. 293-2001-GG-PJ), zur Ausgestaltung der gemeinnützigen Arbeit (Nr. 085-2010-CE-PJ) und für die Behandlung und Gestaltung der Jugendanstalten (Nr. 081-2011-P-PJ) konzipiert.

a) Administrativer Beschluss Nr. 129-2011-CE-PJ. Das System der Wiedereingliederung der Jugendlichen, die mit dem Strafgesetz in Konflikt geraten sind

Der administrative Beschluss Nr. 129-2011-CE-PJ (*AE Nr. 129-2011*) entwickelte eine Methode für die Behandlung der Jugendgefangenen in Form von verschiedenen Programmen. Die Methodologie ist ausschließlich spezialpräventiv und auf die Wiedereingliederung der Jugendlichen in die Gesellschaft ausgerichtet.

Die *AE Nr. 129-2011* regelt je ein Programm für geschlossene Systeme und für offene Systeme sowie ergänzende Programme für bestimmte Gefangene, z. B. Gewaltstraftäter, Schwangere und Gefangene, die für die Entlassung vorbereitet werden.[577] Die Programme für das geschlossene sowie für das offene System enthalten diverse Stufen, die die Gefangenen während des Vollzugs durchlaufen sollen (vgl. auch unten *Tabelle 28*).

b) Programm für das geschlossene System

- *Stufe I: Aufnahme und Behandlungsuntersuchung*: Hier finden das Aufnahmeverfahren, die Behandlungsuntersuchung und die Vollzugsplanung statt. Zudem wird der Jugendgefangene in dieser Stufe über seine Rechte und Pflichten unterrichtet.

---

576 Vgl. *Defensoría del Pueblo* 2012, S. 34.

577 Vgl. *Defensoría del Pueblo* 2012, S. 34 ff.

- *Stufe II: Vorbereitung der Veränderungsphase*: Hierzu gehören die *Phase* der Vorbereitung und Einleitung von Veränderungsprozessen durch Teilnahme an bestimmten Behandlungsmaßnahmen. Die Wiedereingliederung des Jugendlichen beginnt: Er muss sich den verschiedenen Arten der Beschäftigung in der Jugendanstalt anpassen, z. B. Unterricht sowie Arbeit. Ferner wird in dieser Stufe der Kontakt mit den Angehörigen entwickelt.

- *Stufe III: Persönliche und soziale Entwicklung (Veränderungsphase)*: Der Jugendliche übernimmt in dieser Phase mehr Verantwortung und entwickelt zunehmend Selbstvertrauen. Ferner wird der Wert von Respekt, Familie und Gesellschaft erlernt.

- *Stufe IV: Autonomie und soziale Eingliederung*: Diese Stufe enthält notwendige Maßnahmen zur Vorbereitung der Entlassung. Hier ist die Teilnahme an Veranstaltungen der Weiterbildung sowie an besonderen Hilfs- und Behandlungsmaßnahmen von Bedeutung.

c) *Programm für das offene System*

- *Stufe I: Unterstützung*: Hier bekommt der Jugendliche besondere Hilfs- und Behandlungsmaßnahmen durch einen Berater („*Operador*"), der dem Jugendlichen hilft, seine Probleme zu überwinden.

- *Stufe II: Entwicklung sozialer Kompetenzen*: In dieser Stufe werden die Jugendlichen mit ihrer Biografie und Ängsten konfrontiert. Darüber hinaus sollen sie zur Stärkung der Emotionen und der Beziehungen mit anderen arbeiten.[578]

- *Stufe III: Die Eingliederung*: Die Stufe umfasst die Teilnahme an Veranstaltungen der Weiterbildung sowie besondere Hilfs- und Behandlungsmaßnahmen.

---

[578] Diese Stufe ist vergleichbar mit dem Anti-Aggressionstraining (AAT) in Deutschland. Nach dem Hamelner Modell teilt sich das AAT in vier Phasen: Informationsphase und biografische Analyse, Konfrontation, Kompetenztraining und Realisation, vgl. *Köhler* 2008, S. 415.

Tabelle 29: Übersicht über Behandlungsprogramme und deren
Ablauf im geschlossenen und im offenen Vollzug

Programm für das ge-schlossene System	Programm für das offene System	Ergänzende Programme
Stufe I: Aufnahme und Be-handlungsuntersuchung	Stufe I: Unterstüt-zung	Intensives Behandlungs-programm für Gewalt-straftäter
Stufe II: Vorbereitung der Veränderungsphase	Stufe II: Entwicklung sozialer Kompeten-zen	Programm für Schwan-gere
Stufe III: Persönliche und soziale Entwicklung (Ver-änderungsphase)	Stufe III: Eingliede-rung	Programm nach der Ent-lassung
Stufe IV: Autonomie und soziale Eingliederung		

Quelle: *Defensoría del Pueblo* 2012, S. 34.

*d) Administrativer Beschluss Nr. 348-2004-GG-PJ: Regelungen des
Jugendstrafvollzugs*

Der administrative Beschluss Nr. 348- 2004 (*AE Nr. 348-2004*) enthält besondere Vorschriften im Bereich der Rechte, von Ausgang (Vollzugslockerungen),
Disziplinarmaßnahmen und hinsichtlich der Ermutigung der Jugendgefangenen.
     Unter dem Titel „Rechte des Gefangenen" finden sich die Rechte auf men-
schenwürdige Behandlung, Besuche und Kontakt mit den Angehörigen, Ausbildung, Gesundheitsfürsorge, Freizeit, Soziale Hilfe, Religionsausübung sowie
das Recht auf Kontakt mit einem Anwalt und Richter und das Beschwerderecht.[579]
     Die *AE Nr. 348-2004* legt einen besonderen Akzent auf die Verpflichtungen
der Gefangenen. Gemäß Art. 6 *AE Nr. 348-2004* sind zu erwähnen: das Befolgen der Befehle des Personals, der Respekt für das Vaterland, die Teilnahme an
Veranstaltungen, Einhaltung der Körperpflege, die Teilnahme in der Reinigung
der Anstalt, Achtung der Sicherheit und Ordnung der Anstalt und die Verhinderung von Entweichungen.[580]
     Die *AE Nr. 348-2004* beschreibt außerdem die Voraussetzungen und Arten
der Disziplinarmaßnahmen. Nach Art. 13 werden die Disziplinarmaßnahmen

---

579   Art. 5 AE Nr. 348-2004-GG-PJ.

580   Art. 6 AE Nr. 348-2004-GG-PJ.

durch die „Multidisziplinäre Gruppe" (*El Equipo Multidisciplinario*) angeordnet. Besonders hervorzuheben ist zudem das Verbot isolierender Maßnahmen wie der disziplinarische Arrest in einer gesonderten Arrestzelle.

Für den Bereich des unmittelbaren Zwangs regelt die *AE Nr. 348-2004*, dass die Bediensteten der Jugendanstalt unmittelbaren Zwang anwenden dürfen, wenn eine Gefahr für den Jugendlichen oder für die Anstalt vorliegt.[581]

4.4.3 Bestandsaufnahme des gegenwärtigen Jugendstrafvollzugs

4.4.3.1 Überblick zur quantitativen Entwicklung

Im Mai 2012 befanden sich 1.558 Gefangene in peruanischen Jugendstrafanstalten, 679 mehr als noch im Jahr 2000.[582] Als Ursache für den starken Anstieg der Gefangenenzahlen wird u. a. die Sanktionspraxis angeführt. In Peru spielen die sozialen und familiären Merkmale des Täters eine wichtige Rolle für die Zumessung der Strafe. Die Richter sind der Auffassung, dass diese Faktoren bei der Strafzumessung berücksichtigt werden müssen. Ferner vertreten sie die Ansicht, dass eine alternative (ambulante) Sanktion ohne eine intakte Familie bzw. ein stabiles Zuhause nicht Erfolg versprechend ist, sodass sie eher freiheitsentziehende Sanktionen verhängen. Dies gilt auch für den Fall des Drogenkonsums von Jugendlichen. Damit werden Jugendliche aus sozial benachteiligten Schichten systematisch diskriminiert.[583]

4.4.3.2 Überblick über Vollzugseinrichtungen und die Belegung

In Peru werden die Freiheitsstrafe sowie die Untersuchungshaft in Jugendanstalten der Justizverwaltung (*Gerencias de Operaciones de Centros Juveniles)* vollzogen. Die Verwaltung des peruanischen Jugendvollzugs ist demgegenüber der Justiz zugeordnet (*poder judicial*).[584]

Insgesamt gibt es neun Jugendanstalten für den Vollzug der Freiheitsstrafe und der Untersuchungshaft, sieben im Landesinneren und zwei in der Hauptstadt.

Die Gesamtkapazität in Peru beträgt somit insgesamt 1.400 Haftplätze und die Überbelegung der Jugendanstalten lag im Mai 2012 bei 11%, d. h. durchschnittlich kamen 110 Gefangene auf 100 Haftplätze.[585]

---

581 Vgl. *Defensoría del Pueblo* 2012, S. 38.

582 Vgl. *Defensoría del Pueblo* 2000, S. 109.

583 Vgl. *Defensoría del Pueblo* 2012, S. 42.

584 Vgl. *Defensoría del Pueblo* 2012, S. 33.

585 Vgl. *Defensoría del Pueblo* 2012, S. 41.

Die Überbelegung ist vor allem in den Anstalten der großen Städte gravierend. So befanden sich z. B. im Mai 2012 in der Anstalt von Lima, der größten
des Landes, 740 Inhaftierte im Vollzug der Freiheitsstrafe, welche ca. 45% der
Jugendgefangenen Perus ausmachen. Zugleich gab es in Lima die relativ
stärkste Überbelegungssituation von 132,1%. Eine geringere Überbelegung war
in den ländlichen Regionen festzustellen (vgl. *Tabelle 29*), so etwa in der Region
Trujillo (113%), El Tambo (112%), Pucallpa (111%), Piura (108%) und Cusco
(102%).[586]

Tabelle 30: Überbelegung in den ländlichen Jugendanstalten

Anstalt	Zahl der Jugendgefangenen	Kapazität	Auslastung in % (Überbelegung)
Miguel Grau in Piura	141	130	108,5
Alfonso Ugarte in Arequipa	76	92	-
El Tambo in Huancayo	124	110	112,7
Trujillo	100	88	113,6
José Quinones in Chiclayo	106	126	-
Pucallpa	123	110	111,8
Marcavalle in Cusco	98	96	102,1

Quelle: *Defensoría del Pueblo* 2012, S. 64.

4.4.3.3 *Altersstruktur und Merkmale der Jugendgefangenen*

Die Gefangenen im Jugendstrafvollzug sind ganz überwiegend männlichen Geschlechts. So sind in Peru 96,8% der Jugendgefangenen Männer.[587]
     In der Altersstruktur zeigt sich, dass sich die Population des Jugendstraf-
vollzugs in *Peru* auf das Alter von 16 bis 17 Jahren konzentriert (ca. 55% der
Gefangenen), gefolgt von den 15- bis 16-Jährigen mit 25%. Die 14-Jährigen waren mit 2,4% und die 19- und 20-Jährigen mit 9% vertreten.[588]

---

586 Vgl. *Defensoría del Pueblo* 2012, S. 64.

587 Vgl. *Defensoría del Pueblo* 2012, S. 43.

588 Vgl. *Defensoría del Pueblo* 2012, S. 44.

In *Peru* haben 56,4% der Jugendgefangenen die Schule abgebrochen, und 1,2% sind Analphabeten.[589] Hinsichtlich der Drogenabhängigkeit dominieren im Jugendvollzug Marihuana und Pasta-Base (eine Sorte von Kokain, vgl. *Tabelle 30*). Eine Untersuchung der *„Interamerikanischen Kommission für Drogenkontrolle und Missbrauch"* (*Comisión interamericana para el control del abuso de drogas*) aus dem Jahr 2010 ergab folgendes Bild:

Tabelle 31: Anteil von Gefangenen mit Drogenkonsum

	Peru*
Marihuana	42,0%
Pasta-Base oder Kokain	15,9%
Extasy	1,6%
Inhalieren von Substanzen (häufig Kleber)	11,2%

Quelle: Vgl. *Comisión Interamericana para el control del abuso de drogas* 2010, S. 63 ff.

4.4.3.4 Deliktsstruktur

In *Peru* sind die meisten Strafgefangenen in Jugendstrafanstalten aufgrund von Delikten gegen das Eigentum verurteilt worden (60,1%), gefolgt von Verurteilungen wegen Sexualdelikten mit 18,9%. Tötungsdelikte haben einen Anteil von 7,3%, Drogendelikte von 6,4%, Körperverletzungsdelikte von 3,6% und „Bandendelikte" von 1,2%.

Hinsichtlich der Eigentumsdelikte dominieren in *Peru* die Delikte mit Gewalt mit 49,5% (Raub oder Erpressung). Der Anteil von Eigentumsdelikten ohne Gewalt machte nur 10,6% aus (z. B. Diebstahl).

Auffällig ist, dass die absolute Zahl der wegen Diebstahls verurteilten Strafgefangenen im Vergleich von 2007 mit 2012 deutlich angestiegen ist.[590] Leider ermöglichen die zugänglichen Statistiken keine Differenzierung zwischen gewaltlosen Eigentumsdelikten und Eigentumsdelikten mit Gewalt (Raub, Erpressung).

---

589 Vgl. *Defensoría del Pueblo* 2012, S. 46.

590 Vgl. *Defensoría del Pueblo* 2012, S. 48.

4.4.3.5   Untersuchungshaftvollzug

In *Peru* ist der Prozentsatz der unter 21-jährigen Verurteilten größer als der Prozentsatz der Untersuchungshäftlinge. So waren in *Peru* im Jahr 2012 83,6% der jungen Gefangenen verurteilt und nur 16,4% waren in Untersuchungshaft.[591] Eine Erklärung für diesen im lateinamerikanischen Vergleich besonders niedrigen Anteil an jungen Untersuchungsgefangenen wird im einschlägigen Schrifttum nicht gegeben. Erstaunlich ist dieser Befund auch mit Blick auf den Untersuchungshaftanteil in *Peru* insgesamt, der im Dezember 2013 bei 54,2% lag.[592]

4.4.4   Der Vollzugsablauf und die Situation der Menschenrechte in Jugendgefängnissen

Der Ombudsmann (*Defensoría del Pueblo*) hat den Menschenrechten der Gefangenen besondere Aufmerksamkeit gewidmet. Bedeutsam für die Gefangenen sind die Berichte Nr. 003-2009 über die Notwendigkeit eines Richters in der Strafvollzugsphase, über das Strafvollzugssystem Nr. 154-2011 und der Bericht Nr. 157-2012 über das Jugendstrafrechtssystem. Die Daten, die die Berichte enthalten, beschreiben eine besorgniserregende Realität von Armut, Gewalt, Überbelegung, Korruption, Krankheit und prekärer Infrastruktur in den Anstalten.[593]

4.4.4.1   Das Jugendstrafrechtssystem (Bericht Nr. 157-2012)

Der Bericht des Ombudsmanns vom Mai 2012 unterscheidet zwischen zwei Gruppen von Jugendanstalten: 1. Ländliche Jugendanstalten, 2. Anstalt für Diagnostik und Wiedereingliederung in Lima.

Ländliche Jugendanstalten

Nach Ansicht des Ombudsmanns (*Defensoría del Pueblo)* bedurfte es im Untersuchungszeitraum in den Anstalten von Huancayo und Trujillo dringend einer grundlegenden Sanierung, da die Anstalt von Huancayo sehr alt (1947) und die Anstalt von Trujillo sehr klein ist.[594] Insgesamt wurde vom Ombudsmann nur

---

591 Vgl. *Defensoría del Pueblo* 2012, S. 47.

592 Vgl. http://www.prisonstudies.org/country/peru (Abgerufen am 25.8.2014).

593 Vgl. *Defensoría del Pueblo* 2011, S. 89.

594 Vgl. *Defensoría del Pueblo* 2012, S. 56.

eine Anstalt als „gut" und fünf Anstalten als „befriedigend" (*regular*, d. h. im Rang die 3. von 4. Bewertungsstufen) klassifiziert.[595]

Jede Anstalt verfügt über eine Krankenbehandlungsstation und man entwickelt Präventionsprogramme gegen AIDS und Tuberkulose.[596] Nach dem Bericht ist die Lage bei psychiatrischen Krankheiten problematisch, da nur eine Anstalt (Pucallpa) eine psychiatrische Behandlungsmöglichkeit aufweist. Es gibt drei Anstalten, in denen sich Gefangene mit psychischen Störungen aufhalten, z. B. in Huancayo und Arequipa.[597] In diesen Anstalten versucht die Vollzugsbehörde, die Patienten mit einem Psychiater zu behandeln, der ein paar Stunden pro Woche für Gesundheitsuntersuchungen in die Anstalten kommt. Bedauerlicherweise sind die psychiatrische Behandlung und Art und Umfang der Leistungen in diesen drei Anstalten nicht angemessen.[598]

Eine interessante Maßnahme ist der Einsatz von Spezialisten, die seit 2011 in jeder Anstalt Drogen-Therapien durchführen.[599] Ferner ist die Einbeziehung von Psychologiestudenten in jeder Anstalt wichtig, da sie die Jugendgefangenen in ihrem Wiedereingliederungsprozess unterstützen können.[600]

In jeder Anstalt gibt es ferner eine religiöse Betreuung durch einen Seelsorger, und die Anstalten von Chiclayo, Trujillo und Pucallpa haben besondere Räume für den Gottesdienst geschaffen.[601]

Nur eine Anstalt (Trujillo) ist von einem Verteidiger besucht worden. In der Anstalt von Chiclayo führen drei Jurastudenten diese Verteidigungsaufgabe durch.[602]

Der Gefangene darf in jeder Anstalt zweimal in der Woche (am Sonntag und Donnerstag) Besuch empfangen. Die Gesamtdauer beträgt drei Stunden zwischen 14 und 17 Uhr. Der Gefangene darf nur Besuch von direkten Verwandten (z. B. Eltern und Geschwister) empfangen.[603] Besuche dürfen aus Gründen der Sicherheit oder Ordnung der Anstalt optisch überwacht werden.[604] Eine akustische Überwachung, obwohl rechtlich zulässig, findet aus Mangel an Personal nicht statt.

---

595   Vgl. *Defensoría del Pueblo* 2012, S. 56.

596   Vgl. *Defensoría del Pueblo* 2012, S. 70.

597   Vgl. *Defensoría del Pueblo* 2012, S. 67.

598   Vgl. *Defensoría del Pueblo* 2012, S. 67.

599   Vgl. *Defensoría del Pueblo* 2012, S. 68.

600   Vgl. *Defensoría del Pueblo* 2012, S. 66 f.

601   Vgl. *Defensoría del Pueblo* 2012, S. 68.

602   Vgl. *Defensoría del Pueblo* 2012, S. 68.

603   Vgl. *Defensoría del Pueblo* 2012, S. 72.

604   Vgl. *Defensoría del Pueblo* 2012, S. 72.

Im Hinblick auf inhaftierte Frauen ist die Lage der Besuche besorgniserregend. In *Peru* gibt es nur eine Jugendanstalt für Frauen, „Santa Margarita" in Lima.[605] Frauen, die in der Region verurteilt wurden, werden nach Lima verlegt und können daher nicht von ihren Familien besucht werden.[606]

Nach dem o. g. Bericht wird der Schriftwechsel von Gefangenen überwacht.[607]

Anstalt für Diagnostik und Wiedereingliederung in Lima

Nach dem Bericht des Ombudsmanns sind die Hauptprobleme der Anstalt von Lima die Infrastruktur und das Personal. Obwohl es im Jahr 2011 Bemühungen zur Verbesserung der Infrastruktur der Anstalt gab, ist der bauliche Zustand noch unzureichend. So gibt es z. B. in den Abteilungen „San Martin de Porres" und „Jesus Nazareno" Probleme mit dem Wasser und den Toiletten.[608]

Das Personal ist ausreichend, z. B. gibt es 16 Psychologen, von denen jeder 46 Patienten behandeln soll. Die 12 Sozialarbeiter, die für die Verbindungen der Gefangenen zu ihren Familien und der Außenwelt verantwortlich sind, arbeiten mit je 61 Fällen. Ferner arbeiten in der Anstalt nur ein Arzt und zwei Psychiater. Jeder Bedienstete (*Educador*), der die Gefangenen jeden Tag begleiten und kontrollieren soll, arbeitet mit 22 Gefangenen.[609]

4.4.4.2 Menschenrechte der Gefangenen im Erwachsenenstrafvollzug (Bericht Nr. 154-2011)

Am 30.06.2011 befanden sich in *Peru* 48.858 Inhaftierte im Vollzug der Freiheitsstrafe. Die Zahl der Gefangenen stieg besonders deutlich von 2006 bis 2011 an (absolut von 36.467 auf 48.858). Die Überbelegung der Strafanstalten lag bei 170%.[610]

Nach dem Bericht des Ombudsmanns waren 49% der Anstalten in „schlechtem baulichen Zustand", 29% in „mittelmäßigem Zustand" und 22% der Anstalten in „gutem Zustand".[611]

---

605 Im Mai 2012 befanden sich 50 Inhaftierte in der Anstalt von Santa Margarita im Vollzug der Freiheitsstrafe, vgl. *Defensoría del Pueblo* 2012, S. 64.

606 Vgl. *Defensoría del Pueblo* 2012, S. 84.

607 Vgl. *Defensoría del Pueblo* 2012, S. 72.

608 Vgl. *Defensoría del Pueblo* 2012, S. 75.

609 Vgl. *Defensoría del Pueblo* 2012, S. 80.

610 Vgl. *Defensoría del Pueblo* 2011, S. 210.

611 Vgl. *Defensoría del Pueblo* 2011, S. 211.

Das Personal der Gefängnisse ist nicht ausreichend. Nach dem Bericht des Ombudsmanns gibt es 1.050 Vollzugsbedienstete, die die 48.000 Gefangenen versorgen und überwachen sollen.[612]

Eine weitere Dimension des Strafvollzugs, die dem Ombudsmann zufolge Probleme hat, ist die Gesundheitsfürsorge. Die Ressourcen und das Personal zur Krankenbehandlung sind nicht ausreichend, z. B. haben 28 Anstalten keine Krankenbehandlung und Versorgung mit Hilfsmitteln. Ferner fand man in den Anstalten 1.200 Fälle von Tuberkulose, 540 Fälle von AIDS[613] und 179 Gefangene mit schweren psychischen Störungen, die keine Behandlung bekamen.[614]

In Zeitraum 2006-2011 starben 122 Gefangene. Die Gründe für den Tod sind vielfältig: Krankheit, Selbstmorde und Kämpfe zwischen den Gefangenen.[615]

Die Arbeit und Ausbildung wurden ebenfalls analysiert. Der Ombudsmann stellte fest, dass nur 22% der Gefangenen eine berufliche Ausbildung bekommen hatten und ca. 37% der Gefangenen über eine Arbeit verfügten.[616]

Aus dem Bericht des Verteidigers ist zu entnehmen, dass Korruption ein übliches Phänomen in den peruanischen Gefängnissen ist. Dies gilt insbesondere auf drei Gebieten: Anträge auf Ausgang und Entlassung, Überwachung der Besuche und Zuteilung der Abteilung, in die der Gefangene für den Vollzug eingewiesen werden soll.[617]

4.4.5 Gründe für die Unterentwicklung des Jugendstrafvollzugs

Im Vergleich mit *Chile* und *Bolivien* hat sich der Prozess der politischen Stabilisierung in *Peru* verlangsamt. *Peru* hat sich in den letzten 30 Jahren sehr intensiv auf die Bekämpfung des Terrorismus und der Korruption konzentriert. Diese Phänomene haben die politische Lage destabilisiert und als Folge den Justizmodernisierungsprozess aufgehalten. Jedoch kann in *Peru* wie in *Chile* und *Bolivien* ein Modernisierungsprozess im Bereich des Strafsystems identifiziert werden, der sich in der Reform des Strafverfahrens und Jugendstrafrechts fokussiert hat. In der Tat ersetzte Peru wie seine Nachbarn das inquisitorische System (ohne Beteiligung der Staatsanwaltschaft) durch ein Anklageverfahren (*sistema acusatorio*) und das Wohlfahrtsmodell durch ein neues Justizmodell. Das 21.

---

612 Vgl. *Defensoría del Pueblo* 2011, S. 212.

613 Vgl. *Defensoría del Pueblo* 2011, S. 212.

614 Vgl. *Defensoría del Pueblo* 2011, S. 213.

615 Vgl. *Defensoría del Pueblo* 2011, S. 213.

616 Vgl. *Defensoría del Pueblo* 2011, S. 213.

617 Vgl. *Defensoría del Pueblo* 2011, S. 214.

Jahrhundert brachte in *Peru* eine politische 1990er Jahre eingeleitet worden war, wurde erneut aufgenommen.

Jedoch betraf der Modernisierungsprozess den Jugendstrafvollzug nicht mit der gleichen Intensität. Der Jugendstrafvollzug ist im Jugendstrafgesetz nur rudimentär geregelt. Detailregelungen finden sich in mehreren Verwaltungsverordnungen. Zudem gibt es in Peru keine effektiven Kontrollmechanismen zum Schutz der Rechte von Jugendgefangenen, und die Funktionsweise der Jugendanstalten wird durch Berichte von Menschenrechtsorganisationen kritisiert. Wie bei seinen Nachbarn lassen sich diese Phänomen auch in *Peru* mit der Verschärfung der Kriminalpolitik, der Prioritätensetzung bzgl. anderer Reformen und der fehlenden Beteiligung von Experten erklären (vgl. unten *3.4.5.1-3*).

4.4.5.1 *Verschärfung der Kriminalpolitik*

Zahlreiche Reformgesetze der letzten 20 Jahre waren in *Peru* vor allem auf die Verschärfung strafrechtlicher Eingriffe ausgerichtet, z. B. waren die 1990er Jahre von Terrorismus, Menschenrechtsverletzungen[618] und politischer Unstabilität geprägt. Während der Regierungszeit von *Fujimori* wurde eine Reihe von Reformen zur Bekämpfung des Terrorismus verabschiedet. Die Verschärfungstendenzen, die die Sozialkontrolle durch das sog. Anti-Terrorismus-Gesetz erweiterte, führten neue Behandlungsmaßnahmen für Täter, die terroristische Akte begehen, und eine neue Straftat für Jugendliche, ein.

Weitere Reformen haben das Sexualstrafrecht und die Straftaten gegen das Eigentum sowie gegen die persönliche Freiheit durch Neukriminalisierungen und Strafschärfungen verändert (Gesetze Nr. 2.959-2008, 3.081-2008, 2.289-2007 und 174-2006).[619]

Eine Reform des peruanischen Jugendstrafrechts wurde im April 1999 durch das Dekret Nr. 899 eingeführt, das in den Código del Menor eine neue Straftat aufnahm. Diese Straftat heißt „schädliche Bande" („*Pandilla perniciosa*") und sanktioniert nach Art. 193 des Gesetzes die strafbaren Handlungen, an denen mehrere Personen im Alter von 12 bis 17 Jahren beteiligt sind.

Im Jahr 2012 brachte die Reform des Strafvollzugs[620] eine Beschränkung der Möglichkeit, Ausgänge zu gewähren, und der bedingten Entlassung.[621]

---

618 1996 wurde z. B. die japanische Botschaft durch die terroristische Gruppe „Revolutionäre Bewegung *Túpac Amaru*" fast drei Monate lang besetzt. Die Besetzung wurde mit der Erstürmung der Botschaft durch eine Militäreinheit beendet. Ferner wurde Peru während der Fujimori-Regierung von 1990 bis April 2001 im In- und Ausland wegen des autoritären Regierungsstils, der Menschenrechtsverletzungen, der sozialen Unterschiede und wegen Korruptionsskandalen kritisiert, vgl. *Ramirez Arévalo* 2011, S. 4.

619 Vgl. *Ministerio de Justicia y Derechos Humanos* 2013, S. 32.

620 Vgl. Gesetz Nr. 19.789, veröffentlicht am 30.01.2002.

4.4.5.2 Prioritätensetzung zugunsten anderer Reformen

In *Peru* war die sog. Große Strafverfahrensreform von 2004 von herausragender Bedeutung für das Strafsystem und die Sanktionspraxis. 2003 begann in *Peru* die Diskussion um ein neues Strafverfahrensgesetz. Der Entwurf der Strafverfahrensreform wurde am 4.7.2004 verabschiedet. Die Reform führte die Mündlichkeit des Verfahrens und die Trennung zwischen der Ankläger- und der Richterfunktion ein. Zudem wurde das Opportunitätsprinzip eingeführt sowie die Anerkennung und Kontrolle der Rechte des Angeklagten. Die Strafprozessreform wurde in Peru in 6 Etappen umgesetzt und sollte bis Ende 2013 in jeder Provinz des Landes etabliert sein. Die neuen Institutionen des Strafsystems sind: die Staatsanwaltschaft, die Richter des Zwischenverfahrens (*Juzgados de investigación preparatorios*) und die Richter der Hauptverhandlung. Nach der Schwere der Strafe wird hier unterteilt in die *Juzgados Colegiados*, zuständig im Falle einer Strafe von über 6 Jahren, und die *Juzgados Unipersonales* zuständig für Strafen bis zu 5 Jahren. Ferner wurde das Öffentliche Strafverteidigerbüro neu gestaltet. Die Implementierungsphase erfuhr jedoch deutliche Kritik. Als Problem stellte sich heraus, dass die notwendigen finanziellen Mittel für die Ausbildung von Richtern, Staatsanwälten, Verteidigern und Polizeibeamten nicht vorhanden waren.[622]

Die Aufgabe der Implementierung dieser Reform war keine leichte und ihre sukzessive Umsetzung benötigte viel Arbeit, Investitionen und Aufmerksamkeit. Die erste Phase wurde im Juli 2006 im Distrikt Corte Superior de Huara, die zweite 2007 in La Libertad, die dritte Phase 2008 in Tacna, Arequipa und Maquehua, die vierte Phase 2009 in Puno, Cusco, Madre de Díos, Ica und Cañete Distrikt eingeführt. Die letzte Phase wurde im April 2010 in Cajamarca, Amazonas und San Martín eingeführt.

Am 3.9.1990 unterzeichnete *Peru* die KRK und sein Jugendstrafrecht sollte an die internationalen Vorgaben angepasst werden,[623] sodass schließlich am

---

621 Vgl. *Ministerio de Justicia y Derechos Humanos* 2013, S. 29.

622 Vgl. *Ponce* 2008, S. 26 ff.

623 Parallel zu dem Prozess der Demokratisierung begann in Peru ein Prozess der Ratifizierung internationaler Abkommen zum Schutz der Menschenrechte und damit die Übernahme dieser neuen Standards in die innerstaatliche Rechtsordnung, z. B. Übereinkommen über die Rechte des Kindes (4.10.1990), Übereinkommen zur Beseitigung jeder Form von Diskriminierung der Frau (1995), Übereinkommen gegen Folter und andere grausame, unmenschliche oder erniedrigende Behandlung oder Strafe (6.8.1998), Übereinkommen über die Rechte des Kindes betreffend den Verkauf von Kindern, Kinderprostitution und Kinderpornografie (18.1.2002), Übereinkommen zum Schutz aller Personen vor dem „Verschwindenlassen" (15.3.2002) und die Internationale Konvention zum Schutz der Rechte der Wanderarbeitnehmern und ihrer Familienangehörigen (1.1.2006).

24.12.1992 durch das Dekret Nr. 26.102 ein neuer *Código del Menor* verabschiedet wurde.[624] In der Folge kam es zu weiteren Reformen in diesem Bereich. Durch das Gesetz Nr. 27.337 aus dem Jahr 2000 wurde der *Código del Menor* reformiert (vgl. *Kapitel 3.3.2*).

Weiterhin zu erwähnen ist die Reform bezüglich des Baus von Gefängnissen für Erwachsene. *Peru* hat im Jahr 2005 ein Privatisierungsmodell initiiert. Das Modell sieht vor, dass mit privaten Investoren neue Gefängnisse gebaut und beim Betrieb der Anstalten die Bereiche Ernährung, Reinigung und die Durchführung von Behandlungs- bzw. Resozialisierungsprogrammen von Privaten übernommen werden. Darüber hinaus wird von privaten Investoren die Funktion der Ordnung und Sicherheit von den Gefängnissen übernommen.

Insgesamt sind zwei Haftanstalten in der Stadt von Cañete und Huaral[625] mit einer Belegungszahl von 1.536 Haftplätzen zu bauen.[626]

4.4.5.3   Fehlende Beteiligung von Experten

Ein weiterer Faktor, der die Unterentwicklung des Jugendstrafvollzugsrechts beeinflusste, war die begrenzte Teilnahme von Experten, die den Reformprozess unterstützen konnte. Im Vergleich zum Strafrecht, Verfahrensrecht und Jugendstrafrecht gibt es erheblich weniger im Jugendstrafvollzug spezialisierte Wissenschaftler. Das Strafvollzugsrecht kann auch in Peru nicht als „unabhängige Disziplin" betrachtet werden, sie wird als Teil des Allgemeinen Strafrechts angesehen. Aus diesem Grund ist es auch in Peru schwer gewesen, die Modernisierung des Strafvollzugssystems zu unterstützen.

Wie in den anderen hier verglichenen Ländern gab es in *Peru* eine Bewegung, die auf den Ausbau menschenrechtlicher Maßnahmen im Gefängnis abzielte. Der Ausbau der Menschenrechtsstandards im Bereich des Strafvollzugs war explizites Ziel des Ombudsmanns (*Defensor del Pueblo*).[627] Er konzentriert sich auf die Implementierung internationaler Mindeststandards im Bereich der Menschenrechte innerhalb der einzelnen nationalen Rechtssysteme. Zusätzlich beschreibt er die fragliche Umsetzung der internationalen Menschenrechtsstandards innerhalb des peruanischen Vollzugssystems und erhebt empirische Daten über das Strafvollzugssystem.

---

624   Vgl. *Defensoría del Pueblo* 2000, S. 24; *Solis* 2006, S. 49.

625   Decreto Supremo Nr. 014-2005-JUS de 31 Octubre de 2005.

626   Diseño de Políticas Penitenciarias, Resolución Ministerial Nr. 0419-2007-JUS.

627   Mehr Informationen finden sich in *Kapitel 5*.

4.5   Zusammenfassung und Vergleich mit Deutschland

4.5.1   *Allgemein besserer Zustand des Jugendstrafvollzugs i. V. zum Erwachsenenvollzug*

Der Jugendstrafvollzug ist in *Deutschland, Chile, Peru* und *Bolivien* im Allgemeinen besser und resozialisierungsfreundlicher ausgestattet als der Erwachsenenvollzug. Die Situation der Überbelegung des Erwachsenenvollzugs ist in den südamerikanischen Ländern aufgrund erheblicher Zuwachsraten der Gefangenenpopulation gravierend; so findet sich in *Bolivien* eine Überbelegung von 155%, in *Chile* von 155% und in *Peru* von 186%.[628] *Deutschland* war mit einer Auslastung von 103% im Jahr 2009 nicht so gravierend betroffen.[629] Seither ist die Belegung in *Deutschland* weiter zurückgegangen, sodass das Problem der Überbelegung nicht mehr existiert (am 31.8.2013 betrug die Auslastung nur noch 87%).[630] Die Krisenphänomene des gegenwärtigen Strafvollzugs in den südamerikanischen Ländern betreffen die Zunahme von Gewalt, Korruption und Problemen der Behandlung sowie der Entlassungsvorbereitung. Diese Situation ist für die Frage einer menschenwürdigen Unterbringung von großer Bedeutung.

In diesem Zusammenhang ist allerdings darauf zu verweisen, dass die Überbelegung in den vier Ländern nicht die Jugendgefängnisse betrifft, jedenfalls nicht in dem Ausmaß wie im Erwachsenenvollzug, zum Beispiel lag die Auslastung in *Chile* zum Stichtag 31.3.2012 bei nur 84%,[631] in *Peru* im Mai 2012 bei nur 111%[632] und in *Deutschland* im März 2010 bei nur 86,5%.[633]

4.5.2   *Rechtliche Situation*

Ein großes Manko in *Chile, Peru* und *Bolivien* sind hier die noch immer fehlende gesetzliche Regelung des Jugendstrafvollzugs. Vereinzelt finden sich in

---

628   Vgl. Daten des International Center for Prison Studies (King's College, London) www.prisonstudies.org/info/worldbrief/?search=southam&x=South%20America.

629   Vgl. *Dünkel/Morgenstern* 2010, S. 97 f.

630   Vgl. *Dünkel/Geng* 2014.

631   Vgl. *Servicio Nacional del Menor* 2012, S. 10 f.

632   Vgl. *Defensoría del Pueblo* 2012, S. 41 f.

633   Vgl. *Dünkel/Geng* 2012, S. 117 f.

Deutschland[634] vorbildliche Kodifikationen wie beispielsweise in Berlin oder Hessen.[635]

Der neue Impuls des deutschen Jugendstrafvollzugs kam durch die Föderalismusreform von 2006 und mit der Entscheidung des BVerfG vom 31.5.2006. Mit der Föderalismusreform ist die Gesetzgebungskompetenz ab 1.9.2006 auf die Länder übergegangen und mit der Entscheidung des BVerfG wurde klargestellt, dass die Ausgestaltung und Durchführung der Jugendstrafe im Einzelnen gesetzlich zu regeln ist.[636] Demgemäß haben alle Bundesländer im Zeitraum innerhalb der vom BVerfG gesetzten Frist entsprechende gesetzliche Regelungen geschaffen.

Für den Vollzug der Jugendstrafe gelten seit 1.1.2008 in allen Bundesländern Jugendstrafvollzugsgesetze oder allgemeine Strafvollzugsgesetze, die den Jugendstrafvollzug detailliert regeln. Mit Ausnahme von Bayern, Hamburg und Niedersachsen beschlossen alle anderen Bundesländer eigenständige und separate Jugendstrafvollzugsgesetze. Interessant war, dass neun Bundesländer einen gemeinsamen Entwurf erarbeiteten, der sich im Aufbau stark am StVollzG des Bundes orientierte.[637] Inzwischen hat auch Hamburg ein eigenständiges JStVollzG geschaffen, andererseits haben im Jahr 2013 Brandenburg, Rheinland-Pfalz und 2014 Thüringen jeweils ein kombiniertes Gesetz für den Jugend- und Erwachsenenvollzug einschließlich der Untersuchungshaft verabschiedet.[638]

Vor der Föderalismusreform von 2006 und der Entscheidung des Bundesverfassungsgerichts vom 31.5.2006 war die Durchführung des Jugendstrafvollzugs gesetzlich nur rudimentär mit einigen Grundzügen zur Zielsetzung und Ausgestaltung in §§ 91, 92 JGG geregelt. Nach § 91 Abs. 1 JGG a. F. (in der bis zum 1.1.2008 geltenden Fassung) sollte der Vollzug der Jugendstrafe den Verurteilten künftig zu einem rechtschaffenen und verantwortungsbewussten Lebenswandel führen. Als Grundlagen der Erziehung wurden in § 91 Abs. 2 JGG a. F. „Ordnung, Arbeit, Unterricht, Leibesübungen und sinnvolle Beschäftigung in der freien Zeit" genannt. Das Gesetz schrieb ferner die Einrichtung von Ausbildungsstätten und die Gewährleistung der seelsorgerischen Betreuung vor. Zudem sollten nach § 91 Abs. 3 JGG a. F. eine Auflockerung des Vollzugs und in

---

634 Andere europäische Länder, die den Jugendstrafvollzug durch ein Gesetz geregelt haben, sind Ungarn, Portugal, Schottland und Schweden, vgl. *Dünkel/Stańdo-Kawecka* 2011, S. 1780.

635 Vgl. zusammenfassend *Kühl* 2012; ferner *Dünkel/Pörksen* 2007.

636 Vgl. *Dünkel/Geng* 2012, S. 115.

637 Vgl. *Kühl* 2012, S. 36; als zehntes Bundesland schloss sich Sachsen mit einem an diesem gemeinsamen Entwurf orientierten Gesetz an, 2009 auch Hamburg, vgl. *Dünkel/Kühl* 2012.

638 Vgl. zusammenfassend *Dünkel/Walkenhorst/Walter/* 2016.

geeigneten Fällen die Durchführung in weitgehend freien Formen dem Erziehungsziel dienen. Gem. § 91 Abs. 4 a. F. mussten die Vollzugsbediensteten schließlich für die Erziehungsaufgabe geeignet und ausgebildet sein.[639] § 92 Abs. 1 JGG a. F. (in der bis zum 1.1.2008 geltenden Fassung) stellte eine besondere Ausprägung des Trennungsprinzips dar: Die Jugendstrafe wird in Jugendstrafanstalten vollzogen. Jedoch sah § 92 Abs. 2 JGG a. F. bei über 17-Jährigen, die für den Jugendvollzug nicht geeignet erschienen, eine Überstellung an den Erwachsenenvollzug vor, was bei über 23-jährigen grundsätzlich erfolgen sollte. Umgekehrt macht § 114 JGG einen Transfer von nach Erwachsenenstrafrecht verurteilten Tätern in die Jugendstrafanstalt möglich, wenn diese für die Erreichung des Resozialisierungsziels besser geeignet ist. Die Praxis des Jugendstrafvollzugs wurde vor allem durch die bundeseinheitlichen Verwaltungsvorschriften, die sog. VVJug, geprägt. Inhaltlich lehnten sich die Verwaltungsvorschriften an das StVollzG an.[640]

Der Jugendstrafvollzug ist in *Chile* und *Peru* bis heute nicht gesetzlich geregelt. Maßgebend sind vielmehr bloße Verwaltungsvorschriften, vor allem die von den Justizministerien in *Chile* oder der Justiz in *Peru* einheitlich erlassene Vollzugsverordnungen von 2006[641] und 2004.[642] Die heutige Gestalt des Jugendstrafvollzugs hat sich in diesen beiden Ländern vielmehr aus der Praxis selbst entwickelt.

In *Bolivien* wird der Jugendstrafvollzug im Strafvollzugsgesetz geregelt. Das Gesetz enthält 6 Paragrafen für den Jugendstrafvollzug, die den Themen der Klassifizierung, Ziel der Behandlung, Verpflichtungen der Jugendanstalt und Disziplinarmaßnahmen besondere Aufmerksamkeit widmen. Jedoch berücksichtigen diese Regelungen die Besonderheiten des Jugendvollzugs zu wenig. Wie *Walter* und *Kirchner* in Deutschland erklären, kann dies höchst problematisch sein, da der Jugendstrafvollzug unbestritten ein Aliud gegenüber dem Vollzug an Erwachsenen ist.[643]

Auf der internationalen Ebene bedeutet dies für *Chile*, *Peru* und *Bolivien*, dass die rudimentäre gesetzliche Ausgestaltung des Jugendstrafvollzugs sowie der Verwaltungsvorschrift des Gesetzes einen Verstoß gegen die allgemeinen Pflichten zum Schutz der Menschenrechte darstellt.

Als Mitgliedstaaten der Amerikanischen Menschenrechtskonvention haben die drei Länder die Verpflichtung zur Achtung und zur Sicherung der Rechte und Freiheiten. Sie verpflichten sich, die Rechte und Freiheiten zu respektieren

---

639 Vgl. *Ostendorf* 2008, S. 49.

640 Vgl. *Meier/Rössner/Schöch-Schöch* 2013, S. 293 f.

641 Vgl. Dekret Nr. 1.378 vom 13.12.2006.

642 Vgl. *Resolución Administrativa* Nr. 348-2004-GG-PJ.

643 Vgl. *Ostendorf-Walter/Kirchner* 2012, S. 704 ff.

und gesetzgeberische oder sonstige Maßnahmen zur Verbesserung der Rechte und Freiheiten zu etablieren. Das Fehlen einer gesetzlichen Regelung im Bereich des Jugendstrafvollzugs in den drei Ländern bedeutet einen Verstoß gegen die positive Dimension dieser Verpflichtung, eine Nichterfüllung des internationalen Kompromisses zur Durchsetzung der Rechte der Gefangenen, die wegen der rudimentären gesetzlichen Ausgestaltung des Jugendstrafvollzugs sowie der Verwaltungsvorschrift des Gesetzes noch nicht abgesichert sind.

4.5.3 Der Einfluss der internationalen Menschenrechtsstandards

Der Einfluss der Amerikanischen Menschenrechtskonvention, Kinderrechtskonvention und der amerikanischen Strafvollzugsgrundsätze von 2008 erscheint in *Chile, Peru* und *Bolivien* von Bedeutung. Grundsätze wie die Wahrung der Menschenwürde, individuelle Gefangenenrechte und die Wiedereingliederung in die Gesellschaft sind allgemein akzeptiert. Jedoch unterscheiden sich die offizielle Rhetorik und die Praxis aufgrund unterschiedlicher kriminalpolitischer Orientierungen und Prioritätensetzungen in anderen Bereichen des Strafsystems wie z. B. dem Strafverfahrensrecht.

In *Chile* ist es teilweise schwierig, in ausreichendem Maß Berufsausbildung, die sich nicht nur an dem Ziel der Freizeitbeschäftigung orientiert,[644] medizinische Versorgung,[645] sanitäre Einrichtungen[646] sowie genügende Kontrolle in der Anwendung der Disziplinarmaßnahmen[647] und der isolierenden Maßnahmen zu gewährleisten.[648]

In *Peru* ist der bauliche Zustand in den Jugendanstalten von Huancayo und Trujillo noch unzureichend.[649] Inakzeptable Lebensbedingungen und unzureichende Garantien für den Jugendlichen von 16 bis 18 Jahren, die im bolivianischen Erwachsenengefängnis ihre Strafen verbüßen, wurden außerdem festgestellt.[650] Die Jugendlichen von 16 bis 18 Jahren werden in *Bolivien* als Erwach-

---

644   Dies ist in der Jugendanstalt von Limache, Talca, Coronel, Chol-Chol und Puerto Montt problematisch, vgl. *UNICEF* 2008, S. 3.

645   Dies ist in der Jugendanstalt von Graneros, Valdivia, Chol-Chol und Puerto Montt problematisch, vgl. *UNICEF* 2008, S. 3.

646   Dies ist in der Jugendanstalt von Talca, Chol-Chol, Puerto Montt, Coronel und Valparaiso problematisch, vgl. *UNICEF* 2008, S. 5.

647   Dies ist in der Jugendanstalt von Lihuén, Graneros, Rancagua, Talca, Coronel und Puerto Montt problematisch, vgl. *UNICEF* 2008, S. 4.

648   Dies ist in der Jugendanstalt von Lihuén, Talca und Chol-Chol problematisch, vgl. *UNICEF* 2008, S. 5.

649   Vgl. *Defensoría del Pueblo* 2012, S. 75.

650   Vgl. *DNI* 2010, S. 27.

sene behandelt und müssen ihre Strafe im Gefängnis für Erwachsene verbüßen. Zudem müssen die Jugendgefangenen während des Vollzugs ohne spezielle Behandlung und Trennung von den Erwachsenen leben, obwohl das Strafvollzugsgesetz in diesem Fall die Unterbringung in einer speziellen Abteilung nur für Jugendliche von 16 bis 21 Jahren anordnet.

Die Idee der Wiedereingliederung gewinnt aufgrund der Ratifikation der Kinderrechtskonvention wieder regional an Bedeutung.[651] In *Bolivien* wurden die Rechte der Kinder und in *Deutschland* das Wiedereingliederungsprinzip als Verfassungsprinzip anerkannt. Relevant ist zudem, dass in jedem Land die Idee der Resozialisierung unter unterschiedlichen Stichworten („Eingliederung", „Wiedereingliederung" oder „Reintegration") anerkannt ist.[652]

In *Deutschland* hat die Idee der Resozialisierung eine lange Tradition, die deutlich im StVollzG sowie in den neuen Gesetzen erkennbar ist. [653] Alle Gesetze folgen dem Resozialisierungsprinzip als Leitidee, häufig wie in den Jugendstrafvollzugsgesetzen von Bremen, Mecklenburg-Vorpommern, Sachsen-Anhalt und Thüringen entsprechend § 2 StVollzG des Bundes formuliert: *„Der Vollzug dient dem Ziel, die Gefangenen zu befähigen, künftig in sozialer Verantwortung ein Leben ohne Straftaten zu führen".*[654] Allerdings haben manche Länder den Schutz der Allgemeinheit aufgewertet und stellen die Resozialisierung nicht mehr als alleiniges und vorrangiges Vollzugsziel in den Vordergrund (Baden-Württemberg, Bayern, Niedersachsen).[655]

Ferner ist in *Deutschland* im Bereich des Jugendstrafvollzugs insgesamt und in den dortigen sozialtherapeutischen Abteilungen im Besonderen ein sehr breites Angebotsspektrum an (therapeutischen) Behandlungsprogrammen, sozialpädagogischen Maßnahmen und Schul-/Ausbildungsmöglichkeiten vorhanden. Es gibt für Gewalt- und Sexualstraftäter Behandlungsprogramme, und Formen der psychotherapeutischen Behandlung gehören zum Standardrepertoire der Arbeit. Soziale Trainingskurse und arbeitstherapeutische Maßnahmen sind in der Regel wie strukturierte freizeitpädagogische Maßnahmen und betreute Sportangebote vorhanden.[656]

---

651 Art. 40 Abs. 1 UN-KRK gewährleistet die „soziale Wiedereingliederung" des Kindes und die „Übernahme einer konstruktiven Rolle in der Gesellschaft".

652 Auch in Europa gewinnt die Idee der Wiedereingliederung wichtige Anerkennung und wird ebenfalls unter unterschiedlichem Stichwort erwähnt, vgl. *Dünkel/Stańdo-Kawecka* 2010, S. 1.787.

653 Vgl. *Kaiser/Kerner/Schöch- Kaiser* 1992, S. 90 ff.

654 Vgl. *Kühl* 2012, S. 46 f.

655 Vgl. zusammenfassend *Kühl* 2012, S. 46 ff., 52 ff.; *Dünkel/Walkenhorst/Walter-Kühl* 2016, § 2 Rn. 1 ff.

656 Vgl. *Dünkel/Geng* 2012, S. 128.

Ein derart breit gefächertes Angebot an Wiedereingliederungsmaßnahmen existiert in den drei verglichenen südamerikanischen Ländern noch nicht. Auf der regionalen Ebene der Organisation Amerikanischer Staaten fehlt es an einem Regelwerk wie den ERJOSSM in Europa, mit einem modernen Verständnis menschenrechtlicher Standards, das die Aufhebung der Defizite der lateinamerikanischen Gesetzgebung im Bereich der ambulanten Sanktionen und des Jugendstrafvollzugs unterstützen kann. Die sogenannten „Grundsätze für den Schutz der Gefangenen in Amerika" von 2008 sind nicht ausreichend. Die Defizite der lateinamerikanischen Länder im Jugendstrafvollzug, die schon in den 1900er Jahren im Rahmen der Rechtsprechung des Interamerikanischen Gerichtshofs für Menschenrechte und der letzten Berichte der Interamerikanischen Kommission für Menschenrechte evident waren,[657] verpflichten die Länder, gesetzliche Regelungen für die Ausgestaltung des Jugendvollzugs und der Vollstreckung ambulanter Sanktionen zu etablieren.

4.5.4 Der Frauenvollzug

Der Frauenvollzug hat in den verglichenen Ländern wegen der geringen Zahl von Häftlingen gravierende Probleme gehabt. In den südamerikanischen Ländern ebenso wie in *Deutschland* machen Frauen einen sehr geringen Anteil der Jugendvollzugspopulation aus. In *Chile* waren es 2012 4%,[658] in *Bolivien* 2010 15%,[659] in *Peru* 2012 4%[660] und in *Deutschland* 2010 3%.[661] Generell sind die Haftbedingungen dieser Gruppe problematisch. Beispielsweise sind die Frauen in einigen chilenischen Anstalten in der Krankenstation oder in *Bolivien* in einer sozialtherapeutischen Anstalt untergebracht. In Peru können die Frauen, die in den ländlichen Regionen verurteilt wurden, nicht von ihren Familien besucht werden, da es in diesem Land nur eine Anstalt für Frauen gibt, welche in der Hauptstadt Lima liegt.

4.5.5 Untersuchungshaft

Die Untersuchungshaft wird in den Ländern offensichtlich in unterschiedlichem Umfang eingesetzt. Der stichtagsbezogene Anteil von Untersuchungsgefange-

---

657 Die Rechtsprechung des Interamerikanischen Gerichtshofs für Menschenrechte und die Berichte der Interamerikanischen Kommission für Menschenrechte werden in Kapitel 5.2 analysiert.

658 Vgl. *SENAME* 2012, S. 14.

659 Vgl. *DNI* 2012, S. 39.

660 Vgl. *Defensoría del Pueblo* 2012, S. 43.

661 Vgl. *Dünkel* 2010, S. 597 (4% für das Jahr 2008); *Dünkel/Walkenhorst/Walter-Dünkel* 2016, Einleitung Rn. 134.

nen variierte zwischen 16,4% in *Peru*, 31,8% in *Deutschland* (2006), 38% in *Chile* (2012) und nicht weniger als 96% in *Bolivien* (2010).

Eine traurige Übereinstimmung besteht darin, dass in praktisch allen lateinamerikanischen Ländern die Lebensbedingungen in der Untersuchungshaft schlechter als im Strafvollzug sind, da zum Beispiel weniger Freizeit- und Arbeitsangebote vorgehalten werden.

4.5.6 Alters- und Deliktsstruktur

Die anteilsmäßig größte Gruppe machen in *Chile* und *Deutschland* die Jugendlichen über 18 Jahre aus. In *Chile* beträgt der Anteil der Jugendgefangenen über 18 Jahre 67,2% (2012). In Deutschland waren 47% (2012) der Jugendgefangenen Heranwachsende, weitere 43% Jungerwachsene im Alter von 21 bis 24 Jahren.[662] Bemerkenswert ist, dass die 16- bis 17-Jährigen in *Peru* ca. 55% ausmachen und in *Bolivien* die 15- bis 16-Jährigen die größte Gruppe des Jugendstrafvollzugs darstellen.

Die meisten Strafgefangenen in den lateinamerikanischen Jugendstrafanstalten wurden wegen Eigentumsdelikten verurteilt, z. B. in *Chile* 62% (2011), *Peru* 60% (2012) und *Bolivien* 32% (2010). Im Gegensatz dazu sind in *Deutschland* die meisten Strafgefangenen wegen Raub/Erpressung (29%) bzw. Körperverletzung (knapp 25% im Jahr 2012) verurteilt worden.[663]

Interessant für die lateinamerikanischen Länder ist, dass in *Deutschland* gewaltlose Eigentums- und Vermögensdelikte stark rückläufig sind. Insbesondere Diebstahls- und Unterschlagungsdelikte sind von ca. 49% im Jahr 1980 auf ca. 23% 2012 gesunken. Nach *Dünkel/Geng* spiegelt sich hier eine veränderte Sanktionspraxis wider, die bei gewaltlosen Eigentumsdelikten stärker auf Bewährungsstrafen und andere Alternativen zur unbedingten Jugendstrafe setzt.[664]

4.5.7 Die Rolle der Rechtsprechung in der Entwicklung des Jugendstrafvollzugs

Eine ausführliche Darstellung der Rspr. zum Strafvollzug, insbesondere Jugendstrafvollzug in Lateinamerika folgt unten in *Kapitel 5*. Deshalb werden nachfolgend lediglich einige Aspekte aufgeführt. Eine wichtige Rolle für die Entwicklung des Strafvollzugs hat in *Deutschland* das Bundesverfassungsgericht und in *Peru* das Verfassungsgericht gespielt.

In *Deutschland* wurde der Grundstein für die Umsetzung der verfassungsrechtlichen Vorgaben im Bereich des Strafvollzugs durch die grundlegende Ent-

---

662 Vgl. *Dünkel/Walkenhorst/Walter-Dünkel* 2016, Einleitung Rn. 135.

663 Vgl. *Dünkel/Walkenhorst/Walter-Dünkel* 2016, Einleitung Rn. 136.

664 Vgl. *Dünkel/Geng* 2012, S. 121.

scheidung vom 14. März 1972 gelegt. In dieser Entscheidung hat das Gericht die verfassungsrechtliche Verpflichtung des Gesetzgebers zur Regelung staatlicher Eingriffsbefugnisse in die Grundrechte von Strafgefangenen ausgesprochen.[665]

Zuvor wurde der Strafvollzug als verwaltungsinterner Bereich betrachtet und konnte auch mit den entsprechenden Instrumenten der Verwaltung (Verwaltungsvorschriften) organisiert werden. Durch das richterliche Strafurteil befand sich der Strafgefangene in einem besonderen Gewaltverhältnis, in dem der Strafgefangene als Objekt der Verwaltung behandelt wurde und die Organisation des Vollzugs keiner gesonderten gesetzlichen Ermächtigung für die Beschränkungen der Rechte der Gefangenen bedurfte.[666]

Von besonderer Bedeutung war in der Entscheidung 1972 die Garantie der *Menschenwürde* im Zusammenspiel mit dem Sozialstaatsprinzip. Nach Art. 1 Abs. 1 GG ist die Würde des Menschen unantastbar. Die Würde des Menschen stellt den höchsten Wert dar, „sie zu achten und zu schützen ist Verpflichtung aller staatlichen Gewalt." Nach *Müller-Dietz* enthält die *Menschenwürde* einen Wert- und Achtungsanspruch, der dem Menschen wegen seines Menschseins zukommt. Insofern darf der Mensch, wie *Kant* gesagt hat, niemals als Instrument, als Mittel zum Zweck benutzt werden. Die Würde ist ein Wert, der jeder Person ohne Rücksicht auf ihre Eigenschaften, Fähigkeiten und Leistungen oder ihren sozialen Status zukommt. Sie ist gegenüber jedem Angriff, einer willkürlichen Behandlung, Diskriminierung und Demütigung zu schützen.[667]

Das Sozialstaatsprinzip verlangt, wie das BVerfG interpretiert hat, Fürsorge für Gruppen der Gesellschaft, die auf Grund persönlicher Schwäche oder Schuld, Unfähigkeit oder gesellschaftlicher Benachteiligung in ihrer persönlichen und sozialen Entfaltung behindert sind, dazu gehören auch die Gefangenen.[668]

In dem *Lebach-Urteil* (BVerfGE 35, S. 202 ff.) wurde erstmals das Ziel des Strafvollzugs aus der Verfassung abgeleitet (Art. 2 Abs. 1 i. V. m. 1 Abs. 1 und 20, 28 GG). Für den Gefangenen muss als Träger der Menschenwürde die Resozialisierung garantiert werden und dazu müssen die Voraussetzungen für eine spätere straffreie Lebensführung geschaffen werden. Mit anderen Worten ist der Staat verpflichtet, ein wirksames Resozialisierungskonzept aufzubauen.[669]

Nach *Müller-Dietz* hat das BVerfG seine Rechtsprechung zum Resozialisierungsgebot weiter entwickelt. Z. B. hat es unter anderem die Bedeutung des Hafturlaubs (BVerfGE 64, S. 261 ff. zur Gewährung von Hafturlaub bei lebens-

---

665 Vgl. BVerfGE 33, S. 1 ff; hierzu u. a. *Müller-Dietz* 2008, S. 13.

666 Vgl. *Müller-Dietz* 2008, S. 133.

667 Vgl. *Müller-Dietz* 2011, S. 130.

668 Vgl. *Müller-Dietz* 2011, S. 130.

669 Vgl. *Müller-Dietz* 2011, S. 132.

langer Freiheitsstrafe), des Besuchsverkehrs mit Ehegatten und Familienangehörigen (BVerfGE 89, S. 315 ff. zur Zulässigkeit einer Trennscheibe bei Ehegattenbesuchen eines Strafgefangenen mit ausgeprägter Fluchtneigung), sowie der Arbeit für die Resozialisierung des Strafgefangenen (BVerfGE 98, S. 315 ff. zum Erfordernis einer angemessenen Anerkennung für geleistete Arbeit) gewürdigt.[670]

In anderen Entscheidungen hat das BVerfG festgestellt, dass die gemeinschaftliche Unterbringung (von zwei Gefangenen) in einem Haftraum von 7,6m bzw. 8m , wenn der Sanitärbereich nicht vom Wohnbereich abgetrennt ist, gegen die Menschenwürde verstößt. Die Entscheidungen erfolgten zu Art. 19 Abs. 4 GG, weil den Gefangenen zunächst das Rechtsschutzinteresse abgesprochen worden war.[671]

In einer weiteren Entscheidung aus dem Jahr 2006 (BVerfGE 116, S. 69 ff.) hat das BVerfG darauf hingewiesen, dass auch im Bereich des Jugendstrafvollzugs die Rechte von Jugendgefangenen durch ein förmliches Gesetz beschränkt werden müssen. Zudem sind die Besonderheiten des Jugendstrafvollzugs durch den Gesetzgeber zu beachten. Insbesondere trägt der Staat für die weitere Persönlichkeitsentwicklung der Jugendgefangenen Verantwortung. Das erfordert eine Vollzugsgestaltung, die vor allem auf soziales Lernen und berufliche Integration ausgerichtet sein muss.[672]

Die Wirkungen der Freiheitsstrafe sollen für Jugendgefangene aufgrund der Bedürfnisse und Empfindlichkeit (Vulnerabilität) der Jugendlichen begrenzt werden. Andererseits sind die Besuchsmöglichkeiten für familiäre Kontakte, die therapeutischen und pädagogischen Betreuungsmaßnahmen sowie die Entlassungsvorbereitung zu erweitern.[673]

Darüber hinaus ist der Jugendstrafvollzug mit den erforderlichen personellen und finanziellen Mitteln auszustatten, einer Finanzierung, die das Vollzugsziel Resozialisierung möglich machen soll.

Schließlich muss sich der Gesetzgeber bei der Ausgestaltung des Jugendstrafvollzugs am Stand der wissenschaftlichen Erkenntnisse orientieren.[674]

Von Bedeutung ist auch die Rechtsprechung des pVerfG. Das Gericht hat in seinen Entscheidungen die Bedeutung des Schutzes der Rechte der Kinder sowie den Verfassungsrang der Kinderrechte anerkannt. Ferner haben in diesen Entscheidungen die Entwicklung, Würde und das Wohl des Kindes besonderes Ge-

---

670 Vgl. *Müller-Dietz* 2011, S. 133.

671 Vgl. BVerfG EuGRZ 2002, S. 196 f. und EuGRZ 2002, S. 198 f. = NJW 2002, S. 2699, 2700 = StV 2002, S. 661.

672 Vgl. *Dünkel* 2006a, S. 112; *Müller-Dietz* 2011, S. 134.

673 Vgl. *Dünkel* 2006a, S. 113; *Müller-Dietz* 2011, S. 134.

674 Vgl. *Dünkel* 2006a, S. 113; *Müller-Dietz* 2011, S. 135.

wicht, sodass die Behörden, die mit Kindern und Jugendlichen arbeiten, diese Prinzipien in jeder Maßnahme respektieren und erweitern sollen.[675]

4.5.8 Die Bedeutung der wissenschaftlichen Entwicklung zur Verbesserung des Systems

Einen großen Unterschied gibt es zwischen den südamerikanischen Ländern und Deutschland im Bereich der wissenschaftlichen Entwicklung des Vollzugs. Während die Beteiligung von Wissenschaftlern in den lateinamerikanischen Ländern im Strafvollzug weitgehend fehlt, ist die Lage in Deutschland durch die Durchführung verschiedener empirischer Forschungen, Publikationen, Dissertationen und statistische Aufbereitung der Daten gekennzeichnet.[676]

Das Strafvollzugsrecht kann in *Chile, Peru* und *Bolivien* nicht als „unabhängige Disziplin" betrachtet werden, es wird als ein Teil des Allgemeinen Strafrechts behandelt. Bedauerlicherweise gibt es im Vergleich zum Strafrecht, Verfahrensrecht und Jugendstrafrecht nur wenige im Jugendstrafvollzug spezialisierte Wissenschaftler. Insofern ist abzusehen, dass wichtige Forschungen, die als „Klassiker" bezeichnet werden können, in der Praxis der lateinamerikanischen Länder weniger Aufmerksamkeit hatten. Z. B. haben in *Chile, Peru* und *Bolivien* die einflussreiche anglo-amerikanische Literatur der 1960er und 1970er Jahre sowie die Forschungen der letzten 30 Jahre aus Deutschland im Strafvollzug keine größere Resonanz und Diskussion hervorgerufen.[677]

Bedauerlicherweise ist es ohne eine spezielle Gruppe von Wissenschaftlern häufig schwierig, Forschung zu etablieren bzw. empirische Informationen im Strafvollzug zu erheben. Damit ist zugleich die gesellschaftspolitische Aufgabe einer konstruktiven und zugleich kritischen Begleitung der Akteure vernachlässigt worden.

Jedoch ist interessant, dass in den drei lateinamerikanischen Ländern eine Bewegung *Pro-Menschenrechte der Gefangenen* festgestellt werden kann, die auf den Ausbau menschenrechtlicher Maßnahmen im Gefängnis abzielt. Der Ausbau der menschenrechtlichen Standards im Bereich des Strafvollzugs war explizites Ziel von Nichtregierungsorganisationen, wie z. B. *Defensa de Niños y Niñas Internacional*, *UNICEF*, von *Menschenrechtsinstituten* und dem Ombuds-

---

675 Vgl. *Defensor del Pueblo* 2012, S. 39.

676 In Deutschland gibt es 5 kriminologische Institute an den Universitäten von Tübingen, Heidelberg, Köln, Hamburg und Bonn. 6 Lehrstühle für Kriminologie sind an den juristischen Fakultäten ausgewiesen und 22 Lehrstühle existieren in Verbindung mit dem Strafrecht, vgl. *Albrecht* 2013, S. 74 f.

677 Studien wie z. B. *Goffman* 1973; *Zimbardo u. a.* 1975; *Zimbardo* 2002 oder *Akers/ Hayner/Gruninger* 1977 sowie *Dünkel/Meyer* 1985; *Dünkel* 1990; *van Zyl Smit/Dünkel* 2001; *Dünkel* 2007 und *Dünkel/Grzywa/Horsfield/Pruin* 2011.

mann.[678] Ihre Arbeit konzentriert sich auf die Implementierung internationaler Mindeststandards im Bereich der Menschenrechte innerhalb der einzelnen nationalen Rechtssysteme. Außerdem beschreiben sie die fragliche Umsetzung der internationalen Menschenrechtsstandards innerhalb des Vollzugssystems und erheben zudem empirische Daten über das Strafvollzugssystem.

Im Gegensatz dazu hat der Strafvollzug in *Deutschland* seit 1945 tiefgreifende Veränderungen erfahren. Die Entwicklung in der Praxis wurde in den letzten 60 Jahren durch die theoretische und empirische Strafvollzugsforschung begleitet und teilweise gefördert.[679]

Die erste empirische Bestandsaufnahme wurde 1969 von *Müller-Dietz* und *Würtenberger* und 1970 von *Calliess* vorgelegt.[680] Insgesamt war die Strafvollzugsforschung der 1970er Jahre von der Evaluation des Behandlungsvollzugs in Form der sozialtherapeutischen Anstalt geprägt.[681] Die Forschung der 1980er Jahre legte den Schwerpunkt auf die Alternativen zur Freiheitsstrafe, die Problematik der Rechtsmittel und die Effektivität des Rechtsschutzes für Strafgefangene.[682] Ende der 1980er und Anfang der 1990er Jahre konzentrierte sich die Wissenschaft auf Untersuchungen der Basis detaillierter Daten zur Insassenstruktur und einzelner Vollzugsmaßnahmen sowie der Rechte und Lebensbedingungen von Gefangenen.[683] Die Perspektiven der 1990er Jahren lagen in der Beobachtung der Entwicklung des Strafvollzugs in den neuen Bundesländern und in der letzten Zeit hat sich die Strafvollzugsforschung in Deutschland auch den Problemen der Vollzugsgestaltung, neuer Tätergruppen, der lebenslangen Freiheitsstrafe und Privatisierungsdebatten gewidmet.[684]

4.5.9 Prioritätensetzung in der Entwicklung des Jugendstrafrechts im Vergleich zu anderen Reformen

Die Situation des Jugendstrafvollzugs in *Chile*, *Peru* und *Bolivien* war während der Nachdiktaturzeit desolat. Die Vorschriften orientierten sich, wie die anderen

---

678 Weitere Informationen finden sich im Kapitel 4.

679 Vgl. *Dünkel* 1996, S. 4.

680 Vgl. Beiträge zur Strafvollzugswissenschaft: Heft 1 „Die Subkultur des Gefängnisses", 1967 von *Harbordt*, Heft 2 „Zielkonflikte in einer Strafanstalt", 1968 von , *Waldmann*, Heft 3 „Das Freizeitproblem im deutschen Erwachsenenstrafvollzug", 1969 von *Mörs*, Heft 4 „Gefangenenarbeit und Resozialisierung", 1969 von *Koch* und Heft 5 „Strafvollzug – Institution im Wandel", 1970 von *Calliess*.

681 Vgl. *Dünkel* 1996, S. 21.

682 Vgl. *Dünkel* 1996, S. 31.

683 Vgl. *Dünkel* 1996, S. 34.

684 Vgl. *Dünkel* 1996, S. 54.

Códigos der Region, am Wohlfahrtsmodell und der Jugendstrafvollzug wurde durch Verwaltungsvorschriften geregelt. Die Jugendlichen konnten nicht nur wegen einer Straftat im Gefängnis untergebracht werden, sondern auch wegen ihrer Lebensbedingungen oder einer Erziehungsgefährdung, „Verwahrlosung" u. ä. Darüber hinaus existierte kein getrennter Jugendstrafvollzug und die jungen Täter mussten ihre Strafe in den allgemeinen Gefängnissen und in den sog. *Correccionales* verbüßen.

Die hier verglichenen Länder beschlossen nach der Zeit der Diktatur, sich auf die Reformen des Jugendstrafrechts zu konzentrieren. Aufgrund der Ratifizierung der Kinderrechtskonvention im Jahr 1999 und der Kritik des Ausschusses für die Rechte des Kindes der Vereinten Nationen an den Ländern, in denen die Modernisierung der Jugendstrafjustiz ein dringendes Bedürfnis darstellte, begann in *Chile* 2007, in *Bolivien* 1992 und in *Peru* 2000 die Einführung eines neuen Jugendstrafrechts. Gleichzeitig waren in *Peru, Bolivien* und *Chile* die sog. große Strafverfahrensreform von 1999, 2004 und 2000 von herausragender Bedeutung für das Strafsystem und die Sanktionspraxis der Länder (vgl. *Kapitel 4.2.6.2, 4.3.5.2, 4.4.5.2*).

Das deutsche Jugendstrafrecht hat im Vergleich zum Jugendstrafvollzug, der erst in den letzten Jahren aufgrund des Urteils des BVerfG von 2006 eine bedeutende Veränderung erlebt hat, eine lange Entwicklung und viele Verbesserungen erfahren (vgl. die Reformen von 1953,[685] 1990 und 2008).

Bis Ende des 19. Jahrhunderts waren die Kindheit und Jugend in Deutschland durch ihre Irrelevanz für das Recht und im Allgemeinen für die Gesellschaft geprägt.[686] Zudem kann man in der zweiten Hälfte des 19. Jahrhunderts

---

685 Mit dem Reichsjugendgerichtsgesetz von 1943 wurde der Erziehungsgedanke umgedeutet und das Konzept eines Feindstrafrechts durchgesetzt, indem die Anwendung des JGG auf deutsche und „Artverwandte" begrenzt wurde. Die Strafmündigkeitsgrenze wurde auf 12 Jahre bei schwerer Kriminalität herabgesetzt und unter 18-jährige „charakterlich abartige Schwerverbrecher" konnten nach Erwachsenenrecht behandelt werden. Zudem wurden die zeitlich relativ unbestimmte Jugendstrafe, Zuchtmittel als besondere Sanktionskategorie für die „Gutgearteten", Jugendarrest als Zuchtmittel (Idee des „short sharp shock"), ein Mindestmaß der Jugendstrafe von drei Monaten und ein Höchstmaß von 10 Jahren eingeführt. Die Strafaussetzung zur Bewährung wurde abgeschafft. Zuchthaus und Todesstrafe waren auch für Jugendliche ab 16 Jahren möglich. Mit dem JGG von 1953 wurden die Auswüchse des Nationalsozialismus beseitigt. Erziehung und Besserung wurden wieder als zentrale Prinzipien des Vollzugs vorgesehen. Darüber hinaus beginnt die Strafmündigkeit ausnahmslos erst wieder bei 14 Jahren und es bleibt bei der Dreigliederung der Sanktionen in Erziehungsmaßregeln, Zuchtmittel und Jugendstrafe. Als Neuerungen sind die Wiedereinführung der Strafaussetzung zur Bewährung und die Einbeziehung der Heranwachsenden von 18 bis 21 Jahren zu nennen. Die Bestimmungen der §§ 64 und 65 des Reichsjugendgerichtsgesetzes von 1943 waren Grundlage für die §§ 91, 92 des JGG 1953, *Meier/Rössner/Schöch-Rössner* 2013, S. 38 ff.

686 Vgl. *Meier/Rössner/Schöch-Rössner* 2013, S. 32.

einige Fortschritte im Bereich des Jugendstrafvollzugs identifizieren. Z. B. legte das Reichsjustizamt 1879 den Entwurf eines Gesetzes über die Vollstreckung von Freiheitsstrafen vor und zum ersten Mal wurde das Trennungsprinzip zwischen Erwachsenen und Jugendlichen sowie das Recht auf Besuch, Beschwerden und Briefwechsel anerkannt.[687]

Mit der Jahrhundertwende entwickelte sich in Europa aufgrund der modernen biologischen und psychologischen Erkenntnisse eine allgemeine Jugendbewegung zu einem neuen Verständnis von Kindheit und Jugend als Entwicklungsstufen. Gleichzeitig kamen andere Fortschritte hinzu, die für die Entwicklung des Jugendstrafrechts sehr relevant waren. Zum einen wurde die „Lebensphase und Lebenswelt der Jugendlichen anerkannt, in der die sozialen Normen der Erwachsenen gelernt werden müssen". Zum anderen entwickelte sich eine neue Straftheorie, die sich an der grundsätzlichen Resozialisierbarkeit des Täters orientiert sowie „an kriminologischer Ursachenforschung über die Störfaktoren des Normenlernens".[688] *Franz v. Liszt* widmete in seinem Marburger Programm von 1882 den Kindern und Jugendlichen besondere Aufmerksamkeit.[689]

In zahlreichen Gerichten wurden seit 1908 im Wege der Geschäftsverteilung spezialisierte Jugendgerichte in Frankfurt, Köln und Berlin geschaffen sowie das erste Jugendgefängnis 1911 in Wittlich. Interessant ist, dass die Jugendgerichtsbewegung in der Auseinandersetzung mit den ersten Jugendgerichten in den USA (Chicago, 1899) entstand und deren einheitlichem Ansatz, fürsorgerische und strafrechtliche Maßnahmen der Kompetenz des Jugendgerichts zu unterstellen.[690]

Das JGG von 1923 (§16) regelte den Trennungsgrundsatz und die erzieherische Ausrichtung des Jugendstrafvollzugs, während der Strafvollzug auf der Grundlage von Verwaltungsverordnungen geregelt wurde.

1928 wurden neben Wittlich vier Jugendgefängnisse eingerichtet: in Bayern (Niederschönenfeld), Thüringen (Eisenach), Hamburg (Hahnöfersand) und Schlesien.[691]

Für den Erwachsenenstrafvollzug wurde der Grundstein für die Umsetzung der verfassungsrechtlichen Vorgaben durch die Entscheidung vom 14. März

---

687 Vgl. *Kaiser/Kerner/Schöch-Kaiser* 1992, S. 16.

688 Vgl. *Meier/Rössner/Schöch-Rössner* 2013, S. 35.

689 Vgl. *Vormbaum* 2009, S. 123.

690 Vgl. *Meier/Rössner/Schöch-Rössner* 2013, S. 35.

691 Unter der NS-Ideologie wurden mit der amtlichen Verfügung vom 22.1.1937 (AV 1937), AV vom 30.11.1937 und AV vom 16.7.1941 neue Regelungen den Jugendstrafvollzug betreffend eingeführt, zudem wurden die Aufgabe des Jugendstrafvollzugs sowie die Einrichtung von Jugendgefängnissen in den §§ 64 und 65 des Reichsjugendgerichtsgesetzes von 1943 geregelt, vgl. *Ostendorf* 2008, S. 47 f.; *Vormbaum* 2009, S. 213.

1972 gelegt. In dieser Entscheidung hat das BVerfG klargestellt, dass in die Rechte von Gefangenen nur auf Grund eines Gesetzes eingegriffen werden darf. Jedoch wurde die Schaffung einer rechtlichen Grundlage für den Jugendstrafvollzug erst nach 35 Jahren geschaffen. In dieser Zeit galten die bundeseinheitlichen Verwaltungsvorschriften zum Jugendstrafvollzug und die allgemeinen Regelungen der §§ 91 und 92 JGG.[692]

Mit der Entscheidung des Bundesverfassungsgerichts vom 31.5.2006 wurde der Gesetzgeber gezwungen, bis zum 1.1.2008 ein detailliertes Jugendstrafvollzugsgesetz zu verabschieden. Auf Grund der vom Gesetzgeber beschlossenen Föderalismusreform, bei der der Strafvollzug aus den Gebieten der konkurrierenden Gesetzgebung herausgenommen wurde, ist die Gesetzgebungskompetenz auf die Länder übergangen. Jedoch ist die Zuständigkeit für das gerichtliche Verfahren und gerichtlichen Rechtsschutz der Jugendgefangenen beim Bundesgesetzgeber verblieben.[693]

---

692 Vgl. *Ostendorf* 2008, S. 49.
693 Vgl. *Ostendorf* 2008, S. 50.

5. Kontrollmechanismen im Jugendstrafvollzug

5.1 Die Notwendigkeit und unterschiedliche Formen der Kontrolle des Strafvollzugs in den internationalen Menschenrechtsstandards

Die Verhaftung und der Freiheitsentzug stellen erhebliche Eingriffe in die Bewegungsfreiheit eines Menschen dar und haben somit eine hohe menschenrechtliche Bedeutung. Dem Staat erwächst durch den Freiheitsentzug eine Schutzpflicht gegenüber den Betroffenen, d. h. diese vor der Verletzung ihrer Menschenrechte im Strafvollzug zu schützen.[694] Bei Jugendlichen wiegt die Schutzpflicht des Staates umso schwerer, als das das Verhalten der Jugendlichen von ihrer Persönlichkeit, ihrer Reife und ihren Fähigkeiten geprägt wird, welche sich sämtlich noch in der Entwicklung befinden. Problematisch ist dabei, dass die Strafvollzugsbehörden häufig nicht ausreichend auf die besondere Empfindlichkeit von Jugendlichen gegenüber dem Freihcitsentzug vorbereitet sind.[695]

Wie in einem Bericht der *Interamerikanischen Menschenrechtskommission* (IKM) nachgewiesen wurde, haben die Strafverfolgungs- und Strafvollzugsbehörden verschiedene „Praktiken" entwickelt, die die Rechte der Jugendlichen verletzen können. Dazu zählen unter anderem Misshandlungen bei der Festnahme und Freiheitsberaubung sowie eine fehlende richterliche Kontrolle der Haft und ausbleibende Information an die Eltern über die Verhaftung des Jugendlichen.[696] Darüber hinaus werden im Jugendstrafvollzug disziplinarische Maßnahmen, wie die disziplinarische Absonderung,[697] körperliche Züchtigung[698] oder Aussetzung des Besuchs- oder Ausgangsrechts in unzulässiger Weise angewendet.[699]

In diesem Kontext kommt dem Schutz der Rechte der Inhaftierten eine herausragende Bedeutung zu. Für einen effektiven Schutz der Gefangenen haben die Internationalen Mindeststandards der Menschenrechte unterschiedliche Me-

---

694 Vgl. *IKM* 2011, S. 74.

695 Vgl. *IKM* 2011, S. 70; *Kühl* 2012, S. 288.

696 Vgl. *IKM* 2011, S. 75.

697 Nach dem Kommissionsbericht ordnen die Anstaltsleiter verschiedener Länder gegenüber Jugendgefangenen disziplinarische Maßnahmen mit variierenden Bezeichnungen an (z. B „Zimmer des Nachdenkens" in der *Dominikanischen Republik*, „Trennung der Gruppe" in *Chile* oder „Zone der Zurückgezogenheit" in *Mexico*), welche jedoch alle eine Form der unzulässigen disziplinarischen Absonderung darstellen, vgl. *IKM* 2011, S. 153.

698 Vgl. *IKM* 2011, S. 154.

699 Vgl. *IKM* 2011, S. 148.

thoden entwickelt, um den Strafvollzug zu kontrollieren. Neben verwaltungsinterner Kontrolle und Überprüfung durch unabhängige Aufsichtskommissionen ist auch eine gerichtliche Kontrolle von strafvollzuglichen Maßnahmen notwendig. Zudem gibt die lateinamerikanische Menschenrechtskonvention den Gefangenen weitere Rechtsschutzinstrumente an die Hand.

5.1.1 Richterliche Kontrolle

Das Recht auf gerichtlichen Rechtsschutz steht im Mittelpunkt der Verfahrensgarantien. Nach der AMRK hat jedermann das Recht, sich im Fall einer Verletzung seiner Grundrechte mit einer Beschwerde oder einem anderen Rechtsmittel an ein zuständiges Gericht oder gerichtsähnliches Organ zu wenden.[700]

Wegen der besonderen Bedeutung, die dem Recht auf gerichtlichen Rechtsschutz in einer demokratischen Gesellschaft zukommt, betont die AMRK, dass diesem Anspruch nicht nur theoretisch oder oberflächlich, sondern *„effektiv"*, *„einfach"* und *„sofort"* Genüge getan werden müsse.[701]

Das Recht auf gerichtlichen Rechtsschutz steht auch im Mittelpunkt der Garantien, die die KRK anerkannt hat. Nach der KRK hat jedes Kind, dem die Freiheit entzogen wurde, das Recht auf umgehenden Zugang zu einem rechtskundigen oder anderen geeigneten Beistand sowie das Recht auf alsbaldige Entscheidung in einem rechtsstaatlichen Verfahren.[702]

Weitere Vorschriften zum gerichtlichen Rechtsschutz kann man in anderen Dokumenten der Vereinten Nationen finden, beispielsweise im „Grundsatzkatalog für den Schutz aller in irgendeiner Form der Haft oder Strafgefangenschaft unterworfenen Personen"[703] und in den Regeln zum „Schutz von Jugendlichen unter Freiheitsentzug".[704]

---

700 Artikel 25 Nr.1 AMRK.

701 Nach Artikel 25 Nr.2 der AMRK verpflichten sich die Vertragsstaaten: 1. Sorge zu tragen, dass jeder, der ein Rechtsmittel einlegt, sein Recht durch die nach den Rechtsvorschriften des Staates zuständige Stelle feststellen lassen kann. 2. Den gerichtlichen Rechtsschutz auszubauen und dafür Sorge zu tragen, dass die zuständigen Stellen Beschwerden, denen stattgegeben wurde, Geltung verschaffen.

702 Artikel 37 d) KRK.

703 Auf Englisch *Principles for the Protection of All Persons under Any Form of Detention or Imprisonment*, General Assembly (A/RES/43/889), vgl. Grundsatz 33 Nr. 4, vgl. www.un.org/documents/instruments/docs_en.asp?year=1980.

704 Auf Englisch *United Nations Rules for the Protection of Juveniles Deprived of their Liberty*, General Assembly (A/RES/45/113), vgl. Nach Regel 76 hat jeder Jugendliche das Recht, sich auf den zulässigen Wegen mit einer Bitte oder einer Beschwerde an das Gericht oder andere berufene Stellen zu wenden. In: www.un.org/documents/instruments/docs_en.asp?year=1990.

Neben den Empfehlungen der *Vereinten Nationen* gibt es in Lateinamerika noch ein weiteres Dokument: Die „*Grundsätze für den Schutz der Gefangenen in Amerika*" verpflichten die Mitgliedsstaaten der *OAS* den gerichtlichen Rechtsschutz für Gefangene auszubauen.[705]

Die rechtsvergleichende Analyse der Kontrollmodelle verdeutlicht die verschiedenen Formen der gerichtlichen Kontrolle, die dem Begriffspaar präventiv und reaktiv zugeordnet werden können. Als präventiv ist das Modell des Strafvollstreckungsrichters anzusehen, der von vornherein in wichtige Vollzugsentscheidungen eingebunden ist.[706] In einem reaktiven Kontrollsystem ist ein Gericht oder eine ähnliche Instanz nur aufgrund einer Klage/Beschwerde tätig.[707]

Bedeutsam ist auf jeden Fall, dass in jedem Modell aufgrund ihres einschneidenden Charakters für den Gefangenen die gerichtliche Überprüfung von Disziplinarmaßnahmen sowie von anderen Entscheidungen der Vollzugsleitung[708] gewährleistet werden soll.[709]

5.1.2 Ansprüche, Beschwerden und Anfragen

Das Beschwerderecht ist die andere Säule des Rechtsschutzsystems für Gefangene. Gemäß den Empfehlungen der *OAS* und der *Vereinten Nationen* hat der Gefangene das Recht, sich mit Beschwerden in Angelegenheiten, die ihn selbst betreffen, an die Verwaltung der Haftanstalt zu wenden.[710]

Die Beschwerde kann sich gegen Entscheidungen des Anstaltsleiters und gegen Entscheidungen anderer Vollzugsbediensteter richten. Folter oder eine andere grausame, unmenschliche oder erniedrigende Behandlung können Gegenstand einer Beschwerde sein.[711]

---

705 Grundsatz VI, vgl. *Organización de Estados Americanos,* Resolución 1/08. In www.cidh.oas.org/pdf%20files/RESOLUCION%201-08%20ESP%20FINAL.pdf.

706 Dieses Modell wird in Frankreich und Polen benutzt und hat den Vorteil, dass der Richter den Gefangenen besser kennt und die Entlassungsentscheidung auf einer gesicherteren Grundlage fällen kann, vgl. *Koeppel* 1999, S. 90.

707 Ein Beispielmodell bildet die Beschwerdekommissionen in den Niederlanden, vgl. *Koeppel* 1999, S. 92.

708 Zum Beispiel die Verlegung in eine andere Anstalt, der Verlust einer Arbeitsstelle, die Einzelhaft oder die Erlaubnis für den Besitz bestimmter Gegenstände.

709 Vgl. *Koeppel* 1999, S. 95.

710 Vgl. Grundsatz 33 des Grundsatzkatalogs für den Schutz aller in irgendeiner Form der Haft oder Strafgefangenschaft unterworfenen Personen, Regel 75 der Regeln zum Schutz von Jugendlichen unter Freiheitsentzug und Grundsatz VII der Grundsätze für den Schutz der Gefangenen in Amerika.

711 Vgl. Grundsatz 33 Nr. 1 des Grundsatzkatalogs für den Schutz aller irgendeiner Form der Haft oder Strafgefangenschaft unterworfenen Personen.

Jugendliche können Beschwerden an Beamte richten sowie als Alternative Hilfe von Familienmitgliedern oder Menschenrechtsgruppen erbitten.[712] In diesem Fall steht das Recht auf Beschwerde nicht nur Strafgefangenen, sondern auch einem Besucher oder Vertreter zu.

Der Anstaltsleiter verpflichtet sich, alle Anträge oder Beschwerden umgehend zu „bearbeiten" und „ohne unangemessene Verzögerung" zu beantworten.[713]

5.1.3 Überwachungsmechanismen und unabhängige Gremien

In einer demokratischen Gesellschaft spielen die Werte Transparenz und Öffentlichkeit eine wichtige Rolle. Die Vollzugsbehörden sind als Teil des Strafsystems genau wie andere staatliche Institutionen zur Öffentlichkeitsarbeit verpflichtet. Dies bedeutet zum einen, dass die Strafvollzugsbehörden von sich aus korrekte und vollständige statistische Angaben veröffentlichen müssen, und zum anderen, dass sowohl Forschern und Journalisten als auch der Öffentlichkeit ausreichender Zugang zu den relevanten Informationsquellen gewährt werden muss.

Die Überwachungsmechanismen und unabhängigen Gremien dienen dazu, einen effektiven Schutz der Gefangenen sicherzustellen. Sie sind wichtige Einrichtungen zum Schutz vor Willkür und Geheimjustiz und um Ermessensentscheidungen zu kontrollieren sowie den Schutz der Individualperson gegen Entscheidungen der Verwaltung zu verbessern.

Die Idee der Überwachungsmechanismen hat sich in den letzten Jahren durch den Ausschuss zur Verhütung der Folter und durch die Anerkennung von Empfehlungen der *Vereinten Nationen* und *OAS* verstärkt.[714]

Am 18. September 2002 wurde durch die *Vereinten Nationen* das Fakultativ-Protokoll der internationalen Konvention gegen die Folter verabschiedet. Das Protokoll sieht vor, dass ein Ausschuss gebildet wird, welcher zu all jenen Orten Zutritt erhält, an denen Personen festgehalten werden. Der Ausschuss kann regelmäßige und Ad-hoc-Besuche organisieren. Die Besuche werden meist durch unabhängige Kriminologen, Juristen, oder Mediziner durchgeführt. Sie

---

712 Grundsatz 33 Nr. 2 des Grundsatzkatalogs für den Schutz aller irgendeiner Form der Haft oder Strafgefangenschaft unterworfenen Personen, Regel 78 der Regeln der Vereinten Nationen zum Schutz von Jugendlichen unter Freiheitsentzug und Grundsatz VII der Grundsätze für den Schutz der Gefangenen in Amerika.

713 Vgl. Grundsatz 33 Nr. 33 des Grundsatzkatalogs für den Schutz aller in irgendeiner Form der Haft oder Strafgefangenschaft unterworfenen Personen, Regel 76 der Regeln der Vereinten Nationen zum Schutz von Jugendlichen unter Freiheitsentzug.

714 Vgl. den Grundsatzkatalog für den Schutz aller in irgendeiner Form der Haft oder Strafgefangenschaft unterworfenen Personen von 1988 und die Grundsätze für den Schutz der Gefangenen in Amerika von 2008.

können unter vier Augen mit allen Personen sprechen, denen die Freiheit entzogen wurde. Im Anschluss an jeden Besuch hat der Ausschuss einen Bericht zu verfassen.[715]

Die Mitgliedsstaaten[716] verpflichten sich nicht nur, den Ausschussmitgliedern den uneingeschränkten Zugang zu allen Einrichtungen zu gewähren, in denen Menschen festgehalten werden, sondern auch alle vier Jahre einen Bericht zum Zustand der Menschenrechte im Land zu verfassen.

Die Voraussetzungen für Inspektionen sind in den Regeln der *Vereinten Nationen* zum Schutz von Jugendlichen unter Freiheitsentzug detailliert aufgeführt.[717] Beispielsweise sollen Inspektionen sowohl regulär als auch unangemeldet durchgeführt werden. Die Inspektoren haben das Recht auf einen unbeschränkten Zugang zu allen Personen (Gefangene und Personal) sowie zu allen schriftlichen Unterlagen einer solchen Einrichtung.[718]

An diesen Inspektionen müssen ein befähigter und unabhängiger Arzt und andere Kontrolleure teilnehmen. Sie sollen das Befolgen der Vorschriften in Bezug auf die räumliche Umgebung, die Hygiene, die Unterbringung und Ernährung, das Arbeitswesen, die Gesundheitsfürsorge und die Bedingungen des Lebens in der Anstalt überprüfen.[719] Bedeutsam ist zudem, dass jeder Jugendliche das Recht hat, mit jedem Kontrolleur vertrauliche Gespräche zu führen.[720]

Um einen effektiven Schutz des Gefangenen sicherzustellen, soll der Ausschuss nach Abschluss der Inspektion einen Bericht vorlegen. Der Bericht muss die Angaben zur Einhaltung der staatlichen (rechtlichen Vorschriften) und internationalen Instrumente im Bereich der Menschenrechte enthalten sowie die Empfehlungen für die Einhaltung dieser nationalen und internationalen Regeln aufnehmen. Zudem soll der Ausschuss die Verletzung rechtlicher Vorschriften anzeigen, die während der Inspektion festgestellt wurden.[721]

---

715 Vgl. Art. 4 Fakultativprotokoll der Übereinkommen gegen Folter und andere grausame, unmenschliche oder erniedrigende Behandlung oder Strafe.

716 Die Länder, die das Protokoll ratifiziert haben, sind *Argentinien, Chile, Costa Rica, Guatemala, Mexiko, Peru, Uruguay* und *Bolivien.*

717 Vgl. Zudem in Art. 14 Fakultativprotokoll der Übereinkommen gegen Folter und andere grausame, unmenschliche oder erniedrigende Behandlung oder Strafe und Grundsatz XXIV der Grundsätze für den Schutz der Gefangenen in Amerika.

718 Vgl. Regel 73 der Regeln der Vereinten Nationen zum Schutz von Jugendlichen unter Freiheitsentzug von 1990.

719 Vgl. Regel 73 der Regeln der Vereinten Nationen zum Schutz von Jugendlichen unter Freiheitsentzug von 1990.

720 Vgl. Regel 73 der Regeln der Vereinten Nationen zum Schutz von Jugendlichen unter Freiheitsentzug von 1990.

721 Vgl. Regel 74 der Regeln zum Schutz von Jugendlichen unter Freiheitsentzug von 1990.

5.2 Internationale Kontrollinstanzen

Im nachfolgenden Abschnitt werden unter dem Stichwort „Internationale Kontrollinstanzen" die für die lateinamerikanischen Länder maßgebliche Interamerikanische Menschenrechtskommission und der Interamerikanische Gerichtshof für Menschenrechte behandelt.

5.2.1 Die Interamerikanische Menschenrechtskommission

Zuständige Organe in Lateinamerika, um die Rechte und Freiheiten der Bürger allgemein zu schützen, sind die Interamerikanische Kommission für Menschenrechte (*IKM*) und der Interamerikanische Gerichtshof für Menschenrechte (*IGM*).

Die *IKM* besteht aus sieben Mitgliedern, die Staatsangehörige der Mitgliedstaaten der Organisation sein müssen. Sie befindet sich in Washington, USA, und ihre allgemeine Aufgabe besteht darin, die Achtung und Verteidigung der Menschenrechte zu fördern.

Die Bürger der Mitgliedsländer der AMRK können eine Individualbeschwerde bei der *IKM* erheben. Die *IKM* überprüft die Zulässigkeit einer Beschwerde und versucht, den Streit der Parteien auf außergerichtlichem Wege beizulegen. Wenn eine Beilegung nicht erreicht wird, fertigt die *IKM* einen Bericht an, in dem sie die Tatsachen und die Ergebnisse ihrer Überprüfung des Falles darlegt.[722]

Nach der AMRK kann jede natürliche Person den Gerichtshof mit einer Beschwerde anrufen. Im Hinblick auf die Zulässigkeitsvoraussetzung ist die Anrufung des Gerichtshofs innerhalb einer Frist von sechs Monaten nach der letztinstanzlichen innerstaatlichen Entscheidung zu erstellen. Außerdem darf die Eingabe oder Mitteilung nicht in einem anderen internationalen Verfahren anhängig sein.[723]

Weiterhin zu erwähnen sind die anderen Aufgaben der *IKM*: Die Kommission darf Empfehlungen unterbreiten, Berichte anfertigen, Untersuchungen durchführen und über Maßnahmen informieren, die alle Mitgliedstaaten über die Menschenrechte getroffen haben.

In Zusammenhang mit den Berichten oder Untersuchungen hat die *IKM* seit 1990 die sog. „*Relatorias*" eingeführt. Dies sind Abteilungen der Kommission, die die Aufgabe der Achtung, Befolgung, Verteidigung und Förderung be-

722 Bis 1998 hatte das Rechtsschutzsystem der Europäischen Menschenrechtskonvention wie in Amerika eine *Europäische Menschenrechtkommission*, die in einem ersten Verfahrensgang die Zulässigkeit einer Beschwerde zu prüfen hatte. Mit dem 11. Protokoll im Jahr 1998 wurde die Kommission abgeschafft und heutzutage besteht das Rechtsschutzsystem in Europa nur aus zwei Organen, *dem Ministerkomitee* und *dem Europäischen Gerichtshof für Menschenrechte (EGMR)*, vgl. *Grabenwarter/Pabel* 2012, S. 38.

723 Vgl. Art. 46 AMRK.

stimmter Menschenrechte in der Region haben. Dafür können sie die Mitgliedstaaten besuchen und Empfehlungen oder Maßnahmen zur Förderung der Beachtung dieser Rechte unterbreiten. Jeder Richter der *IKM* leitet eine *Relatoria*. Schon 2004 beschäftigte sich innerhalb der *IKM* eine von elf Abteilungen mit den Rechten von Personen, denen die Freiheit entzogen wurde. Neben der *Relatoria* für Gefangene gibt es noch weitere für die Rechte der Wanderarbeitnehmer, die Rechte der Frauen, die Rechte der Kinder, die Rechte der indigenen Völker, das Recht auf Meinungsfreiheit, die Rechte der Minderheit von Menschen mit afrikanischer Abstammung, die Rechte von sexuellen Minderheiten, die Rechte von Menschenrechtsaktivisten und die ökonomischen, sozialen und kulturellen Rechte.

Die *Relatoria* für Gefangene hat zwischen 2004 und 2011 fünfzehn Besuche durchgeführt und dazu jeweils Berichte vorgelegt.[724] In *Bolivien* und *Chile* fanden die Besuche 2006 bzw. 2008 statt, durchgeführt durch den Berichterstatter der *IMK Florentin Meléndez*.

Im Anschluss an jeden Besuch wurden zwei Berichte von dem Berichterstatter verfasst. Der Bericht von *Bolivien* beschreibt eine gravierende Überbelegung,[725] einen bedauerlichen Zustand der Hygiene, die fehlende Trennung von Verurteilten und Beschuldigten sowie von Erwachsenen und Jugendlichen,[726] außerdem die Unterbringung von Kindern, die mit ihrer Familie im Gefängnis wohnen.[727]

In dem Bericht von *Chile* beobachtete der Berichterstatter, dass die Überbelegung im Land besorgniserregend sei. Die Arbeitsbetriebe und Einrichtungen zur beruflichen Bildung seien ungenügend. Es gibt auch eine exzessive und unnütze Anwendung des unmittelbaren Zwangs und der Absonderung aus disziplinarischen Gründen. Zudem sind die Besuche aus Gründen der Sicherheit extrem überwacht und die Kontrolle der Angehörigen ist unverhältnismäßig und erniedrigend.[728]

Eine andere Aufgabe der *IKM* ist das Vorlegen von thematischen Menschenrechtsberichten, zum Beispiel *Justicia Juvenil y derechos humanos en las A-*

---

724 Die Besuche haben in *Uruguay* (Juli 2011), *Surinam* (Mai 2011), *El Salvador* (Oktober 2010), *Argentinien* (Juni 2010), *Ecuador* (Mai 2010), *Uruguay* (Mai 2009), *Argentinien* (April 2009), *Paraguay* (September 2008), *Chile* (August 2008), *Mexiko* (August 2007), *Haiti* (Juni 2007), *Argentinien* (Dezember 2006), *Bolivien* (November 2006), *Brasilien* (September 2006), *die Dominikanische Republik* (August 2006), *Kolumbien* (November 2005), *Honduras* (Dezember 2004), *Brasilien* (Juni 2005), *Argentinien* (Dezember 2004) und *Guatemala* (November 2004) stattgefunden.

725 Vgl. *IKM* 2006, S. 1.

726 Vgl. *IKM* 2006, S. 1.

727 Vgl. *IKM* 2006, S. 1.

728 Vgl. *IKM* 2006, S. 1.

méricas vom Juli 2011 und *Derechos Humanos de las personas privadas de libertad* vom Dezember 2011.

Der Bericht *Justicia Juvenil y derechos humanos en las Américas* enthält einen Abschnitt über Jugendliche, denen die Freiheit entzogen wurde. Die Abteilung 4.3 des Berichts entwickelt die Idee der Rechte der Jugendgefangenen und beschreibt die Hauptprobleme des Jugendstrafvollzugs in der Region.

Nach dem Bericht der *IKM* gibt es besorgniserregende Fälle von Tod, Gewalt und Folter in den Jugendanstalten von *Guatemala, Honduras und El Salvador*. In diesen Jugendanstalten finden Bandenkriege (sog. *Maras* oder *Pandillas*) statt. Ferner ist die Anwendung unmittelbaren Zwangs durch das Personal extrem hoch.[729] Zusätzlich wurde die *IKM* ohne Bestimmtheit des Zeitraums informiert, dass es in *Brasilien* ca. 5.400 jugendliche Opfer der Folter gebe.[730]

Auch die Anstaltsverpflegung ist in *Brasilien* und *Uruguay* problematisch, z. B. erhalten die Jugendgefangenen z. T. verdorbene Nahrung. In *Panama* gibt es Jugendanstalten ohne ausreichende Wasserversorgung.[731]

Eine weitere Dimension des Jugendstrafvollzugs, die nach den Berichten der *IKM* Probleme bereitet, ist die Gesundheitsfürsorge. Die Ressourcen und das Personal für die Krankenbehandlung sind nicht ausreichend. Diese Situation ist kritisch in *Venezuela, El Salvador, Guatemala, Nicaragua, Honduras* und *Bolivien*. Ferner beschreibt die *IKM* Fälle von grassierenden Krankheiten. So leiden beispielsweise in *Guayana* viele Jugendgefangene an Krätze, Pilzen und Infektionen, in *Chile* gab es einen Fall von Tripper.[732]

Auch die Freizeitgestaltung wurde von der *IKM* untersucht, wobei Mängel in *Jamaika, Honduras* und *Trinidad & Tobago* in zweierlei Hinsicht festgestellt wurden: Zum einen wurden auf Grund von Sicherheitsbedenken die Freizeitaktivitäten beschränkt, zum anderen nahmen die Untersuchungsgefangenen auf Grund von vermuteter Fluchtgefahr an Sportveranstaltungen und Freizeitgruppen nur in Handschellen teil.[733]

Die *IKM* fand in *Chile* und in *Venezuela* Anstalten, die in einem schlechten baulichen Zustand und hygienisch unzureichend waren. Hinsichtlich der Größe der Zellen[734] fand die *IKM* besondere Probleme in *El Salvador, Guatemala,*

---

729 Vgl. *IKM* 2011, S. 125 ff.

730 Vgl. *IKM* 2011, S. 145.

731 Vgl. *IKM* 2011, S. 127.

732 Vgl. *IKM* 2011, S. 131 ff.

733 Vgl. *IKM* 2011, S. 139.

734 Für Europa wiederholen die ERJOSSM (vgl. Rule Nr. 56) den schon in den Europäischen Strafvollzugsgrundsätzen (EPR) enthaltenen Grundsatz der möglichst wenig gesicherten Unterbringung. Zudem ist in den Europäischen Strafvollzugsgrundsätzen eine Festschreibung der Mindestgröße eines Haftraums durch Gesetz vorgesehen (vgl. Nr.

Honduras, Nicaragua, Panama und *Haiti*. Beispielsweise hatte die Jugend-anstalt von *Delmas* in *Haiti* eine zulässige Belegung von 72 Jugendlichen, aber 174 Personen waren untergebracht;[735] auch in *Honduras, Guatemala, El Salva-dor* und *Nicaragua* konnte und kann man in einer Zelle 10 bis 30 Jugendliche finden.[736]

Aus dem Bericht der *IKM* ist zu entnehmen, dass in der Region regelmäßig isolierende Maßnahmen oder disziplinarische Absonderungen mit verschiedenen Namen angewandt werden. Körperliche Züchtigung und die Aussetzung des Be-suchs- oder des Ausgangsrechts als disziplinarische Maßnahmen sind üblich.[737] So gibt es unzulässige Anwendungen von isolierenden Maßnahmen oder diszip-linarischer Absonderungen in *Chile, Mexiko* und in der *Dominikanischen Repub-lik*,[738] körperliche Züchtigungen in *Belize, Trinidad & Tobago*[739] und Ausset-zungen des Besuchs- oder des Ausgangsrechts als disziplinarische Maßnahmen in *Barbados, Jamaika* und in der Jugendanstalt von *Quillacollo* in *Bolivien*.[740]

Für erwachsene Gefangene ist der Zustand der Menschenrechte nicht besser. Nach dem Bericht der *IKM Derechos Humanos de las personas privadas de li-bertad* vom Dezember 2011 kann man folgende Probleme im Gefängnis der Re-gion finden: Überbelegung, mangelhafte Bedingungen der räumlichen Unter-bringung, Ernährung und Einrichtung, hohes Gewaltniveau, Folter als Methoden zur Gewinnung von Beweisen, explosiv gestiegene Anzahl von Untersuchungs-häftlingen, Missbrauch gegen besonders verletzliche Gruppen (Jugendliche und Frauen), prekäre Funktionsweise der Arbeits- und Ausbildungsbetriebe und Kor-ruption der Vollzugsbediensteten.[741]

18.7 EPR und Nr. 63.1 ERJOSSM). Nach *Dünkel* sind für Westeuropa 9 bis 12 m^2 als Mindeststandard anzusehen, vgl. *Dünkel* 2011, S. 149.

735   Vgl. *IKM* 2011, S. 143.

736   Vgl. *IKM* 2011, S. 142 ff.

737   Vgl. *IKM* 2011, S. 148.

738   Vgl. *IKM* 2011, S. 153.

739   Vgl. *IKM* 2011, S. 154.

740   Vgl. *IKM* 2011, S. 148.

741   Vgl. *IKM* 2011, S. 2.

5.2.2 Der Interamerikanische Gerichtshof für Menschenrechte und seine Rechtsprechung zu den Menschenrechten im (Jugend-)Strafvollzug

Der Interamerikanische Gerichtshof für Menschenrechte (*IGM*) besteht aus sieben Richtern, die Staatsangehörige der Mitgliedstaaten der Organisation sein müssen, und er hat seinen Hauptsitz in *San Jose, Costa Rica*.

Urteile des *IGM* haben drei wichtige Merkmale: die Urteile des *IGM* werden mit einer Begründung versehen, sie sind endgültig und unanfechtbar. Darüber hinaus gibt es eine Verpflichtung der Vertragsstaaten der Konvention, Urteile des Gerichtshofs zu befolgen.

Die Struktur des Urteils umfasst 14, ggf. 15 Teile: 1) Einführung des Falls, 2) die Fakten, 3) Zuständigkeit, 4) Verfahren der Kommission, 5) Verfahren des *IGM*, 6) gütliche Beilegung, 7) die Beweise, 8) die nachgewiesenen Fakten, 9) Verpflichtung zur Beseitigung der Menschenrechtsverletzung, 10) die Nutznießer der Wiedergutmachung, 11) die Beseitigung des materiellen und immateriellen Schadens, 12) andere Arten der Wiedergutmachung, 13) die Gerichtskosten, 14) die Arten das Urteil zu vollstrecken und 15) Sondervoten.

In einer Reihe von Fällen hat die erfolgreiche Beschwerde bei der *IKM* und dem *IGM* eine interessante Rechtsprechung zum Jugendstrafvollzug entwickelt. In der Tat hat der Lateinamerikanische Gerichtshof für Menschenrechte ca. 40 Urteile zum Thema Menschenrechte im Strafvollzug gefällt[742] und damit Standards für Inhaftierte und Gefangene festgelegt.

Die Länder, die verurteilt wurden, sind *Peru* mit 11 Fällen,[743] *Ecuador*[744] und *Argentinien*[745] mit je 5 Fällen, *Venezuela*[746] mit 4 Fällen, *Honduras* mit 3

---

742 Vgl. Sentencias de la *Corte Interamericana de Derechos Humanos* in: www.oas.org/-es/cidh/ppl/decisiones/corteidh.asp.

743 Vgl. *Peru* vs. *Penal Miguel Castro*, Urteil vom 21.9.2006. Serie C. Nr. 160; *García Asto Ramirez Rojas*, Urteil vom 25.11.2005. Serie C. Nr. 137; *Lori Berenson Mejia*, Urteil vom 25.11.2004. Serie C. Nr. 119; *De la Cruz Flores*, Urteil vom 18.11.2004. Serie C. Nr. 115; *Hermanos Gómez Paquiyauri*, Urteil vom 8.6.2004. Serie C. Nr. 110; *Cantoral Benavides*, Urteil vom 18.8.2000. Serie C. Nr. 69; *Durand Ugarte*, Urteil vom 16.8.2000. Serie C. Nr. 68; *Cesti Hurtado*, Urteil vom 29.9.1999. Serie C. Nr. 56; *Castillo Petruzzi y otros*, Urteil vom 30.5.1999. Serie C. Nr. 52; *Loayza Tamayo*, Urteil vom 17.9.1997. Serie C. Nr. 33 und *Neira Alegría*, Urteil vom 19.1.1995. Serie C. Nr. 20.

744 Vgl. *Ecuador* vs. *Vera Vera*, Urteil vom 19.5.2011. Serie C. Nr. 226; *Chaparro Álvarezy Lapo Íniguez*, Urteil vom 21.11.2007. Serie C. Nr. 172; *Acosta Calderon*, Urteil vom 24.6.2005. Serie C. Nr. 129; *Tibi*, Urteil vom 7.9.2004. Serie C. Nr. 114 und *Suárez Rosero*, Urteil vom 12.11.1997. Serie C. Nr. 35.

745 Vgl. *Argentinien* vs. *Torres Millacura* y otros, Urteil vom 26.8.2011. Serie C. Nr. 229; *Bayarri*, Urteil vom 30.10.2008. Serie C. Nr. 187; *Bueno Alves*, Urteil vom 11.5.2007. Serie C. Nr. 164; *Bulacio*, Urteil vom 18.9.2003. Serie C. Nr. 100; *Mendoza y otros*, Urteil vom 14.5.2013. Serie C. Nr. 260.

Fällen,[747] *Haiti*[748] und *Trinidad & Tobago*[749] mit je 2 Fällen und *Mexiko*,[750] *Barbados*,[751] *Brasilien*,[752] *Guatemala*,[753] *Kolumbien*,[754] *Paraguay*,[755] *Bolivien*[756] und *Surinam*[757] mit je einem Fall.

Die Hauptthemen, die der *IGM* behandelt hat, sind die Bedingungen der Untersuchungs- und Strafhaft, Polizeigewahrsam und Folter. Außerdem enthalten die Fälle andere Menschenrechtsprobleme, beispielsweise Verurteilungen zum Tode, Verstöße gegen das Prinzip *nulla poena sine lege* und Verfahrensgarantien im Strafprozess. Zudem haben einige der vorhandenen Fälle bestimmte politische Kontexte, zum Beispiel politische Inhaftierung in *Bamaca Velásquez* gegen *Guatemala* oder Haftung wegen terroristischer Straftaten in den Fällen gegen *Peru*.

Bemerkenswert im Hinblick auf Jugendstrafvollzug und Polizeigewahrsam sind die Fälle *Bulacio vs. Argentinien, Instituto de Reeducación del Menor vs. Paraguay und Mendoza y otros vs. Argentinien,* sowie *Hermanos Gomez vs. Peru,* in denen die Verletzung von Art. 4 Nr. 1 (Recht auf Leben), 5 Nr. 1, 2, 4, 5, 6 (Recht auf körperliche, geistige und moralische Unversehrtheit), 7 Nr. 1 (Recht auf persönliche Freiheit und Sicherheit), 8 Nr. 2 (Recht auf Verfahrensgarantien), Art. 19 (Recht auf besonderen Schutz für Minderjährige) und Art. 25 (Recht auf richterliche Kontrolle) nach AMRK festgestellt wird.

---

746 Vgl. *Venezuela* vs. *Diaz Peña*, Urteil vom 26.6.2012. Serie C. Nr.244; *Usón Ramirez*, Urteil vom 20.11.2009. Serie C. Nr.207; *Barreto Leiva*, Urteil vom 17.11.2009. Serie C. Nr. 206 und *Montero Aranguren y otros*, Urteil vom 5.6.2006. Serie C. Nr. 150.

747 Vgl. *Honduras* vs. *Pacheco Teruel*, Urteil vom 27.4.2012. Serie C. Nr. 241; *Servellón Garcia*, Urteil vom 21.9.2006. Serie C. Nr. 152 und *López und Álvarez*, Urteil vom 1.2.2006. Serie C. Nr. 141.

748 Vgl. *Haiti* vs. *Fleury y otros*, Urteil vom 23.11.2011. Serie C. Nr. 236 und *Yvon Neptune*, Urteil vom 6.5.2008. Serie C. Nr. 180.

749 Vgl. *Trinidad & Tobago* vs. *Caesar*, Urteil vom 11.3.2005. Serie C. Nr. 123 und *Hilaire, Constantine y Benjamin y otros*, Urteil vom 21.6.2002. Serie C. Nr. 94.

750 Vgl. *Mexiko* vs. *Cabrera Garcia y Montiel Flores*, Urteil vom 26.11.2010. Serie C. Nr. 220.

751 Vgl. *Barbados* vs. *Boyce et.al*, Urteil vom 20.11.2007. Serie C. Nr. 171.

752 Vgl. *Brasilien* vs. *Ximenes Lopez*, Urteil vom 4.7.2006. Serie C. Nr. 149.

753 Vgl. *Guatemala* vs. *Raxcaco Reyes*, Urteil vom 15.9.2005. Serie C. Nr. 133.

754 Vgl. *Kolumbien* vs. *Gutierrez Soler*, Urteil vom 12.9.2005. Serie C. Nr. 132.

755 Vgl. *Paraguay* vs. *Instituto de Reeducación del Menor*, Urteil vom 2.9.2004. Serie C. Nr. 112.

756 Vgl. *Bolivien* vs. *Trujillo Oroza*, Urteil vom 26.1.2000. Serie C. Nr. 64.

757 Vgl. *Surinam* vs. *Gangaram Panday*, Urteil vom 21.1.1994. Serie C. Nr. 16.

Instituto de Reeducación vs. Paraguay (Urteil vom 2. September 2004): Wegen unmenschlicher und erniedrigender Bedingungen während des Vollzugs erkannte der *IGM* auf eine Verletzung der Art. 4 Nr. 1, Art. 5 Nr. 5 und Art. 5 Nr. 6 AMRK[758] und sprach den Beschwerdeführern Schadensersatz i. H. v. 953.000,00 US-Dollar zu. In diesem Fall gab es drei Brände, technisch bedingt und während Meutereien. Obwohl das Brandrisiko bekannt war, reagierten die Beamten der Jugendanstalt nicht. Wegen der Brände starben neun junge Gefangene, und es gab 42 Schwerverletzte.[759] Zudem wurden junge Leute in den Erwachsenenstrafvollzug verlegt.

Der *Fall Bulacio vs Argentinien* (Urteil vom 18. September 2003): Hier verurteilte der *IGM* Argentinien zu einer Entschädigung des Beschwerdeführers i. H. v. 334.000.00 US-Dollar. Diesem Urteil lag eine Verletzung von Art. 4, Art. 7, Art. 8 und 25 AMRK[760] durch einen Vorfall von Folter zugrunde. *Walter Bulacio* (17 Jahre alt) wurde von der Polizei aufgrund einer Razzia in *Buenos Aires* festgenommen, gefoltert und ermordet.

Hermanos Gomez vs. Peru (Urteil vom 8. Juli 2004): Auch hier wurde aufgrund der Festnahme eine Verletzung von Art. 7, 8 und 25 AMRK angenommen, da die Opfer (17 und 14 Jahre alt) in den Kofferraum des Polizeiautos eingeschlossen und danach von der Polizei verprügelt wurden.

Mendoza y otros vs. Argentina (Urteil vom 14. Mai 2013): *César Alberto Mendoza, Lucas Matías Mendoza, Saúl Roldán, Ricardo Videla* und *Claudio David Núñez* wurden zu einer lebenslangen Freiheitsstrafe verurteilt und *Ricardo Videla* wurde im Gefängnis gefoltert und ermordet. Hier wurde aufgrund der verhängten Strafe über Minderjährige, erniedrigenden Bedingungen während des Vollzugs und der ungenügenden Untersuchung des Todes von *Ricardo Varela* eine Verletzung von Art. 4, 5, 7, 8 und 25 AMRK angenommen. Hier verurteilte der *IGM Argentinien* zu einer Entschädigung des Beschwerdeführers i. H. v. 50.000 US-Dollar.

Der *IGM* hat durch seine Entscheidungen eine wichtige Rolle für die Entwicklung des Strafvollzugs in Lateinamerika gespielt. Die Rechtsprechung des *IGM* hat allgemeine Standards für Inhaftierte und spezielle Standards für inhaftierte Jugendliche entwickelt.

In Bezug auf die allgemeinen Standards für Inhaftierte gibt es drei Grundsätze, die der *IGM* eingeführt hat: Die Menschenwürde als Grenze des Gewalt-

---

758 Recht auf Leben, Trennungsprinzip, besondere gerichtliche Kontrolle und Besserung und Wiedereingliederung der Häftlinge als Ziel der Freiheitsstrafe.

759 Der erste Brand war im November 2000 mit neun Toten und 25 Schwerverletzen. Der zweite Brand ereignete sich im März 2001 mit neun Schwerverletzten und der dritte Brand im Juli 2001 mit einem Toten und acht Schwerverletzten.

760 Recht auf Leben, Recht auf persönliche Freiheit und Sicherheit, Verfahrensgarantien und Recht auf richterliche Kontrolle.

monopols des Staates, die Steigerung der Verantwortlichkeit des Staates auf Grund der speziellen Situation der Inhaftierten und das Folterverbot.

- Die *Menschenwürde als Grenze des Gewaltmonopols des Staates*: In den Entscheidungen hat der Gerichtshof betont, dass der Staat für die Sicherheit des Bürgers sorgen muss und er hat das Gewaltmonopol, um die Rechte des Bürgers zu schützen. Trotzdem muss das Gewaltmonopol des Staates begrenzt werden. Aus diesem Grund müssen die Verhängung und die Durchführung von Strafen durch die Menschenwürde begrenzt sein.[761] Der Vollzug einer Freiheitsstrafe muss unter Bedingungen erfolgen, die die Menschenwürde des Häftlings nicht beeinträchtigen.[762]

- *Steigerung der Verantwortlichkeit des Staates auf Grund der speziellen Situation der Inhaftierten*: Nach dem *IGM* gibt es im Gefängnis eine besondere staatliche Schutzpflicht, da die Gefangenen in einer Zwangsgemeinschaft leben, die in der Subkultur des Gefängnisses durch Gewalt und Unterdrückung sowie eine besondere Verletzlichkeit der Insassen gekennzeichnet ist.[763] Wegen der speziellen Situation, in der sich Inhaftierte befinden, ist die Verantwortlichkeit des Staates für deren körperliche und psychische Integrität gesteigert.[764] Die Gefangenen sind in hohem Maße schutzbedürftig, weshalb die Behörden ihre körperliche und psychische Unversehrtheit zu schützen und ihr Wohlergehen zu fördern haben.[765]

  Personen, denen die Freiheit entzogen wurde, haben ein Recht auf angemessene Haftbedingungen. Der Staat muss das Recht auf Leben und das Recht auf Achtung ihrer körperlichen Unversehrtheit gewährleisten. Das hat zur Folge, dass der Staat eine Schutzpflicht für die Wahrung der Rechte der Gefangenen hat. Die Anstalt muss soweit wie möglich auf eine Weise organisiert sein, dass Gefahren für das Leben der Inhaftierten minimiert werden.[766]

---

761 Vgl. *Miguel Castro vs. Peru; Bulacio vs. Argentinien; Godinez Cruz vs. Honduras; Montero Aranguren und andere vs. Venezuela*.

762 Vgl. *Neira Alegria und andere vs. Peru; De la Cruz Flores vs. Peru*.

763 Vgl. *Miguel Castro vs. Peru*.

764 Vgl. *Cantoral Benavides vs. Peru; Bulacio vs. Argentinien; Tibi vs. Ecuador*.

765 Vgl. *Tibi vs Ecuador; Instituto de Reeducacion del Menor vs. Paraguay; Bulacio vs. Argentinien; De la Cruz Flores vs. Peru*.

766 Vgl. *Tibi vs. Ecuador*.

- *Folterverbot:* Nach Auffassung des *IGM* enthält der Begriff Folter drei Dimensionen, die in einem Stufenverhältnis stehen: *Folter, unmenschliche und erniedrigende Strafe oder Behandlung.*

Folter ist eine absichtliche unmenschliche oder erniedrigende Behandlung, die sehr ernstes und grausames Leiden hervorruft.[767] In diesem Bereich hat das Gericht konkrete Beispiele dafür angegeben: „Die Opfer wurden mit einem metallischen Stab auf die Füße geschlagen und sie wurden durch elektrischen Strom verletzt. Ferner wurden sie eingesperrt in einem dunklen Zellengefängnis, das die Gefangenen „das Loch" nennen".[768] Oder: „Körperliche Strafen wie Auspeitschen sind verboten".[769]

Unmenschlich ist eine Behandlung, die absichtlich schwere psychische oder physische Leiden verursacht.[770] *Erniedrigend* ist eine Strafe oder Behandlung, wenn sie den Betroffenen in seiner Würde verletzt.[771]

Im Übrigen betrachtet der *IGM* bestimmte Fallgruppen als Fälle unmenschlicher und erniedrigender Behandlung, beispielsweise die Überbelegung in Gefängnissen, weiterhin die Anwendung der isolierenden Maßnahmen und Fälle von willkürlicher Festnahme.

Nach dem *IGM* sind Überbelegungen in Gefängnissen und ihre Begleitumstände, wie Gesundheitsschädlichkeit, mangelnde Belüftung und Bettenknappheit, Bedingungen, die die Menschenwürde verletzen.[772] Zudem wird die Menschenwürde missachtet, wenn die Gefangenen zwischen Exkrementen und ohne Beachtung der Intimsphäre leben müssen.[773]

Eine unmenschliche Behandlung besteht auch in der Unterbringung in einer Einzelzelle ohne Kontaktmöglichkeiten zu anderen Gefangenen, ohne Besuche und nur mit wenigen Minuten außerhalb der Zelle.[774]

---

767 Vgl. *Tibi vs. Ecuador; Cantoral Benavides vs. Peru; Hermanos Gomez Paquiyauri vs. Peru; Bulacio vs. Argentinien.*

768 Vgl. *Miguel Castro vs. Peru.*

769 Vgl. *Hilarie, Constatine und Benjamin vs. Trinidad und Tobago.*

770 Vgl. *Hermanos Gomez Paquiyauri vs. Peru; Bamaca Velasquez vs. Guatemala; Montero Aranguren und andere vs. Venezuela; De la Cruz Flores vs. Peru.*

771 Vgl. *Hermanos Gomez Paquiyauri vs. Peru; Montero Aranguren und andere vs. Venezuela; De la Cruz Flores vs. Peru.*

772 Vgl. *Lori Berenson Mejia vs. Peru; Instituto de Reeducacion del Menor; Caesar vs. Trinidad y Tobago; Tibi vs. Ecuador.*

773 Vgl. *Montero Aranguren und andere vs. Venezuela.*

774 Vgl. *Cantoral Benavides vs.Peru; Neira Alegria und andere vs. Peru; Bamaca Velasquez vs. Guatemala; Tibi vs. Ecuador.*

Nach der *IGM* ist diese Isolationsmaßnahme nur aus disziplinarischen Gründen möglich und wenn sie zeitlich möglichst kurz bemessen ist.[775] Außerdem wurde vom *IGM* festgestellt, dass eine Verletzung der Menschenwürde vorliegt, wenn festgenommene Personen im Kofferraum eines Polizeiautos eingeschlossen werden.[776] Zudem bestimmt der *IGM* die Mindestanforderungen, die der Polizeigewahrsam respektieren muss. Zum Beispiel darf niemand willkürlich festgenommen oder gefangen gehalten werden. Die Verhaftung muss unverzüglich einem Richter mitgeteilt werden und der Strafverteidiger hat ein Recht, das Protokoll der Verhaftung zu lesen.[777] In der Polizeidienststelle muss ein Protokoll jeder Verhaftung angefertigt werden, um die Legalität der Verhaftung kontrollieren zu können. Dieses Protokoll muss Auskunft geben über

a) den Personalausweis des Verhafteten,
b) den Grund der Verhaftung,
c) Zeit und Tag der Verhaftung und
d) die Gewährleistung des Rechts des Verhafteten auf Information durch eine explizite Aufklärung über seiner Rechte (Informationsrecht).[778]

Bemerkenswert ist, dass der *Europäische Gerichtshof für Menschenrechte* eine große Rolle in der Rechtsprechung des *IGM* spielt. *Der Interamerikanische Gerichtshof* orientiert sich im Hinblick auf die Rechtsprechung für die Inhaftierten am Vorbild des *Europäischen Gerichtshofs für Menschenrechte*. Die Ideen und Standards sind identisch. In der Tat hat der *IGM* sehr oft die Urteile des *Europäischen Gerichtshofs* zitiert, beispielsweise *Angelova vs. Bulgarien, Edwards vs. Großbritannien, Salman vs. Türkei, Kalashnikov vs. Russland, Ostrovar vs. Moldawien, Peers vs. Griechenland, Karalevicius vs. Litauen, Mathew vs. Niederlande, Soering vs. Großbritannien, Mikheyev vs. Russland, Aydin vs. Türkei und Selmouni vs. Frankreich*.[779] Weiterhin zu erwähnen ist die Rechtsprechung des *IGM* hinsichtlich inhaftierter Jugendlicher. Die speziellen Standards für Jugendliche, denen die Freiheit entzogen wurde, sind folgende: Corpus Juris der Menschenrechte der Kinder

---

775 Vgl. *Cantoral Benavides vs. Peru; Neira Alegria und andere vs. Peru; Tibi vs. Ecuador.*

776 Vgl. *Hermanos Gomez Paquiyauri vs. Peru.*

777 Vgl. *Bulacio vs. Argentinien.*

778 Vgl. *Bulacio vs. Argentinien.*

779 Vgl. *van Zyl Smit/Snacken* 2009, S. 365 ff.

und Jugendlichen, Verstärkung der staatlichen Schutzpflicht im Hinblick auf Jugendliche, lebenslange Freiheitstrafe als unmenschliche und erniedrigende Strafe, Recht auf Ausbildung und Recht auf gerichtlichen Rechtsschutz.

- *Corpus Juris der Menschenrechte der Kinder und Jugendlichen:*[780] Nach dem *IGM* gestalten die *Amerikanische Menschenrechtskonvention*, die *Kinderrechtskonvention* und andere internationale Normen wie die *Tokio Rules, Havanna Rules, Beijing Rules und Rhyad Guidelines*, einen Corpus Juris zur Betreuung und zum Schutz Jugendlicher.[781] Die Rechtssysteme der Staaten, in denen Jugendsachen behandelt werden, müssen sich nicht nur an verfassungsrechtlichen Vorgaben des Grundgesetzes, sondern auch an völkerrechtlichen Vorgaben und internationale Standards mit Menschenrechtsbezug orientierten.[782]
- *Verstärkung der staatlichen Schutzpflicht für Jugendliche*: Hier stellte der *IGM* fest, dass es im Gefängnis auf Grund der besonderen Verletzlichkeit der jungen Inhaftierten eine im Vergleich zu erwachsenen Gefangenen noch verstärkte staatliche Schutzpflicht gibt.[783] Allgemein müssen die Vollzugsbehörden das Recht auf Leben und menschenwürdige Behandlung gewährleisten.[784]
- *Lebenslange Freiheitstrafe als unmenschliche und erniedrigende Strafe:* Die Staaten müssen gewährleisten, dass Sanktionen für die betroffenen Jugendlichen weder erniedrigend noch herabsetzend sind. Die lebenslange Freiheitstrafe aufgrund ihrer Unverhältnismäßigkeit ist eine unmenschliche und erniedrigende Strafe.[785] Zudem ist in dieser

---

780 In der Entscheidung des *Bundesverfassungsgerichts* vom 31.5.2006 zum Erfordernis einer gesetzlichen Grundlage für den Jugendstrafvollzug wird die Bedeutung völkerrechtlicher Vorgaben sowie internationaler Standards ausdrücklich angesprochen, vgl. *Ostendorf* 2009, S. 50; *Dünkel* 2011, S. 151.

781 Vgl. *Instituto de Reeducacion del Menor vs. Paraguay* und *Bulacio vs. Argentinien.*

782 Vgl. *Instituto de Reeducacion del Menor vs. Paraguay* und *Bulacio vs. Argentinien.*

783 Vgl. *Instituto de Reeducacion del Menor vs. Paraguay* und *Bulacio vs. Argentinien.* Auch insoweit gibt es eine auffällige Parallele zur oben erwähnten Rspr. des *BVerfG*, das in seinem Urteil zur Verfassungsmäßigkeit der seinerzeitigen Regelungen des Jugendstrafvollzugs die besondere Verletzlichkeit und daraus resultierend Schutzpflicht des Staates für Personen, die er in seine Obhut nimmt, hingewiesen hat, vgl. *BVerfG* NJW 2006, S. 2.095.

784 Vgl. *Instituto de Reeducacion del Menor vs. Paraguay* und *Bulacio vs. Argentinien.*

785 Die lebenslange Freiheitsstrafe ohne Möglichkeit der bedingten Entlassung („life without parole") wird in Europa allerdings sehr kritisch gesehen und ist durch Art. 37 KRK verboten. Der EGMR sieht darin einen Verstoß gegen die Europäische Menschenrechtskonvention (Art. 3 EMRK, Folterverbot), vgl. *Vinter et al. v. UK*, Application No. 66069/09, 130/10 und 3896, vom 9.7.2013.

Sanktion die Wiedereingliederungschance nicht zu gewährleisten und der verurteilte Jugendstraftäter erhält keine Chance, sich nach Verbüßung seiner Strafe wieder in die Gemeinschaft einzuordnen.[786]

- *Recht auf Ausbildung*: Eine weitere Vorgabe der *IGM* berücksichtigt, dass die Durchführung von Sanktionen dem Wohl der Jugendlichen dienen muss. Außerdem müssen Jugendliche Zugang zu einer Auswahl an sinnvollen Beschäftigungen und Ausbildungsprogrammen haben. Diese Beschäftigungen und Ausbildungsprogramme sollen die körperliche und geistige Gesundheit der Jugendlichen fördern. Dazu soll der Jugendstrafvollzug human und konsequent am Resozialisierungsgedanken ausgerichtet sein.[787]

- *Recht auf gerichtlichen Rechtsschutz*: Nach der Auffassung des *IGM* müssen die Staaten gewährleisten, dass die Jugendlichen, Eltern oder Erziehungsberechtigten im Fall einer willkürlichen Festnahme ein Recht auf gerichtlichen Rechtsschutz und Information haben.[788]

Es ist interessant, die verschiedenen Formen von Wiedergutmachung zu analysieren, auf die der *IGM* entschieden hat. Nach der AMRK darf der *IGM*, falls er eine Verletzung von Rechten oder Freiheiten gefunden hat, verschiedene Maßnahmen anordnen, zum Beispiel die Wiederherstellung des verletzten Rechts, die Beseitigung der Folgen der Rechtsverletzung, Zahlung einer angemessenen Entschädigung (des materiellen und immateriellen Schadens) und andere Arten der Wiedergutmachung.

Die vergleichende Analyse zu den anderen Arten der Wiedergutmachung verdeutlicht, dass der *IGM* diverse Arten von Maßnahmen entwickelt hat (vgl. *Tabelle 31*). Der *IGM* hat in den verurteilten Ländern beispielsweise angeordnet: Die Veröffentlichung des Urteils in den Medien, Entwicklung einer besonderen Ausbildung für Polizei und Strafvollzugsbeamte, psychologische und ärztliche Behandlung für Opfer, Verpflichtung zur Untersuchung der Fakten, Modernisierung der Gesetze, die Gewährung von Stipendien für die Opfer und die Anpassung des Strafensystems an die Menschenrechtsstandards.

---

786 Vgl. *Mendoza y otros vs. Argentinien*.

787 Vgl. *Instituto de Reeducacion del Menor vs. Paraguay*.

788 Im Fall *Bulacio vs. Argentinien*.

Tabelle 31: Übersicht zu den Wiedergutmachungsmaßnahmen

Andere Arten der Wiedergutmachung	Fälle
• Veröffentlichung des Urteils • Ein entschuldigender Festakt • Entwicklung einer besonderen Ausbildung für Polizei und Strafvollzugsbeamte • Psychologische und ärztliche Behandlung für die Opfer	Castro vs. Peru; Montero Aranguren y Otros vs. Venezuela; Acosta calderon vs. Ecuador; Instituto de Reeducacion del Menor vs. Paraguay; De la Cruz Flores vs. Peru; Fermin Ramirez vs. Guatemala; Hilarie, Constantine, Benjamin y otros vs. Trinidad y Tobago; Bulacio vs. Argentinien; Tibi vs. Ecuador; Hermanos Gomez Pauiyauri vs. Peru; Caesar vs. Trinidad y Tobago; Lori Berenson Mejias vs. Peru; Caso Bamaca Velasquez vs. Guatemala; Cantoral Benavides vs. Peru; Garcia Asto y Ramirez Rojas vs. Peru; Mendoza y otros vs. Argentinien.
• Verpflichtung zur Untersuchung der Fakten • Verpflichtung zum Überreichen der Leiche der Opfers	Castro vs. Peru; Montero Aranguren und andere vs. Venezuela; Mendoza y otros vs. Argentinien.
• Modernisierung der Gesetze und Anpassung des Strafensystems an die Menschenrechtsstandards • Verbesserung der Lebensbedingungen im Gefängnis	Montero Aranguren y Otros vs. Venezuela; Fermin Ramirez vs. Guatemala; Hilarie, Constantine, Benjamin y otros vs. Trinidad y Tobago; Tibi vs. Ecuador; Lori Berenson Mejias vs. Peru; Mendoza y otros vs. Argentinien.
• Gewährung von Stipendien für die Opfer	Instituto de Reeducacion del Menor vs. Paraguay; De la Cruz Flores vs. Peru; Garcia Asto y Ramirez Rojas vs. Peru, Mendoza y otros vs. Argentinien.

Die Kritik an der Arbeit der *IKM* und des *IGM* richtet sich vor allem gegen die Dauer der Prozesse,[789] die häufig so langwierig sind, dass der Gefangene

---

789 Dies beginnt mit der Erschöpfung des innerstaatlichen Rechtsweges. Dann folgt das Verfahren der *IKM* mit der Überprüfung der Zulässigkeit einer Beschwerde und einem

vor einer Entscheidung schon entlassen wurde oder die Entscheidung aus anderen Gründen wenig Bedeutung für ihn oder die Angehörigen hat.[790]

Anhand von *Tabelle 32* sieht man, wie lange die Verfahren des *IGM* und der
IKM zusammen dauern können, z. B. von 4 bis 14 Jahren. Zudem wird deutlich,
dass die Verfahren des *IGM* länger dauern als Verfahren der *IKM*. Prozesse vor
dem *IGM* können zwischen 4 und 8 Jahre dauern, während eine Entscheidung
der *IKM* in der Regel innerhalb von ca. zwei Jahren erfolgt. Diese lange Verfahrensdauer ist zu kritisieren, da sie das Recht auf wirksamen gerichtlichen
Rechtsschutz in Einzelfällen faktisch vereitelt.

Versuch der außergerichtlichen Streitbeilegung zwischen den Parteien. Falls dies nicht
zum Erfolg führt, erfolgt die Gerichtsverhandlung vor der *IKM.*

790 Vgl. *Defensoría del Pueblo* 2011, S. 194.

Tabelle 32: Verfahrensdauer in der IKM und IGM

Fälle	Zeitpunkt des Geschehens	Einbringung der Anzeigen oder Beschwerden	Die Kommission erhebt die Klage bei IGM	Das Urteil	Gesamtjahre
De la Cruz Flores	27.03.1996	01.09.1998	11.06.2003	18.11.2004	7 Jahre
Miguel Castro	06.05.1992	18.05.1992 05.06.1997	09.09.2004	25.11.2006	14 Jahre
Hermanos Gómez Paquiyauri	21.06.1991	02.07.1991	05.02.2002	08.07.2004	13 Jahre
Cantoral Benavides	06.03.1993	18.04.1994	08.08.1996	03.09.1998	5 Jahre
Neira Alegría	18.06.1986	31.08.1987	10.10.1990	10.01.1995	11 Jahre
Lori Berenson Mejía	30.11.1995	22.01.1998	19.07.2002	25.11.2004	9 Jahre
García Asto y Ramírez Rojas	30.06.1995	09.11.1998 12.11.1998	22.06.2004	25.11.2005	10 Jahre
Mendoza y otros	---	09.04.2002 30.12.2003	17.06.2011	14.05.2013	10 Jahre
Acosta Calderon	---	08.11.1994	25.06.2003	24.06.2005	11 Jahre
Tibi	---	16.07.1998	25.06.2003	07.09.2004	8 Jahre
Instituto de Reeducacion del menor	11.03.2000 05.03.2001 25.07.2001	14.08.2001	20.05.2002	02.09.2004	4 Jahre
Fermin Ramirez	10.05.1997	09.06.2000	12.09.2004	20.06.2005	8 Jahre
Bamaca Velazquez	12.03.1992	05.03.1993	30.08.1996	25.11.2000	8 Jahre
Montero Aranguren y otros	---	12.11.1996	24.03.2005	05.07.2006	10 Jahre
Hilarie, Constantine y Benjamin	---	Juli 1997 und Mai 1999	25.05.1999 22.02.2000 05.10.2000	21.06.2002	5 Jahre
Caesar	10.09.1991	13.05.1999	26.03.2003	11.03.2005	14 Jahre
Bulacio	19.04.1991	13.05.1997	24.01.2001	18.09.2003	12 Jahre

5.3   Die nationalen Mechanismen

5.3.1   Chile

Die gesetzlichen Grundlagen für den chilenischen Jugendstrafvollzug finden sich zum einen im Kapitel drei. des Jugendstrafgesetzes, das seit 2007 gilt. Detaillierte Regelungen sind außerdem in der Jugendverordnung (JVV) des Jugendstrafgesetzes aus dem Jahr 2007 enthalten.

5.3.1.1   Beschwerderecht gegenüber zuständigen Behörden

Nach Art. 6, 8, 9, 10 JVV erhält der Jugendgefangene Gelegenheit, sich mit Wünschen, Anregungen und Beschwerden in Angelegenheiten, die ihn selbst betreffen, an den Anstaltsleiter, Staatsanwalt oder andere Behörden zu wenden. Die Behörde soll die Fakten prüfen und gegebenenfalls die strafrechtliche oder verwaltungsrechtliche Verantwortlichkeit feststellen.

Nach den vom Institut *SENAME* vorgelegten Daten wurden in den Jahren 2003-2006 40 Beschwerden im Hinblick auf Zwangsmaßnahmen gegenüber Jugendgefangenen eingelegt. Die Erfolgsquote lag bei etwa 75% und die Disziplinarmaßnahmen für die Beamten waren in 53% der Fälle die Entlassung, bei 26% die Aussetzung der dienstlichen Funktionen, bei 11% die Kürzung des Lohnes und in 10% der Fälle eine Ermahnung.[791] Die überwiegend harte Sanktionierung der Bediensteten zeigt, dass es sich häufig um massives dienstliches Fehlverhalten gehandelt hat, gegen das sich die jungen Gefangenen beschwert haben.

5.3.1.2   Individualbeschwerde bei den obersten Gerichten

Wie jedem Bürger kommt auch den Strafgefangenen das Recht zu, Beschwerde bei den obersten Gerichten (*Corte de Apelaciones* und *Corte Suprema*) zu erheben, mit der Behauptung in seinen Grundrechten verletzt zu sein (Art. 20 und 21 chVerf).

Die Verfassung enthält zwei Arten von Beschwerden, die von der Verletzung des spezifischen Verfassungsrechts abhängen. Einerseits gilt „*La Acción de Protección*", die den Schutz des Rechts auf Leben, Gleichheit vor dem Gesetz, Privatleben, Gewissensfreiheit, Freiheit der Meinungsäußerung, Versammlungsrecht, Vereinigungsfreiheit, Eigentumsrecht, Bildungsfreiheit und die Wahl des Gesundheitssystems (private oder öffentliche Krankenversicherung)

---

791 Vgl. *Castro Morales* 2006, S. 83.

umfasst.[792] Andererseits schützt die *Acción de Amparo* oder auch *Habeas Corpus* die Freiheit gegen willkürliche Festnahme oder Gefangenschaft.[793]

Mit den zwei Arten der Verfassungsbeschwerde hat die chilenische Verfassung den Bürgern die Möglichkeit gegeben, sich vor staatlicher Willkür zu schützen. Art. 20 und 21 chVerf begründen die Zuständigkeit des *Corte de Apelaciones* in erster Instanz und des *Corte Suprema* in zweiter Instanz. Zudem sind Einzelheiten zu Verfahren und Zulässigkeit in den *Auto Acordado*[794] des obersten Gerichtshofs festgelegt.[795]

Gegenstand der *Acción de Protección* (*AP*) kann *jedes willkürliche oder ungesetzliche Handeln* oder *Unterlassen* sein, das eine *Verletzung, Einschränkung* oder Be*drohung* der durch die Verfassung geschützten Rechte verursacht (Art. 20 der chVerf).

Die *AP* ist schriftlich einzureichen und auch zu begründen. Darüber hinaus ist die *AP* binnen 30 Tagen zu erheben. Die Frist beginnt am Tage der Handlung oder Unterlassung.

Um zu entscheiden, kann (fakultativ) das Gericht den Betroffenen anhören und einen Bericht von der Behörde, die für die behauptete Verletzung verantwortlich gemacht wird, anfordern. Wenn der Gerichtshof (*Corte de Apelaciones*) zu dem Ergebnis kommt, dass eine Verletzung des durch die Verfassung geschützten Rechts stattgefunden hat, ordnet er an, dass dem Beschwerdeführer der ungestörte Genuss des verletzten Rechts garantiert wird.

Gegenstand der *Acción de Amparo* (*AA*) kann jede willkürliche oder ungesetzliche Haft sein. Die *AA* ist gleichfalls schriftlich einzureichen und zu begründen.

Wenn der *Corte de Apelaciones* zu dem Ergebnis kommt, dass eine Verletzung des Freiheitsrechts stattgefunden hat, ordnet der Gerichtshof an, dass dem Beschwerdeführer der ungestörte Genuss des verletzten Freiheitsrechts garantiert wird, z. B. indem eine unverzügliche Entlassung aus der Haft verfügt wird. Außerdem kann der Gerichtshof anordnen, dass der Betroffene unverzüglich einem Richter vorgeführt wird, der über die weitere Freiheitsentziehung zu entscheiden hat.

Es gibt wenige Erkenntnisse über die Nutzung von Verfassungsbeschwerden im Strafvollzug. Nach einer Untersuchung von *Gomez* für den Beobachtungszeitraum 1990-2000 bei dem *Corte de Apelaciones de Santiago* wurden nur etwa

792 Vgl. Art. 20 der Verfassung von 1980; *Stippel* 2010, S. 223.

793 Vgl. Art. 21 der Verfassung von 1980; *Stippel* 2010, S. 223.

794 *Auto Acordados* sind die Vorschriften, die der *Corte Suprema*, der oberste Gerichtshof in Chile, erlässt.

795 *Auto Acordado* vom 24.6.1992, der 1998 und 2007 modifiziert wurde.

7,1% der Verfassungsbeschwerden der Gefangenen (*AP* und *AA*) erfolgreich geführt, ca. 88% abgelehnt und 5,1% als unzulässig zurückgewiesen.[796]

Unter dem Titel „*Gefängnis und Gesetz*" hat *Stippel* 2010 in seiner Dissertation eine Untersuchung über die Beschwerdetätigkeit von Gefangenen veröffentlicht. Als Untersuchungsmaterial dienten Akten der *AP* und *AA* einer der vier Justizvollzugsanstalten in Santiago, im Beobachtungszeitraum 2000-2002.

Ein wichtiges Ergebnis der Untersuchung von *Stippel* war, dass nur knapp 6% der Verfassungsbeschwerden der Gefangenen (*AP* und *AA*) erfolgreich waren und 94% der Beschwerden abgelehnt oder als unzulässig erklärt wurden.[797] Nach *Stippel* erklären sich diese Ergebnisse durch die Rechtskultur, die einen inquisitorischen Hintergrund hat. Die inquisitorische Rechtskultur ist extrem formal, unkritisch und rituell. Der Fokus sind die Formalien und nicht der Schutz der Rechte. Ferner war für diese Rechtskultur die Zeit des Strafvollzugs nicht relevant, ein „Problem für den Henker und nicht für die Richter",[798] die die Gefangenen als Verwaltungsobjekt behandelten.[799]

Ein weiteres Ergebnis dieser Untersuchung war, dass die Verfassungsbeschwerden auf Grund des unrechtmäßigen unmittelbaren Zwangs (18,3%), der Drohungen (17,2%), der Anwendung apokrypher Disziplinarmaßnahmen (16,4%) und Verlegung (16%) erhoben wurden.[800]

Ferner zeigt die Untersuchung, dass 56,6% der Beschwerden von Verwandten erhoben wurden, nur 28,1% dagegen von Gefangenen selbst und nur 15,3% von ihren Anwälten.[801] Nach *Stippel* spielt die Familie eine große Rolle im Bereich der Beschwerden. Die Gefangenen erheben selten Einsprüche, da sie entweder kein Vertrauen in die Mechanismen zum Schutz der Rechte oder einfach Angst vor Repressalien seitens der Vollzugsbediensteten i. S. von Racheakten haben. Beratung durch einen Anwalt ist nur begrenzt zugänglich, da sie sehr teuer ist und es nur wenige Spezialisten im Strafvollzugsbereich gibt.[802]

---

796 Vgl. *Gomez* 2005, S. 530. Die Situation in Chile ist vergleichbar derer in Deutschland vor 2008 mit der Geltung der §§ 23 ff. EGGVG, als den Jugendstrafgefangenen nur ein komplizierter Rechtsweg zum Oberlandesgericht zur Verfügung stand, der weitgehend ineffektiv blieb. Das BVerfG (NJW 2006, S. 2.095) hat diese Situation als Verfassungsverstoß bewertet mit der Folge, dass 2008 über § 92 JGG i. V. m. §§ 109 ff. StVollzG der Rechtsweg zur Jugendkammer des Landgerichts eröffnet wurde, vgl. hierzu unten *Kapitel 5.4.2.*

797 Vgl. *Stippel* 2010, S. 265.

798 Vgl. *Binder* 1996, S. 21.

799 Vgl. *Stippel* 2010, S. 300 ff.

800 Vgl. *Stippel* 2010, S. 228.

801 Vgl. *Stippel* 2010, S. 226.

802 Vgl. *Stippel* 2013, S. 23.

Laut Statistik steigt im Laufe des Vollzuges das Misstrauen in die Mechanismen zum Schutz der Rechte und die Angst vor Vergeltung.[803]

Tabelle 33: Misstrauen in die Mechanismen zum Schutz der Rechte im Laufe des Vollzuges

Gründe, um keinen Einspruch zu erheben	Zeit im Gefängnis		
	Bis zu 1 Jahr	Zwischen 1 und 5 Jahren	Mehr als 5 Jahre
	%	%	%
Der Gefangene weiß nicht, wie man sich beschwert	21,6	22,0	12,2
Der Gefangene weiß nicht, dass er sich beschweren kann	3,2	8,6	0,0
Der Gefangene vertraut nicht auf die Schutzmechanismen	31,6	27,6	49,5
Der Gefangenen hat Angst vor Vergeltung	36,3	26,3	33,6
Andere Gründe	7,3	15,6	4,7

Quelle: *Stippel* 2013, S. 23.

Eine weitere Untersuchung des *chilenischen Menschenrechtsinstituts* (*INDH*) für den Beobachtungszeitraum 2011 (Januar-August) zu Verfahren beim *Corte de Apelaciones de Santiago* und *San Miguel* zeigt, dass nur etwa 1,9% der *AP* und 0,9% der *AA* erfolgreich waren. Nach dieser Untersuchung kann man eine Erklärung für die geringe Erfolgsquote in den verfahrensrechtlichen Regelungen bzw. Abläufen finden. In jeder *AP* und *AA*, die die Gefangenen erhoben, entscheidet das Gericht nur unter Berücksichtigung des Berichts der Vollzugsbehörde und ohne den Kläger anzuhören.[804] Damit werden in der Entscheidungspraxis der Gerichte fundamentale rechtsstaatliche Grundsätze wie derjenige des rechtlichen Gehörs systematisch missachtet.

---

803 Vgl. *Stippel* 2013, S. 23.

804 Vgl. *INDH* 2011, S. 98.

5.3.1.3   Beschwerde beim Strafrichter

In *Chile* ist laut Jugendstrafgesetz Nr. 20.084 der sog. Garantie-Richter (*Juez de Garantía*) für das Gebiet des Jugendstrafvollzuges zuständig.[805] Jedoch hat der Jugendgefangene nicht die Möglichkeit, sich zu beschweren und sich in Angelegenheiten, die ihn betreffen, an ein Gericht zu wenden, da es in *Chile* keine Anträge auf gerichtliche Entscheidung wie in *Deutschland* gibt. Das Gesetz und die JVV enthalten allgemeine Vorschriften über die richterliche Kontrolle auf dem Gebiet des Jugendstrafvollzugs ohne Anweisungen über den Beschwerdegegenstand, Beteiligte, Form, Frist, Verfahren vor dem Gericht und Zulässigkeit der Anträge auf gerichtliche Entscheidung zu geben. Diese Gesetzeslücke ist ein Verstoß gegen die Verfassung und widerspricht internationalen Mindeststandards im Bereich der Menschenrechte, da sich die Jugendgefangenen im Fall einer Rechtsverletzung nicht an ein Gericht wenden können.

Den einzigen Kontakt mit dem Richter haben Gefangene bei den Besuchen, die der Strafrichter vierteljährlich einmal in den Jugendanstalten seines Gerichtsbezirkes durchführen muss. Während dieser Rundgänge erhalten die Gefangenen die Gelegenheit, mit dem Richter zu sprechen, um auch Beschwerden vorzubringen. Sie haben dabei das Recht, unter vier Augen mit ihm zu sprechen.[806]

Im Rahmen einer Untersuchung der *Diego-Portales-Universität* wurde festgestellt, dass die Richter ihre Aufgabe der internen Kontrolle häufig nicht ernst genug nehmen, sondern sie nur oberflächlich durchführen.[807]

5.3.1.4   Aufsichtskommission

Seit November 2007 wird in *Chile* in jeder Jugendanstalt gem. Art. 90 JVV eine Aufsichtskommission, die sog. *Comision Interinstitucional* gebildet.

Die Aufsicht über die Jugendanstalten ist in der JVV geregelt.[808] Nach Art. 90 JVV darf in jeder Region eine Kommission[809] die Aufsicht über die Jugendanstalten führen. An der Aufsicht sind der regionale Sekretär des Justizministeriums, ein Vertreter der Gebietskörperschaft, ein Juraprofessor oder wissenschaftlicher Mitarbeiter, der als regionaler Sekretär des Justizministeriums

---

805   Siehe Art. 49 d), 50 bis 55 des Gesetzes Nr. 20.084 und Art. 32 der JVV des Gesetzes.

806   Vgl. Art. 574 Gerichtsverfassungsgesetz.

807   Vgl. *Castro Morales* 2006, S. 160.

808   *Decreto Supremo* Nr. 1378 des Justizministeriums vom 25.4.2007. § 5, Titel 5 der JVV regelt die Aufsichtsbehörden und ihre Aufgaben.

809   Auf Spanisch heißt diese Kommission: *Comisión Interinstitucional de Supervisión*.

ernannt ist, zu beteiligen, ferner ein Strafverteidiger, ein Strafrichter, ein Vertreter der Jugendanstalten, ein Staatsanwalt und ein Vertreter von *UNICEF*.[810]

Die *Aufsichtskommission* ist gem. Art. 91 *JVV* zuständig für:

a) Besuche der Jugendanstalten in jeder Region, mindestens zweimal im Jahr,
b) die Beantragung von Berichten oder Informationen von den Behörden,
c) das Vorlegen eines Berichts für das Justizministerium mit Empfehlungen und Vorschlägen zur Verbesserung der Haftbedingungen in der Jugendanstalt.

Bemerkenswert ist die organisatorische Arbeit, die *UNICEF* geleistet hat, damit die Aufsichtskommission arbeiten kann. Ferner hat *UNICEF* eine wichtige Rolle bei der Verbreitung der Aufsichtsergebnisse gespielt, da sich das Justizministerium in den ersten drei Jahren weigerte, die Ergebnisse der Berichte zu veröffentlichen.[811]

Der erste Bericht der Aufsichtskommission wurde von *UNICEF* im März 2008 veröffentlicht und beschreibt die Hauptprobleme der chilenischen Jugendanstalten. Nach dem Bericht fand man die Hauptprobleme im Bereich der Ausbildung und Weiterbildung, Ordnung und Disziplin, Gesundheitsfürsorge, Infrastruktur, Trennung des Vollzuges und des Personals.[812]

5.3.1.5 Der Ombudsmann Instituto Nacional de Derechos Humanos

Der Ombudsmann wurde 2009 in *Chile* durch das Gesetz Nr. 20.405 eingeführt. Nach Art. 1 des Gesetzes sind die Hauptaufgaben des Ombudsmannes der Schutz, die Achtung und die Verteidigung der Menschenrechte im Land. Zudem kann der Ombudsmann Berichte oder Informationen von Behörden verlangen, Beschwerden in Vertretung eines Bürgers erheben und einmal im Jahr einen Bericht über den Zustand der Menschenrechte in *Chile* mit Empfehlungen zur Verbesserung veröffentlichen.

Der chilenische Ombudsmann ist wegen des Vorstandswahlmechanismus' zum Gegenstand der Kritik geworden. Die Vorstandsmitglieder werden durch den Präsidenten und das Parlament gewählt und damit wird die Unabhängigkeit des Ombudsmanns in Frage gestellt. Nach den Pariser Prinzipien[813] sind diese

---

810   Vgl. *Briseño* 2008, S. 183 f.

811   Vgl. *Briseño* 2008, S. 186.

812   Vgl. *UNICEF* 2008, S. 3.ff.

813   Die sog. Pariser Prinzipien wurden 1993 durch die UNO-Generalversammlung verabschiedet und enthalten eine Reihe von Grundsätzen für die Ausgestaltung nationaler

Grundsätze aber so unerlässlich, dass der Ombudsmann ohne sie seine Rolle nicht effizient erfüllen kann.

Im Bericht des Ombudsmannes wird jedes Jahr ein Kapitel den Menschenrechten der Gefangenen gewidmet und in diesem Kapitel beschreibt er die Hauptprobleme des chilenischen Strafvollzugs. Im Bereich des Jugendstrafvollzugs wiederholt der Ombudsmann die Probleme, die die Aufsichtskommission gefunden hat.

5.3.2 Bolivien

Das Recht des Jugendstrafvollzugs ist in *Bolivien* vor allem im Strafvollzugsgesetz für Erwachsene aus dem Jahr 2001 und im Jugendgesetzbuch aus dem Jahr 1999 geregelt.

5.3.2.1 Beschwerde beim Anstaltsleiter

Der Anstaltsleiter muss den Gefangenen mindestens an drei Tagen in der Woche einen persönlichen Kontakt ermöglichen. Während seiner Rundgänge durch die Anstalt erhalten die Gefangenen die Gelegenheit, mit dem Anstaltsleiter zu sprechen, um Wünsche, Anregungen und Beschwerden vorbringen zu können.[814]

5.3.2.2 Individualbeschwerde beim Verfassungsgericht

Wie jedem Bürger kommt auch den Strafgefangenen das Recht zu, Beschwerde beim Verfassungsgericht einzulegen, mit der Behauptung in ihren Grundrechten verletzt zu sein (Art. 125 und 128 bolVerf).

Die Verfassung in *Bolivien* enthält – ähnlich wie in Chile – zwei Arten von Beschwerden, die von der spezifischen Verletzung des Verfassungsrechts abhängen. Einerseits gibt es *La Acción de Amparo Constitucional (AAC)*, die die Verfassungsrechte schützt. Andererseits ist *Acción de Libertad (AL)* zu nennen, die die Freiheit gegen willkürliche Festnahme oder Gefangenhalten schützt.

Die Verfassung begründet die Zuständigkeit der Beschwerden erster Instanz der „jeweiligen Gerichte" (Strafrichter) und in zweiter Instanz das *Tribunal Constitucional Plurinacional*. Einzelheiten zu Verfahren und Zulässigkeit sind in Art. 126 und 129 der Verfassung geregelt.

Menschenrechtsinstitutionen. Nationale Menschenrechtsinstitutionen sollen über eine juristische Grundlage, einen klaren Auftrag sowie eine ausreichende Infrastruktur und Finanzierung verfügen. Sie sollen gegenüber der Regierung unabhängig sowie pluralistisch zusammengesetzt und vor allem für besonders schwache Gruppen zugänglich sein, vgl. *Castro Morales* 2009, S. 5.

814 Vgl. Art. 40, 41 und 42 StVollzG.

Gegenstand der *AAC* kann jedes Handeln oder Unterlassen sein. Ferner muss die Handlung oder die Unterlassung willkürlich oder ungerechtfertigt sein, und eine Verletzung, Einschränkung oder Bedrohung von durch Verfassung geschützten Rechten zum Gegenstand haben.

Die *AAC* ist schriftlich einzureichen und auch zu begründen. Darüber hinaus soll der *AAC* binnen sechs Monaten erhoben werden. Die Frist beginnt mit dem Zeitpunkt, an dem die Tat oder Unterlassung stattfand.

Das entscheidende Gericht sollte die beklagte Behörde oder Person anhören und einen Bericht an die Behörde schicken, die für die behauptete Verletzung verantwortlich gemacht wird. Wenn das jeweilige Gericht zu dem Ergebnis kommt, dass eine Verletzung von durch die Verfassung geschützten Rechten stattgefunden hat, ordnet es an, dass dem verletzten Beschwerdeführer der ungestörte Genuss des verletzten Rechts garantiert wird. Die Entscheidung des Gerichts wird innerhalb von 24 Stunden nach dem *Tribunal Constitucional Plurinacional* zur Überprüfung (*Revisión*) getroffen.

Gegenstand der *AL* kann jedes Handeln oder Unterlassen sein, das das Leben verletzen kann, außerdem jede willkürliche oder ungesetzliche Haft, sowie willkürliche oder ungesetzliche gerichtliche Verfolgung. Der Betroffene oder jede Person in ihrer Vertretung kann bei dem Gericht die *AL* einbringen. Die *AL* ist mündlich oder schriftlich einzureichen und zu begründen.

Das entscheidende Gericht hat den Betroffenen anzuhören und ordnet an, dass der Betroffene unverzüglich in seinem Beisein vorgeführt wird. Wenn das Kriminalgericht zu dem Ergebnis kommt, dass eine Verletzung des Freiheitsrechts oder des Grundrechts auf körperliche Unversehrtheit (Leib und Leben) stattgefunden hat, hat es anzuordnen, dass dem verletzten Beteiligten der ungestörte Genuss des verletzten Rechts garantiert und er ggf. freigelassen wird. Eine ablehnende Entscheidung kann vom Beschwerdeführer innerhalb von 24 Stunden dem *Tribunal Constitucional Plurinacional* zur Überprüfung (*Revisión*) vorgelegt werden. Das Verfassungsgericht kann die Entscheidung des Gerichts der ersten Instanz ändern und die Beschwerde des Betroffenen akzeptieren.

5.3.2.3   *Richterliche Aufsicht über die Jugendanstalten und die Polizeihafteinrichtungen*

Nach Art. 269 des Gesetzes führen die Jugendgerichte (*juez de la infancia y adolescencia*) die Aufsicht über die Jugendanstalten und die Polizeihafteinrichtungen. Die Vollzugs- und Polizeibehörden wirken bei der Aufsicht mit und sollen den Richter durch Anregungen und Verbesserungsvorschläge unterstützen.

Nach einer Untersuchung der *DNI* ist festzustellen, dass die Richter die Jugendanstalt und die Polizeihafteinrichtungen nicht (effektiv) beaufsichtigen, da die Koordination zwischen den Behörden unzureichend ist, die Gerichte überlastet sind und keine Zeit haben, die Aufsicht zu organisieren und durchzuführen.[815]

5.3.2.4 Der Ombudsmann (Verteidiger des Volkes)

Der Ombudsmann wurde 1997 in *Bolivien* durch das Gesetz Nr. 1818 eingeführt. Nach Art. 1 des Gesetzes sind die Hauptaufgaben des Ombudsmannes Schutz, Achtung und Verteidigung der Menschenrechte in *Bolivien*.[816]

Wie jeder bolivianische Bürger können sich auch die Strafgefangenen gem. Art. 18 Gesetz Nr. 1818 mit ihren Beschwerden an den Ombudsmann wenden. Der Betroffene oder jede Person in ihrer Vertretung kann bei dem „Verteidiger des Volkes" die Beschwerde einbringen. Die Beschwerde ist mündlich oder schriftlich binnen eines Jahres einzureichen und zu begründen. Die Frist beginnt mit dem Zeitpunkt, an dem die Tat oder Unterlassung stattfand. In der Begründung sind verletzte oder eingeschränkte Rechte und die Handlung oder Unterlassung der Behörden zu bezeichnen, durch die der Beschwerdeführer sich verletzt fühlt.

Der „Verteidiger des Volkes" fordert einen Bericht von der Behörde an, die für die behauptete Verletzung verantwortlich gemacht wird. Wenn der „Verteidiger des Volkes" zu dem Ergebnis kommt, dass eine Verletzung von durch die Verfassung geschützten Rechten stattgefunden hat, verkündet er eine sog. „Verteidigerentscheidung".

Nach Art. 18 des Gesetzes Nr. 1818 gibt es zwei Arten von Verteidigerentscheidungen: die Empfehlung und die Erinnerung an Aufgaben. Bei Ersterer ordnet der Verteidiger an, dass der Genuss des verletzten Rechts garantiert oder das den Schaden verursachende Handeln rückgängig gemacht wird. Alternativ stellt der Verteidiger im Falle einer schweren Verfehlung fest, dass die Behörden zur Einhaltung ihrer gesetzlichen Aufgaben verpflichtet sind und ermahnt sie, diese Verpflichtung zukünftig ernst zu nehmen.

Die Anzahl der vom Ombudsmann untersuchten Fälle auf dem Gebiet des Strafvollzuges ist gering. Im Jahr 2008 wurden nur 31% der Beschwerden von Minderheiten erhoben, davon 5,1% von Gefangenen. Insgesamt 8,6% der Be-

---

815 Vgl. *DNI* 2012, S. 106.

816 Die Aufgaben des Verteidigers des Volkes sind folgende: 1. Erhebung einer Verfassungsbeschwerde, z. B. de *Amparo, Hábeas Corpus, Nulidad* und *Inconstitucionalidad,* 2. Untersuchung und Anklage von Handlungen oder Unterlassungen, die ein Verfassungsrecht verletzen können, 3. Beantragung von Berichten oder Informationen aus Behörden, 4. Erarbeitung von Empfehlungen, Vorschlägen oder Maßnahmen zur Verbesserung des Justizsystems, 5. Stellungnahmen zu Reformgesetzen oder zur Ratifizierung von Konventionen zur Förderung der Menschenrechte, 6. Schutz, Achtung und Verteidigung der Rechte der indigenen Bevölkerung, 7. Aufsicht über die Justizvollzugsanstalten und Hilfe im Hinblick auf Initiativen, Maßnahmen, Vorschläge oder Projekte zur Förderung der Menschenrechte, vgl. *Defensoria del Pueblo* 2009, S. 15.

schwerden der Gefangenen betrafen eine Verletzung des Rechts auf körperliche Integrität.[817]

Im Jahre 2009 wurde ein Bericht[818] des Ombudsmanns zum Strafvollzug veröffentlicht. Die Probleme, die der Ombudsmann genannt hat, waren:

1. Die Lage der Kinder der Gefangenen: 877 Kinder lebten bei ihren inhaftierten Eltern in großer Armut bei Überbelegung und Promiskuität in Gefängnissen. [819]

2. Die Lage der 234 Jugendgefangenen zwischen 16 und 18 Jahren, die in *Bolivien* ihre Strafe im Erwachsenengefängnis verbüßten.[820]

3. Die exzessive Anwendung der Untersuchungshaft im Jugendstrafrecht[821] mit einem Anteil von 93% bezogen auf die insgesamt inhaftierten Jugendlichen[822] und die prekäre Infrastruktur der Gefängnisse.[823]

5.3.3   Peru

Die gesetzlichen Grundlagen für den peruanischen Jugendstrafvollzug finden sich in den Art. 237 und 238 Kinder- und Jugendgesetzbuch, das seit 2000 gilt. Detailliertere Regelungen sind zudem in Verordnungen enthalten.

5.3.3.1   Beschwerde beim Anstaltsleiter oder anderen Beamten

Der Gefangene kann sich gem. Art. 5 JVV Nr. 348-2004-GG-PJ mit einer Beschwerde bzw. mit Wünschen und Anregungen an den Anstaltsleiter wenden. Zudem kann der Gefangene eine Sprechstunde bei seinem Anwalt oder einem Staatsanwalt aufsuchen.

In *Peru* muss der Staatsanwalt die Jugendanstalt regelmäßig besuchen und umfassend inspizieren. Während dieser Besuche erhalten die Gefangenen die

---

817 Vgl. *Defensor del Pueblo* 2009, S. 71.

818 Die Aufsicht über die Justizvollzugsanstalten ist im Gesetz Nr. 1818 geregelt. Nach Art. 11 Nr. 6 und Nr. 8 des Gesetzes darf der „Verteidiger des Volkes" die Aufsicht über die Vollzugsanstalten führen. Dazu darf er ohne Einschränkungen die Vollzugsanstalten besuchen und Berichte oder Informationen über den Zustand der Gefängnisse von den Behörden anfordern.

819 Vgl. *Defensor del Pueblo* 2009, S. 211.

820 Vgl. *Defensor del Pueblo* 2009, S. 207.

821 Vgl. *Defensor del Pueblo* 2009, S. 210.

822 Vgl. *Defensor del Pueblo* 2009, S. 214.

823 Der Ombudsmann hat diese Problembeschreibung in seinem Bericht von 2012 wiederholt und die menschenrechtswidrigen Haftbedingungen kritisiert, vgl. *Defensor del Pueblo* 2012, S. 15.

Gelegenheit, mit dem Staatsanwalt zu sprechen, um auch Beschwerden vorzubringen.[824]

5.3.3.2 Individualbeschwerde beim Verfassungsgericht

Wie jedem Bürger kommt auch den Jugendstrafgefangenen das Recht zu, Beschwerde beim Verfassungsgericht einzulegen, mit der Behauptung in Grundrechten verletzt zu sein.

Der Betroffene oder jede Person in ihrer Vertretung kann bei dem Gericht
die *Habeas Corpus (HC)* einbringen.[825] Die *HC* ist mündlich oder schriftlich
einzureichen und zu begründen.[826]

Gegenstand der *Habeas Corpus (HC)* kann jedes Handeln oder Unterlassen
sein, das das Recht auf körperliche Integrität verletzt, wie z. B. willkürliche
Freiheitsentziehung, Folter und unmenschliche oder erniedrigende Strafen.[827]
Nach dem Verfassungsverfahrensgesetz kann auch jedes willkürliche oder unverhältnismäßige Handeln oder eine ebensolche Entscheidung der Strafvollzugsbehörde gegen die Gefangenen Gegenstand der *HC* sein.[828]

Das Gericht hat den Betroffenen anzuhören und anzuordnen, dass der Betroffene unverzüglich in seinem Beisein vorgeführt wird. Wenn das Kriminalgericht zu dem Ergebnis kommt, dass eine Verletzung des Freiheitsrechts oder
eines anderen Rechts stattgefunden hat, ordnet es an, dass dem verletzten Be-
schwerdeführer der ungestörte Genuss des verletzten Rechts garantiert wird.
Gegen eine ablehnende Entscheidung, kann wie in *Bolivien* innerhalb von 24
Stunden dem Verfassungsgericht (auf Spanisch *Tribunal Constitucional*) zur
Überprüfung (*Revisión*) vorgelegt werden.[829] Das Verfassungsgericht kann die
Entscheidung des Gerichts der ersten Instanz ändern und die Beschwerde des
Betroffenen akzeptieren.

Bemerkenswert ist, dass das Verfassungsgericht im Rahmen des *HC-*
Verfahrens eine Rechtsprechung in Bezug auf Menschenrechte der Gefangenen
entwickelt hat, z. B. für die Verbesserung der Unterbringung und Ernährung, die
Verlegungspraxis, Vollzugslockerungen wie Ausgang, die Häufigkeit und
Durchführung von Besuchen und die Gewährleistung der Gesundheitsfür-
sorge.[830] Nach Auffassung des Ombudsmanns kann das *HC-Verfahren* die Ge-

---

824 Vgl. Art. 144 f) Kinder-und Jugendgesetzbuch.

825 Vgl. Art. 26 des Verfassungsverfahren Gesetzes.

826 Vgl. Art. 27 des Verfassungsverfahren Gesetzes.

827 Vgl. Art. 25 des Verfassungsverfahren Gesetzes.

828 Vgl. Art. 25 Nr. 17 des Verfassungsverfahren Gesetzes.

829 Vgl. Art. 20 des Verfassungsverfahren Gesetzes.

830 Vgl. *Defensor del Pueblo* 2009, S. 21.

fangenen gegen unverhältnismäßige, unvernünftige oder sinnlose Entscheidungen der Vollzugsbehörde tatsächlich effektiv schützen.[831]

Hinsichtlich der Jugendlichen, denen die Freiheit entzogen wurde, hat auch das Verfassungsgericht eine interessante Rechtsprechung entwickelt. Beispielsweise hat der Gerichtshof anerkannt, dass Kinder Rechtssubjekte sind und das Wohl des Kindes ein wichtiger Grundsatz ist, den die Behörde berücksichtigen muss. Darüber hinaus ordnete das Verfassungsgericht an, dass der peruanische Staat alle geeigneten Gesetzgebungs-, Verwaltungs- und sonstigen Maßnahmen zur Verwirklichung der Kindesrechte zu treffen hat. Ferner beschäftigte sich das Gericht mit den Merkmalen, die ein Jugendstrafsystem haben muss, z. B. Achtung der Kinderrechte, des Diskriminierungsverbots, der Menschenwürde, der Entwicklung des Kindes, Berücksichtigung des Kindeswillens, der eigenen Verteidigung, der Unschuldsvermutung, des Schutzes des Privatlebens in allen Verfahrensabschnitten, der Beteiligung der Eltern in allen Verfahrensphasen, der Anwendung der Freiheitsstrafe als *ultima ratio* und die Spezialisierung der Behörden, die im Jugendstrafsystem verantwortlich sind.[832]

Im Bereich des Jugendstrafvollzuges berücksichtigt das Verfassungsgericht, dass die Aufgabe des Vollzuges die Wiedereingliederung der Jugendgefangenen ist. Um das Ziel zu erreichen, empfiehlt das Gericht, dass die Strafvollzugsbehörden Programme nach den spezifischen Bedürfnissen der Jugendlichen entwickeln sollen.[833]

5.3.3.3 Ombudsmann (Verteidiger des Volkes)

Der Ombudsmann wurde in *Peru* 1993 in die Verfassung (Kapitel XI) eingeführt. Die Hauptaufgabe des Ombudsmanns ist der Schutz, die Achtung und Verteidigung der Menschenrechte und die Beaufsichtigung der öffentlichen Behörden.[834] Der Ombudsmann verfasst einen jährlichen Bericht über die Lage der Menschenrechte im Land, gibt Empfehlungen, Vorschläge oder Maßnahmen zur Verbesserung des Justizsystems, beaufsichtigt öffentliche Einrichtungen, nimmt Beschwerden über öffentliche Einrichtungen, sowie Bitten oder Fragen über die Menschenrechte der Bürger entgegen.[835]

Der Ombudsmann widmet sich insbesondere den folgenden Themen: Gesundheit, Umwelt, Bildung, Gerechtigkeit, öffentlicher Dienst, Identität und

---

831 Vgl. *Defensor del Pueblo* 2009, S. 21.

832 Vgl. *Defensor del Pueblo* 2012, S. 39.

833 Vgl. *Defensor del Pueblo* 2012, S. 40.

834 Vgl. *Defensoría del Pueblo* 2011, S. 15.

835 Vgl. Art. 162 der Verfassung.

Staatsbürgerschaft sowie soziale Konflikte.[836] Er hat zudem dem Schutz der Menschenrechte der Gefangenen besondere Aufmerksamkeit gewidmet. Bedeutsam für die Gefangenen sind die Berichte Nr. 003-2009 über die Notwendigkeit eines Richters in der Strafvollzugsphase, das Strafvollzugssystem Nr. 154-2011 und der Bericht Nr. 157-2012 über das Jugendstrafrechtssystem. Die Daten, die die Berichte enthalten, beschreiben eine besorgniserregende Realität von Armut, Gewalt, Überbelegung, Korruption, Krankheit und prekärer Infrastruktur.[837]

5.4 Zusammenfassung und Vergleich mit Deutschland

5.4.1 Interne Beschwerdemöglichkeiten

In den drei südamerikanischen Ländern wird die Möglichkeit von Beschwerden und des Vorbringens von Bitten an den Anstaltsleiter gewährt. Jedoch betonen die Regelungen der Länder nicht die wichtigsten Merkmale, die das Beschwerderecht haben soll. Zum Beispiel wird auf ein schnelles und unkompliziertes Verfahren und einen konstruktiven Austausch zwischen Bediensteten und Gefangenen kein besonderer Wert gelegt. Zudem werden in den Regelungen der Länder restorativ-mediative Elemente der Konfliktschlichtung als informelle Lösungsmöglichkeit nicht erwähnt.

Interessant erscheint in Europa die Regel 122.2 ERJOSSM, wonach der Mediation und der restorativen Konfliktregelung als Mittel der Streitschlichtung in Fällen von Beschwerden oder gerichtlichen Rechtsschutzverfahren Priorität zukommen soll.[838] Wichtig erscheint zudem, dass das Beschwerderecht als eine schnelle und flexible konfliktschlichtende Maßnahme vorgesehen werden soll (Regel Nr.122.1 ERJOSSM).[839]

In Deutschland fand das Beschwerderecht der Gefangenen in § 108 StVollzG seine Anerkennung. Die neuen Landesregelungen übernehmen in weiten Teilen die Regelung des § 108.[840] Interessant ist, dass die Länder[841] das Beschwerderecht als „allgemeine Konfliktlösung" verstehen, eine Möglichkeit, um

---

836 Vgl. *Defensoría del Pueblo* 2011, S. 16.

837 Vgl. *Defensoría del Pueblo* 2011, S. 89.

838 Vgl. *Dünkel* 2011, S. 151.

839 Vgl. *Kühl* 2012, S. 314.

840 Zum Beispiel in den Jugendstrafvollzugsgesetzen von *Berlin, Bremen, Hessen, Mecklenburg-Vorpommern, Saarland, Sachsen, Sachsen-Anhalt, Schleswig-Holstein und Thüringen*, vgl. *Kühl* 2012, S. 310.

841 In *Berlin, Brandenburg, Bremen, Hessen, Mecklenburg-Vorpommern, Rheinland-Pfalz, Saarland, Sachsen, Sachsen-Anhalt, Schleswig-Holstein und Thüringen*, vgl. *Kühl* 2012, S. 310.

Wünsche oder Schwierigkeiten zu artikulieren,[842] um sukzessiv gemeinsame Regeln abzustimmen, die Selbstverwaltung Schritt für Schritt zu erweitern und vor allem zu bestimmen, welches Verhalten erforderlich ist.[843]

5.4.2 Gerichtliche Kontrolle

Im Strafvollzug gibt es zwei relevante Frage zu stellen: Als Erstes die Frage, ob der Zugang zu Gerichten gewährleistet wird und als Zweites, wie weit die Entscheidungskompetenz der Gerichte geht.

Bei dem Vergleich der Regelungen in *Peru, Chile* und *Bolivien* fällt auf, dass in allen Ländern der Zugang zu den Gerichten durch regelmäßige Besuche der Richter in den Anstalten gewährleistet wird. Dies ist aber kein Verfahren des gerichtlichen Rechtsschutzes, sondern eine Aufsichtsmaßnahme, im Rahmen derer Gefangene einen Kontakt mit dem Richter oder Staatsanwalt (*Peru*) herstellen und Bitten oder Anregungen vorbringen können. Ein geregeltes Verfahren, wie mit diesen Beschwerden umgegangen werden muss, ist nicht vorgesehen.

Die Gerichte, die in den drei Ländern für den Vollzug zuständig sind, sind nicht auf den Vollzug spezialisiert, denn sie beschäftigen sich allgemein mit Fällen des Jugendstrafrechts oder des Familienrechts.

In allen drei Ländern sind die Möglichkeiten des gerichtlichen Rechtsschutzes stark beschränkt, da die Verwaltungsentscheidungen als innere Angelegenheit der Verwaltung angesehen werden. Das bedeutet, dass wenn die interne Auseinandersetzung mit der Anstalt zu keinem Ergebnis führt, dem jungen Gefangenen nichts anderes bleibt, als den allgemeinen Rechtsweg einzuschlagen. Diese fehlende Möglichkeit der Gefangenen auf dem Gebiet des Strafvollzugs eine gerichtliche Überprüfung von vollzuglichen Maßnahmen herbeizuführen, kann mit der früheren Figur des besonderen Gewaltverhältnisses in *Deutschland* verglichen werden.[844]

Ganz anders ist die Situation des gerichtlichen Rechtsschutzes in *Deutschland*. Das *BVerfG* hat in seiner Entscheidung vom 31.5.2006 einen besonderen Regelungsbedarf für die Ausgestaltung des gerichtlichen Rechtsschutzes im Jugendstrafvollzug angenommen.[845] Nach dem *BVerfG* soll die Ausgestaltung des Rechtsschutzes auch für den Strafvollzug gewährleistet sein. Der Zugang zum

---

842 Vgl. *Kühl* 2012, S. 313.

843 Vgl. *Kirchner* 2009, S. 752.

844 Beispielsweise bestimmt Art. 119 des chilenischen JVV, dass der Jugendgefangene und seine Eltern die Gelegenheit erhalten sich mit Beschwerden gegen eine Disziplinarmaßnahme an den regionalen Direktor (*Director Regional*) zu wenden.

845 Vgl. *Rose* 2009, S. 641.

Gericht darf nicht in unverhältnismäßige, durch sachliche Gründe nicht gerechtfertigte Weise, erschwert werden.[846]

In *Deutschland* ist die richterliche Kontrolle als Teil des Rechtsschutzes im Jugendstrafvollzug nach der Föderalismusreform verfahrenstechnisch in der Kompetenz des Bundes geblieben.[847]

Die entsprechenden Normen finden sich in § 92 JGG und § 109 bis § 120 StVollzG. § 92 JGG verweist auf die allgemeinen Regelungen zum Rechtsschutz im Erwachsenenrecht des Strafvollzugs und betont zudem jugendspezifische Besonderheiten in bestimmten Bereichen.[848]

Nach § 109 Abs.1 StVollzG sind die Maßnahmen zur Regelung einzelner Angelegenheiten auf dem Gebiet des Strafvollzugs oder die Verpflichtung zum Erlass einer abgelehnten oder unterlassenen Maßnahme Entscheidungsgegenstand.[849] Für die Zulässigkeit des Antrages nach § 109 StVollzG ist notwendig, dass der Antragsteller eine Rechtsverletzung geltend macht. Zudem überlässt Abs. 3 den Landesjustizverwaltungen, die Zulässigkeit eines Antrags auf gerichtliche Entscheidung von einem Verwaltungsvorverfahren abhängig zu machen.[850]

Gemäß § 92 Abs.1 i. V. m § 116 ff. StVollzG kann gegen die Entscheidung des Gerichts die Rechtsbeschwerde zugelassen werden, wenn es geboten erscheint, die Nachprüfung zur Fortbildung des Rechts oder zur Sicherung einer einheitlichen Rechtsprechung zu ermöglichen.[851]

§ 92 JGG enthält besondere Regelungen für den Vollzug von Jugendstrafen: Zuständig für die Entscheidung über den Antrag ist grundsätzlich die Jugendkammer, in deren Bezirk die beteiligte Vollzugsbehörde ihren Sitz hat.

Das gerichtliche Verfahren ist dadurch gekennzeichnet, dass die Entscheidung durch Beschluss ergeht. Jedoch kann das Gericht nach eigenem Ermessen eine mündliche Verhandlung anberaumen bzw. muss diese auf Antrag des Antragstellers hin tun. Auf die Möglichkeit einer mündlichen Anhörung ist der junge Gefangene besonders hinzuweisen.[852] Wichtig ist auch der im Verfahren von Jugendstrafgefangenen geltende Grundsatz, dass die Beiordnung eines Rechts-

---

846 Vgl. *Rose* 2009, S. 641.

847 Vgl. *Kühl* 2012, S. 320.

848 Vgl. *Kühl* 2012, S. 321; *Zieger* 2013, S. 243.

849 Vgl. *Rose* 2009, S. 640; *Zieger* 2013, S. 243.

850 Vgl. *Kühl* 2012, S. 322; *Zieger* 2013, S. 243.

851 Vgl. *Rose* 2009, S. 644.

852 Vgl. *Dünkel* 2011, S. 151. Diese Regelung ist weitergehend als die entsprechende Normierung im Erwachsenenvollzug (vgl. § 115 StVollzG) und trägt den häufig eingeschränkten Kompetenzen der jungen Inhaftierten Rechnung, ihr Anliegen in schriftlicher Form ausreichend deutlich machen zu können.

anwalts oder Beistands nach den Regelungen der StPO (insbesondere bei einer häufig anzunehmenden „Schwierigkeit der Sach- oder Rechtslage", vgl. § 140 StPO) und nicht – wie bei Erwachsenen – nach den für Gefangene ungünstigeren Regelungen der ZPO (vgl. § 120 Abs. 2 StVollzG) erfolgt.[853]

Für die Kosten gilt der Grundsatz nach § 121 StVollzG, jedoch kann die Kammer davon absehen, dem Jugendlichen die Kosten aufzuerlegen.[854]

Von derartigen rechtsstaatlich ausdifferenzierten und die Besonderheiten junger Inhaftierter Gefangenen berücksichtigenden Rechtsschutzverfahren sind die drei in der vorliegenden Arbeit behandelten lateinamerikanischen Länder leider noch weit entfernt.

5.4.3 Aufsichtsinstanzen und Ombudspersonen

Die Jugendstrafvollzugsanstalten werden in *Chile* von der sog. Aufsichtskommission besucht. Bedeutsam ist, dass die Kontrolle der chilenischen Jugendanstalten durch die Aufsichtskommission als effektiv beurteilt wird. Zudem ist von Bedeutung, dass die Berichte der Kommission eine Einschätzung des Zustandes des chilenischen Jugendstrafvollzugs enthält.

In *Peru, Chile* und *Bolivien* gibt es keinen Ombudsmann speziell für Gefangene. Der Ombudsmann in allen drei Ländern widmet dem Strafvollzug nur eine geringe Aufmerksamkeit, zum Beispiel ist die Bearbeitung von Gefangenenbeschwerden nur einer unter vielen Aufgabenbereichen. Jedoch spielen die Beobachtungen der Ombudsmänner, die in einem Jahresbericht zusammengefasst sind, eine große Rolle, da sie eine Einschätzung der Gesamtsituation des Strafvollzuges enthalten. In Deutschland gibt es bislang nur in Nordrhein-Westfalen einen Strafvollzugsbeauftragten, der einem Ombudsmann vergleichbar ist.[855]

---

853 Vgl. hierzu *Dünkel* 2008, S. 4.

854 Vgl. *Dünkel* 2011, S. 151.

855 Vgl. zum ersten umfassenden Bericht des Strafvollzugsbeauftragten *Walter* 2012.

6. Schlussbetrachtung

In den letzten zwanzig Jahren wurden in *Chile, Peru* und *Bolivien* umfangreiche und beachtliche Reformen des Strafrechtssystems durchgeführt. Die Intensität der Reformen variierte stark in den jeweiligen Ländern, jedoch insgesamt bedeuteten sie eine tiefgreifende Veränderung der Werteorientierungen, Veränderung der ganzen Rechtskultur, der Strafjustiz, eine neue kriminalpolitische Orientierung und im Ergebnis eine neue Gesetzgebung und Entstehung bzw. Veränderung vieler Institutionen.

Die Reformbewegung fiel mit dem Ende der Diktaturen in *Chile, Peru* und *Bolivien* zusammen. Die lateinamerikanische politische Szene wurde in den drei Ländern Ende des 20. Jahrhunderts vor die Herausforderung gestellt, mithilfe einer Reihe von Reformen verschiedene Bereiche des Staatsapparats einem neuen demokratischen Regime anzupassen. Ferner begannen die Länder einen Prozess der Ratifizierung der wichtigsten internationalen Menschenrechtskonventionen und transferierten diese neuen Standards in ihre innerstaatliche Rechtsordnung, zum Beispiel die Amerikanische Menschenrechtskonvention von 1978 und die Kinderrechtskonvention von 1989. Die Fortschritte im Bereich der Menschenrechte wurden im Zusammenhang mit dem demokratischen Prozess zu einem weiteren Faktor, der den Prozess der Reformen in diesen Ländern antrieb.

Leider betraf der Modernisierungsprozess den Jugendstrafvollzug nicht mit der gleichen Intensität. In den letzten zwanzig Jahren gab es in den drei lateinamerikanischen Staaten erhebliche Probleme in diesem Bereich, insbesondere mit der ausreichenden Berufsausbildung, medizinischen Versorgung, den sanitären Einrichtungen sowie genügenden oder effektiven Kontrollmechanismen zum Schutz der Rechte von Jugendgefangenen. Ferner wird der Jugendstrafvollzug in den Ländern nur rudimentär in einer Verwaltungsverordnung geregelt, ohne einem modernen Verständnis menschenrechtlicher Standards Rechnung zu tragen. Der Jugendstrafvollzug ist in *Chile* und *Peru* bis heute nicht gesetzlich geregelt. In *Bolivien* wird der Jugendstrafvollzug im allgemeinen Strafvollzugsgesetz mit geregelt. Das Gesetz enthält nur sechs Paragraphen für den Jugendstrafvollzug, die den Themen der Klassifizierung, Ziel der Behandlung, Verpflichtungen der Jugendanstalt und Disziplinarmaßnahmen besondere Aufmerksamkeit widmen. Es ist allerding deutlich geworden, dass die heutige Gestalt des Jugendstrafvollzugs sich in den drei Ländern vielmehr aus der Praxis selbst entwickelt hat.

Der Strafvollzug wird von vielen Faktoren beeinflusst und nicht alle können überhaupt oder schnell geändert werden. Die Faktoren, die die Unterentwicklung des Jugendstrafvollzugs in den Ländern erklären können, sind komplex und unterschiedlich. Zu den wichtigsten Faktoren gehören:

Prioritätensetzungen zugunsten anderer Reformen: Die Jugendstrafrechts- und Strafprozessreformen wurden in den Ländern als „Priorität" berücksichtigt und waren in den Reformwerken jedes Landes enthalten. Ziel der Reform des

Jugendstrafrechts war die Veränderung des wohlfahrtsorientierten Systems, sog. *Sistema-Tutelar*, und die Einführung der Diversion, ambulanter Sanktionen sowie der Grundsätze der Verhältnismäßigkeit und Freiheitsstrafe als *ultima ratio*. In dem Fall der Strafprozessreform war explizites Reformziel die Veränderung des Inquisitionsprozesses und der Ausbau der gerichtlichen Kontrolle der Rechte des Angeklagten, neue Institutionen (Staatsanwaltschaft, Gerichte und Verteidigung), die Trennung zwischen der Ankläger- und Richterfunktion sowie die Einführung der Mündlichkeit und Öffentlichkeit des Prozesses. Erst nach Abschluss dieser relativ jungen materiell- und prozessrechtlichen Reformgesetze werden entsprechende Reformdesiderate im Bereich des Jugendstrafvollzugs erkennbar und zumindest in der Wissenschaft ansatzweise erörtert (s. u.).

Verschärfungen in der Kriminalpolitik: Weitere Reformen, die als Verschärfung des Sanktionensystems zu werten sind, finden sich in den Ländern mit der Ausweitung freiheitsentziehender Sanktionen, der Untersuchungshaft und Verschärfung gegenüber Wiederholungstätern. Der repressive Trend in der Kriminalpolitik der Länder ist so stark gewesen, dass in der politischen Arena fast kein Platz für Debatten über eine Verbesserung des Jugendstrafvollzugssystems oder die Wiedereingliederung der Gefangenen verblieb. Man kann sagen, dass das Strafvollzugsthema in *Chile*, *Peru* und *Bolivien* kaum Beachtung in der Öffentlichkeit gehabt hat und sich die Aufmerksamkeit nur im Fall einer Flucht aus dem Gefängnis oder bei großen Tragödien in den Anstalten auf dieses Thema richtete.

Die fehlende Teilnahme von Experten: Ein weiterer Faktor, der die Unterentwicklung des Jugendstrafvollzugsrechts beeinflusste, war die lediglich begrenzte Teilnahme einer Gruppe von Experten, die den Reformprozess unterstützte. Im Vergleich zum Strafrecht, Verfahrensrecht und Jugendstrafrecht gibt es nur wenige im Jugendstrafvollzug spezialisierte Wissenschaftler. Im Vergleich zu *Deutschland* oder zum angloamerikanischen Bereich gibt es außerdem in den verglichenen Ländern einen deutlichen Mangel an qualitativ hochwertigen Studien zu Strafvollzugsthemen. Es fehlt in den Ländern an Konzepten und Methoden für Studien zur Struktur, zum Prozess und zur Ergebnisqualität und es gibt zu wenig universitäre Initiativen zur Evaluation im Jugendstrafvollzug. Eine staatliche Forschungsförderung durch die Justizministerien o. ä. existiert praktisch nicht.

Ein weiterer Faktor, der den Prozess der Reformen des Strafvollzugs in den Ländern limitiert hat, ist der *Widerstand der Strafvollzugsbehörde gegenüber neuen Reformen* und die *fehlende einschlägige Rechtsprechung* über Menschenrechte der Gefangenen.

Mit dem Prozess der Demokratisierung erlangen auch *Chile*, *Peru* und *Bolivien* mehr Möglichkeiten, sich nicht nur an den Menschenrechtskonventionen, den Empfehlungen für den Strafvollzug und an der interessanten Rechtsprechung des Amerikanischen Gerichtshofs für Menschenrechte im Bereich des Strafvollzugs zu orientieren, sondern auch tatsächlich praktisch in dieser Richtung etwas zu verändern. Es ist allerdings deutlich geworden, dass auch die neuen Vorschriften, die den Jugendstrafvollzug der Länder regeln, noch weit von den deutschen und westeuropäischen Vorbildern entfernt sind und man für die Veränderung in der Praxis und der Rechtsnormen noch mehr Zeit braucht.

Die zukünftige Entwicklung sollten im Bereich des Jugendstrafvollzugs die folgenden wichtigen Aspekte beachten:

Notwendigkeit eines Jugendstrafvollzugsgesetzes

Die Regelungen der verglichenen Länder über den Strafvollzug sind unzureichend. Die Grundsätze und einige organisatorische Regelungen finden sich im Jugendstrafgesetz (*Chile*) oder im Jugendgesetz (*Peru* und *Bolivien*). Dies genügt allerdings rechtsstaatlichen Anforderungen, wie sie in Deutschland das BVerfG in seiner Entscheidung vom 31.5.2006 formuliert hat, in keiner Weise.

Der Jugendstrafvollzug greift ebenso wie der Erwachsenenvollzug in Grundrechte der Gefangenen ein und bedarf damit spezieller gesetzlicher Vorgaben. Die Ausgangsbedingungen bei den zur Jugendstrafe Verurteilen sind andere als bei den zur Freiheitsstrafe Verurteilten. Daher sollten zukünftige Jugendstrafvollzugsgesetze die besonderen Bedürfnisse der zur Jugendstrafe Verurteilten berücksichtigen. Dies haben auch der Interamerikanische Gerichtshof für Menschenrechte und das Bundesverfassungsgericht in Deutschland ausdrücklich betont: Hier stellte der *IGM* fest, dass es im Gefängnis auf Grund der Verletzlichkeit der Person eine besondere staatliche Schutzpflicht gibt, die im Hinblick auf Jugendliche verstärkt wird. Außerdem hat das deutsche *BVerfG* darauf hingewiesen, dass die negativen Auswirkungen der Freiheitsstrafe für Jugendgefangene aufgrund der Bedürfnisse und Empfindlichkeit bzw. Verletzbarkeit (Vulnerabilität) der Jugendlichen begrenzt werden müssen. Andererseits sind die Besuchsmöglichkeiten für familiäre Kontakte, die therapeutischen und pädagogischen Betreuungsmaßnahmen sowie die Entlassungsvorbereitung zu erweitern.

Die gesetzlichen Regelungen müssen nicht nur an den verfassungsrechtlichen Vorgaben, sondern auch an den menschenrechtsorientierten völkerrechtlichen Vorgaben und internationalen Standards gemessen werden, wie z. B dem Internationalen Pakt über bürgerliche und politische Rechte vom 19. Dezember 1996, der Amerikanischen Konvention der Menschenrechte von 1978, der Kinderrechtskonvention vom 20. November 1989, dem Übereinkommen gegen Folter und andere grausame, unmenschliche oder erniedrigende Behandlung oder Strafe vom 10. Dezember 1984, den Mindestgrundsätzen für die Behandlung der Gefangenen von 1955, zur Jugendgerichtsbarkeit vom 29. November 1985, zum Schutz von Jugendlichen unter Freiheitsentzug vom 14. Dezember 1990 und den amerikanischen Strafvollzugsgrundsätzen „Grundsätze für den Schutz der Gefangenen in Amerika".

Weiterhin müssen die gesetzlichen Regelungen auf den Prinzipien der Wiedereingliederung, Erziehung und Rückfallverhütung beruhen. Die Wiedereingliederung sowie die Erziehung sollen als alleiniges Ziel des Vollzugs dienen. Generalpräventiven oder allein sichernden Strafzwecken wird durch die internationalen Menschenrechtsstandards für Jugendgefangene eine eindeutige Absage erteilt.

Die gesetzlichen Regelungen müssen außerdem fünf Gestaltungsgrundsätze des Vollzugs berücksichtigen: der Grundsatz der Menschenwürde und des Wohls der Jugendlichen, der Angleichungsgrundsatz, der Gegensteuerungsgrundsatz, der Integrationsgrundsatz und die Verhältnismäßigkeit.

Die Achtung der *Menschenwürde* sowie des *Wohls der Jugendlichen*: Die Berücksichtigung dieses Grundsatzes hat vor allem mit zwei Aspekten zu tun. Zum einen spielen die Menschenwürde und das Kindeswohl als Mindeststandards der Unterbringung der Gefangenen eine Rolle. Es geht um den Vollzug von Strafen, der in den betrachteten drei lateinamerikanischen Ländern unter Bedingungen oder Umständen stattfindet, die gegen die Menschenwürde verstoßen, wie z. B. die Überbelegung in Gefängnissen, ein fehlendes Wiedereingliederungsprogramm und die Anwendung isolierender Maßnahmen. Zum anderen spielt die Menschenwürde als Beschränkung der Entscheidungen der Vollzugsbehörden eine Rolle. Dies betrifft den spezifisch jugendhilferechtlichen Gedanken, dass alle Maßnahmen unter dem Leitmotiv der Menschenwürde und des Kindeswohls stehen sollen.

Der *Angleichungsgrundsatz* betrifft das Leben im Vollzug, das den allgemeinen Lebensverhältnissen soweit als möglich angeglichen werden soll. Hierbei ist eine Angleichung an die im allgemeinen Leben üblichen Verhältnisse hinsichtlich der Schule, der Freizeit, der Ausbildung, der Arbeit und der Kontakte mit der Außenwelt anzustreben. Weiterhin sollen die Einrichtungen möglichst nahe am Heimatort gelegen sein, um den Kontakt mit der Familie zu erleichtern und gleichzeitig die möglichst frühzeitige Integration in soziale, kulturelle und andere Aktivitäten in der Gemeinde zu ermöglichen. Ferner sollen die Einrichtungen so klein konzipiert werden, dass eine individuelle Vollzugsgestaltung bzw. Behandlungsplanung möglich ist.

Der *Gegensteuerungsgrundsatz* betont die Notwendigkeit der Mäßigung der schädlichen Folgen des Freiheitsentzugs. Insbesondere gilt es, einer Deprivation sowie der Prisonisierung und negativen Einflüssen der Gefangenensubkultur entgegenzuwirken und Gefangene vor gewalttätigen Übergriffen anderer Gefangener oder von Bediensteten (beides weit verbreitete Phänomene in lateinamerikanischen Gefängnissen) zu schützen.

Der *Integrationsgrundsatz* bedeutet für die Gestaltung des Vollzugs, dass alle einzelnen Maßnahmen von Anfang an das Vollzugsziel beachten, die Entlassung vorbereiten und die Rückkehr in die Freiheit erleichtern sollen. Der Vorbereitung der Entlassung und einem differenzierten Übergangsmanagement wird eine herausragende Bedeutung zugemessen, insbesondere einer durchgehenden Betreuung und der Möglichkeit einer Fortführung von im Vollzug begonnenen Ausbildungsmaßnahmen.

Der *Verhältnismäßigkeitsgrundsatz* spielt eine wichtige Rolle im Bereich der Sicherheit und Ordnung. Nach dem Verhältnismäßigkeitsgrundsatz muss eine Maßnahme geeignet sein, die betreffende Gefahr abzuwenden. Zudem soll die Maßnahme mit der geringstmöglichen Belastung für die Betroffenen verbunden sein (Erforderlichkeit). Schließlich ist zu prüfen, ob das Ziel der als erforderlich erachteten Maßnahme in einem angemessenen Verhältnis zu den von ihr ausgelösten Belastungen steht (Angemessenheit).

Im Zusammenhang mit dem Verhältnismäßigkeitsprinzip sind im Bereich des unmittelbaren Zwangs die *Akzessorietät* und der *Subsidiaritätsgrundsatz* zu achten. Unter den Vollzugs- oder Sicherungsmaßnahmen sollen die Maßnahmen des unmittelbaren Zwangs eine untergeordnete Bedeutung haben und ihre Anwendung muss immer letztes Mittel (*ultima ratio*) sein.

Notwendigkeit einer Ausgestaltung des Rechtsschutzes durch gerichtliche Kontrolle

Ein zentrales Element des Rechtsstaats ist das Recht auf gerichtlichen Rechtsschutz. Dieses Recht gilt auch für Personen, die das Recht gebrochen haben. Nach Auffassung des *IGM* muss im Gefängnis diesem Recht wegen der besonderen Bedeutung nicht nur theoretisch oder oberflächlich, sondern „effektiv", „einfach" und „unmittelbar" Genüge getan werden. Jedoch sind in *Chile*, *Peru* und *Bolivien* die Möglichkeiten des gerichtlichen Rechtschutzes in Jugendanstalten stark beschränkt. Diese Realität macht eine Ausgestaltung des Rechtsschutzes in einer umfassenden Form notwendig, sodass die Wirksamkeit dieses Rechts auch für den Jugendstrafvollzug gewährleistet ist (Prinzip eines effektiven Rechtsschutzes).

Für die Ausgestaltung des gerichtlichen Rechtsschutzes im Jugendstrafvollzug besonders bedeutsam ist die Berücksichtigung der folgenden Dimensionen: Aufgrund ihres einschneidenden Charakters für den Gefangenen sollten nicht nur Disziplinarmaßnahmen gerichtlich überprüfbar sein, sondern auch die Verlegung in eine andere Anstalt, der Verlust einer Arbeitsstelle, die Einzelhaft, die Versagung der Erlaubnis für den Besitz bestimmter Gegenstände oder im Allgemeinen jede Ablehnung oder Unterlassung, die den Gefangenen in eigenen Rechten verletzt.

Darüber hinaus wäre wichtig, dass die prozessualen Vorschriften für den Antrag auf gerichtliche Entscheidung die tatsächliche Teilnahme der Jugendlichen und ihrer Strafverteidiger an den Verfahren sicherstellen.

Für den Bereich des Vollzugs bedarf es eines umfassenden Systems staatlicher und unabhängiger Kontrolle und Aufsicht. Dazu gehört neben einem effektiven Individualrecht auf gerichtliche Kontrolle ein System von unabhängigen Inspektionen wie sie durch die Institution des *Ombudsmanns* in *Peru* und *Boli-*

vien oder die *Comisiones Interinstitucionales* in *Chile* ansatzweise gut implementiert wurde.

Notwendigkeit eines Strafverteidigers für jugendliche Gefangene

Für einen effektiven Rechtsschutz im Gefängnis braucht man während des Vollzugs eine angemessene Betreuung der Gefangenen durch Strafverteidiger. Die kostenlosen Strafverteidiger oder Anwälte sollten ihre Mandanten so häufig wie möglich besuchen dürfen. Dazu müssen durch die Länder ausreichend Ressourcen und Personal zur Verfügung gestellt werden, um sicherzustellen, dass die Verteidiger von Gefährdungen der Rechte oder Maßnahmen gegen ihre Mandanten erfahren können.

In *Chile* wurden zwei interessante Pilot-Projekte eingeführt. Im Bereich des Strafvollzugs für Erwachsene hat das öffentliche Büro des Strafverteidigers (im Spanischen *Defensoria Penal Publica*) eine spezialisierte Abteilung eingerichtet, deren Mitglieder für die Gefangenen die Verteidigung, Beratung und Information bzgl. der Rechte im Vollzug übernehmen. Diese Projekte sollten in einer nächsten Etappe im Jugendstrafvollzug eingeführt werden.

Weiterhin zu erwähnen sind die Mandantengespräche mit den Strafverteidigern via Skype. Durch eine Zusammenarbeit zwischen der Strafvollzugsbehörde und dem öffentlichen Büro des Strafverteidigers kann eine Konferenz zwischen dem Verteidiger und seinem Mandanten über Internet stattfinden, um damit den Kontakt und die Kommunikation zwischen dem Verteidiger und dem Mandanten zu steigern. Dieses Projekt war in Regionen, in denen die Jugendanstalt weit entfernt vom Büro des Strafverteidigers liegt, eine sehr gute Alternative.

Professionalisierung des Personals und Arbeitsstandards als Garantie für die Aufrechterhaltung des Rechts

Die Auswahl, fachliche Ausbildung, Kontrolle und Arbeitsbedingungen des Personals sind im Jugendstrafvollzug ebenfalls von Bedeutung, da Maßnahmen gegenüber Jugendlichen hohen Qualitätsstandards gerecht werden müssen. Ferner sind materielle Rahmenbedingungen für die Verhinderung von Korruption und Förderung der Werte der Transparenz und Öffentlichkeit notwendig.

Notwendigkeit kriminologischer Forschung im Strafvollzug

Die Situation des gegenwärtigen Jugendstrafvollzugs in den lateinamerikanischen Ländern ist von zahlreichen Problemen gekennzeichnet, die die Verwirklichung liberal-rechtsstaatlicher Grundsätze in Frage stellen. Die hier angedeuteten aktuellen Problemlagen verdeutlichen die Notwendigkeit empirischer Begleitforschung im Strafvollzug und die Erforderlichkeit der Entwicklung von Forschungsinstituten. Die Fortentwicklung der Strafvollzugspolitik bedarf einer rationalen Auseinandersetzung auf der Grundlage wissenschaftlicher Evaluationen, welche die Probleme der Implementation menschenrechtlicher Standards und unerwünschte Nebeneffekte von Reformmaßnahmen aufzeigen.

Für eine Strafvollzugspolitik für Menschen bedarf es einer ständigen kritischen und konstruktiven Begleitung, die gegen die Resignation und Lethargie der Vollzugsbehörden neue Chancen für Innovationen und eine kontinuierliche Weiterentwicklung der Strafvollzugsreform entwickeln kann. Diese Rolle sollte der empirischen Forschung im Strafvollzug sowie der lateinamerikanischen Kriminologie im Allgemeinen zukommen. Damit wird deutlich, welches meine Aufgabe und Herausforderung in meinem neuen Arbeitsbereich in Chile sein wird!

Literaturverzeichnis

Akers, R. L., Hayner, N. S., Gruninger, W. (1977): Prisonization in Five Countries. Type of Prison and Inmate Characteristics. Criminology 14, S. 527-554.

Álvarez Tuza, P., Marangunic Hinojosa, A., Herrera Bilbao, R. (2007): Impacto de la reforma procesal penal en la población carcelaria del país. Revista de Estudios Criminológicos y penitenciarias Nr. 11, S. 117.

Arratia, A. (2010): Dictaduras latinoamericanas. Revista venezolana de Análisis de Coyuntura XVI, S. 33-51.

Ayala, Corao, C. (2003): La jerarquía Constitucional de los Tratados relativos a Derechos Humanos y sus consecuencias. Fundap.

Beloff, M. (2007): Los nuevos sistemas de justicia juvenil en América Latina (1989-2006). In: Revista Justicia y derechos del niño. Nr. 9. UNICEF. S. 177-218.

Beulke, W. (2010): Strafprozessrecht. 6. Aufl., Heidelberg: C. F. Müller.

Binder, A. (1996): Diez tesis sobre la reforma de la justicia penal en América Latina. Revista Contribuciones 3/1996, CIEDLA, S. 7-22.

Briceño, S. (2008): Supervisión de centros privativos de libertad para adolescentes. El módelo chileno a la luz del módelo ingles. In: Justicia y derechos del niño (UNICEF), S. 183-186.

Bustos Ramirez, J. (1997): Perspectivas de un derecho penal del niño. Nueva Doctrina Penal. Buenos Aires. Editores del Puerto.

Carranza, E. (1991): Política criminal y humanismo en la reforma de la justicia penal. Revista Nueva Sociedad. S. 57-65.

Carranza, E. (2003): Política Criminal y Penitenciaria en América Latina y el Caribe. Costa Rica: ILANUD.

Carranza, E., Houed M., Liverpool N., Mora, L., Manzana L. (1992): Sistemas penitenciarios y alternativas a la prisión en América Latina y el Caribe. Buenos Aires: PNUD.

Carranza, E., Tiffer-Sotomayor, C., Maxera, R., (2002): La reforma de la justicia penal juvenil en América Latina y la Justicia Restaurativa. Costa Rica: ILANUD.

Castro Morales, A. (2006): Condiciones Carcelarias. In: Informe Anual de Derechos Humanos Chile. Santiago: UDP, S. 15-166.

Castro Morales, A. (2007): Condiciones Carcelarias. In: Informe Anual de Derechos Humanos Chile. Santiago: UDP, S. 17-59.

Castro Morales, A. (2008): Condiciones Carcelarias. In: Informe Anual de Derechos Humanos Chile. Santiago: UDP, S. 77-133.

238

Castro Morales, A. (2009): Sistema Penitenciario y derechos Humanos. In: Informe Anual de Derechos Humanos Chile. Santiago: UDP, S. 85-116.

Castro Morales, A. (2011): Sistema Penitenciario y derechos humanos. In: Informe Anual de Derechos Humanos Chile. Santiago: UDP, S. 111-128.

Castro Morales, A., Bessio, M. (2005): Condiciones Carcelarias. In: Informe Anual de Derechos Humanos Chile. Santiago: UDP, S. 15-186.

Castro Morales, A., Cillero, M., Mera Figueroa J. (2010): Derechos fundamentales de los privados de libertad. Guía práctica con los estándares internacionales en la materia. Santiago: UDP.

Castro Morales, A., Henriquez, J. (2010): Sistema Penitenciario y derechos humanos. In: Informe Anual de Derechos Humanos Chile. Santiago: UDP, S. 109-144

Cavadino, M., Dignan, J. (2006): Penal Systems. A Comparative Approach. London: Sage.

Cavallo, A., Salazar, M., Sepúlveda, O. (1997): La historia oculta del Régimen militar. Santiago: Uqbar.

Cillero Bruñol, M. (1997): Leyes de menores, sistema penal e instrumentos internacionales de derechos humanos. In: Medina Quiroga, C., Mera Figueroa, J. (Hrsg.): Sistema jurídico y derechos humanos. El derecho nacional y las obligaciones de Chile en materia de Derechos Humanos. Serie Publicaciones Especiales Nr. 6. Escuela de Derecho de la Universidad Diego Portales, Santiago de Chile, S. 504.

Cillero Bruñol, M. (1998): El interés superior del niño en el marco de la Convención internacional de los derechos del niño. In: Garcia-Mendez, E., Beloff, M. (Hrsg.): Infancia, ley y democracia en América Látina. Bogotá: Tomis.

Cillero Bruñol, M. (2000): Adolescentes y Sistema Penal: Proposiciones desde la Convención sobre los Derechos del Niño. Revista Justicia y Derechos del niño. Santiago: UNICEF-UDP.

Cillero Bruñol, M. (2001): Nulla poena sine culpa. Un límite necesario al castigo penal. Revista Justicia y Derechos del niño. Santiago: UNICEF-UDP.

Cillero Bruñol, M. (2003): Derechos humanos de la infancia. In: Revista Justicia y de Derechos del niño. Santiago: UNICEF-UDP.

Cillero Bruñol, M. (2004): De la tutela a las garantías: consideraciones sobre el proceso penal y la justicia de adolescentes. Revista Justicia y de Derechos del niño. Santiago: UNICEF-UDP.

Cillero Bruñol, M. (2006): Ley Nr. 20.084 sobre Responsabilidad Penal Adolescente. In: Anuario de derechos humanos: Santiago: Universidad de Chile, S. 189-195.

Cillero Bruñol, M., Bernales M. (2002): Derechos humanos de la infancia/ adolescencia en la justicia "penal de menores" de Chile: evaluación y perspectivas. Revista de derechos del niño. Nr. 1. UDP. Santiago.

Comisión Interamericana de Derechos Humanos (2011): Informe sobre los derechos Humanos de las personas privadas de libertad en las Américas. CIDH-OEA. www.cidh.org.

Comisión Interamericana de Derechos Humanos (2011): Justicia Juvenil y Derechos Humanos. CIDH-OEA. www.cidh.org.

Comisión Interamericana para el control del abuso de drogas (2010): La relación droga delito en adolescentes infractores de ley. La experiencia de Bolivia, Chile, Colombia, Peru y Uruguay. Quinto informe Conjunto. www.unodc.org/documents/peruandecuador/Publicaciones/La_Relacion_D roga.pdf.

Comité Derechos del niño (2007): Recomendaciones a Chile. In: CRC/C/CHL/ CO/3, 23 de abril de 2007, 44° período de sesiones.

Council of Europe (Hrsg.) (2009): European Rules for Juvenile Offenders subject to sanctions or measures (ERJOSSM). Strasbourg: Council of Europe Publishing.

Couso, J. (1999): Problemas teóricos y prácticos del principio de separación de medidas y programas entre la vía penal-juvenil y la vía de protección especial de derechos. In: Justicia y derechos del niño: Santiago: UNICEF-UDP.

Couso, J. (2003): La otra violencia. Poder penal doméstico sobre los niños en el derecho chileno. In: Violencia y derecho. Buenos Aires: Ediciones del Puerto.

Couso, J. (2004): Más acá del interés superior del niño. In: Infancia y democracia en la Argentina. Buenos Aires: Ediciones del Puerto.

Couso, J. (2006): Principio educativo y (re) socialización en el derecho penal juvenil. In: Justicia y derechos del niño. Nr. 8. Santiago: UNICEF-UDP.

Couso, J. (2008): Notas para un estudio sobre la especialidad en el derecho penal y procesal penal de adolescentes. El caso de la ley chilena, In: Justicia y derechos del niños. Nr. 10. Santiago: UNICEF-UDP.

Couso, J. (2009): La política criminal de adolescentes en la ley n° 20.084. Estudios y reflexiones sobre derecho penal juvenil. In: Defensoria penal publica.

Couso, J., Duce, M. (2013): Juzgamiento Penal de Adolescentes. Santiago: Lom.

Dammert, L., Zúñiga, L. (2008): La Cárcel: Problemas y desafíos para las Américas, Santiago: Flacso.

De Ferrari, L. (2006): Notas sobre la génesis y desarrollo de la ley sobre responsabilidad penal de adolescentes de Chile. Revista Justicia y derechos del niño. Nr. 8. Santiago: UNICEF-UDP, S. 113-158.

Defensa de niños y niñas Internacional Bolivia (2005): Políticas públicas relativas a niños y niñas, adolescentes y jóvenes en conflicto con la ley penal. In Cochabamba: DNI.

Defensa de niños y niñas Internacional Bolivia (2012): Justicia penal juvenil en Bolivia. De la realidad que tenemos a la política que queremos. Cochabamba: DNI.

Defensor del Pueblo (2009): XI Informe al Honorable Congreso Nacional. Canasta de Fondo. La Paz: Canasta de Fondo.

Defensoría del Pueblo (2000): El sistema penal juvenil en Perú. Análisis jurídico social. In: Serie informes defensoriales. Informe Nr. 51. Lima: Defensoría del Pueblo.

Defensoría del Pueblo (2009): Juez de ejecución penal y vigilancia penitenciaria en el sistema peruano. Razones para su implementación desde un enfoque de derechos. Documento de trabajo Nr. 003-2009-DP/ ADHPD.

Defensoría del Pueblo (2011): Decimoquinto informe anual. Lima: Defensoría del Pueblo.

Defensoría del Pueblo (2012): Sistema penal juvenil. In: Serie de informes defensoriales. Informe. Nr. 157. Lima: Defensoría del Pueblo.

Defensoría Penal Pública (2010): informe diagnóstico de la implementación de la ley 20.084. Santiago: DPP.

Defensoría Penal Pública (2011): tres años de vigencia ley de responsabilidad penal adolescente. Santiago: DPP.

DeShazo, P., Vargas. J. (2006): Evaluación de la reforma judicial en América Latina. Santiago: CEJA.

do Amaral e Silva, A. (2001): La protección como pretexto para el control social arbitrario de los adolescentes o la supervivencia de la doctrina de la situación irregular. In: Garcia-Mendez, E. (Editor): Adolescentes y responsabilidad penal. Buenos Aires: Ad.Hoc.

Duce, M. (2000): Nuevo proceso penal. Santiago: CONOSUR.

Duce, M. (2002): Tortura, derechos humanos y justicia criminal en Chile. Santiago: UDP.

Duce, M. (2003): Evaluación de la reforma procesal penal. Estado de una reforma en marcha. Santiago: UDP.

Duce, M. (2005): Reformas procesales en América Latina: experiencia de innovación. Santiago: CEJA.

Duce, M. (2006): Los desafíos del Ministerio Público Fiscal en América Latina. Santiago: CEJA.

Duce, M. (2009): Reforma de la Justicia penal en América Latina: Una perspectiva panorámica y comparada, examinando su desarrollo, contenidos y desafíos. Santiago: Expansiva UDP.

Duce, M. (2010): El derecho a un juzgamiento especializado de los jóvenes infractores en el nuevo proceso penal juvenil chileno. In: Política criminal. Vol. 5, Nr. 10. http://www.politicacriminal.cl/Vol_05/n_10/Vol5N10A1.pdf

Duce, M., Baytelaman A. (2009): Litigación penal Juicio. Santiago: UDP.

Duce, M., Mera Figueroa J. (1996): Introducción al sistema penal. Santiago: UDP.

Duce, M., Riego C. (2002): Introducción al nuevo proceso penal. Santiago: UDP.

Duce, M., Riego C. (2007): Proceso penal. Santiago: UDP.

Dünkel, F. (1990): Freiheitsentzug für junge Rechtsbrecher. Bonn: Forum Verlag Godesberg.

Dünkel, F. (1996): Empirische Forschung im Strafvollzug. Bestandsaufnahme und Perspektiven. Mönchengladbach: Forum Verlag Godesberg.

Dünkel, F (2006): Die Reform des Jugendstrafvollzugs in Deutschland. In: Feltes, T., Pfeiffer, C., Steinhilper (Hrsg.): Kriminalpolitik und ihre wissenschaftlichen Grundlagen. Festschrift für Prof. Dr. Hans Dieter Schwind zum 70. Geburtstag. Heidelberg: C. F. Müller Verlag, S. 549-570.

Dünkel, F (2006a): Jugendstrafvollzug und Verfassungsrecht – Eine Besprechung des Urteils des BVerfG vom 31.5.2006 zur Verfassungsmäßigkeit des Jugendstrafvollzugs und Folgerung für die anstehende Gesetzesreform. Neue Kriminalpolitik 18, S. 112-116.

Dünkel, F. (2007): Strafvollzug und die Beachtung der Menschenrechte – Eine empirische Analyse anhand des Greifswalder „Mare-Balticum-Prion-Survey". In: Müller-Dietz, H., u. a. (Hrsg.): Festschrift für Heike Jung. Baden-Baden: Nomos-Verlag, S. 99-126.

Dünkel, F. (2009): Strafvollzug und Menschenrechte: Nationale und internationale Standards sowie Entwicklungstendenzen des Strafvollzugs im europäischen Vergleich. In: Koop, G., Kappenberg, B. (Hrsg.): Wohin fährt der Justizvoll-Zug? Strategien für den Justizvollzug von morgen. Kriminalpädagogischer. Verlag Lingen, S. 33-84.

Dünkel, F. (2011): Die Europäischen Grundsätze für die von Sanktionen oder Maßnahmen betroffenen jugendlichen Straftäter und Straftäterinnen. European rules for Juvenile Offenders Subject to Sanctions or Measures, ERJOSSM. ZJJ 22, S. 140-153.

Dünkel, F. (2011a): Werden Strafen immer härter?. Anmerkungen zur strafrechtlichen Sanktionspraxis und zur Punitivität. In: Bannenberg, B., Jehle, J.-M. (Hrsg.): Gewaltdelinquenz, Lange Freiheitsentziehung. Delinquenzverläufe. Mönchengladbach: Forum Verlag Godesberg, S. 209-243.

Dünkel, F. (2014): Making standards work. Die European Rules for Juvenile Offenders Subject to Sanctions or Measures (ERJOSSM) und ihr Einfluss auf das Jugendkriminalrecht in Europa. In: Neubacher, F., Kubink, M. (Hrsg.): Kriminologie – Jugendkriminalrecht – Strafvollzug. Gedächtnisschrift für Michael Walter. Berlin: Duncker & Humblot, S. 275-299.

Dünkel, F., Castro Morales, A. (2012): Reglas europeas para infractores menores de edad sometidos a sanciones o medidas. Revista digital Maestría en Ciencias Penales Nr. 4, S. 93-122.

Dünkel, F., Geng, B. (2013): Neue entwicklungsbezogene Erkenntnisse des Jugendalters. Argumente für ein Jungtäterrecht? In: Boers, K., Feltes, T., Kinzig, J., Sherman, L. W., Streng, F., Trüg, G. (Hrsg.): Kriminologie – Kriminalpolitik – Strafrecht. Festschrift für Hans-Jürgen Kerner zum 70. Geburtstag. Tübingen: Mohr Siebeck, S. 562-575.

Dünkel, F., Geng, B. (2013a): Strukturdaten des Jugendstrafvollzugs in Deutschland. In: Dölling, D., Jehle, J.-M. (Hrsg.): Täter – Taten – Opfer. Grundlagenfragen und aktuelle Probleme der Kriminalität und ihrer Kontrolle. Mönchengladbach: Forum Verlag Godesberg, S. 622-642.

Dünkel, F., Geng, B. (2014): Greifswalder Inventar zum Strafvollzug. Internet-Publikation http://www.rsf.uni-greifswald.de/duenkel.html.

Dünkel, F., Geng, B., Kirstein, W. (1989): Soziale Trainingskurse und andere neue ambulante Maßnahmen nach dem JGG in Deutschland. Mönchengladbach: Forum-Verlag Godesberg.

Dünkel, F., Geng, B., Kirstein, W. (1999): Soziale Trainingskurse und andere neue ambulante Maßnahmen. Neue Kriminalpolitik 11, Heft 1, S. 34-44.

Dünkel, F., Grzywa, J., Horsfield, P., Pruin, I. (Hrsg.) (2011): Juvenile Justice Systems in Europe. Current Situation and Reform Developments. 2. Aufl., Mönchengladbach: Forum Verlag Godesberg.

Dünkel, F., Kühl, J. (2009): Neuregelung des Strafvollzugs in Hamburg – Anmerkungen zum Hamburger Strafvollzugs- und Jugendstrafvollzugsgesetz vom 8.7.2009. Neue Kriminalpolitik 21, S. 82-86.

Dünkel, F., Lappi-Seppälä, T., Morgenstern, K., van Zyl Smit, D. (2010): Gefangenenraten und Kriminalpolitik in Europa: Zusammenfassung und Schlussfolgerungen. In Dünkel, F., Lappi-Seppälä, T., Morgenstern, K., van Zyl Smit, D. (Hrsg.): Kriminalität, Kriminalpolitik, strafrechtliche Sanktionspraxis und Gefangenenraten im europäischen Vergleich. Mönchengladbach: Forum Verlag Godesberg, S. 1.023-1.118.

Dünkel, F., Meyer, K. (1985) (Hrsg.): Jugendstrafrecht und Jugendstrafvollzug. Stationäre Maßnahmen der Jugendkriminalrechtspflege im internationalen Vergleich. Bd. 1, Freiburg i. Br.: Max-Plank-Institut für ausländisches und internationales Strafrecht.

Dünkel, F., Morgenstern, K. (2010): Deutschland. In: Dünkel, F., Lappi-Seppälä, T., Morgenstern, K., van Zyl Smit, D. (Hrsg.): Kriminalität, Kriminalpolitik, strafrechtliche Sanktionspraxis und Gefangenenraten im europäischen Vergleich. Mönchengladbach: Forum Verlag Godesberg, S. 97-230.

Dünkel, F., Pörksen A. (2007): Stand der Gesetzgebung zum Jugendstrafvollzug und erste Einschätzungen. Neue Kriminalpolitik 19, S. 55-67.

Dünkel, F., Pruin, I. (2011): Young adult offenders in the criminal justice systems of European countries. In: Dünkel, F., Grzywa, J., Horsfield, P., Pruin, I. (Hrsg.): Juvenile Justice Systems in Europe. Current Situation and Reform Developments. 2. Aufl., Mönchengladbach: Forum Verlag Godesberg, S. 1583-1606.

Dünkel, F., Pruin, I. (2012): Young adult offenders in juvenile and criminal justice systems in Europe. In: Lösel, F., Bottoms, A., Farrington, D. P. (Hrsg.): Young Adult Offenders. Lost in transition? London, New York: Routledge, S. 11-38.

Dünkel, F., Pruin, I. (2012a): Die bedingte/vorzeitige Entlassung aus dem Strafvollzug im europäischen Vergleich. In: Matt, E. (Hrsg.): Bedingte Entlassung, Übergangsmanagement und die Wiedereingliederung von Ex-Strafgefangenen. Justizvollzugsanstalt, Strafvollstreckungskammer und das Zusammenspiel der Institutionen. LIT, S. 125-146.

Dünkel, F, Stańdo-Kawecka, B. (2011): Juvenile imprisonment and placement in institutions for deprivation of liberty – Comparative aspects. In Dünkel, F., Grzywa, J., Horsfield, P., Pruin, I. (Hrsg.): Juvenile Justice Systems in Europe. Current Situation and Reform Developments. Mönchengladbach: Forum Verlag Godesberg, S. 1.789-1.838.

Dünkel, F., Walkenhorst P., Walter, J. (2016): Jugendstrafvollzugsgesetze der Länder. Kommentar. München: C. H. Beck (in Vorbereitung).

Fundación Construir, CEJA (2012): Reforma procesal penal y detención preventiva en Bolivia. Fundación Construir.

Gajardo, S. (1929): Los derechos del niño y la tiranía del ambiente. Divulgación de la ley Nr. 4.447. Santiago: Imprenta Nascimento.

Garcia-Mendez, E. (1994): Derechos de la infancia adolescencia en América Latina. Quito: Edino.

Garcia-Mendez, E. (1994): La Convención internacional de los derechos del niño. Del menor como objeto de la compasión-represión a la infancia-adolescencia como sujeto de derechos. In: Derecho de la infancia-adolescencia en América Latina. Bogotá: Ed. Forum.

Garcia-Mendez E., Beloff, M. (1998): Infancia, ley y democracia en América Latina. Bogotá: Temis.

Goffman, E. (1973): Asyle. Über die soziale Situation psychiatrischer Patienten und anderer Insassen. Frankfurt/M.: Suhrkamp.

Gomes Da Costa, A. (1995): Pedagogía de la presencia. Introducción al trabajo socio educativo junto a adolescentes en dificultades. Buenos Aires: Losada.

Gomez, G. (2005): Derechos fundamentales y recurso de protección. Santiago: UDP.

Gonzalez-Morales, F. (2012): Las transformaciones del sistema interamericano de derechos humanos durante los procesos de democratización de los Estados Partes. In: Instituto de derechos humanos Bartolomé de las Casas doctorado en estudios avanzados en Derechos Humanos.

Grabenwarter, C., Pabel, K. (2012): Europäische Menschenrechtskonvention. München: C. H. Beck.

Gutbrodt, T. (2010): Jugendstrafrecht in Kolumbien. Eine rechtshistorische und rechtsvergleichende Untersuchung zum Jugendstrafrecht in Kolumbien, Bolivien, Costa Rica und Bundesrepublik Deutschland unter Berücksichtigung internationaler Menschenrechtsstandards. Mönchengladbach: Forum Verlag Godesberg

Heinz, W. (2013): Das System der deutschen Kriminal- und Strafrechtspflegestatistiken – gestern, heute und (vielleicht) morgen. In: Schiller, H., Tsambikakis, M. (Hrsg.): Kriminologie und Medizinrecht. Festschrift für Gernot Steinhilper. Heidelberg: C. F. Müller, S. 269-304.

Hernández-Basualto, H. (2004): El derecho penal chileno en el cambio de siglo. En sayo de balance y perspectivas. In: Persona y sociedad, Vol. XVIII; Nr. 2. Santiago: Universidad Alberto Hurtado, S. 213-236.

Hernández-Basualto, H. (2007): El nuevo derecho penal de adolescentes y la necesaria revisión de su teoría del delito. In: Revista de Derecho. Valdivia, S. 195-217.

Instituto Nacional de Derechos Humanos (2011): Situación sobre los Derechos Humanos en Chile. Informe Anual de Derechos Humanos. In: http://www.indh.cl/.

International Center for Prison Studies. in http://www.prisonstudies.org/info/worldbrief/?search=southam&x=South%20America.

Kaiser, G., Kerner, H. J., Schöch, H. (1992): Strafvollzug. Heidelberg: C. F. Müller.

Kirchner, G. (2012): Organisation des Jugendstrafvollzugs. In: Ostendorf, O. (Hrsg.): Jugendstrafvollzugsrecht. Eine kommentierende Darstellung der einzelnen Jugendstrafvollzugsgesetze. 2. Aufl., Baden-Baden: Nomos, S. 704-708.

Koeppel, T. (1999): Kontrolle des Strafvollzuges. Individueller Rechtsschutz und generelle Aufsicht. Ein Rechtsvergleich. Mönchengladbach: Forum Verlag Godesberg.

Köhler, D. (2009): Gewalt- und Sexualstraftäter. In: Cornel, H., Kawamura-Reindl, G., Maelicke, B., Rüdeger, B. (Hrsg.): Resozialisierung. Handbuch. 3. Aufl., Baden-Baden: Nomos, S. 406-421.

Kühl J. (2012): Die gesetzliche Reform des Jugendstrafvollzugs in Deutschland im Licht der European Rules for Juvenile Offenders Subject to Sanctions or Measures (ERJOSSM). Mönchengladbach: Forum Verlag Godesberg.

Kunz, K. L. (2013): Historische Grundlagen der Kriminologie in Deutschland und ihre Entwicklung zu einer selbstständigen wissenschaftlichen Disziplin. In: Albrecht, H.-J., Quensel, S., Sessar, K. (Hrsg.): Zur Lage der Kriminologie in Deutschland. Beiträge der Tagung vom 28. bis 30. Juni 2012 am Max-Planck-Institut für ausländisches und internationales Strafrecht, Freiburg i. Br. Carl Heymanns Verlag, S. 81-114.

Langer, M. (2007): Revolución en el proceso penal latinoamericano: Difusión de ideas legales desde la periferia. Santiago: CEJA.

Lappi-Seppälä, T. (2007): Penal Policy in Scandinavia. In: Tonry, M. (Hrsg.): Crime, Punishment, and Politics in Comparative Perspective. Crime and Justice. Bd. 36. Chicago, London: The University of Chicago Press, S. 217-295.

Lappi-Seppälä, T. (2010): Vertrauen, Wohlfahrt und politikwissenschaftliche Aspekte, Vergleichende Perspektiven zur Punitivität. In Dünkel, F., Lappi-Seppälä, T., Morgenstern, K., van Zyl Smit, D. (Hrsg.): Kriminalität, Kriminalpolitik, strafrechtliche Sanktionspraxis und Gefangenenraten im europäischen Vergleich. Mönchengladbach: Forum Verlag Godesberg, S. 963-1022.

Laubenthal, K. (2011): Strafvollzug. 5. Aufl., München. C. H. Beck.

León, M. (2003): Encierro y Corrección. La configuración de un sistema de prisiones en Chile 1800-1911. Santiago: Universidad Central de Chile.

Lösel, F. (2013): Kriminologie in Großbritannien: Was können und sollten wir lernen? In: Albrecht, H.-J., Quensel, S., Sessar, K. (Hrsg.): Zur Lage der Kriminologie in Deutschland. Beiträge der Tagung vom 28. Bis 30. Juni 2012 am Max-Planck-Institut für ausländisches und internationales Strafrecht, Freiburg i. Br. Carl Heymanns Verlag, S. 153-163.

Maier, J. (1996): Derecho procesal penal. Buenos Aires: Editores del Puerto.

Martin J., Reimer J., Prieto. A. (1986): Aspekte des Jugendkriminalrechts und der Anwendung freiheitsentziehender Maßnahmen gegenüber Jugendlichen in Chile. In: Dünkel, F., Meyer, K. (Hrsg.): Jugendstrafe und Jugendstrafvollzug. Stationäre Maßnahmen der Jugendkriminalrechtspflege im internationalen Vergleich. Bd. 2, Freiburg i. Br.: Max-Plank-Institut für ausländisches und internationales Strafrecht, S. 1.401-1.430.

Matus, J. (2010): La doctrina penal de la fallida recodificación chilena del siglo XX y principios del XXI: Política Criminal. Vol. 5. Nr. 9. S. 143-206.

Matus, J., Carnevalli, R. (2007): Análisis descriptivo y cuantitativo de los artículos de derecho penal y criminología de autores chilenos en revistas públicadas en Chile (1885-2006). Política Criminal Nr. 3. S. 1-138.

Medina, Quiroga, C. (2003): La Convención Americana. Teoría y Jurisprudencia. Vida, integridad personal, libertad personal, debido proceso y recurso judicial. Universidad de Chile. Facultad de Derecho.

Meier, B., Rössner, D., Schöch H. (2013): Jugendstrafrecht. 3. Aufl., München: C. H. Beck.

Mera Figueroa, J. (2005): Hurto y Robo. Santiago: Lexis Nexis.

Mera Figueroa, J., Couso, J. (2003): Hacia un sistema de control de la ejecución de penas no privativas de libertad. Boletín Jurídico del Ministerio de Justicia, Nr. 4-5, S. 115-130.

Ministerio de Justicia y Derechos Humanos (2013). In: http://www.minjus.gob.pe/.

Ministerio de Relaciones Exteriores de Chile in: http://www.direcon.gob.cl/mapa-de-acuerdos/.

Morgenstern, C. (2008): Internationale Instrumente und Entwicklungen zur Humanisierung des Strafvollzugs. In: Dünkel, F., Drenkhahn, K., Morgenstern, C. (Hrsg.): Humanisierung des Strafvollzugs-Konzepte und Praxismodelle. Mönchengladbach: Forum Verlag Godesberg, S. 35-52.

Müller-Dietz, H. (2008): Strafvollzug und Verfassungsrecht. In: Dünkel F., Drenkhahn, K., Morgenstern. C. (Hrsg.): Humanisierung des Strafvollzugs-Konzepte und Praxismodelle. Mönchengladbach: Forum Verlag Godesberg, S. 11-34.

Müller-Dietz, H. (2011): Grundgesetz und Strafvollzug. Menschenbild des Grundgesetzes und Umgang mit Straftätern. Forum Strafvollzug 60, S. 129-137.

Organización de Estados Americanos (Hrsg.) (1969): Convención Americana de Derechos Humanos. San José de Costa Rica.

Organización de Estados Americanos (Hrsg.) (2008): Principios y buenas prácticas sobre la protección de las personas privadas de libertad en las Americas.

Ostendorf, H. (2012): Jugendstrafrecht. 6. Aufl., Baden-Baden: Nomos Verlag.

Ponce, N. (2008): La Reforma procesal penal en Peru. Avances y desafíos a partir de las experiencias en Huara y la Libertad. In: Riego, C. (Hrsg.): Reformas procesales en América Latina. Resultados del proyecto de segumiento, V etapa. Santiago: CEJA.

Pruin, I. (2007): Die Heranwachsendenregelung im deutschen Jugendstrafrecht. Jugendkriminologische, entwicklungspsychologische, jugendsoziologische und rechtsvergleichende Aspekte. Mönchengladbach: Forum Verlag Godesberg.

Pruin, I. (2011): Die Implementierung internationaler Jugendstrafrechtsstandards in die Rechtssysteme Europas. ZJJ 22, S. 127-133.

Ramirez Arévalo, M. (2011): Cumple el Perú con los Tratados de Derechos Humanos Ratificados?. Un análisis al respecto. In: Revista de Investigación Jurídica IUS. Voll II.

Riego Ramirez, C. (1994): El proceso penal chileno y los derechos humanos. Santiago: UDP.

Riego Ramirez, C. (2002): Introducción al nuevo sistema procesal penal. Santiago: UDP.

Riego Ramirez, C. (2002): Nuevo proceso penal. Santiago: CONOSUR.

Riego Ramirez, C. (2002): Problemas con la implementación de las reformas procesales en América Latina. Santiago: CEJA.

Riego Ramirez, C. (2005): Reformas procesales penales en América Latina. Resultado del proyecto de seguimiento. Santiago: CEJA.

Riego Ramirez, C. (2007): Reformas procesales penales en América Latina: una visión comparada acerca de la implementación y experiencias de innovación. In: Revista del Poder Judicial del Estado de Zacatecas, Nr. 1. México.

Riego Ramirez, C. (2007): Reformas procesales penales en América Latina. Resultado del proyecto de seguimiento. Santiago: CEJA.

Rojas Flores, J. (2010): Historia de la infancia en el Chile republicano 1810-2010. Santiago: Editorial Ocho libros.

Rose, F. (2009): Rechtsmittel im Jugendstrafvollzug. In: Ostendorf, O. (Hrsg.): Jugendstrafvollzugsrecht. Eine kommentierende Darstellung der einzelnen Jugendstrafvollzugsgesetze. Baden-Baden: Nomos, S. 640-654.

Salineros Echeverria. S. (2012): Por qué aumenta la población penal en Chile?. Un estudio criminológico longitudinal. Ius et Praxis 18, Nr. 1, S. 13.

Sepúlveda Crerar, E.; Sepúlveda Basaez, P. (2008): A 83 años del establecimiento de la libertad condicional en Chile: ¿Un beneficio desaprovechado?. In: Revista Estudios Criminológicos y penitenciarios. VIII, N°13, S. 85-110.

Servicio Nacional de Menores (2012): Informe cinco años ley de responsabilidad penal adolescente. Santiago: SENAME.

Snacken, S. (2007): Penal Policy and Practice in Belgium. In: Tonry, M. (Hrsg.): Crime, Punishment, and Politics in Comparative Perspective. Crime and Justice. Bd. 36. Chicago, London: The University of Chicago Press, S. 127-215.

Solis Espinoza, A. (2006): El derecho penal de menores en Peru. In: Revista jurídica Magistri et doctores. Año VII. Nr. 3.

Stippel, J. (2010): Gefängnis und Gesetz. Eine Untersuchung zur Vollzugsgesetzgebung, Rechtspraxis und Rechtsreform in Chile. Münster: LIT.

Stippel, J. (2013): Acceso a la justicia en materia penitenciaria. Una deuda pendiente y un desafío para el futuro. Revista Pensamiento Penal, Edición 162, S. 23.

Tiffer-Sotomayor, C. (2000): Jugendstrafrecht in Lateinamerika unter besonderer Berücksichtigung von Costa Rica. Mönchengladbach: Forum Verlag Godesberg.

Tiffer-Sotomayor, C., Llobet-Rodriguez, J. (1999): La sanción penal juvenil y sus alternativas en Costa Rica. Con jurisprudencia nacional. Costa Rica: UNICEF-ILANUD.

Tiffer-Sotomayor, C., Llobet-Rodriguez, J., Dünkel, F. (2002): Derecho Penal Juvenil. Costa Rica: ILANUD- DAAD.

UNICEF-Chile (2012): Ley de responsabilidad penal juvenil y fase de ejecución de sanciones en la región del Bio-Bio. In: UNICEF. Serie de reflexiones Infancia y Adolescencia Nr. 15.

United Nations (Hrsg.) (1985): Standard Minimum Rules for the Administration of Juvenile Justice (The Beijing Rules), General Assembly Resolution 40/33 of 29 November 1985.

United Nations (Hrsg.) (1989): Convention on the Right of the Child, General Assembly Resolution 44/20 of 20 November 1989.

United Nations (Hrsg.) (1990): Rules for the Protection of Juveniles Deprived of their Liberty (Havana-Rules), General Assembly Resolution 45/113 of 14 December 1990.

United Nations (Hrsg.) (1990a): Standard Minimum Rules for Non-custodial Measures (The Tokyo Rules), General Assembly Resolution 45/110 of 14 December 1990.

van Zyl Smit, D., Dünkel, F. (2001) (Hrsg.): Imprisonment today and tomorrow – International perspectives on prisoners' rights and prison conditions. 2. Aufl., Deventer, Boston: Kluwer.

Vormbaum, T. (2009): Einführung in die moderne Strafrechtsgeschichte. Heidelberg: Springer.

Walter, M. (2012): Tätigkeitsbericht des Justizvollzugsbeauftragten des Landes Nordrhein-Westfalen 2011. Köln: Der Justizvollzugsbeauftragte des Landes Nordrhein-Westfalen.

Wesel, U. (2006): Geschichte des Rechts in Europa. Von den Griechen bis zum Vertrag von Lissabon. München: C. H. Beck.

Zegada, M. (2005): Jugendstrafrecht in Bolivien. Freiburg i. Br.: Max-Planck-Institut für ausländisches und internationales Strafrecht.

Zieger, M. (2013): Verteidigung in Jugendstrafsachen. Heidelberg: C. F. Müller.

Zimbardo, P. G., Haney, C., Banks, C. W., Jaffe, D. (1975): The Psychology of Imprisonment: Privation, Power, and Pathology. In: Theory and Research in Abnormal Psychology. S. 270- 287.

Zimbardo, P. G. (2002): Psychologie der Gefangenschaft – Deprivation, Macht und Pathologie. In: Neubacher, F., Walter, M. (Hrsg.): Sozialpsychologische Experimente in der Kriminologie. Münster. S. 69-91.

Reihenübersicht

Schriften zum Strafvollzug, Jugendstrafrecht und zur Kriminologie

Hrsg. von Prof. Dr. Frieder Dünkel, Lehrstuhl für Kriminologie an der Ernst-Moritz-Arndt-Universität Greifswald

Bisher erschienen:

Band 1
Dünkel, Frieder: Empirische Forschung im Strafvollzug. Bestandsaufnahme und Perspektiven.
Bonn 1996. ISBN 978-3-927066-96-0.

Band 2
Dünkel, Frieder; van Kalmthout, Anton; Schüler-Springorum, Horst (Hrsg.): Entwicklungstendenzen und Reformstrategien im Jugendstrafrecht im europäischen Vergleich.
Mönchengladbach 1997. ISBN 978-3-930982-20-2.

Band 3
Gescher, Norbert: Boot Camp-Programme in den USA. Ein Fallbeispiel zum Formenwandel in der amerikanischen Kriminalpolitik.
Mönchengladbach 1998. ISBN 978-3-930982-30-1.

Band 4
Steffens, Rainer: Wiedergutmachung und Täter-Opfer-Ausgleich im Jugend- und Erwachsenenstrafrecht in den neuen Bundesländern.
Mönchengladbach 1999. ISBN 978-3-930982-34-9.

Band 5
Koeppel, Thordis: Kontrolle des Strafvollzuges. Individueller Rechtsschutz und generelle Aufsicht. Ein Rechtsvergleich.
Mönchengladbach 1999. ISBN 978-3-930982-35-6.

Band 6
Dünkel, Frieder; Geng, Bernd (Hrsg.): Rechtsextremismus und Fremdenfeindlichkeit. Bestandsaufnahme und Interventionsstrategien.
Mönchengladbach 1999. ISBN 978-3-930982-49-3.

Band 7
Tiffer-Sotomayor, Carlos: Jugendstrafrecht in Lateinamerika unter besonderer Berücksichtigung von Costa Rica.
Mönchengladbach 2000. ISBN 978-3-930982-36-3.

Band 8
Skepenat, Marcus: Jugendliche und Heranwachsende als Tatverdächtige und Opfer von Gewalt. Eine vergleichende Analyse jugendlicher Gewaltkriminalität in Mecklenburg-Vorpommern anhand der Polizeilichen Kriminalstatistik unter besonderer Berücksichtigung tatsituativer Aspekte.
Mönchengladbach 2000. ISBN 978-3-930982-56-1.

Band 9
Pergataia, Anna: Jugendstrafrecht in Russland und den baltischen Staaten.
Mönchengladbach 2001. ISBN 978-3-930982-50-1.

Band 10
Kröplin, Mathias: Die Sanktionspraxis im Jugendstrafrecht in Deutschland im Jahr 1997. Ein Bundesländervergleich.
Mönchengladbach 2002. ISBN 978-3-930982-74-5.

Band 11
Morgenstern, Christine: Internationale Mindeststandards für ambulante Strafen und Maßnahmen.
Mönchengladbach 2002. ISBN 978-3-930982-76-9.

Band 12
Kunkat, Angela: Junge Mehrfachauffällige und Mehrfachtäter in Mecklenburg-Vorpommern. Eine empirische Analyse.
Mönchengladbach 2002. ISBN 978-3-930982-79-0.

Band 13
Schwerin-Witkowski, Kathleen: Entwicklung der ambulanten Maßnahmen nach dem JGG in Mecklenburg-Vorpommern.
Mönchengladbach 2003. ISBN 978-3-930982-75-2.

Band 14
Dünkel, Frieder; Geng, Bernd (Hrsg.): Jugendgewalt und Kriminalprävention. Empirische Befunde zu Gewalterfahrungen von Jugendlichen in Greifswald und Usedom/Vorpommern und ihre Auswirkungen für die Kriminalprävention.
Mönchengladbach 2003. ISBN 978-3-930982-95-0.

Band 15
Dünkel, Frieder; Drenkhahn, Kirstin (Hrsg.): Youth violence: new patterns and local responses – Experiences in East and West. Conference of the International Association for Research into Juvenile Criminology. Violence juvénile: nouvelles formes et stratégies locales – Expériences à l'Est et à l'Ouest. Conférence de l'Association Internationale pour la Recherche en Criminologie Juvénile. Mönchengladbach 2003. ISBN 978-3-930982-81-3.

Band 16
Kunz, Christoph: Auswirkungen von Freiheitsentzug in einer Zeit des Umbruchs. Zugleich eine Bestandsaufnahme des Männererwachsenenvollzugs in Mecklenburg-Vorpommern und in der JVA Brandenburg/Havel in den ersten Jahren nach der Wiedervereinigung. Mönchengladbach 2003. ISBN 978-3-930982-89-9.

Band 17
Glitsch, Edzard: Alkoholkonsum und Straßenverkehrsdelinquenz. Eine Anwendung der Theorie des geplanten Verhaltens auf das Problem des Fahrens unter Alkohol unter besonderer Berücksichtigung des Einflusses von verminderter Selbstkontrolle. Mönchengladbach 2003. ISBN 978-3-930982-97-4.

Band 18
Stump, Brigitte: „Adult time for adult crime" – Jugendliche zwischen Jugend- und Erwachsenenstrafrecht. Eine rechtshistorische und rechtsvergleichende Untersuchung zur Sanktionierung junger Straftäter. Mönchengladbach 2003. ISBN 978-3-930982-98-1.

Band 19
Wenzel, Frank: Die Anrechnung vorläufiger Freiheitsentziehungen auf strafrechtliche Rechtsfolgen. Mönchengladbach 2004. ISBN 978-3-930982-99-8.

Band 20
Fleck, Volker: Neue Verwaltungssteuerung und gesetzliche Regelung des Jugendstrafvollzuges. Mönchengladbach 2004. ISBN 978-3-936999-00-6.

Band 21
Ludwig, Heike; Kräupl, Günther: Viktimisierung, Sanktionen und Strafverfolgung. Jenaer Kriminalitätsbefragung über ein Jahrzehnt gesellschaftlicher Transformation. Mönchengladbach 2005. ISBN 978-3-936999-08-2.

Band 22
Fritsche, Mareike: Vollzugslockerungen und bedingte Entlassung im deutschen und französischen Strafvollzug.
Mönchengladbach 2005. ISBN 978-3-936999-11-2.

Band 23
Dünkel, Frieder; Scheel, Jens: Vermeidung von Ersatzfreiheitsstrafen durch gemeinnützige Arbeit: das Projekt „Ausweg" in Mecklenburg-Vorpommern.
Mönchengladbach 2006. ISBN 978-3-936999-10-5.

Band 24
Sakalauskas, Gintautas: Strafvollzug in Litauen. Kriminalpolitische Hintergründe, rechtliche Regelungen, Reformen, Praxis und Perspektiven.
Mönchengladbach 2006. ISBN 978-3-936999-19-8.

Band 25
Drenkhahn, Kirstin: Sozialtherapeutischer Strafvollzug in Deutschland.
Mönchengladbach 2007. ISBN 978-3-936999-18-1.

Band 26
Pruin, Ineke Regina: Die Heranwachsendenregelung im deutschen Jugendstrafrecht.
Jugendkriminologische, entwicklungspsychologische, jugendsoziologische und rechtsvergleichende Aspekte.
Mönchengladbach 2007. ISBN 978-3-936999-31-0.

Band 27
Lang, Sabine: Die Entwicklung des Jugendstrafvollzugs in Mecklenburg-Vorpommern in den 90er Jahren. Eine Dokumentation der Aufbausituation des Jugendstrafvollzugs sowie eine Rückfallanalyse nach Entlassung aus dem Jugendstrafvollzug.
Mönchengladbach 2007. ISBN 978-3-936999-34-1.

Band 28
Zolondek, Juliane: Lebens- und Haftbedingungen im deutschen und europäischen Frauenstrafvollzug.
Mönchengladbach 2007. ISBN 978-3-936999-36-5.

Band 29
Dünkel, Frieder; Gebauer, Dirk; Geng, Bernd; Kestermann, Claudia: Mare-Balticum-Youth-Survey – Gewalterfahrungen von Jugendlichen im Ostseeraum.
Mönchengladbach 2007. ISBN 978-3-936999-38-9.

Band 30
Kowalzyck, Markus: Untersuchungshaft, Untersuchungshaftvermeidung und geschlossene Unterbringung bei Jugendlichen und Heranwachsenden in Mecklenburg-Vorpommern.
Mönchengladbach 2008. ISBN 978-3-936999-41-9.

Band 31
Dünkel, Frieder; Gebauer, Dirk; Geng, Bernd: Jugendgewalt und Möglichkeiten der Prävention. Gewalterfahrungen, Risikofaktoren und gesellschaftliche Orientierungen von Jugendlichen in der Hansestadt Greifswald und auf der Insel Usedom. Ergebnisse einer Langzeitstudie 1998 bis 2006.
Mönchengladbach 2008. ISBN 978-3-936999-48-8.

Band 32
Rieckhof, Susanne: Strafvollzug in Russland. Vom GULag zum rechtsstaatlichen Resozialisierungsvollzug?
Mönchengladbach 2008. ISBN 978-3-936999-55-6.

Band 33
Dünkel, Frieder; Drenkhahn, Kirstin; Morgenstern, Christine (Hrsg.): Humanisierung des Strafvollzugs – Konzepte und Praxismodelle.
Mönchengladbach 2008. ISBN 978-3-936999-59-4.

Band 34
Hillebrand, Johannes: Organisation und Ausgestaltung der Gefangenenarbeit in Deutschland.
Mönchengladbach 2009. ISBN 978-3-936999-58-7.

Band 35
Hannuschka, Elke: Kommunale Kriminalprävention in Mecklenburg-Vorpommern. Eine empirische Untersuchung der Präventionsgremien.
Mönchengladbach 2009. ISBN 978-3-936999-68-6.

Band 36/1 bis 4 (nur als Gesamtwerk erhältlich)
Dünkel, Frieder; Grzywa, Joanna; Horsfield, Philip; Pruin, Ineke (Eds.): Juvenile Justice Systems in Europe – Current Situation and Reform Developments. Vol. 1-4.
2nd revised edition.
Mönchengladbach 2011. ISBN 978-3-936999-96-9.

Band 37/1 bis 2 (Gesamtwerk)
Dünkel, Frieder; Lappi-Seppälä, Tapio; Morgenstern, Christine; van Zyl Smit, Dirk (Hrsg.):
Kriminalität, Kriminalpolitik, strafrechtliche Sanktionspraxis und Gefangenenraten im
europäischen Vergleich. Bd.1 bis 2.
Mönchengladbach 2010. ISBN 978-3-936999-73-0.

Band 37/1 (Einzelband)
Dünkel, Frieder; Lappi-Seppälä, Tapio; Morgenstern, Christine; van Zyl Smit, Dirk (Hrsg.):
Kriminalität, Kriminalpolitik, strafrechtliche Sanktionspraxis und Gefangenenraten im
europäischen Vergleich. Bd.1.
Mönchengladbach 2010. ISBN 978-3-936999-76-1.

Band 37/2 (Einzelband)
Dünkel, Frieder; Lappi-Seppälä, Tapio; Morgenstern, Christine; van Zyl Smit, Dirk (Hrsg.):
Kriminalität, Kriminalpolitik, strafrechtliche Sanktionspraxis und Gefangenenraten im
europäischen Vergleich. Bd.2.
Mönchengladbach 2010. ISBN 978-3-936999-77-8.

Band 38
Krüger, Maik: Frühprävention dissozialen Verhaltens. Entwicklungen in der Kinder- und
Jugendhilfe.
Mönchengladbach 2010. ISBN 978-3-936999-82-2.

Band 39
Hess, Ariane: Erscheinungsformen und Strafverfolgung von Tötungsdelikten in Meck-
lenburg-Vorpommern.
Mönchengladbach 2010. ISBN 978-3-936999-83-9.

Band 40
Gutbrodt, Tobias: Jugendstrafrecht in Kolumbien. Eine rechtshistorische und rechtsvergleichende Untersuchung zum Jugendstrafrecht in Kolumbien, Bolivien, Costa Rica und
der Bundesrepublik Deutschland unter Berücksichtigung internationaler Menschenrechtsstandards.
Mönchengladbach 2010. ISBN 978-3-936999-86-0.

Band 41
Stelly, Wolfgang; Thomas, Jürgen (Hrsg.): Erziehung und Strafe. Symposium zum 35-jährigen
Bestehen der JVA Adelsheim.
Mönchengladbach 2011. ISBN 978-3-936999-95-2.

Band 42
Yngborn, Annalena: Strafvollzug und Strafvollzugspolitik in Schweden: vom Resozialisierungs-zum Sicherungsvollzug? Eine Bestandsaufnahme der Entwicklung in den letzten 35 Jahren. Mönchengladbach 2011. ISBN 978-3-936999-84-6.

Band 43
Kühl, Johannes: Die gesetzliche Reform des Jugendstrafvollzugs in Deutschland im Licht der European Rules for Juvenile Offenders Subject to Sanctions or Measures (ERJOSSM). Mönchengladbach 2012. ISBN 978-3-942865-06-7.

Band 44
Zaikina, Maryna: Jugendkriminalrechtspflege in der Ukraine. Mönchengladbach 2012. ISBN 978-3-942865-08-1.

Band 45
Schollbach, Stefanie: Personalentwicklung, Arbeitsqualität und betriebliche Gesundheitsför-derung im Justizvollzug in Mecklenburg-Vorpommern. Mönchengladbach 2013. ISBN 978-3-942865-14-2.

Band 46
Harders, Immo: Die elektronische Überwachung von Straffälligen. Entwicklung, Anwendungs-bereiche und Erfahrungen in Deutschland und im europäischen Vergleich. Mönchengladbach 2014. ISBN 978-3-942865-24-1.

Band 47
Faber, Mirko: Länderspezifische Unterschiede bezüglich Disziplinarmaßnahmen und der Auf-rechterhaltung von Sicherheit und Ordnung im Jugendstrafvollzug. Mönchengladbach 2014. ISBN 978-3-942865-25-8.

Band 48
Gensing, Andrea: Jugendgerichtsbarkeit und Jugendstrafverfahren im europäischen Vergleich. Mönchengladbach 2014. ISBN 978-3-942865-34-0.

Band 49
Rohrbach, Moritz Philipp: Die Entwicklung der Führungsaufsicht unter besonderer Berück-sichtigung der Praxis in Mecklenburg-Vorpommern. Mönchengladbach 2014. ISBN 978-3-942865-35-7.

Band 50/1 bis 2 (nur als Gesamtwerk erhältlich)
Dünkel, Frieder; Grzywa-Holten, Joanna; Horsfield, Philip (Eds.): Restorative Justice and Medi-ation in Penal Matters. A stock-taking of legal issues, implementation strategies and outcomes in 36 European countries. Vol. 1 bis 2. Mönchengladbach 2015. ISBN 978-3-942865-31-9.

Band 51
Horsfield, Philip: Jugendkriminalpolitik in England und Wales – Entwicklungsgeschichte, aktuelle Rechtslage und jüngste Reformen. Mönchengladbach 2015. ISBN 978-3-942865-42-5.

Band 52
Grzywa-Holten, Joanna: Strafvollzug in Polen – Historische, rechtliche, rechtstatsächliche, menschenrechtliche und international vergleichende Aspekte. Mönchengladbach 2015. ISBN 978-3-942865-43-2.

Band 53
Khakzad, Dennis: Kriminologische Aspekte völkerrechtlicher Verbrechen. Eine vergleichende Untersuchung der Situationsländer des Internationalen Strafgerichtshofs. Mönchengladbach 2015. ISBN 978-3-942865-50-0.

Band 54
Blanck, Thes Johann: Die Ausbildung von Strafvollzugsbediensteten in Deutschland. Mönchengladbach 2015. ISBN 978-3-942865-51-7.

Band 55
Castro Morales, Álvaro: Jugendstrafvollzug und Jugendstrafrecht in Chile, Peru und Bolivien unter besonderer Berücksichtigung von nationalen und internationalen Kontrollmechanismen. Rechtliche Regelungen, Praxis, Reformen und Perspektiven. Mönchengladbach 2016. ISBN 978-3-942865-57-9.